選手と指導者のための
サッカー医学

財団法人日本サッカー協会スポーツ医学委員会 編

金原出版

JCLS ＜㈱日本著作出版権管理システム委託出版物＞
本書の無断複写は著作権法上での例外を除き禁じられています。
本書の複製権・翻訳権・上映権・譲渡権・公衆送信権（送信可能化権を含む）は金原出版株式会社が保有します。
複写される場合は、その都度事前に㈱日本著作出版権管理システム（電話 03-3817-5670，FAX 03-3815-8199）の許諾を得てください。

執筆者一覧

青木　治人	聖マリアンナ医科大学学長/(財)日本サッカー協会スポーツ医学委員会委員長
浅井　武	山形大学地域教育文化学部文化創造学科助教授
鈴木　滋	成蹊大学経済学部教授
安松　幹展	立教大学社会学部助教授
野崎　信行	株式会社三菱自動車フットボールクラブアスレティックトレーナー
菅野　淳	ジュビロクラブハウスフィジカルコーチ
宮川　俊平	筑波大学体育科学系助教授
森川　嗣夫	JFE健康保険組合川鉄千葉病院整形外科部長
河野　照茂	東京慈恵会医科大学スポーツクリニック助教授
関　純	西大宮病院副院長
白石　稔	東京慈恵会医科大学スポーツクリニック講師
谷　諭	東京慈恵会医科大学脳神経外科助教授
川上　重彦	金沢医科大学形成外科教授
藤本　吉範	厚生連廣島総合病院整形外科主任部長
奥田　晃章	厚生連廣島総合病院整形外科
寛田　司	寛田クリニック院長
山田　清貴	広島大学大学院整形外科
仁賀　定雄	川口工業総合病院整形外科医長
奥脇　透	国立スポーツ科学センタースポーツ医学研究部副主任
荒川　正一	神山復生病院副院長
野村　公寿	藍野大学医療保健学部看護学科教授
岡部　信彦	国立感染症研究所情報センター長
芝田　貴裕	東京慈恵会医科大学循環器内科講師
平野　篤	水戸協同病院整形外科部長
加藤　晴康	聖マリアンナ医科大学整形外科・スポーツ医学
早川　直樹	財団法人日本サッカー協会アスレティックトレーナー
真下　一策	スポーツビジョン研究会代表/日本体育協会公認スポーツドクター
片山　直	明海大学歯学部教授
村井　宏隆	明海大学歯学部
杉浦　克己	明治製菓(株)ザバススポーツ&ニュートリション・ラボ所長
豊田　一成	びわこ成蹊スポーツ大学教授
高妻　容一	東海大学体育学部スポーツ心理学助教授
田中　光臣	マイクリニックたなか院長/獨協医科大学病院非常勤講師
鹿倉　二郎	株式会社アシックス　エクイップメント事業部

(執筆順)

編　集　（財）日本サッカー協会スポーツ医学委員会
　　　　委員長　　青木　治人
　　　　副委員長　河野　照茂
　　　　委　員　　芝田　貴裕
　　　　委　員　　白石　　稔
　　　　委　員　　関　　　純
　　　　委　員　　宮川　俊平
　　　　委　員　　森川　嗣夫

事務担当　（財）日本サッカー協会 技術部　松田　薫二・岡田真木子

序

　サッカーは世界で最も広く愛されているスポーツであり，言葉を用いないで世界中の人々が共感をもてる唯一のスポーツ種目といっても過言ではありません。一方では，サッカーの各国代表チームの試合は，武器を使わない戦争とまでいわれるくらい，人々を興奮させるのも事実です。

　メキシコオリンピックの後，低迷を続けていたわが国のサッカーも，1993年のJ-リーグ発足を契機として，その社会的注目度は高まりました。そして代表チームの試合にはいつも多くの観客がサポーターとして詰め掛けるようになっており，現在ではサッカーは少なくとも発育期世代では最も人気の高いスポーツとなっています。

　日本サッカー協会スポーツ医学委員会は，1968年に医事委員会として正式に協会内に発足して以来，すでに37年が経過しました。その間，日本代表チームをはじめ，多くの世代の選手の健康管理に携わり，また若い指導者やトレーナーに対する教育・普及，およびそれらを支える基礎的裏付けとしての研究を行ってきました。さらに，1981年からは年2回のサッカードクターセミナーを開催し，サッカーを愛する多くのスポーツドクターとの連携を深めてきました。

　今回，日本サッカー協会スポーツ医学委員会では，今まで本委員会が行ってきた活動をまとめ，またそれによって培ってきたサッカーに必要な医学的知識を広くサッカー関係者に知ってもらうために，「選手と指導者のためのサッカー医学」を出版することにしました。

　本書が対象とする人たちは幅広い分野にまたがっています。したがって，項目によっては，知識としてもっていることが必要とされる専門性に差があるために，各項目の記載内容の詳細さにはいくらかの区別をつけました。すなわち，誰もがよく遭遇するけがや病気と，専門家が診なければならない病気などとでは，当然のことながら，記載の詳細さは違ってくるのです。この点は御理解いただきたいと考えています。

　選手，および指導者にはサッカー特有の身体の動きや，サッカーに多いけがや病気についての基本知識をもってもらうことが大変重要です。選手にとっては，けがや病気から自らの身体を護るのに役立つでしょうし，指導者やトレーナーにとっても，サッカー選手を指導，トレーニングする際には広い医学的な基礎知識をもつことが不可欠です。

　さらにドクターにとっても，サッカー選手の健康管理のために必要な，自らの専門分野以外の知識や帯同ドクターの活動内容を知ってもらうことも念頭に入れました。

　2002年，日本のサッカー界の悲願ともいうべきワールドカップが日本・韓国両国の共同で開催されました。この大会は，世界中の人たちがサッカーというスポーツをどのように位置付けているかを，まざまざとわが国の国民に知らせてくれました。それと同時に，スポーツにおける医学的サポートの重要性を社会に認識してもらう大きなきっかけになったとも考えています。

サッカー選手の健康管理は，ドクターによってだけなされるのではなく，サッカー関係者に広く認識をもってもらうことによって，はじめて成り立つのです。

　サッカーの現場に携わる多くの人たちが，本書を通じてサッカーに関係する医学的知識の理解を深め，日常の活動に役立てられることを期待します。

2005 年 6 月

(財) 日本サッカー協会スポーツ医学委員会

委員長　青木治人

目次

Chapter 1 日本におけるサッカー医学 .... 青木治人 ... 1
 Ⅰ．サッカーにおけるスポーツ医学の歴史 1
 Ⅱ．スポーツ医学委員会の活動 2

Chapter 2 サッカーのバイオメカニクス―キック・ヘディングを
     中心に .... 浅井 武 ... 10
 Ⅰ．インパクトの基礎方程式 10
 Ⅱ．パワフルなインステップキック 11
 Ⅲ．カーブキック 16
 Ⅳ．ボールヘディング 19

Chapter 3 サッカーの運動生理学―サッカープレー中の心肺機能
     の反応および有酸素性能力 .... 鈴木 滋 ... 21
 Ⅰ．サッカーの競技特性と生理学的特徴 21
 Ⅱ．有酸素性能力に関わる要素 21
 Ⅲ．サッカーのゲーム中の運動強度 25
 Ⅳ．まとめ 29

Chapter 4 サッカーに必要な体力・コンディションの評価法 .... 安松幹展 ... 32
 Ⅰ．サッカーに必要な体力 32
 Ⅱ．フィジカルテスト 33
 Ⅲ．日本サッカー協会のフィジカルテスト 35
 Ⅳ．サッカーのコンディション評価 43

Chapter 5 コンディショニング 47
 5-1 けがからの復帰 .... 野崎信行 ... 47
  Ⅰ．復帰までの道のり 47
  Ⅱ．リハビリテーションチェックリストの説明 47

 5-2 コンディションの維持 .... 菅野 淳 ... 60
  Ⅰ．フィジカルチェック（コントロールテスト）の実施 61
  Ⅱ．シーズンの期分け 62
  Ⅲ．ウォーミングアップおよびクーリングダウン 64
  Ⅳ．オフシーズンからプレシーズンにかけてのフィジカルトレーニング 65
  Ⅴ．インシーズンにおけるコンディショニング 69

Chapter 6　サッカー選手に対するメディカルチェック ……………………………… 73

6-1　内　科 ……………………………………………………………… 宮川俊平… 73
　　Ⅰ．基本事項 …………………………………………………………………… 73
　　Ⅱ．年代別内科的メディカルチェック ……………………………………… 73

6-2　整形外科 …………………………………………………………… 森川嗣夫… 82
　　Ⅰ．メディカルチェックの進め方 …………………………………………… 82
　　Ⅱ．レントゲン・その他の検査 ……………………………………………… 85
　　Ⅲ．まとめ ……………………………………………………………………… 85

Chapter 7　サッカーヘルスメイト …………………………………………… 河野照茂… 86
　　Ⅰ．サッカーヘルスメイトの内容と使用方法 ……………………………… 86

Chapter 8　外傷・障害の発生頻度 ……………………………………………………… 103

8-1　発育期のスポーツ外傷・障害 ………………………………… 河野照茂…103
　　Ⅰ．対象および方法 …………………………………………………………… 104
　　Ⅱ．結　果 ……………………………………………………………………… 104
　　Ⅲ．考　察 ……………………………………………………………………… 107

8-2　トップレベル(J) ……………………………… 関　純・白石　稔…109
　　Ⅰ．外傷の発生頻度 …………………………………………………………… 109
　　Ⅱ．まとめ ……………………………………………………………………… 117

Chapter 9　サッカーに多い外傷・障害の管理 ………………………………………… 120

9-1　頭部外傷・脳震盪 ……………………………………………… 谷　諭…120
　　Ⅰ．頭部外傷(挫創) …………………………………………………………… 120
　　Ⅱ．脳震盪 ……………………………………………………………………… 121
　　Ⅲ．まとめ ……………………………………………………………………… 127

9-2　顔面外傷 …………………………………………………………… 川上重彦…128
　　Ⅰ．顔面軟部組織損傷 ………………………………………………………… 128
　　Ⅱ．顔面骨骨折 ………………………………………………………………… 130

9-3　腰　痛 …………………………… 藤本吉範・奥田晃章・寛田　司・山田清貴…135
　　Ⅰ．体幹・腰部外傷 …………………………………………………………… 135
　　Ⅱ．腰部慢性障害 ……………………………………………………………… 136
　　Ⅲ．治療法 ……………………………………………………………………… 141
　　Ⅳ．予　防 ……………………………………………………………………… 141

9-4 鼠径部痛 ……… 仁賀定雄…144
- I．初期の鑑別診断 …… 145
- II．当科における治療経験 …… 146
- III．初期治療のポイントと重症度の判定，治療法の選択 …… 149
- IV．鼠径周辺部痛のためのアスレチックリハビリテーション …… 153
- V．今後の課題 …… 158

9-5 肉離れ ……… 宮川俊平・奥脇 透…160
- I．初期治療 …… 163
- II．各論 …… 164

9-6 膝関節 ……… 白石 稔…168
- I．受傷から診断まで …… 168
- II．外傷の初期治療 …… 173
- III．初期治療後の治療方針 …… 174
- IV．膝の過労性障害 …… 179
- V．成長期の障害 …… 190

9-7 足・足関節 ……… 関 純…195
- I．足関節捻挫・靱帯損傷 …… 195
- II．足関節脱臼骨折・足関節部の骨折 …… 196
- III．足関節部 Impingement exostosis …… 196
- IV．有痛性三角骨障害 …… 197
- V．アキレス腱断裂 …… 197
- VI．有痛性外脛骨障害 …… 198
- VII．母趾種子骨障害 …… 198
- VIII．足・足関節部の疲労骨折 …… 199

Chapter 10 内科的疾患の管理 …… 201

10-1 貧血・消化器疾患・肝炎 ……… 荒川正一…201
- I．貧血 …… 201
- II．消化器疾患 …… 205
- III．肝炎 …… 208

10-2 気管支喘息・花粉症 ……… 野村公寿…212
- I．気管支喘息 …… 212
- II．花粉症 …… 217

10-3 感染症：サッカーと感染症予防 ……… 岡部信彦…222
- I．はじめに—感染症とスポーツ（サッカー） …… 222

Ⅱ．予防接種 …………………………………………………………………… 222
　　Ⅲ．血液・体液接触による感染 ……………………………………………… 228
　　Ⅳ．標準的予防策 ……………………………………………………………… 229

10-4　循環器疾患　　　　　　　　　　　　　　　　　　　　芝田貴裕…231
　　Ⅰ．比較的若年者のサッカー選手の場合 …………………………………… 231
　　Ⅱ．高齢者のサッカー選手の場合 …………………………………………… 236
　　Ⅲ．不整脈を認めた時は？ …………………………………………………… 237
　　Ⅳ．サッカー中止を勧告すべき不整脈 ……………………………………… 238

Chapter 11　発育期サッカー選手の外傷・障害の予防　　平野　篤・白石　稔…239
　　Ⅰ．現場における安全確保 …………………………………………………… 239
　　Ⅱ．成長期サッカー選手のメディカルチェック …………………………… 240
　　Ⅲ．予防および早期診断について …………………………………………… 246

Chapter 12　海外遠征時のメディカルサポート　　　　　　　河野照茂…249
　　Ⅰ．時差対策 …………………………………………………………………… 249
　　Ⅱ．衛生環境のチェック ……………………………………………………… 250
　　Ⅲ．気候のチェック …………………………………………………………… 250
　　Ⅳ．医療体制のチェック ……………………………………………………… 251
　　Ⅴ．予防接種 …………………………………………………………………… 251

Chapter 13　帯同ドクターの役割　　　　　　　　　　森川嗣夫・加藤晴康…254
　　Ⅰ．日本代表チーム帯同について …………………………………………… 254
　　Ⅱ．ユース年代の代表チーム帯同について ………………………………… 261

Chapter 14　アスレティックトレーナーの役割　　　　　　　早川直樹…267
　　Ⅰ．日本代表チームアスレティックトレーナー …………………………… 268
　　Ⅱ．各カテゴリーでのアスレティックトレーナー業務 …………………… 278
　　Ⅲ．まとめ ……………………………………………………………………… 281

Chapter 15　特殊環境対策　　　　　　　　　　　　　　　　河野照茂…282
　　Ⅰ．暑熱対策 …………………………………………………………………… 282
　　Ⅱ．高地対策 …………………………………………………………………… 286
　　Ⅲ．時差対策 …………………………………………………………………… 287

Chapter 16　ドーピングコントロール　　　　　　　　　　　河野照茂…291
　　Ⅰ．ドーピングの歴史とドーピングコントロールの開始 ………………… 291
　　Ⅱ．ドーピングが選手に及ぼす影響 ………………………………………… 292
　　Ⅲ．ドーピング禁止物質 ……………………………………………………… 292

Ⅳ．注意が必要な薬物 ……………………………………………………………… 294
　　Ⅴ．ドーピングコントロールの実際 ……………………………………………… 294
　　Ⅵ．ドーピングコントロールを受ける選手に対しての注意 …………………… 295
　　Ⅶ．ドーピング陽性となった場合 ………………………………………………… 295
　　Ⅷ．選手をドーピングから守る …………………………………………………… 296

Chapter 17　大会の医事運営 ……………………………………… 青木治人…297
　　Ⅰ．医事運営の構築 ………………………………………………………………… 297
　　Ⅱ．医事運営の必要事項 …………………………………………………………… 297
　　Ⅲ．外国人医師の医療行為と薬品の持ち込みについて ………………………… 304
　　Ⅳ．事前のワークショップについて ……………………………………………… 305
　　Ⅴ．医療費の支払いについて ……………………………………………………… 306
　　Ⅵ．医療スタッフに対する保険について ………………………………………… 306
　　Ⅶ．今後の国際大会医事運営のあり方 …………………………………………… 307

Chapter 18　サッカーと視力―静止視力と動体視力 ……………… 真下一策…308
　　Ⅰ．中田選手の眼 …………………………………………………………………… 308
　　Ⅱ．見るメカニズム ………………………………………………………………… 308
　　Ⅲ．スポーツに必要な眼（視覚）とは …………………………………………… 308
　　Ⅳ．トッププレーヤーは眼がいいか ……………………………………………… 310
　　Ⅴ．サッカーに必要な眼 …………………………………………………………… 311
　　Ⅵ．視力矯正 ………………………………………………………………………… 313
　　Ⅶ．ビジュアルトレーニング ……………………………………………………… 313
　　Ⅷ．スポーツビジョンの活用 ……………………………………………………… 314

Chapter 19　サッカー選手の歯科管理 ……………………… 片山　直・村井宏隆…316
　　Ⅰ．はじめに―歯の悪い人はドロップアウトも ………………………………… 316
　　Ⅱ．選手の意識調査―まだあまい意識 …………………………………………… 316
　　Ⅲ．検診結果の推移―世界ランキングアップとともに検診結果もアップ …… 318
　　Ⅳ．緊急時のインフォメーション―先生！どのくらいの期間で治りますか … 321

Chapter 20　サッカー選手の栄養管理 ……………………………… 杉浦克己…323
　　Ⅰ．サッカー選手と栄養 …………………………………………………………… 323
　　Ⅱ．サッカーと5大栄養素 ………………………………………………………… 324
　　Ⅲ．基本的栄養バランス …………………………………………………………… 326
　　Ⅳ．実際の食べ方 …………………………………………………………………… 329
　　Ⅴ．サプリメントの活用 …………………………………………………………… 330
　　Ⅵ．大会に合わせた栄養摂取 ……………………………………………………… 333
　　Ⅶ．試合日の栄養 …………………………………………………………………… 334

Chapter 21　サッカー選手の心理学 ………………………………………… 339

21-1　心身統一的メンタルトレーニングによるコンディショニング
……………………………………………………………………………… 豊田一成…339
Ⅰ．メンタルトレーニングの始まり …………………………………………… 339
Ⅱ．メンタルトレーニングで何がどうなる …………………………………… 339
Ⅲ．心身統一的メンタルトレーニング手法とは ……………………………… 340
Ⅳ．「気」(気功)とは …………………………………………………………… 340
Ⅴ．「気」を取り入れたメンタルトレーニング ………………………………… 341
Ⅵ．心身統一的メンタルトレーニング手法 …………………………………… 342
Ⅶ．心身統一的メンタルトレーニングによるコンディショニング ………… 343

21-2　バーンアウト ………………………………………………… 豊田一成…346
Ⅰ．バーンアウトとは …………………………………………………………… 346
Ⅱ．バーンアウトの特徴 ………………………………………………………… 346
Ⅲ．バーンアウトを起こしやすい選手の特徴 ………………………………… 347
Ⅳ．バーンアウトに対するサポート …………………………………………… 348

21-3　競技力向上を目的としたメンタルトレーニングプログラム
……………………………………………………………………………… 高妻容一…350
Ⅰ．世界の歴史的背景 …………………………………………………………… 350
Ⅱ．日本の歴史的背景 …………………………………………………………… 351
Ⅲ．日本サッカー界におけるメンタルトレーニング ………………………… 352
Ⅳ．サッカーのメンタルトレーニングプログラムの例 ……………………… 352

Chapter 22　女子サッカー選手の健康管理─女子の健康管理全般について ………………………………………………………………… 田中光臣…359
Ⅰ．女性の身体の特徴：体格・体型の男女差 ………………………………… 359
Ⅱ．月　経 ………………………………………………………………………… 359
Ⅲ．婦人科的メディカルチェック ……………………………………………… 361
Ⅳ．女子選手とコンディション ………………………………………………… 362
Ⅴ．月経周期とコンディション ………………………………………………… 363
Ⅵ．月経周期と試合 ……………………………………………………………… 363
Ⅶ．生理移動 ……………………………………………………………………… 364
Ⅷ．運動性無月経 ………………………………………………………………… 364
Ⅸ．骨粗鬆症 ……………………………………………………………………… 365
Ⅹ．女性に多いスポーツ外傷・障害 …………………………………………… 365
Ⅺ．疲労骨折 ……………………………………………………………………… 366

Chapter 23 サッカーに必要なテーピング ……………………………… 鹿倉二郎…367
  Ⅰ．テーピングの目的と効果 ……………………………………………… 367
  Ⅱ．注意事項 ………………………………………………………………… 368
  Ⅲ．テーピングを行う際の準備 …………………………………………… 368
  Ⅳ．テーピングの実際 ……………………………………………………… 369

索　引 ……………………………………………………………………………… 385

日本におけるサッカー医学

　すべてのスポーツ種目においていえることであるが，好成績を挙げるためには，選手，コーチの単なる個人的努力では不十分であり，多方面からのサポートが必要不可欠であることはよく認識されている。
　そして医学的サポートはその重要な部分を占める。
　現在，日本のサッカーにおいては，日本サッカー協会スポーツ医学委員会が中心となってサッカー選手に対する医学的サポートの枠組みづくりを行っている。
　本章では，その発足の歴史と現在の活動を中心に，日本におけるサッカー医学について述べる。

Ⅰ．サッカーにおけるスポーツ医学の歴史

　東京オリンピックが開催された1964年当時，日本サッカー協会の中には5名の医師が所属していたが，その当時は国内で開催される試合の際の会場の医事運営が主であった。
　1968年，メキシコオリンピックの年にこの5名の医師が，日本サッカー協会の医事委員として正式に任命された。オリンピックにはチームドクター1名，マッサージ師1名が参加したが，この当時は自費参加であった。1970年第6回アジア大会の時に日本協会は代表チームにチームドクターを公式に帯同させた。さらに1974年6月より，日本サッカーリーグ1部リーグのチームを担当していた医師の間でチームドクター協議会が発足し，選手の健康管理のすべてについて日本協会の医事委員会と連携をとるようになった。
　その後，この医事委員会は呼称を国際サッカー連盟にならって「スポーツ医学委員会」となり，現在に至っている。
　この委員会のメンバーは現在7名の医師で構成されており，代表チームに対する医学的サポートをはじめ，サッカーに関係する医学的サポートの指針や体制づくりがこの委員会でなされている。メンバーの構成は，整形外科医5名，内科医1名，スポーツ医1名であり，それ以外に必要に応じて他科の医師からアドバイスを得ている。
　また，2003年度から従来あったJリーグスポーツ医学委員会を解消し，クラブの

チームドクター連絡協議会の形でサッカー協会のスポーツ医学委員会に統合し，Ｊリーグクラブの選手の健康管理も一元化するようになった。従って，日本サッカー協会スポーツ医学委員会は，サッカー選手の健康管理のすべてに関与することになっている。

具体的な担当事項として，
① 代表チーム(男子，女子，各年代)の医学的管理
② Ｊリーグクラブ選手の健康管理指針作成，およびその実行状況の確認
③ ドーピングコントロールの実施
④ 代表チームにつながる世代の選手に対する医学的管理・教育・指導
⑤ 医師，トレーナー，指導者に対するスポーツ医学の教育・普及
⑥ 協会が主催する大会の医事運営
⑦ 代表選手をサポートするための医学的研究
⑧ サッカー医学を通じた国際活動

以上の8項目である。順次その概要を述べる。

Ⅱ．スポーツ医学委員会の活動

1．代表チームに対する医学的サポート

スポーツにおける外傷では受傷直後の処置，および試合復帰の可否の判断が大切であり，これは医師にとって大きな責任である。特に海外においては環境や医療事情も異なるため，選手の健康管理および傷害・疾病に対してはチームドクターが帯同して適切な治療をすることが不可欠である。

現在では女子も含めて世代別のチーム(U-20，U-17，女子など)の海外遠征も多く行われている。これらの遠征には人数の違いはあるものの，協会のスポーツ医学委員会の責任のもとでチームドクター，およびアスレティックトレーナー(日本体育協会認定)を選考し，帯同させている。

さらに，これらの海外遠征以外に国内における強化合宿にも，チームドクターとアスレティックトレーナーが帯同している。

a．医学的サポートの内容

海外遠征におけるメディカルスタッフの帯同の目的は，選手の外傷・疾病の治療，健康管理を行い，コンディションを維持し，競技の向上をはかることである。しかしこれらは，何も選手がチームに合流してからのみ行うべきことではなく，出発前，あるいは合宿が決まった時点からのサポートが必要となる。

現在，日本代表チーム(ユース世代も含む)に選出された選手，およびＪリーグの選手は全員，個人個人の医学的情報を記録したいわゆる「サッカーヘルスメイト」(図1)をもっている。これには過去の外傷・疾病歴，および現在の傷害の状態が記入されており，代表チームに来るときには必ず携帯するようになっている。従って，これを見れば大体のことはわかるが，これ以外にも代表のチームドクターとＪリーグ各クラブのチームドクターおよびトレーナー同士が常に密接な連絡をとり，各チームでの医学的管理と代表チームでの健康管理の継続性を保つことが必要である。

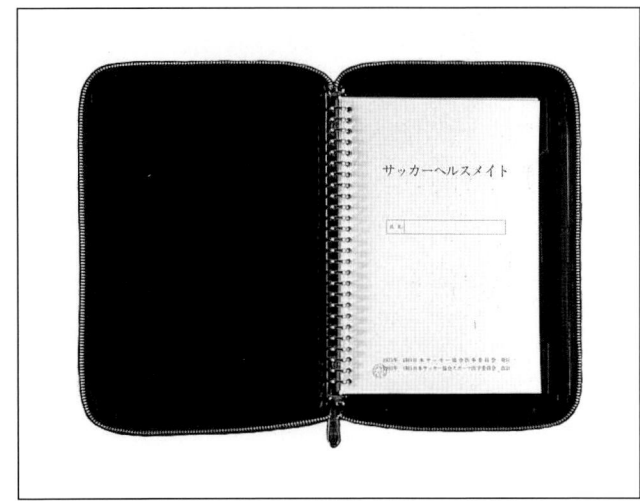

図1. サッカーヘルスメイト
この中に各選手の健康に関する情報がすべて記載される。

　代表チームに合流した選手に対しては主として整形外科的メディカルチェックが最終的に行われるが，この期間におけるチームドクターの業務の主たるものは言うまでもなく，外傷・疾病の治療が主となる。ここで忘れてはならないのは，"的確な診断"の中にはその選手が練習，あるいは試合出場が可能か否か，あるいはその期間はどのくらいかを確信をもってコーチングスタッフに伝えることも含まれる，ということである。外傷や疾患についての単なる診断，およびその治療のみでは不十分である。

　次に重要なことは各選手のコンディションの把握である。このために毎日，選手の体調を聞き出すように心がけるようにしなければならない。

　このようなコミュニケーション，練習状況や身体的所見に基づいた判断に加え，コンディションをより客観的に評価しようという方法もとっている。選手の毎日の体重変動を測定し，また合宿最初に各選手の血液検査を行い，貧血の有無，あるいは筋疲労や全身疲労を反映すると考えられるCPKや成長ホルモンの値などを指標にして選手のコンディションの把握に努めている。

b．薬品・備品の整備

　スポーツ医学委員会では海外遠征，および国内合宿に際して必要な薬品，備品のリストを作成し，スポーツ医学委員会の責任のもとでこれらをそろえている（図2）。必要とされる薬品類は，主として消炎鎮痛剤，抗生剤，胃腸薬などの内服，注射，および外用薬である。また，医療器材としては包帯類，シーネ類，縫合セットなども同時に供給するシステムをつくった。これらの薬品，医療器具は遠征期間，場所により適宜，増量，ないしは新たに追加するようにしている。栄養補助剤も追加するが，前記の薬品も含めてドーピングコントロールに基づいた使用禁止薬剤以外の薬品を選択することはいうまでもないことである。

　また，ある程度の障害を有していながらプレーをする選手もいるので，大会中，合宿中ともに医学的な治療を行う必要がある。このため，ホットパックや超音波治療器などの物理療法器機もそろえることとしている。なお，2003年から選手のグラ

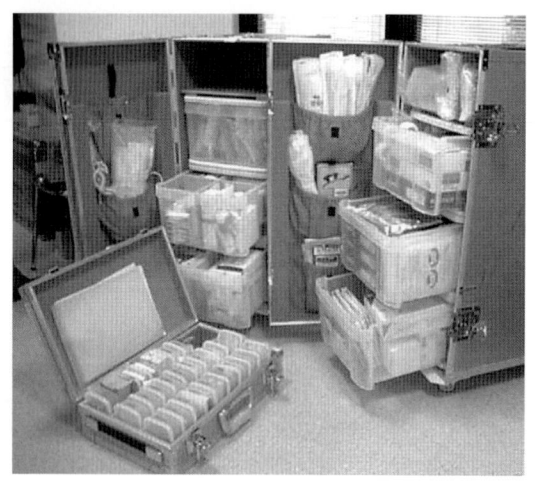

図2. メディカルボックス
ジュラルミン製のボックスで，内部には必要な薬品や医療器材を区分けして収納している。

ンド上での緊急事態に対応できるように，自動式体外除細動器（AED）と気道確保用の器具も医療機器のリストに加えた。

c．チームドクターの選任および人数

現在，各世代の日本代表チームには1チームあたり約2名のドクターが担当している。この理由は，上位のクラスの代表チーム，特にA（トップ），あるいはオリンピック代表チームでは合宿，海外遠征，および各種大会のための招集が多く，大きな大会のある年では約100日間帯同しなければならないからである。2名で交互にチームに帯同し，ときに必要とあればさらにもう1名が予備として入ってもらうような体制としてある。ここで重要なことは，そのチームのドクターの責任者を決めておくことであり，そのドクターを中心としてチームの医学的管理の一貫性を保つようにしなければならない。なお，現在は外傷治療を「主」とし，疾病治療は「従」という考えから整形外科学の医師がチームドクターになっているが，1999年ナイジェリアにおいて開催されたFIFAワールドユース選手権のような場合には内科的疾患の発生が危惧されたため，内科医も帯同した。

これらの帯同ドクターの活動報告は，そのつどスポーツ医学委員会にレポートとして提出され，問題点の整理，およびその後の改善策を立てるための資料となる。

d．アスレティックトレーナーについて

代表チームにチームドクターが帯同しはじめた初期には，ドクターを補助する者としてマッサージ師が帯同していた。そして，その後もしばらくはマッサージ師，あるいは鍼灸の有資格者をそのつど外部に依頼してチームに帯同させるようにしていた。しかし，治療内容の高度化にあわせ，1998年フランスワールドカップ出場を機に，日本体育協会公認のアスレティックトレーナーを1名協会専属として契約し，原則として全チームに帯同することとした。現在A（トップ）代表には3名，オリンピック代表には2名，他のユース，ジュニアユース代表チームには1名が帯同することになっている。専属トレーナー以外については，アスレティックトレーナー有資格者で，過去におけるサッカーに関連する経歴を参考にあらかじめ10数名のリストを作成しておき，スポーツ医学委員会が選考している。

e．栄養サポートについて

　海外遠征の場合，選手のコンディションに影響を与えるのは大会の試合スケジュール，大会開催地の気候などであるが，同様に食事は重要な因子である。

　栄養に関する選手へのサポートはユース世代に対する食事指導からスタートした。A（トップ）代表などのチームに対する食事に関するサポートは，アメリカワールドカップのアジア最終予選（1993年）のときに，調理師をチームに帯同させたのが初めてである。その後，アトランタオリンピックでは栄養士の帯同による食事摂取に関する指導や食事メニューの一部追加，といった本格的な栄養サポートを行った。さらに，フランスワールドカップの予選の際には，現地での食材の確保・調理など，チームの要望に応じた体制がとれるようになった。1999年3月のナイジェリアにおけるワールドユース選手権大会においても，事前に現地の水質について衛生的なチェックを行うと同時に，安全な食材の確保を行った。

f．特殊環境下における大会に対する準備

　国内で行われる各種大会は別として，国際大会ではその開催地によっては種々な環境のもとでプレーしなければならない。代表チームがもてる力を十分に発揮するためには，そのような環境への対応策をとらなければならないことがある。以下にその実例を挙げる。

　① 高地における試合に対する対策——1995年南米エクアドルのキトで行われたU-17世界選手権の際，事前合宿を行い，高地馴化の対策を立てた。

　② 高温多湿下での試合に対する対策——1996年アトランタオリンピックに出場した代表チームを対象にして，暑熱下における水分摂取の各選手の指針をつくった。

　③ 伝染病対策——1999年ナイジェリアで行われたU-20ワールドユース世界選手権では，あらかじめ候補選手全員にナイジェリア入国に際して法的に義務づけられている黄熱病を始めとして，FIFAのスポーツ医学委員会の勧告に基づき，肝炎A，B，および破傷風の予防接種を，さらにマラリアに対しては予防薬の投与も行った。また，チームドクターとして従来の整形外科医以外に内科医も帯同した。飲料水についても現地の水を取り寄せ，水質検査を事前に日本国内で行い，その安全性を確認し，現地調達をした。また，食材の管理と一部のメニューの追加を目的として調理師も帯同した。

　以上述べたような対応策以外にも，すべての世代の代表チームについてそのつど必要事項について実行している。

2．Jリーグクラブ選手に対する健康管理指針

　現在の代表チームの選手のうち，A（トップ）代表，オリンピック代表チーム，およびユースチームの一部はJリーグのクラブに所属している者である。各代表チームのチームドクターは，常日頃から選手の健康管理や外傷，あるいは疾病の治療に携わっているわけではない。従って，各クラブチームでの医学的管理の情報を知ることは，チームドクターにとって選手の医学的管理の一貫性を保つために必要不可欠なことである。

a．Ｊリーグクラブにおけるメディカルチェックの義務化

現在，Ｊリーグでは各チームにおいて選手の医学的管理を担当するものとして，チームドクターを登録することを義務づけている。同時にシーズン前，および契約時にメディカルチェックを行うよう求め，かつその実施状況およびその内容をＪリーグメディカルチェック報告書としてＪリーグへ提出させている。これには内科的検査（胸部Ｘ線検査，心電図，血液検査，尿検査など），および整形外科的チェックが含まれている。現在はこの健康管理策をさらに充実させるため，より詳しい心電図検査の実施など，要綱の変更をしている。また，毎年報告される検査結果について医学委員会でチェックし，必要があれば再検査を勧告している。

b．「ヘルスメイト」の活用

この「ヘルスメイト」のシステムについては先に述べたが，現在，Ｊリーグに登録された選手には「ヘルスメイト」が個人別に作成されている。これは，Ｊリーグが１部，２部制になった現在においても変わりはない。

この「ヘルスメイト」には選手個人のスポーツ歴，過去の外傷・疾患の既往はもとより，公式戦，練習中のいかんに関わらず，すべての外傷・障害，および疾患が記録される。また，これには先に述べたメディカルチェックの結果もすべて記載される。

c．Ｊリーグにおける外傷・障害の報告

Ｊリーグでは創設以来，公式戦における外傷・障害の報告書，およびその後の経過報告書の提出を義務づけている。さらに，1997年からは公式戦以外における外傷・障害の報告も提出することになっている。

以上のようなシステムにより，各選手は所属が変わっても常に自己の健康情報をもつことができ，かつ新たに行う場合も統一した内容のチェックを受けることができるようになった。また，Ｊリーグのクラブ自体も自分たちの管理下にある選手の医学的情報を継続して記録しておくことができるのである。

3．ドーピングコントロールの実施

ドーピングは，各競技において大きな問題となっているが，サッカーではFIFAワールドカップはもちろんのこと，各世代の世界選手権大会，オリンピック大会，アジア大会など，大きな国際大会では予選大会からドーピングコントロールが行われている。

わが国ではＪリーグにおいて，1995年よりＪリーグドーピングコントロール委員会が発足し，各節１試合を選び，１チーム２名，計４名の選手に対してFIFAの規則に従ってドーピングテストを行っている。

これは，ドーピングコントロールの直接の目的である選手の健康，フェアプレー精神の徹底ということ以外に，チームスタッフ，ドクター，そしてプレーヤーに対して大きな教育的効果を担っている。このシステムが確立されていることにより，クラブのチームドクター，および代表チームのドクターのドーピングコントロールに対する意識も高まり，また選手も日常より薬物の使用に対し注意を払うようになっている。わが国では陽性選手は出ていない。

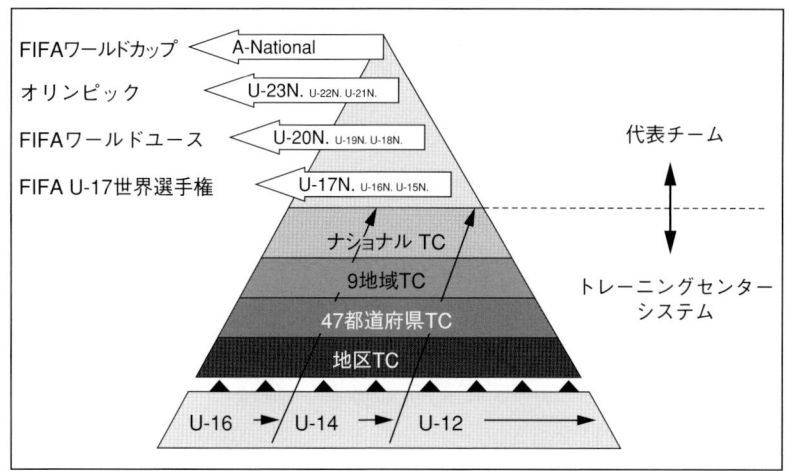

図3. トレセン制度
各地区より選抜された選手は順次選考を繰り返され，ナショナルトレーニングセンターに進む．2003年からU-12は9地域で開催されるようになった．

今後はJリーグ所属の選手だけではなく，各世代の世界選手権につながる選手をはじめ，若い選手にもドーピングテストを拡大しなければならない．

4．代表チームにつながる発育期選手に対する健康管理

日本代表チームに対するメディカルサポート以外にも，将来代表チームを担うであろう若い選手の医学的管理も重要である．現在，スポーツ医学委員会では12歳から15歳までの世代の選手に対しては，ナショナルトレーニングセンター（図3）に選ばれた選手（協会主催）を対象にメディカルチェックを行い，外傷・障害の実態調査と障害発生予防に努めている．

また，この世代では健康に対する自己管理の意識をもたせる目的で栄養指導を行うとともに，アスレティックトレーナーがストレッチングやテーピングの方法などの指導を行うようにしている．

5．教育・普及活動
a．サッカードクターの養成

現在日本サッカー協会では，各代表チームのチームドクターはスポーツ医学委員会が選考している．先に述べたように，1チーム約2名の医師が受け持っている．これはチームの医学的管理の一貫性という点ではよいが，後進の医師の養成も欠かせない．そこで，サッカーに関心のあるドクターのネットワークをつくることがどうしても必要となってくる．まず，サッカーに関する医学的情報を多くの若いドクターに知ってもらう必要があること，そして代表チームのメディカルサポートの実情を学んでもらうこと，などの理由から1981年より年2回サッカードクターセミナーを開催している．このセミナーではサッカー医学に関する講習会，代表チームの医事管理の実際についての講義，報告が行われるが，同時にサッカー実技の時間も含まれている．最近では，60～70名のいろいろな診療科の医師が参加している．

本セミナー4回の受講をもって，日本体育協会スポーツドクター講習会へのサッカー協会推薦資格とし，また日本サッカー協会が派遣するチームのチームドクターへの選考資格としている。

b．トレーナーに対する教育

医学的サポートを効果あるものとするために，トレーナーの存在は欠かせない。日本体育協会では公認アスレティックトレーナー制度を設けているが，サッカーでも協会推薦で多くのサッカー関係のトレーナーを養成している。また，Jリーグ所属のトレーナーを含めて，サッカートレーナー講習会を協会主催で年1回開催し，トレーナー同士の連携を深めると同時に知識の習得をはかっている。

c．指導者・コーチに対する教育・普及

指導者，特に発育期の選手を指導する者に対しては，スポーツ医学に対する認識を高めてもらう必要がある。日本体育協会主催のコーチ養成講習会では，サッカー協会が独自性をもち，スポーツ医学委員会が暑熱対策，救急処置およびover-use（使い過ぎ症候群）の防止についての教育を行っている。

6．大会の医事運営

日本サッカー協会の基本規程では，協会が主催する試合の医事運営はスポーツ医学委員会の管轄となっている。

各国内試合，国際大会の試合会場医事運営のみならず，外国チームの受け入れの際の諸手続き，例えば薬品の持ち込み，感染症対策などについて関係省庁と連携をとりつつ，対策を立てている。この項については2002年FIFAワールドカップにおける対応を中心にして，第17章「大会の医事運営」で述べる。

7．代表選手を支えるための医学的研究

サッカー選手の健康管理を進めるための医学的研究は欠かせない。もちろん，これはチームのニーズに応じてテーマは変わる。

今までに行われてきた研究活動は，以下の通りである。

① Jリーグ，各代表チーム，およびナショナルトレーニングセンターにおいて行われたメディカルチェックのデータ整理・報告
② それに基づく障害予防対策の検討
③ チームのニーズに応じた事前のシミュレーション研究
④ 炎天下での連戦が発育期の選手に及ぼす影響
⑤ 中高年サッカー愛好家の疾病危険因子
⑥ 暑熱対策
⑦ 女子サッカー選手の体力の時代的推移
⑧ 栄養調査，特にユース世代の実態調査
⑨ 歯の管理状況の調査
⑩ 障害と心理に関する調査
⑪ 人工芝の安全性に関する研究

などである。

これらの結果は，関連する国内外の研究会，学会に発表している。

8．サッカー医学を通じた国際活動

　現在，日本サッカー協会では，その上部連盟である国際サッカー連盟(FIFA)，アジアサッカー連盟(AFC)にそれぞれ，スポーツ医学委員各1名とドーピングコントロールドクター5名を派遣して，世界大会，あるいはその予選時に要請に応じてドーピングコントロールを担当している。また，サッカーを主とした国際学会を開催，あるいは定期的に研究結果を発表している。

　この活動は，世界のサッカーにおける日本のサッカー医学の役割を大きくするためにも，よりいっそう発展させなければならない活動である。

〈青木治人〉

Football Medicine

Chapter 2 サッカーのバイオメカニクス

キック・ヘディングを中心に

I．インパクトの基礎方程式

サッカーのキックやヘディングは，力学的には一種の衝突現象としてとらえることができ，簡単な衝突モデルでインパクト現象を考えると，見通しがよくなる。

ボールインパクトの現象を，非常に単純化して考えると，2 つの物体の衝突として捉えることができる(**図 1**)。質量 M と m の 2 つの物体が，衝突前 $V0$ と $v0$，衝突後 $V1$ と $v1$ の速度をもつとすると，衝突前後における 2 つの物体の運動量は図中の式(1)のようになる。これは，衝突前後において系全体の運動量の総和は変わらないということを示しており，運動量保存の法則ともいう。また，ボールの跳ね返り特性を示す力学的指標として反発係数というものがよく用いられるが，これは，落下させたボールのインパクト前後の速度比を示しているものであり，衝突前の速度 va，衝突後の速度 vb とすると，反発係数の e は，$-vb$ 割る va となる。この衝突に関する運動量保存に関する式(1)と，反発に関する式(2)とを合わせてインパクト後のボール速度 $v1$ を表すと式(3)のようになる。この式はサッカーのキックだけでなく，野球やゴルフなどのすべてのインパクト衝突現象に関してあてはまり，インパクトの基礎方程式といえる。

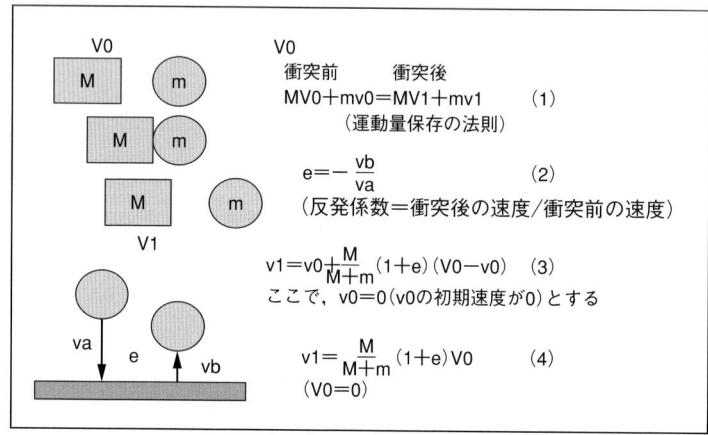

図 1．インパクトの基礎方程式

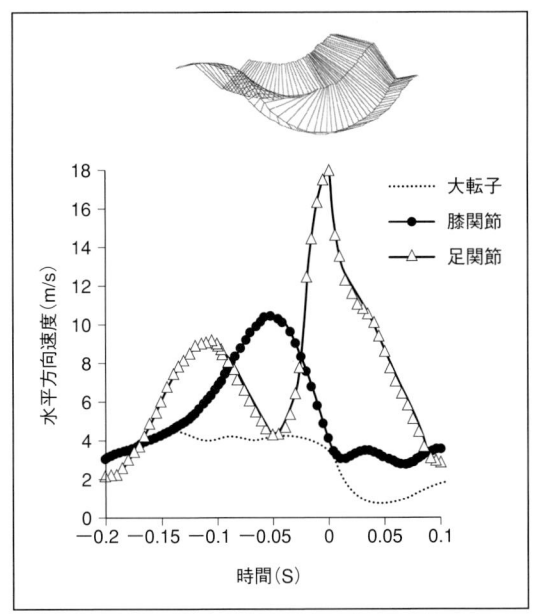

図 2. インステップキックにおける蹴り足の関節速度

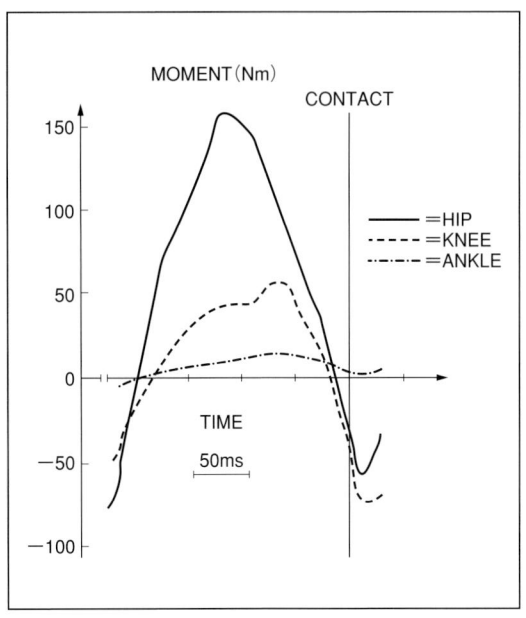

図 3. インステップキック時の筋モーメント[1]

　ここで，条件を簡単にするため，プレイスキックのように止まっているボールをキックすると仮定して$v0=0$を代入すると，式(4)になる。この式をみてわかるように，インパクト後のボール速度$v1$は，インパクト前の蹴り足の速度$V0$，反発係数e，およびボールと蹴り足の質量M割る$(M+m)$で決まることになる。従って，それぞれの要素(変数)を大きくすることが最終的にボール速度$v1$を大きくすることにつながり，それが技術的ポイントにもなる。このうち，蹴り足の質量はそれ程変えられないし(力学的には換算質量)，反発係数の変化も少ないといえる。それに対して，インパクト前の蹴り足の速度は，式の外に出ているので，蹴り足の速度が2倍になればボール速度も2倍になるという正比例の関係にあり，ボール速度に極めて大きな影響を与えていることが，このインパクトの基礎方程式からもわかる。

II. パワフルなインステップキック

　トップ選手における，フルスイングでのパワーシュートのボールスピードは約30〜35 m/s(メートル毎秒)とされている。そのボールの運動エネルギーは，ボール質量(0.45 kg)かけるボール速度(30 m/s)の2乗，割る2なので，約200 J(ジュール)となる。そして，ボールと足との接触時間は，ほぼ一定の0.01秒であり，単位時間あたりのエネルギーであるパワーは，200 Jを0.01秒で割って約20,000 W(ワット)ということになる。この約20,000 Wというパワーは，人間にとって非常に大きなものであり，下肢の単関節の筋力で発揮することは不可能であると考えられる。従って，足の筋力だけでなく，他の部分が発揮するエネルギーを活用することが重要になってくる。

図4. インステップキックにおけるインパクト直後の高速VTR画像(ストイコビッチ選手)

　図2は，トップ選手がインステップキックを行った場合における蹴り足の各関節速度を示したものであり，足関節の速度がほぼスイング速度と考えてよい。まず，最初に大転子(腰関節)速度のピークがあり，次に膝関節速度がピークとなり，最後に足関節速度がピークとなってインパクトしているのがわかる。これは，直線的に連結されたいくつかの関節が連鎖的に関係して動き，根幹部のエネルギーを末端部に伝達するメカニズムが働いていると考えられる。このメカニズムは，多くの関節の運動連鎖により，末端部の速度を飛躍的にアップさせることができ，「鞭の運動」「殻竿の働き(flail-like action)」「キネマティックリンク」「キネマティックチェーン」などと呼ばれている。

　このエネルギー伝達の運動原理をわかりやすく把握するためには，鞭の運動を考えるとよい。実際の鞭の場合，まず始めに鞭の握りの部分に力を加えて加速し，その仕事によって運動エネルギーを鞭に与える。次に，握りの部分を止めると力は手に掛かるが，手は止まっている(静止)ので変位を伴わない，つまり，鞭は手に対して仕事をしないことになる。手が止まった後の鞭の運動エネルギーは，ほぼ保存される(実際には熱などで，若干損失する)と考えられ，鞭が手元の方から連続的に静止していくので，この運動エネルギーが次々と鞭の先端側の質量の小さい部分に移動していくことになる。物体の運動エネルギーは，$1/2 \cdot mv^2$ (m；質量，v；速度)で表されるので，鞭の末端部の非常に質量が軽い部分は，結果的に音速を超えることになる。もちろん，人間は，鞭のような連続体ではないが，このメカニズムを利用して，多くの関節の運動連鎖により，末端部の速度を飛躍的にアップさせることが可能となる。

　また，人間の筋肉の出力特性は，大きな力を出す場合は収縮速度が遅く，逆に，速い収縮速度の場合，小さな力しか出せないことが，生理学的によく知られている。従って，サッカーのキック動作のように，始めに大きく重い筋群を，小さい速度で動かして大きなエネルギーを発生させ，順次，小さい筋群を大きな速度で動かしていくことは，筋の生理学特性にも適合していることになる。実際，インステップキッ

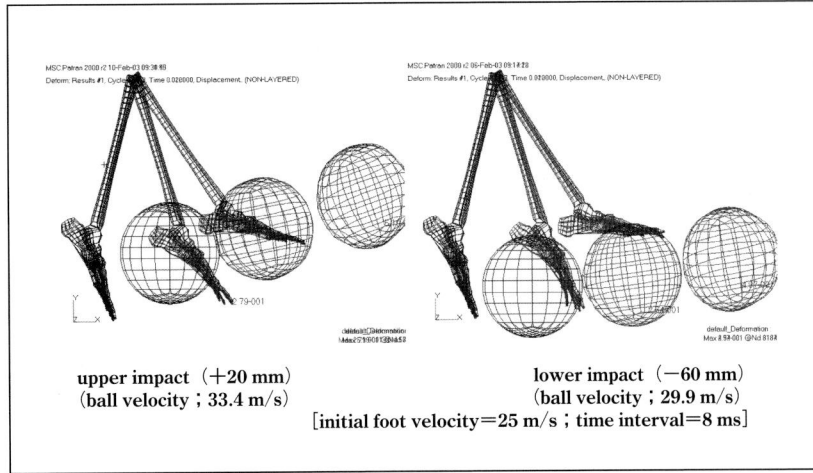

図 5. インパクト部位の異なるボールキックシミュレーション

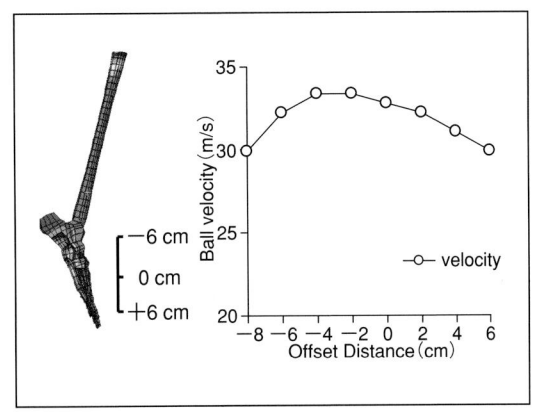

図 6. インパクト部位とボール速度の関係

ク時の発揮している筋力自体は，大きな筋群がある股関節が圧倒的に大きく，膝関節，足関節の順で小さくなっている（図3）[1]。そして，助走も含めて体幹回りの大きな筋肉で生み出したエネルギーを大腿部，下腿部，足関節部へと，末梢部の小さな部位へ鞭のように順序性をもって働かせ，効果的にインパクト部位の速度を大きくしていると考えられる。その意味で，パワフルなキックは，まさに全身運動で遂行されているといえよう。

　ボール速度を高める他の要素としては，インパクトの基礎方程式のところでみたように，反発係数 e がある。これもインパクト部位の速度 V_0 同様，ボール速度に影響するが，衝突する物体の材質力学的特性であるため，蹴り足の速度の場合とは様子が異なる。まず，ボールについてであるが，反発係数を大きくするためには，空気圧を高めることや，材質を工夫することが考えられる。しかし，基本的にFIFAの規格のもとに統一されており，選手全員が同じボールを使うことからも，これを動作技術で変えることはできない。したがって，可能性があるのは蹴り足の方ということになる。普段の練習や試合において直接目でとらえることは難しいが，高速

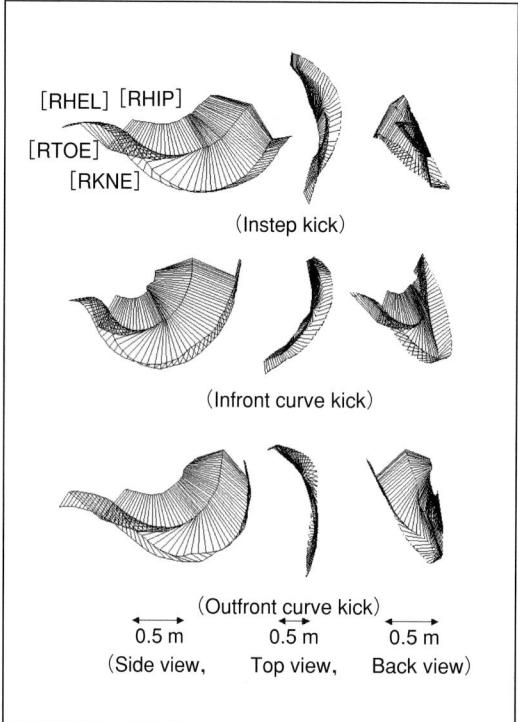

図 7. インステップキック, インフロントカーブキック, アウトフロントカーブキックのスティックピクチャ

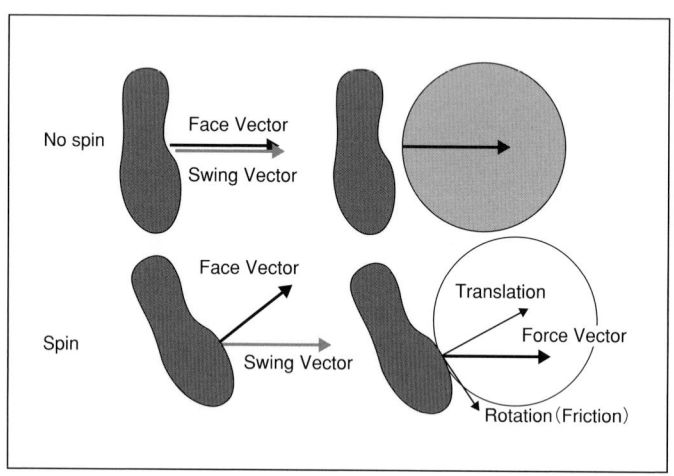

図 8. スピン発現の基礎メカニズム

度 VTR でボールキックを撮影すると, インパクト時には, ボールとともに足関節を中心とした蹴り足も大きく変形していることがわかる(図 4)。骨, 筋, 靱帯などの人体組織のほとんどは, 複雑な粘弾性的材料特性をもつと考えられ, 変形はエネルギーロスにつながると考えられる（エネルギーロスがなければ変形しても問題ない）。つまり, 大きなボールスピードを得るためには, インパクト時の足の変形を最小限に押さえることが重要であり, そのためには, 足部の筋を緊張させ, 足関節などを固定させることがポイントとなる。

2. サッカーのバイオメカニクス　15

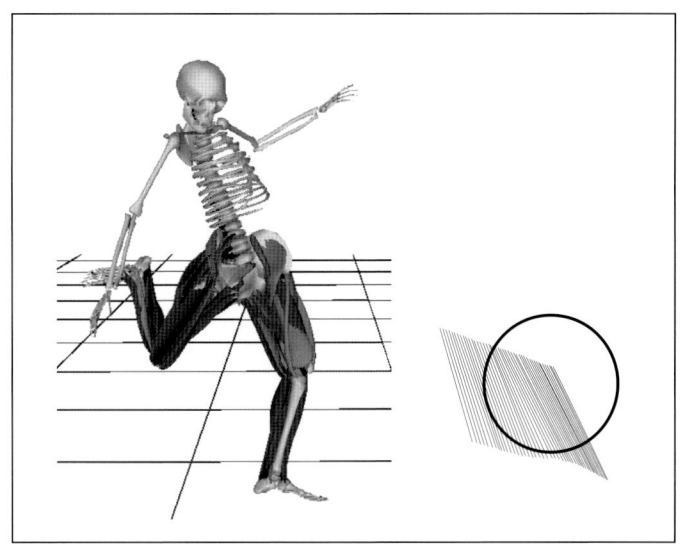

図 9. 筋－骨格系モデルと蹴り足のスティックピクチャ（Top view）

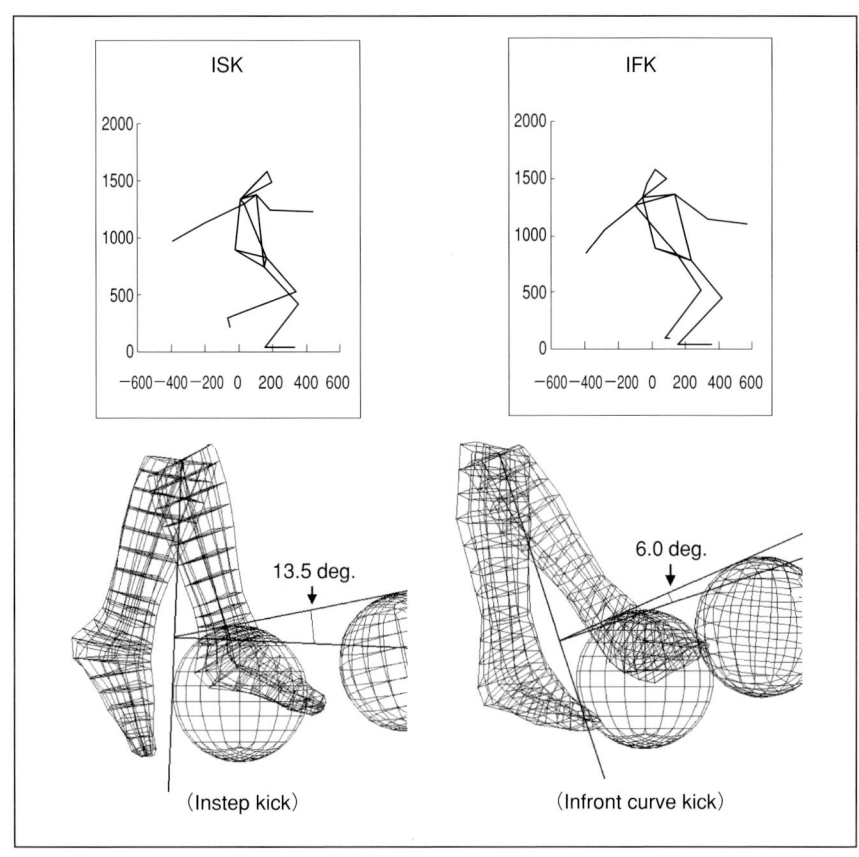

図 10. インステップキックとインフロントカーブキックの飛び出し角

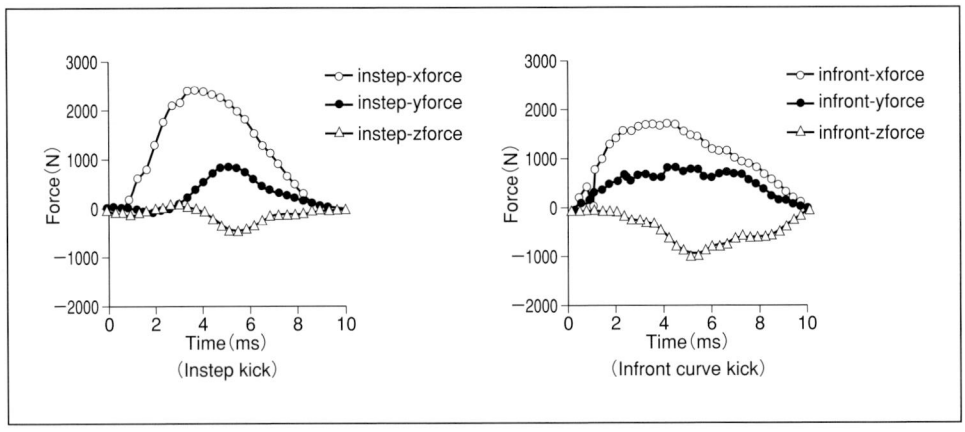

図 11. ボールインパクト時の衝撃力

　人体を，股，膝，足の3つの関節で直列に連結された剛体系とモデル化し，各関節が回転自由か，固定かの組み合わせについてボール速度と蹴り足の速度との関係を比較してみると(4つの組み合わせは，①膝・足関節とも固定，②膝関節自由・足関節固定，③膝関節固定・足関節自由，④膝関節自由・足関節自由)，①，②の足関節固定が条件とされた組み合わせが大きなボール速度を示すという結果が得られている[2]。したがって，インパクト時における足関節の固定は，ボール速度を大きくするために重要であるといえる。

　また，解剖学的に足関節をみると，部位によって剛性(硬さ)が異なり，インステップ部のどの部位でインパクトするかもボールスピードに関係してくる。図5は，インステップ部の異なる部位でインパクトした場合のボールスピードや飛び出し角度をコンピュータシミュレーションによって比較したものである。同じスイング速度でインパクトしたとしても，インパクト部位によってボールスピードや飛び出し角度が違ってくる。図6は足関節におけるインパクト部位とボールスピードの関係を示したものであり，足根骨や中足骨付近でインパクトしたケースが大きなボールスピードを示している。この結果はAsamiら[3]の実験結果を支持するものである。このことから，足根骨や中足骨付近でインパクトすることが，エネルギーロスの減少につながり，大きなボールスピードを得ることに効果があると考えられる。また，その場合のボール飛び出し角度は，エネルギーロスの小さな部位でインパクトするケースの方が大きな角度を示していた。これは，インパクト時におけるボールの変形やギアリングアクションと関係があると思われ，この影響を考慮することも一つの技術ポイントとなろう。

III. カーブキック

　近代サッカーにおいてボールにスピンをかけ，軌跡を曲げるカーブキックは，重要かつ最も基本的技術の一つになっている。ボールが曲がる原理は，野球のカーブボールなどと同じで，回転によるボール表面近傍の流速差が圧力差を生み，そのマ

図 12. ヘディングにおける角運動量保存の法則

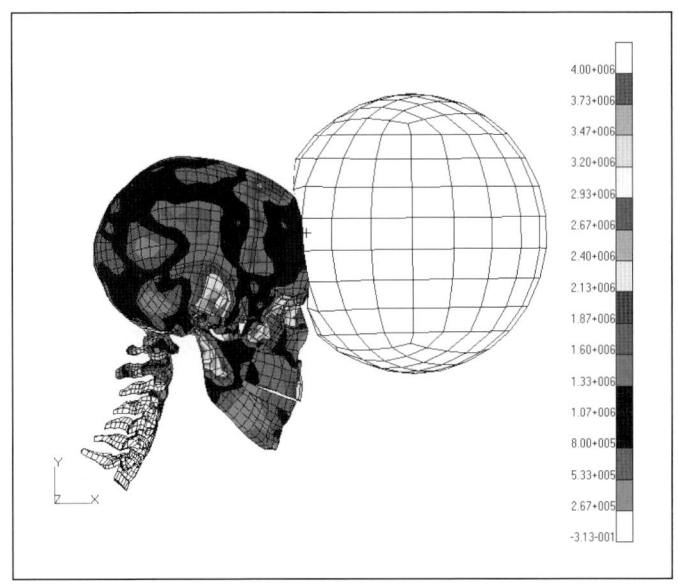

図 13. 有限要素法によるヘディングのコンピュータシミュレーション

グナス効果によって偏向させる力が働くことによる。そのマグナス力は，ボール回転数 8 rps，ボール速度 25 m/s の場合で約 3N 程度になると推定される[4]。インステップキック，インフロントカーブキックおよびアウトフロントカーブキックとフォームの違いを比較すると，蹴り足の足関節角度やスイング面に違いがみられ，インフロントカーブキックは足首をやや"L"字型に曲げた状態で下方から上方への運動が大きくなっているようである(図 7)。また，助走の角度も異なり，インフロントカーブキックが，ボールの飛び出し方向に対して最も大きな角度を示し，ア

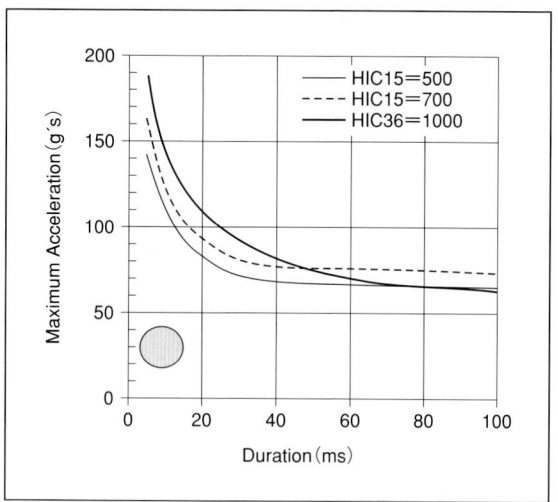

図 14. HIC カーブとシミュレーションによるピーク加速度推定値

ウトフロントカーブキックが小さく，その中間的角度がインステップキックとなる傾向を示していた。

　図 8 はインフロントカーブキックにおけるボールスピン発現の基礎メカニズムを上面図(Top view)として模式的に示したものである。フェースベクトルは，足部の接触面に垂直になるベクトル(法線方向)を示したものであり，スイングベクトルは接触面の運動方向ベクトルを示している。このフェイスベクトルとスイングベクトルのなす角度(迎え角)が 0 度の時は(同じ方向の時)，ボールに回転が発生しないが，迎え角が 0 度以外のとき，接線方向の力が生じ，摩擦力によってボールの回転が起きることになる。また，ボールキック時のインパクトの場合，ボールの大変形を伴うことが多く，トータル力ベクトルがボールの中心を通らず，そのために発生したモーメントによって回転が生ずることも考える必要がある。

　実際のインフロントカーブキックにおけるボールインパクト時のスティックピクチャを示したものが図 9 である。各ラインはつま先と足首のマーカーを結んだものであり，インパクト時のフェイスベクトルとスイングベクトルが異なった向きになっていることが観察される。サッカー経験 10 年以上の被験者を対象としたインフロントカーブキックの実験において，平均ボール速度が 27.1 m/s(S. D. ; 1.7 m/s)，平均ボール回転数が 7.8 rps(S. D. ; 2.1 rps)のとき，フェイスベクトルとスイングベクトルのなす平均角度は 35.4 deg.(S. D. ; 8.3 deg.)であった。しかし，この迎え角は被験者や，試技によっての偏差が大きく，詳細は今後の研究に待つ必要があろう。インフロントカーブキック時の動的筋力を，筋―骨格系モデル (Gsport, Inc.)を用いてインステップキックと比較すると，共に大腿四頭筋群が大きな筋力を発揮していたが，インフロントカーブキックでは内転筋群が比較的大きな力を発揮する傾向がみられた(図 9)。また，インフロントカーブキックのインパクト時では，インステップキックと比較して上体が後傾する傾向がみられた(図 10)。これは，インフロントキックのギアリングアクションが少なく，飛び出し角度が 6.0deg. となっ

ているのに対して，インステップキックは 13.5deg. となっており，そのため，インフロントキックではインステップキックよりやや蹴り足を後傾させてインパクトしていることが原因の一つになっていると思われる。インステップキックとインフロントカーブキックのインパクト時の衝撃力をコンピュータシミュレーションで比較すると，飛び出し方向への力はインステップキックの方が大きい値を示したが，その他の左右，上下方向には，インフロントカーブキックの方が大きな値を示し，スイングベクトルとフェースベクトルとが異なった角度でインパクトされていることが示唆された(図11)。また，インフロントカーブキックの蹴り方によっては横方向の大きな衝撃力が足関節や膝関節に伝達される可能性があり，靱帯などの損傷や障害に注意が必要である。

IV．ボールヘディング

　ボールを頭で飛ばすヘディングはサッカー特有の技術であり，サッカーをより3次元的でダイナミックなものとしている。ボールインパクトの部分だけをみると，力学的にはキック同様，前述したインパクトの基礎方程式で考えることができる。ヘディングの場合，インパクト前の頭部速度と，インパクト時の頭部質量(換算質量)が，ボール速度に大きな影響を及ぼすことになる。インパクト前の頭部速度を大きくするためには，頭をすばやく前に振り出すことが必要になるが，一般に 5 m/s 程度かそれ以下の速度であり，キックと比べてその速度は小さいといえる。また，インパクト時の頭部換算質量は，インパクトの仕方や体勢，筋の緊張度などによってかなり異なるが，キック時の蹴り足よりは大きい傾向にある。ジャンプヘディングの場合，空中で一度上半身をそらしてバックスイングをし，その後，頭を前方に振り出してボールをインパクトする場合が多い。このように体が空中にある場合，回転に関する運動量(角運動量)は保存されると考えられるので，上半身の回転運動とは反対の回転運動が下半身に発生することになる。従って，上半身を強く振り出すには，同時に下半身の振り出しが必要であり，逆に言えば，強い下半身の振り出しは，強い上半身の振り出しを生むことになる(図12)。この角運動量保存則は，前後方向だけでなく上下，左右方向にも同様に働き，シャープなヘディングをするためには，全身の回転運動をバランスよくコントロールすることが必要であり，腹筋や背筋などの体幹の筋が重要な役割を果たしていると考えられる。

　ヘディングは頭でボールをインパクトする技術だけに，頭部への衝撃が障害の観点から問題にされる場合がある。2002年1月に死亡した英国の元プロサッカー選手の死因が，ヘディングの反復による脳障害の可能性があると発表され，論議を呼んだことは記憶に新しい。実際のヘディング時における頭部衝撃の計測結果をみてみると，頭とボールの相対速度が約 6.6 m/s 時の頭部加速度は，約 20G 程度となっていた[5]。また，ジュニアおよびジュニアユース年代選手のボール速度約 6.7 m/s 時における平均頭部加速度は，約 3.7G(SD 1.3 G；Range 1.7 G〜8.8 G)程度と報告されている[6]。さらに，有限要素法を用いたコンピュータシミュレーションにより(図13)，頭部質量が変化した場合の頭部重心加速度も検討されており，頭部質量が 4.8 kg の

ケースで約 20 G，3.4 kg のケースで約 30 G と推定されている[7]。これらの頭部重心加速度がどの程度，脳損傷や脳障害を引き起こすかは，多角的に検討する必要がある。頭部衝撃時における脳損傷を検討する指標としてよく用いられる脳障害耐性値に HIC (head injury criteria) がある (式(5))。

$$HIC = \left\{ (t_2-t_1) \left[\frac{1}{t_2-t_1} \int_{t_1}^{t_2} a(t)dt \right]^{2.5} \right\}_{max}$$

ここで，$a(t)$ は頭部重心の加速度 (G)

式(5) Head Injury Criteria

　これは，自動車衝突安全基準等でよく利用されている指標であり，この基準にボールヘディング時の加速度を照らし合わせてみると，危険領域をかなり下回るレベルであることがわかる (図14)。これはヘディング時における最大加速度の大きさと比較して，ボールと頭部の接触時間が 10 ミリ秒程度と小さいことが原因の一つになっていると考えられる (同様の加速度でも雪面のように接触時間が長くなると，かえって危険率が高まることがあるので注意が必要)。この HIC の頭部障害耐性値は単発の衝撃を対象としたものであり，反復性のある衝撃と考えられるボールヘディングの日常的なトレーニングが頭部損傷 (含む脳障害) に及ぼす影響は，今後，詳細に検討していく必要があると思われる。また，衝撃力の大きさからみて，眼球などに直接インパクトした場合，眼底出血や網膜剥離の危険性があるので，その面での研究も重要であろう。

〔浅井　武〕

参考文献

1) Luhtanen P : Kinematics and kinetics of maximal instep kicking in junior soccer players, In Science and Football, Reilly T. (ed.), E & FN Spon, pp441-448, 1988.
2) 渋川侃二：ボールキックの際の関節固定の効果．東京教育大学体育学部スポーツ研究所報，11：81-83，1973.
3) Asami T and Nolte V : Analysis of powerful ball kicking, In H. Matsui and K. Kobayashi (Eds), Biomechanics Ⅷ-B, Champaign, Human Kinetics Publisher, pp695-700, 1983.
4) Asai T, Akatsuka T and Haake SJ : The physics of football, Physics World, 11(6) : 25-27, 1998.
5) Schneider K. and Zernicke RF : Computer simulation of head impact : estimation of head injury risk during soccer heading. Int. J. Sports Biomechanics, 4 : 358-371, 1988.
6) William RF, Feldman KW, Weiss AH, Tencer AF : Does soccer ball heading cause retinal bleeding?. Arch Pediatr Adolesc Med, 156 : 337-340, 2002.
7) 浅井　武，菅野博子，金　達郎：サッカーのインフロントカーブキックに関する基礎研究．スポーツ工学シンポジウム講演論文集，03-12：97-100，2003.

Chapter 3 サッカーの運動生理学
サッカープレー中の心肺機能の反応および有酸素性能力

I. サッカーの競技特性と生理学的特徴

　サッカー競技は，選手やボールがスピーディーに動くことが特徴である．レベルの高い試合ほど，攻守の切り替えがすばやく行われ，ボールを競い合う場面ではダッシュ，ジャンプ，ボディーコンタクトなど，スピード，パワーを高いレベルで発揮している．

　サッカー選手が試合中にピッチを移動する距離は，ゴールキーパーを除いたフィールドプレーヤーの平均が 10,000 m から 11,000 m に及ぶといわれている．Jリーグのある MF 選手は，1998 年シーズンに，11,403〜13,819 m の距離を移動して，1 試合の平均移動距離は 12,878 m にも達しており（鈴木；未発表資料），競技レベルの向上とともに現在では，移動距離も増加していると思われる．

　このように，試合中長い距離を移動しながら，高いレベルで無酸素パワーを発揮するプレーを頻繁に要求されるのがサッカー競技の特性であるが，ラグビーやアメリカンフットボールなどの他のフットボール種目に比較して，サッカー選手の有酸素能力が高いことが指摘されている[1]．

　現在では，試合中に複数のボールをあらかじめ準備しておき，スローイン，ゴールキック，コーナーキックなどのアウトオブプレーの時間をできるだけ短縮するための方策が採られている．競技特性やルール改正によって，サッカー選手は，高強度運動時の運動強度が高く，低強度運動時の運動時間が短いという条件の下でプレーを遂行しなければならない．この条件のもとでは，パフォーマンスに有酸素能力が大きく関与することが確かめられている[2)3)]．

　サッカー選手にはオールラウンドな身体能力が求められるが，その中でも有酸素能力が特徴的である．そこで，主に有酸素能力に着目してサッカーのプレーおよびトレーニングに関わる人間の生理機能を考えてみたい．

II. 有酸素性能力に関わる要素

1. 有酸素性エネルギー発生システム

　サッカーのプレーに限らずすべての運動は筋の収縮によってなされる．筋の収縮

は，筋中のATP(adenosine triphosphate)がADP(adenosine diphosphate)とリン酸に分解する時に発生する化学的エネルギーによって，アクチンとミオシンと呼ばれるフィラメントが，スライドして長さを変えることによって行われる。ATPは筋中にわずかの量しか貯蔵されていないため，ATPが分解されると同時にADPとリン酸を結びつける反応が起きている。この反応を引き起こすためにはエネルギーが必要で，エネルギーを発生させる3種類のシステムが存在する。これらのエネルギーシステムは，運動の強度によって自動的に働くが，無酸素性と有酸素性とに大別される。また，無酸素性のシステムは，非乳酸性システムと乳酸性システムに分類される。

有酸素性能力に関わるエネルギーシステムは，筋中のグリコーゲンや血液中のグルコースおよび脂肪酸が，酸素と化合してエネルギーを発生させるものである。このシステムは，自動車が気化されたガソリンを爆発させたエネルギーでエンジンを動かすことに例えられる。有酸素性システムの反応では，エネルギーと二酸化炭素および水が発生する。

以上のことから，有酸素性システムによって多くのエネルギーを発生させるためには，燃料であるグリコーゲンや脂肪酸と酸素が必要となる。つまり，燃料が豊富に貯蔵されている状態であれば，酸素が供給される量が多いほど高い持久性能力が発揮できることになる。

2．酸素運搬系

持久性能力には，酸素の供給能力が大きく関わっている。運動の強度が高まると呼吸が速くなるのは，筋収縮のためのエネルギーを供給するために安静時よりも多量の酸素が必要となるためである。

大気中には，21.3%の酸素が含まれている。この大気中の酸素を筋へと運搬する道筋には，呼吸，循環と呼ばれる機能が働いている。呼吸には，口や鼻，気管，肺が，循環には，心臓，血管，血液などの器官や組織がそれぞれ関与している。有酸素性システムによって大きなエネルギーを発生させるためには，呼吸・循環系の機能が高度に働き酸素の供給量を高いレベルで維持させなくてはならない。つまり，酸素運搬能力が持久性能力を決定するといえる。

3．循環と血液

循環系の役割は心臓の鼓動を原動力として血液を循環させることであり，心臓から送り出された血液は，各器官に送られ必要に応じて配分される。血液は酸素や栄養物を運搬するだけではなく，体温調節という重要な役割も果たしている。

ヒトの血液量は，おおよそ体重の7~8%であるが，個人差がみられる。最大酸素摂取量と血流量の間に高い相関関係がみられ，トレーニングにより血液量が増加し，これに伴い最大酸素摂取量も上昇することが示唆されている[4]。日本のサッカー選手の血液量と最大酸素摂取量の関係については，最大酸素摂取量の高い選手ほど多くの血流量を有していることが報告されている[5]。

4．心拍数・心拍出量

運動の強度が上がると，筋収縮に必要なエネルギーを生産するために，酸素摂取量が増加する。このとき血流量が増加するが，その量は1回の心臓の鼓動で送り出される血液の量(1回拍出量)と1分間に心臓が鼓動する回数(心拍数)の積(心拍出量)によって表される。一般成人では1回拍出量が60～70 ml で心拍数が70拍/分程度であり，心拍出量は約4～5 l/min である。

持久的なトレーニングを行った選手の1回拍出量は100 ml を超え，最大負荷のもとでは最大値は2倍になる。この時の心拍数を200拍/分とすると，心拍出量は40 l/min にも達する。安静時においては1回拍出量が増加した結果心拍数が減少し，持久性種目の選手では40拍/分台に減少する。

5．酸素摂取量と最大酸素摂取量

持久的な運動に使われるエネルギーは，ほとんどが有酸素性システムによって供給される。このとき，エネルギーを生産するミトコンドリアで消費される酸素の量を酸素摂取量(VO_2；oxygen consumption)という。一般成人では，250 ml/min 程度であるが体重で除した値を用いて，ml/kg/min という単位で表される。安静時の酸素摂取量は3.5 ml/kg/min 程度であり，運動に伴うエネルギー消費速度の増加によって酸素摂取量は10～20倍以上にも増加する。

運動強度を徐々に上げていくと，運動強度が増加しても酸素摂取量が増加しなくなる。この最大値を最大酸素摂取量(VO_{2max}；maximal oxygen uptake)と呼んでいる。最大酸素摂取量と全身持久性能力との関係は密接であり，全身持久性あるいは有酸素性作業能力を表す指標として広く用いられている。持久的な運動選手では70 ml/kg/min を超すことも珍しくない。

サッカー選手の最大酸素摂取量は，平均すると60 ml/kg/min 前後である。日本のトップレベル選手の最大酸素摂取量は，1990年までは55 ml/kg/min 程度であったが，外国選手の最大酸素摂取量は，60～65 ml/kg/min で日本の選手より高い傾向がみられる(表1)。しかし，Jリーグが誕生し日本代表選手の競技レベルの向上に伴い，現在では60 ml/kg/min を超えていると思われる。技術や戦術のレベルだけではなく，体力的にも世界のレベルに近づきつつあるといえよう(表1)。

6．無酸素性作業閾値

運動強度が高くなるにつれて運動に必要なエネルギーは有酸素性システムのみでは賄いきれなくなる。このとき無酸素性システムが動員され，糖の分解が進むことによって，筋中で乳酸が産生され血中乳酸濃度が上昇する。乳酸はその後，再びエネルギーを生産するためピルビン酸に戻りに酸化されるが，運動強度が高くなると乳酸の産生が上回り蓄積が始まる。この運動強度を AT (アネロビック・スレッシュホルド，無酸素性作業閾値；anaerobic threshold)と呼んでいる。

血中乳酸濃度が2 mmol/l に達した時点を aerobic threshold，4 mmol/l を aerobic-anaerobic threshold，2～4 mmol/l を aerobic-anaerobic transition と表したり，血中乳酸濃度が安静値以上に増加し始めた時点（lactate threshold；LT）と血中乳酸濃度が

表1. サッカートップクラス選手の最大酸素摂取量(ml/kg/min)

		人数	平均	標準偏差	範囲
日本代表[*1]	1988	9	54.4	0.4	
Nチーム（日本）[*1]	1989	19	53.5	4.26	
Aチーム（日本）[*1]	1990	19	56.2	3.74	
Fチーム（日本）[*1]	1990	23	55.8	4.07	
エリート選手（日本）[*2]	2002	13	61.5	1.1	
トップクラス選手(デンマーク)[*3]	1993	60	60.5		50.1〜76.9
プロ選手（ポルトガル）[*4]	1993	8	61.9		

[*1]日本サッカー協会科学研究委員会(1990)
[*2]河端(2002)
[*3]Bangsbo(1993)
[*4]Puga(1993)[17]

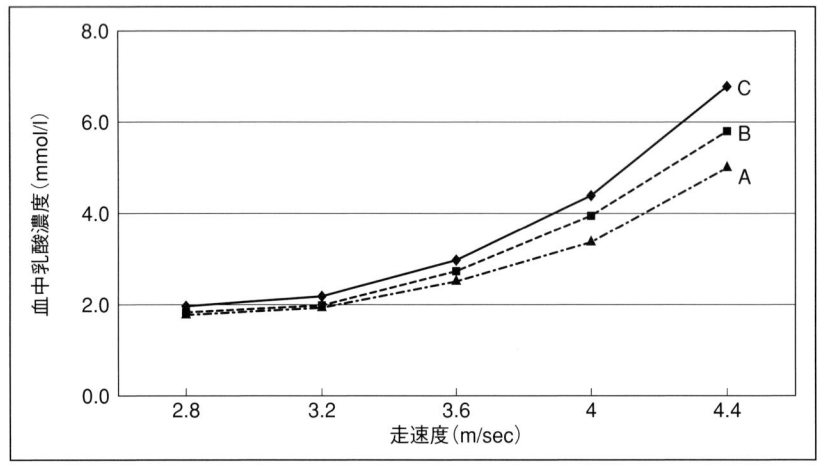

図1. AT測定値のシーズン中における変化（模式図）
シーズンを通したサッカーチームの模式的なAT(OBLA)の測定(チーム平均値)結果
A：移行期　　　3.89 m/sec
B：準備期　　　4.01 m/sec
C：試合期直前　4.15 m/sec
AT値(OBLA：血中乳酸濃度が4 mmol/lに到達した時の走速度)のチーム平均がトレーニングの成果によって増加している。つまり移行期および準備期において有酸素能力が向上したと評価できる。

4 mmol/lに達した時点，または血中乳酸蓄積開始(onset of lactate accumulation；OBLA)と表すこともある。

ATは，有酸素性エネルギー供給を基本とする持久性能力とは密接に関係する。血中乳酸濃度から求めたAT(lactate threshold；LT)やOBLAと，マラソン，競歩とのパフォーマンス(レース速度)には密接な関係が認められている[6]。

サッカーにおいては，OBLAをもって評価をするのが一般的である。つまり，血中乳酸濃度が4 mmol/lに相当する負荷(主にランニング速度)値をもって評価する。このような測定をシーズン中に数回測定することによって，選手あるいはチームの

コンディションの変化を客観的に評価することができる。図1は，400メートルのトラックを使用して，一定の速度でランニングをさせ血中乳酸濃度を測定しながら，速度を5段階に増加させる方法をとった場合の模式的な結果をグラフに示したものである。

III．サッカーのゲーム中の運動強度

1．酸素摂取量からの評価

運動時に人間の生体にどの程度の負荷がかかっているかをみるときに，酸素摂取量をみればよい。つまり，運動強度が高まるとそれに応じてエネルギーを供給するために，有酸素システムが働いているときには酸素摂取量が増大する。従って，ゲーム中の酸素摂取量を測定できれば，ゲーム中の運動強度を知ることができる。

酸素摂取量は，ダグラスバッグを背負ってマスクを装着し，呼気を採取して分析を行うことで測定するのが一般的であった。しかし，サッカーのプレーは，自由度が高く，移動する範囲が大きく距離も長いため，プレーがかなり制限される。このような条件のもとで，実際のプレー時に酸素摂取量の測定を行った実験では，前半で35 ml/kg/min，後半で30 ml/kg/min，最大酸素摂取量に対する強度は，前半60% VO_{2max}，後半50% VO_{2max} であった[7]。この測定値は通常考えられているものよりかなり低めであり，やはりプレーに制限があったためと考えられる。

近年では，マスクを装着して無線で酸素摂取量を連続的にモニターする機器が開発されて，サッカーゲーム中の酸素摂取量が測定された。大学生サッカー選手10名の結果は，酸素摂取量37.0±8.5 ml/kg/min，最大酸素摂取量に対する運動強度は，61.9±13.4%であった[8]。

いずれにせよ，サッカーのプレー中に直接的に酸素摂取量を測定するには，測定装置の着装によってプレーが制限されるという問題が残る。

2．心拍数測定による評価

酸素摂取量を直接測定するには，大きな制約があるが，心拍数は比較的容易に測定することができる。また，酸素摂取量と心拍数の関係が直線的に回帰することから，実験室内のトレッドミル走によって心拍数と酸素摂取量から回帰式を求めて，プレー中に測定された心拍数から酸素摂取量を推定する間接法がとられる。心拍数の測定は，コンパクトなハートレート・モニターを着装することによって，一定の時間単位で長時間の測定とデータの保存が可能である。このような装置を用いて心拍数を測定し，間接法によって評価された，試合中の運動強度の報告は数多くみられる。

Banbsbo[9]は，トレッドミル・ランニングから得られた心拍数-酸素摂取量の関係から，試合中に測定した心拍数を酸素摂取量に変換した値を示している。これによると，心拍数の平均は前半および後半でそれぞれ171拍/分，164拍/分で，酸素摂取量は，それぞれ51.1 ml/kg/min，46.1 ml/kg/min に相当し，この値は，それぞれ最大酸素摂取量(65.31 ml/kg/min)の78%，72%の運動強度に相当していた(図2)。

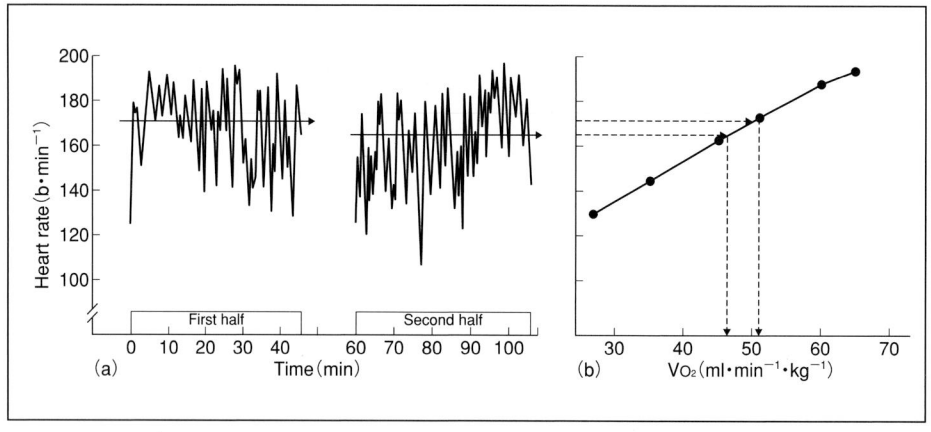

図2. ゲーム中とトレッドミル走中の心拍数の関係およびゲーム中の心拍数(a)とトレッドミル走中(b)の心拍数との関係

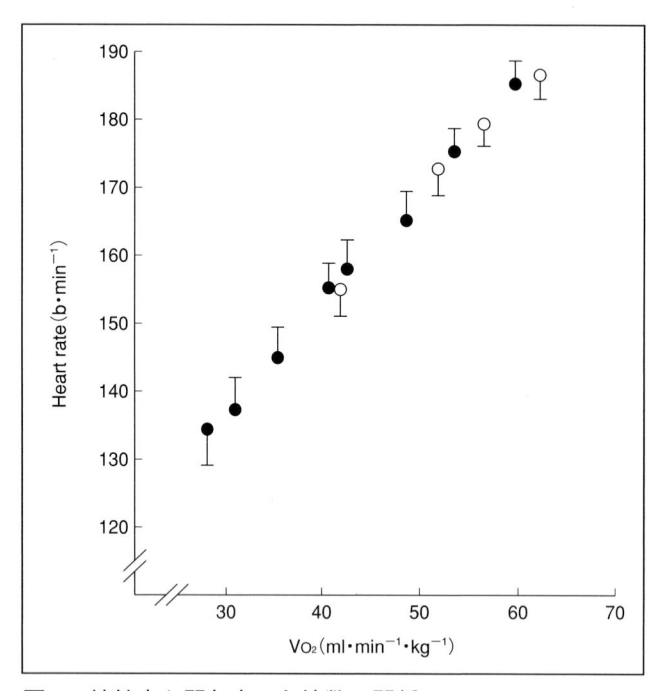

図3. 持続走と間欠走の心拍数の関係
〇：持続走, ●：間欠走

　デンマーク選手6名の測定結果では，最大心拍数の73％以下で10分間（試合時間の11％），73～92％で57分(63％)，92％以上の強度で23分(26％) プレーをしており，サッカーのゲーム中は，かなり高いレベルでプレーをしていることが窺える[10]。

　心拍数は，酸素摂取量を直接測定するよりも，比較的簡便にモニターをしやすいという利点がある。しかし，気温などの外部環境および精神的な状態によって変化するために必ずしも正確に運動強度を表すとは限らないという問題点も存在する。

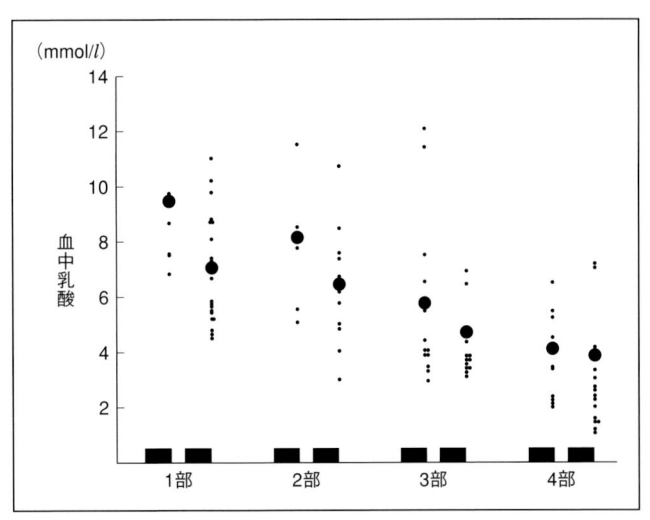

図4. スウェーデン1部から4部リーグのハーフタイム
ゲーム終了後の血中乳酸濃度[12]

さらに，心拍数―酸素摂取量の関係は，持続的な負荷漸増のトレッドミル走で得られたものである。サッカーのような間欠的な運動形態では，この関係がそのまま適用できるかという問題がある。これについては，Bangsbo[11]が心拍数―酸素摂取量を持続走と間欠走とで測定し，それらに同様の関係がみられることを報告している(図3)。

以上のことから，サッカーの試合中の心拍数は酸素摂取量を高く評価する傾向があるが，試合中の平均で大雑把にみて，最大酸素摂取量の70～75％程度の運動強度と考えられる。

3．血中乳酸濃度による評価

サッカー競技は，90分の試合時間で行われる。選手の交替は認められるが交替してピッチを離れた選手は，再び競技に加わることはできない。このため，ほとんどの選手が90分プレーを続ける結果となる。ゆえに，サッカー競技では，90分間プレーを続けられる有酸素性能力が求められる。

血中乳酸濃度が $2\,mmol/l$ までは有酸素性の運動であり，$4\,mmol/l$ を超えてくると無酸素性運動になる。このように血中乳酸濃度は，有酸素性，無酸素性の運動強度を反映する指標として用いられ，測定も比較的簡易に行うことができる。サッカーのゲームでは $4\sim6\,mmol/l$ 程度であるが，スウェーデンの1部リーグから4部リーグの試合における血中乳酸濃度を測定した結果では，1部で $8\sim10\,mmol/l$ で高い値を示している。この報告では，競技レベルのレベルの高い試合ほど高い血中乳酸濃度を示し，個人的には $12\,mmol/l$ に達する選手もみられた(図4)[12]。

大学サッカー選手10名を対象とした報告では，試合中の血中乳酸濃度は平均 $4.8\pm1.7\,mmol/l$ であり，これも決して高い値ではない。ちなみに，試合中の移動距離は，$10,777.3\pm502.8\,m$ で，その約70％が $4\,m/sec$ 以下のスピードであった[8]。

国体成年男子4名を対象にした測定では1試合の平均値が 5.2 ± 1.1 ($3.1\sim7.4$)

表2. 有酸素性トレーニングの原理（Bangsbo 1994）

	HR（% of HR$_{max.}$）		HR（beats·min^{-1}）	
	Mean	Range	Mean*	Range*
Recovery training	65	40〜80	130	80〜160
Low-intensity training	80	65〜90	160	130〜180
High-intensity traingng	90	80〜100	180	160〜200

HR：心拍数
*最大心拍数を200/分とした場合の運動強度

mmol/lであった。このような結果から，試合中に有酸素性の運動をしながら，高強度の無酸素性の運動を何度も繰り返し行っているということが生理学的に解明されているが，外国選手と比較すると日本人選手の血中乳酸濃度は低い傾向がみられる[13]。

このように，サッカーのゲーム中の運動強度を酸素摂取量，心拍数，血中乳酸濃度などにより把握することができる。心拍数の測定から，心拍数―酸素摂取量の関係式を使い酸素摂取量を求めたり，同時に血中乳酸濃度を測定して，サッカーの試合中あるいはトレーニング中の運動強度を把握して，選手の競技力を高めるためのデータ収集がなされている。現在では，研究目的だけではなくトレーニング現場にこのような測定が頻繁に活用され効果をあげつつあり，科学的知見が競技力向上に寄与している良い例であろう。

4．サッカーの持久性トレーニング

サッカー競技の特性をふまえて，選手に要求される有酸素性能力を考えてきたが，その向上を図り維持するためのトレーニングを実施するときには，その目的に応じてトレーニング強度を適切に設定する必要がある。

Bangsbo[14]は，サッカー選手の有酸素性トレーニングの目的として，①酸素を運搬するための呼吸循環機能の向上，②サッカーのプレー中，酸素や脂肪を活用する筋の能力の向上，③高強度運動後の回復能力の向上，を挙げている。そして，トレーニング内容をRecovery training, Low-intensity training, High-intensity trainingから構成し，その運動強度を示している（表2）。

比較的強度の低い持久性トレーニングでは，脂肪代謝に適応がみられ，脂肪酸分解酵素の活性が増大し，非乳酸システムの再合成がより良好に進み，乳酸やアンモニアのような疲労物質が除去される。また，有酸素性能力が良好であるほど，プレー中のグリコーゲンの消耗を抑制する。比較的低強度の有酸素性トレーニングは，移行期および準備期前期において基礎持久性を高めるため，持久性能力を長期的に安定化するための「維持トレーニング」として適している。心拍数は160拍/分程度で，血中乳酸濃度は2 mmol/lを超えない強度で，エネルギー供給がほぼ有酸素性システムで賄われる。

比較的高強度の持久性トレーニングは，糖代謝を活性化し，グリコーゲン貯蔵を急激に枯渇させ，乳酸の蓄積も起こる。持続走では比較的短い時間（トップのサッ

カー選手で最大 15～30 分間) 程度にとどめるべきである。インターバル形式で行うとゲーム中に起こる心拍数の変化に対応したトレーニング負荷が得られ，早期に回復する能力の向上を期待できる。心拍数は 180 拍/分程度で，血中乳酸濃度は 4 mmol/l の「無酸素性作業閾値」の域かそれを超えることもある。サッカーの専門的持久性能力を高めたり，試合期において持久性能力を維持するときに高強度の負荷による持久性トレーニングが有効である。

　回復トレーニングに用いられる負荷のかなり低いトレーニングでは，ランニングによって筋群の血行を促進し，乳酸を分解してエネルギーとして再利用させたり，筋の損傷から回復を早める効果が期待できる。

　Jリーグ選手を対象にして，サッカーのゲームをシミュレーションしたトレーニングを課した後，アクティブ・リカバリーを行わせた結果，乳酸の除去に効果的であった[15]。このときの運動強度は，低強度 120 拍/分と高強度 150 拍/分で 15 分間のランニングを行い，安静時との比較をした結果，いずれも安静にしているよりもアクティブ・リカバリーを行った方が血中乳酸濃度の低下が大きく，高強度の方が低強度より減少率が高かった。

　このように，トレーニングや試合後に比較的低い強度の持続走は，回復トレーニングとしての効果が期待できる。

　有酸素性能力を向上させるトレーニングでは，その強度を目的に応じて決定する必要があるが，トレーニング形式は持続走やインターバル走をとることが多い。しかし，サッカーの競技は間欠的な運動によってなされる。間欠的トレーニングでは，無酸素性能力を高めながら有酸素能力をともに向上させることができ，サッカーの競技特性に適応した身体能力を向上させることができるだけではなく，トレーニングの経済性にとっても効率の良い方法である。

　サッカー競技に必要な体力の向上を図るトレーニングを実施する場合，ボールを使用したゲーム形式のトレーニングの方が合理的である。

　その理由として，①技術や戦術のトレーニングに効果がある，②サッカーに特有の筋のトレーニングが可能である，③選手の動機づけが高くなる，などが挙げられる[14]。具体的には，運動強度と時間，休息時間，あるいは低強度運動時の強度および時間を目的に応じて設定すればよい。

　ゲーム形式のトレーニングをさまざまな形で行うことによって，適切な負荷を得ることができれば有酸素性能力を向上させることが可能である。多くの人数でオールコートを使用してノーマルなゲームをするのであれば強度は比較的低くなり，人数を少なくしボールタッチ数を制限したり，トレーニングエリアと人数を変えたり，マンツーマンでマークするなどの指示を与えることによって高強度のトレーニング負荷を得ることが可能である。また，運動強度は同様でも 1 人あたりのボールタッチ数が増加し，技術や戦術のトレーニングに効果的である。

IV. まとめ

　サッカーの競技では，巧みなボールコントロールの能力，自チームの選手や相手

チームの選手のポジションを考慮に入れて，いま自分はどんなプレーをしたらよいのかを判断する戦術的能力，そして技術や戦術を実際にピッチの上でパフォーマンスとして表すための身体的能力や精神力など，人間のもつすべての能力が必要とされる。身体能力ひとつをとってみても，ダッシュ，ジャンプ，スライディングおよび力強いキックやヘディングなど無酸素性能力を発揮するプレーが間欠的に現れる。しかも前後半45分，1試合90分間継続し，その間に10,000 mから13,000 mの距離を移動する。このような競技特性から，サッカー選手には，無酸素性および有酸素性能力の両方が要求される。特に，試合におけるプレーの持続性，連続性から他のフットボール種目に比較して有酸素性能力がその特徴として挙げられる。

サッカー競技において，有酸素性能力を向上させることにより試合中に現れる効果は，以下の3点に集約することができる[16]。

① 試合中の移動距離を増加する。
② 高強度の無酸素性能力を発揮するプレーの頻度を増加させる。
③ 高強度の無酸素性能力を発揮するプレーのピークを試合中維持できる。

このように試合中に現れる効果だけではなく，試合終了後の疲労回復を早め，次の試合へ良いコンディションで臨んだり，試合が集中した大会やリーグ戦の後半などにおいて，疲労が蓄積しにくいなどの効果も考えられる。さらに，疲労が影響して発生する傷害を未然に防ぐ効果なども間接的なものとして挙げることができる。

有酸素能力は，疲労や免疫力とも関わりがあり，選手のコンディションに密接に関係のある身体能力であるので，シーズンの移行期から，準備期においては，十分にトレーニングする必要がある。準備期後半から試合期においては，トレーニングの経済性などを考慮に入れて，高強度で短時間のトレーニングで維持できる。試合後には乳酸などの疲労物質を速やかに除去するための，低強度の有酸素性トレーニングが効果的である。

シーズンの期分け（ピリオダイゼーション），選手のコンディション，試合の時期などを考慮して，適切な強度と量，頻度を設定した有酸素性トレーニングは，サッカー選手のコンディションを向上させたり，良好に保つために有効である。

（鈴木　滋）

参考文献

1) Reilly T, Clarys J, Stibbe A : Science and FootballⅡ, E & FN Spon, 1993.
2) 山本正嘉，金久博昭：間欠的な全力運動の持久性に関する研究；無酸素性および有酸素性作業能力との関係. J. J. Sports Sci, pp9-8, 1990.
3) 長浜尚史，他：間欠的運動からみたサッカー選手の体力特性. 日本体育協会・スポーツ・医科学研究報告 No.Ⅱ. 競技力向上に関する研究, 14：92-96, 1990.
4) Mack GW, Shi W, Nose H, Tripathi A, Nadel ER : Effect of hemcocentration and hyperosmolality on exercise responses. J Appl Physiol, 65(2)：519-524, 1989.
5) 河端隆志，他：サッカー選手の有酸素的運動能と血液量の関係. サッカー医・科学研究, 22, 2002.
6) 吉田敬義：運動の限界と限界を規定する因子. 呼吸, 9, 1990.
7) Ogushi T, Ohashi J, Nagahama H, Isokawa M, Suzuki S : Work intensity during soccer match-play (a case study). Science and FootballⅡ, E & FN Spon, 1993.
8) 宮城　修，須佐徹太郎，北川　薫：サッカー選手の試合中の生理学的特徴および動きの特徴.

デサントスポーツ科学，18：231-237，1997．
9) Bangsbo J：Fitness Training in Football；a Scientific Approach, HO$^+$Storm. DK-2880 Bagsvard, 1994.
10) Rohde HC, Espersen T：Work intensity during soccer training and match-play, Science and Football, E. & F. N. Spon, London, pp68-75, 1988.
11) Bngsbo J：The Physiology of Soccer, HO$^+$Storm. DK-2880 Bagsvard, 1993.
12) Ekblom B：Appled physiology of soccer. Sports Med, 3：50-60, 1986.
13) 宮城　修：乳酸を活用したサッカー選手の体力測定とトレーニング．トレーニング科学研究，15（3）：137-143，2004．
14) Bangsbo J：Physical conditioning, Hand book of Sports Medicine and Science Football(Soccer), Ekblom B(ed). Blackwell Science Publication London, pp124-138, 1994.
15) 鈴木　滋：試合後に行うアクティブリカバリィの効果〜時間についての検討〜，平成11年度日本体育協会・スポーツ・医科学研究報告．No.Ⅱ．競技力向上に関する研究，23：263-268，1999．
16) 鈴木　滋：サッカー選手の体力トレーニング―有酸素能力と無酸素能力および間欠的な能力の関わりから．バイオメカニクス研究，3(2)：132-138，1999．
17) Puga N, Ramos J, Agostinho J, Lomba I, Costa O, Feias F：Pysical profile a first division Portuguese Proressional soccer team. Science and Football Ⅱ, E & FN Spon, 1993.
18) 石河利寛，竹宮　隆：持久力の科学．杏林書院，1994．
19) 森本敏夫，根元　勇：スポーツ生理学．朝倉書店，1994．
20) 日本体育協会：C級コーチ教本〔前期用〕．(財)日本体育協会，1999．
21) 鈴木　滋：サッカー競技に直結した体力測定とトレーニングを考える．トレーニング科学，2（2）：54-60，1990．
22) 戸苅晴彦，鈴木　滋：サッカーのトレーニング．大修館書店，1991．
23) トレーニング科学研究会：コンディショニングの科学．朝倉書店，1995．
24) ヴァインエックJ，八林秀一訳：サッカーの最適トレーニング．大修館書店，2002．

サッカーに必要な体力・コンディションの評価法

I. サッカーに必要な体力

　サッカーの試合には，さまざまな生理的要素が要求される．従って，サッカーに必要な体力にはさまざまな特質と適性が混在している．こうした体力には，ボールの奪取や維持，そして90分間高強度で動き続ける能力，試合前や最中のメンタル面の調整，覚醒レベルや反応も必要とされる．これらのサッカーに関連した体力要素間のバランスは，パフォーマンスレベル，ポジションの役割，チームのスタイルに依存する．ほかにも，年齢，性別，シーズンの時期，環境要素，障害の既往歴，栄養状態なども関係してくる．望ましい体力レベルの把握は，特に障害直後と復帰直前に大変重要である．これらの体力レベルを把握することは，それがスキルの上達や戦術知識の習得に同期したときに効果的にパフォーマンスを向上させる．また，チームのスキル・戦術知識が同レベルの場合，より体力レベルが高い方が有利であることは周知の通りである．

　デンマーク代表やイタリアセリエAのユベントスでアシスタントコーチをしているJ. Bangsbo[1]は，サッカーに要求される体力的要因として，持久的パフォーマンス，高強度運動パフォーマンス，スプリントパフォーマンス，筋力発揮能力に分類している．また，最近，和訳された「Optimalales Futballtraining（サッカーの最適トレーニング，戸苅晴彦監訳，大修館書店，2002）」の著者であるドイツのJ. Weineck[2]も同様に，サッカーの体力的要素として，持久性，筋力，スピード，可動性を挙げている．一方，おなじく最近和訳された「Musculation et Football（サッカーの筋力トレーニング，小野剛監訳，大修館書店，2002）」の著者で，フランス，イタリア，スペインのチームに数多くのフィジカルコーチを輩出しているG. Cometti[3]は，サッカーには，筋力と持久力が必要であるが，持久力に関しては，サッカーが高強度の間欠的運動を特徴としていることから，持久力の強化方法には注意が必要であり，特に筋力強化の重要性を説いている．

　本章では，G. Comettiの門下生で，FIFAワールドカップ2002における日本代表のコンディショニングスタッフとして活躍したF. Brocherieが行ったフィジカルテスト項目を中心に，サッカーに必要な体力とコンディション評価法について解説する．

表1. なぜ体力測定をするのか

1．選手個人の能力を向上させるため
2．トレーニングプログラムの効果を確認するため
3．リハビリテーション中の経過をチェックするため
4．選手の健康状態をチェックするため
5．研究のため

II．フィジカルテスト

　選手の体力を把握するには，フィジカルテストが有効である．このテストを定期的に行うことによって，チーム平均や個人の特徴をつかむことができる．そのデータを一流選手のものと比較するなど，選手のモチベーションの向上や，高頻度に行うテストによって，コンディションを把握でき，障害やオーバートレーニング症候群の予防にも利用できる．また，研究者がデータをもとに，サッカーの特性を分析することにより，サッカーのパフォーマンス向上にフィードバックすることも期待できる（表1）．ここでは，海外におけるサッカーのフィジカルテストの実際について解説する[4]．

1．FIFAのフィジカルテスト項目

　項目としては，物足りない感じがするが，特別な機器がなくても測定項目となっている．基本的な考え方として，サッカー後進国でも実施可能であることが反映されているようだ．

1．Two-footed vertical jump …… 垂直方向のジャンプ力
2．Four-line sprint …… スプリント能力，加速力
3．Triple hop …… 水平方向のジャンプパワー
4．Long throw in …… 遠投力
5．Long kick …… キック力
6．Three-corner run …… 方向転換応力
7．Twelve-minutes run …… 持久力

2．サンパウロFC（ブラジル）のフィジカルテスト項目

　1995年に来日講演したDr. Turibio（パウリスタ医科大学）により報告された．当時は，テレ・サンターナ監督，モラシ・サンターナフィジカルコーチ体制であり，ハイ，ミドル，ローの3つパワーをそれぞれ簡便な方法で測定している．簡便な方法で行う代わりに，測定回数を増やして，コンディショニングやトレーニング管理に利用している．

1．ジャンプ（SJ，CMJ）…… ジャンプパワー
2．60m走 …… スピード
3．ウインゲートテスト …… ミドルパワー

4．無酸素性作業閾値(トレッドミルによるVT) …… 持久力

3．フィオレンティナ(イタリア)のフィジカルテスト項目

　1995年に行われたフィジカルコーチ海外研修で当時のフィジカルフィットネスコーチであったサッシ氏から報告された。できるだけフィールド上で行われるテストにしている。
　　　1．クーパー走(コンコーニ法) …… 持久力
　　　2．20m往復ダッシュを20秒の休息を挟んで6セット …… ミドルパワー
　　　3．20m走 …… スピード
　　　4．ジャンプ(SJ, CMJ, CMJA) …… ジャンプパワー

4．ユベントス(イタリア)のフィジカルテスト項目

　同じく，1995年に行われたフィジカルコーチ海外研修で当時のフィジカルフィットネスコーチであったベントローネ氏から報告された。特に，持久的能力のテストは，年10回行いコンディショニングに利用している。
　　　1．クーパー走(コンコーニ法) …… 持久力
　　　2．30m走を20秒の休息を挟んで10セット …… ミドルパワー
　　　3．300m走 …… ミドルパワー
　　　4．ジャンプ(SJ, CMJ, CMJA) …… ジャンプパワー

5．フランス代表のフィジカルテスト項目

　1996年に行われたフィジカルコーチ海外研修で当時のCTNF(国立サッカー技術センター)のディレクターであるComis氏から報告された。体力チェックと同時に心理チェックも行っている。
　　　1．40m走(10m毎に測定) …… スピード
　　　2．VMA(45/15法) …… 持久力
　　　3．ジャンプ …… ジャンプパワー
　　　4．等速性筋力 …… 筋パワー
　　　5．心理テスト

6．アスレチック・ビルバオ(スペイン)のフィジカルテスト項目

　1998年に行われたフィジカルコーチ海外研修で当時のフィジカルコーチであるManuel Dalgado Meco氏から報告された。14歳から一貫して同じ測定項目で年4回行っている。
　　　1．直線・変化(ボールあり・なし) …… スピード
　　　2．ジャンプ(SJ, CMJ, CMJA, 15秒連続) …… ジャンプパワー
　　　3．1,000mを3分間に休息を挟んで4セット …… 持久力

7．オーストリアサッカー協会のフィジカルテスト項目

　2003年にポルトガルで行われた5th World Congress of Science and Footballにおい

て，オーストリアのサッカー協会の育成期からのフィジカル強化担当である E. Muller 氏から報告された。11 歳から 18 歳までを対象にそれぞれの年代にあった測定項目を用意している。以下は，15〜18 歳を対象にした測定項目である。

1．5・10・20 m …… スピード
2．CMJ …… パワー
3．ハードル・ブーメラン走 …… コーディネーション
4．DJ …… コーディネーション
5．アジリティテスト……コーディネーション
6．シャトルランテスト……持久力

8．アメリカ合衆国サッカー協会のフィジカルテスト項目

2004 年のアメリカ合衆国サッカー協会が主催するコーチングセミナーの資料として報告されたもので，U-23 とナショナルチームで 1999 年から行っている。

1．垂直とび …… ジャンプ
2．幅跳び …… パワー
3．L テスト …… アジリティ
4．7×30 m スプリント …… スピード
5．Yo-Yo Endurance test & Intermittent Recovery Test …… 持久力

以上の報告をまとめると，フィジカルテストとしては，スピード，ジャンプ，持久力の3つが基本となり，テストは簡便にし，頻度を増やすことによって，シーズン中のコンディショニングにも利用し，継続的にデータを蓄積していくことが重要であると思われる。

III．日本サッカー協会のフィジカルテスト

日本サッカー協会では，2004 年 2 月に技術委員会のフィジカルフィットネスプロジェクトが，日本全体で同じ基準をもってフィジカルフィットネスの課題に取り組むため，日本代表が実施しているフィジカル測定種目を，「JFA フィジカル測定ガイドライン」(財団法人日本サッカー協会，2004)で紹介している。ここでは，2000 年から 3 年間日本代表候補合宿で測定したフィジカル測定項目について，サッカーにおけるそれぞれの体力要素の役割を含めて解説する[5]。

1．ジャンプテスト

サッカーでは走ることがまさに重要な要素であるが，ジャンプやスプリントといった瞬発力が，多くの場合，試合の結果を左右することはよく知られている[6]。ジャンプの評価では，選手の下肢のパワーについて数々の点がわかる。日本代表におけるテストでは以下の 6 種類のジャンプテストを行った(図 1)。

① スクワットジャンプ(SJ)
② カウンタームーブメントジャンプ(CMJ)

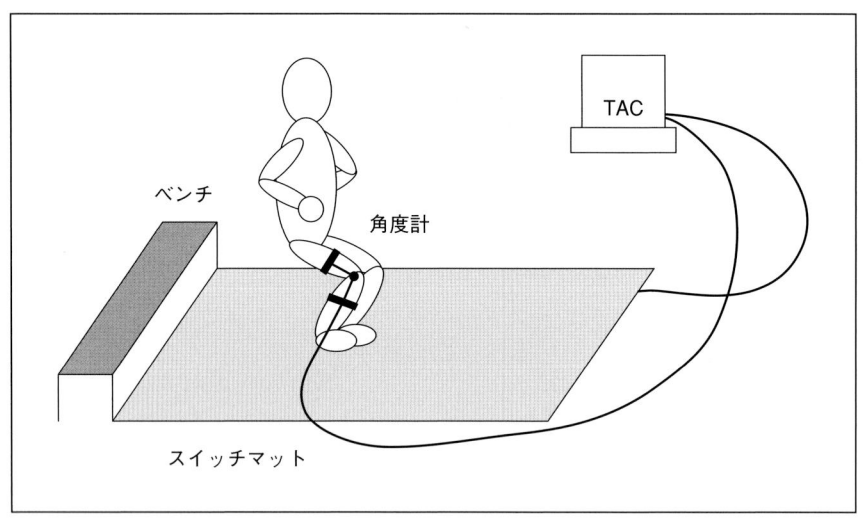

図 1. 日本代表が行ったジャンプテスト
スイッチマット（TAC）を使用し，滞空時間からジャンプ高を換算した。また，角度計を膝関節に装着し，それぞれのジャンプ動作時の膝間接角度を同時測定した。

③ 腕の振りを使ったカウンタームーブメントジャンプ（CMJWA）
④ ドロップジャンプ（DJ）
⑤ 腕の振りを使った 6 回の連続ジャンプ（6J）
⑥ 15 回の連続スクワットジャンプ（15J）

①から膝関節の伸展パワーを評価する。数値が大きいほど伸展筋が強いといえる。

②−①から筋肉の弾力性を評価する。数値が大きいほど，弾力性があると考えられる。日本の選手は，この弾力性を上手に使えない傾向にあることを F. Brocherie は当時指摘していた。

③−②から腕の使い方を評価する。数値が大きいほど，腕を有効に使えているということになる。このテストには，コーディネーション能力も関係しており，F. Brocherie からは，縄跳びを使ったトレーニングなどが推薦された。

④からは，迅速な弾力性，つまり方向転換するときの瞬発力を評価する。このテストでは，自体重以上の負荷がかかり，そこからの筋発揮能力を測定することから，ディフェンスの場面などの方向転換能力につながると考えられている。前述のオーストリアサッカー協会では，このテストからコーディネーション能力の要素を評価すると位置づけていた。

⑤からは，主に下腿筋群の膝関節伸展に対する筋力を評価する。③は主に大腿筋群の筋力を評価することから，③と⑤の比較により，大腿筋群と下腿筋群のバランスを評価できる（VITTORI INDEX）。

⑥からは，ジャンプの持久性を評価する。方向を何度も変え，繰り返しスタートを切らなくてはならないサッカーにおいて，試合の終盤での力の維持能力を決める要素である。

表2. 日本代表の平均値とヨーロッパ一流選手の結果の比較(日本サッカー協会,2001)

・DETENTE

	SJ	CMJ	CMJb	DJ	6 jump	15 jump	Index(6種目の合計)	
JFA	41.0	44.9	51.9	45.4	48.2	40.1	271.5	(cm)
FRA/ITA	46	51	58	45	55	42	297.0	

・SPRINT

	0 m	10 m	20 m	
JFA	0.457	1.745	3.027	(sec)
FRA/ITA	0.506	1.724	2.897	

・BIODEX

	Index(左右伸展時の合計の1/2)	
JFA	1698.4	(Nm)
FRA/ITA	1670.8	

・VMA

JFA	19.7	(km/hr)
FRA/ITA	19.5	

・Yo-Yo Intermittent Recovery Test

JFA	1019.0	(m)
DENMARK	1000	

①～⑥の跳躍高をすべて加算した値をジャンプ指数として計算すると,日本代表の値は,イタリア・フランスのプロサッカー選手の値よりも下回っていた。④の数値はそれほど差がないが,②,③,⑤の数値はそれぞれ5cm以上差がみられた。ヘディングを競り合う場面での5cmの差は決して小さくない(表2)。

2.スプリントテスト

　サッカーにおけるスピード,特に20mまでの短い距離のパフォーマンスは,ゲームにおける決定的な場面で大変重要な体力要素である[6]。ゲームの中で発揮されるスピード能力には,認知スピードからはじまり,予測スピード,決定スピード,反応スピード,運動スピード,行動スピードと移行して関与するが(J. Weineck, 1992),日本代表のフィジカルテストでは,反応スピード以降のスピード能力を評価した(図2)。測定は,光電管を用いて,①スタートの合図からの反応時間,②10m通過時のタイム,③20m通過時のタイムを測定している。①の反応時間から反射神経,さらに軸足からの体重移動がスムーズに行われているかを評価する。②から0～10mの時速を計算し,スタート時の加速を評価する。③からも同様に時速を計算し,スプリントスピードを評価する。

　日本代表の平均値は,①では同レベルだが,②と③においてイタリア・フランスのプロサッカー選手の平均値よりも下回っていた。20mにおけるその差は,約0.1秒で距離に換算すると0.7mとなる。ゴール前でのこの70cmの差は,決して短くない(表2)。

3.筋力(パワー)テスト

　サッカーにおける下肢の筋力(パワー)テストは,等尺性筋力の測定から近年はコンピュータによって制御された等速性筋力の測定まで,これまで数多く報告されている[7]。サッカーにおいて,大腿四頭筋,大腿二頭筋,下腿三頭筋といった下肢の

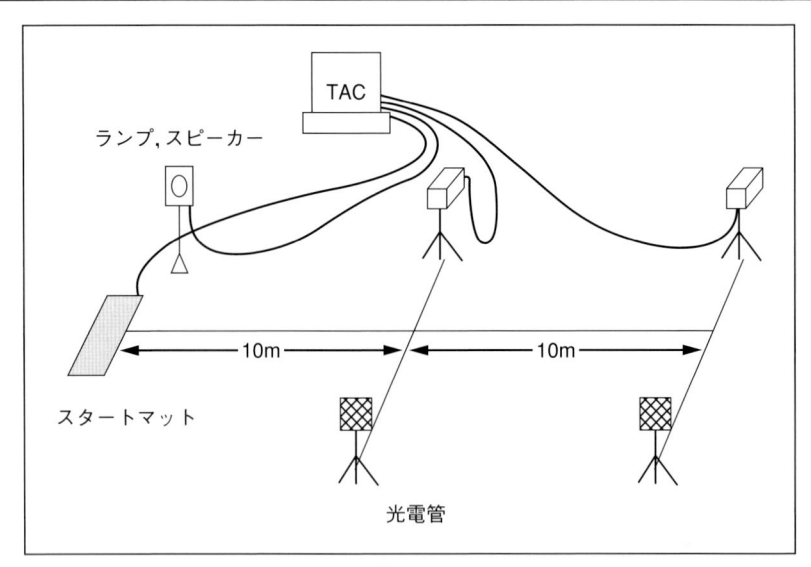

図2. 日本代表が行ったスプリントテスト

　筋力は，ジャンプ，キック，タックル，ターンやペースの変化に大きく関与する。また，強い筋収縮を持続できる能力は，バランスの維持，特に相手選手がボールを奪いに来たときのボールコントロール時に発揮される。等尺性筋力は，スリッピーなピッチにおけるバランス能力やボールコントロールに対しても重要である。ゴールキーパーにとっては，このポジション特性から考えてすべての筋力が重要となる。さらに，ハイレベルの筋力は，傷害のリスクを少なくする上でも大変重要である。

　日本代表では，Biodex を用いて，等速性筋力を大腿四頭筋と大腿二頭筋における角速度 300, 240, 180, 120, 60°/秒の短縮性筋力と，角速度 120, 60°/秒の伸張性筋力から評価した（図3）。この評価には，① 各角速度における発揮トルク，② 左右の四頭筋の各角速度における発揮トルクの合計，③ 各角速度における二頭筋/四頭筋（HQ 比），④ 左右の角速度 60°/秒における伸張性筋収縮時の発揮トルクと短縮性筋収縮時の発揮トルクの差を用いた。

　① から各角速度における筋発揮パワーを線グラフ化し，そのカーブから特徴を評価する。60°のときに短縮性筋収縮の最大発揮パワーを評価し，速いスピードのときには大きな発揮パワーを出せているかを評価する。筋発揮の波形からは，大腿拮抗筋の切り替えしのスムーズさを評価する。② から膝関節伸展筋力の絶対値を評価する。数値が大きいほど，パワーがあると考えられ，日本代表の数値は，イタリア・フランスのプロサッカー選手の平均値と比較して大きかった。つまり，筋力としては，ひけをとらないが，スピードやジャンプといった，よりサッカーに近いパフォーマンスになると差が出てくると解釈できる（表2）。

　③ から各角速度における膝関節の伸展/屈曲比から，大腿筋群の前後バランスを評価する。一般的に，この比率は，膝関節の安定や障害のリスク軽減に重要であり，角速度 60 度/秒の低速において 60〜65％の範囲が望ましいとされている（Oberg et al., 1986）。また，近年は，伸張性屈曲筋力と短縮性伸展筋力の比率で評価する試み

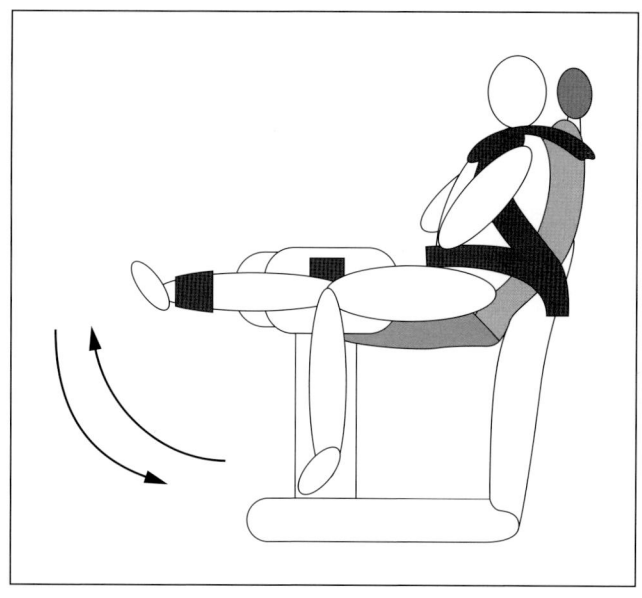

図3. 日本代表が行った等速性筋力テスト

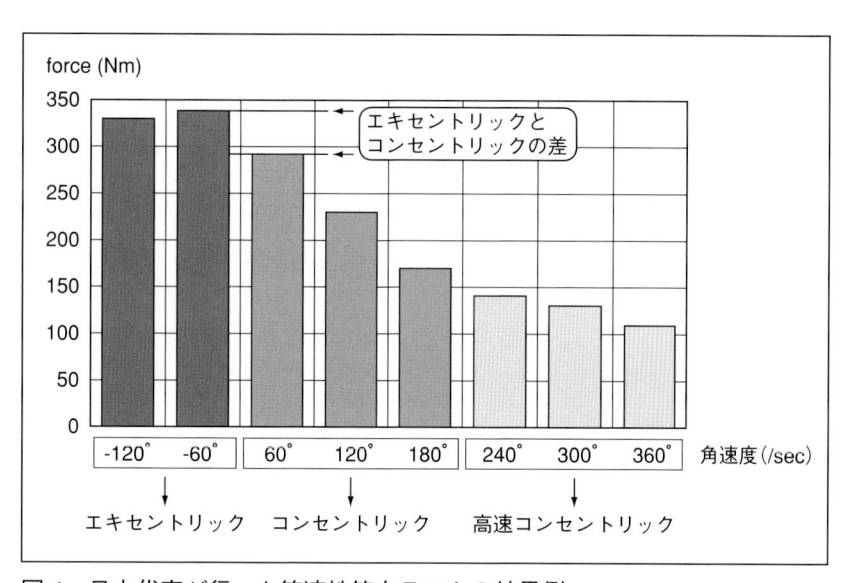

図4. 日本代表が行った等速性筋力テストの結果例
エキセントリック発揮パワーの最高値(-60°)とコンセントリック発揮パワーの最高値(60°)の差から，潜在能力に対する筋発揮能力を評価する。

もされている(Graham-Smith and Lees, 2002)。
　④の左右における数値から軸足と蹴り足のバランスを評価する。また，①と④から伸張性筋収縮時の発揮パワーから選手の潜在的能力を評価する。④において差が小さいほど潜在する力を発揮できる能力が高い。20～30％またはそれ以上の差がある選手は，筋量の増加よりも，潜在する筋力を発揮できるようなトレーニングをする必要がある(図4)。

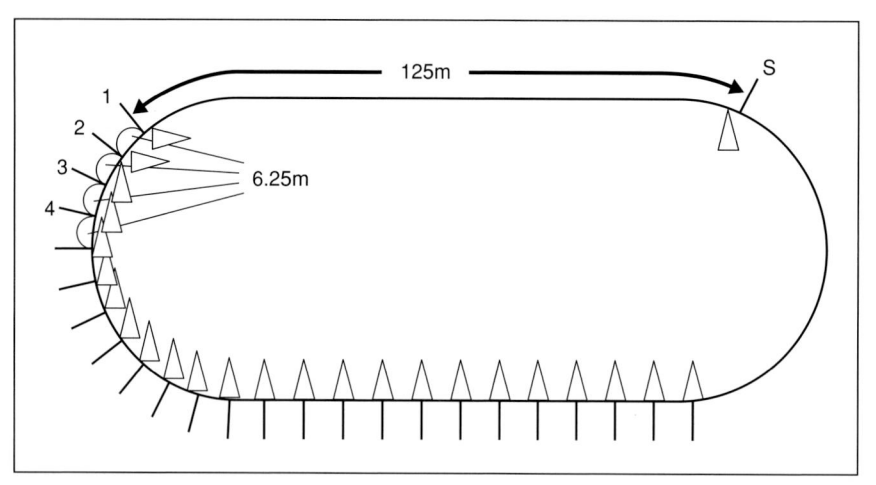

図 5. 日本代表が行った VMA テスト
S はスタート位置。400 m の陸上用トラックを使用した。

4．持久力テスト

　サッカーにおいて必要な持久力は，一定強度の運動を持続的に行う基礎持久力ではなく，ジャンプやスプリントといった高強度運動を長時間にわたり繰り返すことができるサッカー専門の持久力である。

　基礎持久力の評価には最大酸素摂取量が良い指標となるが，最大酸素摂取量がサッカーのパフォーマンスに反映する指数は決して大きくないことがこれまでも報告されている。しかし，こうした一般的にいわれる基礎持久力がまったく必要ないということではない。基礎持久力の向上は，回復能力の最適化，けがの最小化，心理的負荷許容量の増加，技術的失敗の減少などに貢献すると考えられている[3]。日本代表においては，基礎持久力を 45 秒走って 15 秒休む VMA（Vitesse Maximale Aerobice：有酸素性最大スピード）テストで評価している（図 5）。別名，45/15 法ともいわれるこのテストは，サッカー以外の間欠的スポーツに対しても行われており，主にフランス・イタリアで使用されている。最初は，125 m を 45 秒で走り，15 秒の休息後の 2 本目から 6.25 m ずつ走る距離がのびていく。つまり，時速 10 km からスタートして，0.5 km ずつ早くなる。距離を延ばしていき，45 秒で走ることができなくなった時点の時速を記録する。テスト中，心拍数を同時に測定することで，最大心拍数および，テスト終了 1 分後と 2 分後の心拍数から呼吸循環系の回復能力を評価する。また，このテスト結果からは，最大酸素摂取量を推測できる。日本代表の結果は，イタリアとフランスのプロサッカー選手の平均値と比較して高かった。つまり，日本の基礎持久力は非常に高いレベルにあることがわかる（表 2）。

　2002 年の測定から加わった Yo-Yo intermittent recovery test は，サッカーのゲーム中に繰り返される高強度運動後の回復能力，つまり，サッカーの専門持久力を評価できるテストである（図 6）。このテストは，デンマークの J. Bangsbo[8]によって提案された Yo-Yo test の 1 つで，主にデンマーク代表において活用されていることで知られている。Yo-Yo test は，マルチステージフィットネステストと同様に，20 m の距離をカセットテープによりコントロールされたペースで往復するテストである

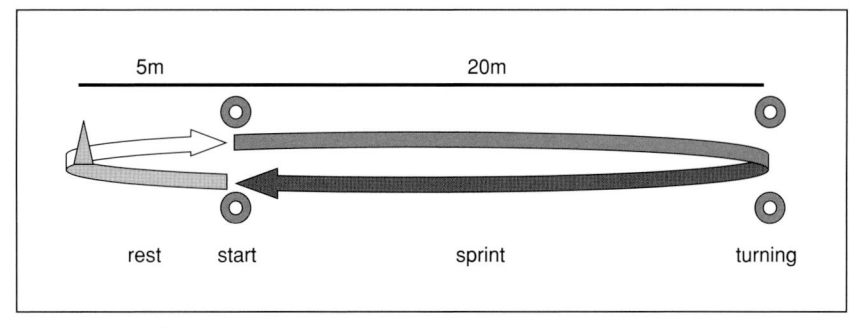

図6. Yo-Yo Intermittent Recovery テスト
信号音に合わせて，20 m の往復スプリント毎に 5 m を往復する 10 秒間の回復時間がある。合計で 2 回，信号音のペースについていけなくなった時点での走行距離で評価する。

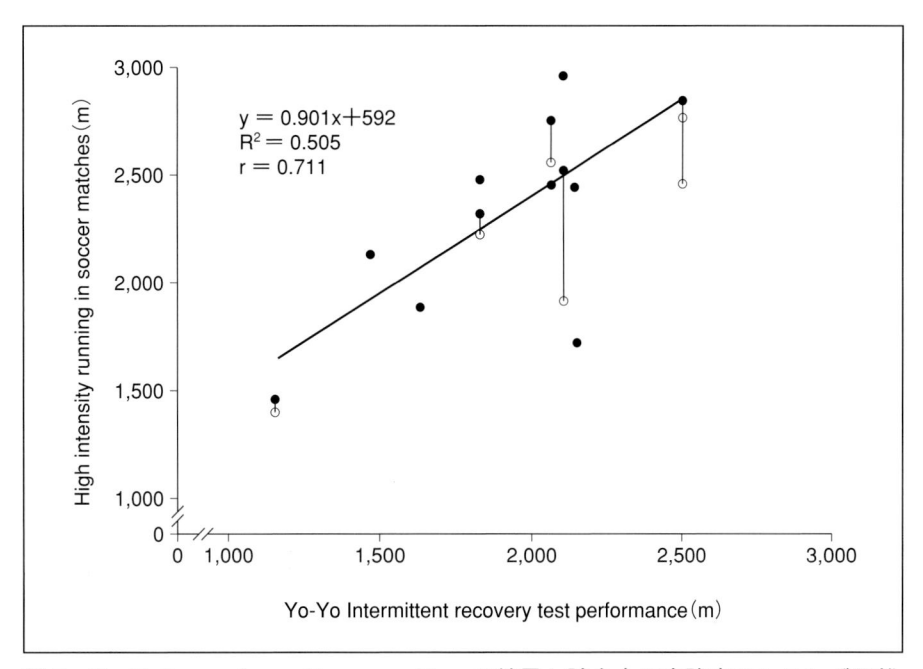

図7. Yo-Yo Intermittent Recovery Test の結果と試合中の高強度ランニング距離
テストの結果が良いほど，試合においてスプリントの距離が長いことを示している[9]。

が，特徴として目的別に 3 種類のテストに分類されている。長時間持続的に運動を遂行する能力を評価する Yo-Yo endurance test，長時間にわたる連続的な間欠的運動能力を評価する Yo-Yo intermittent endurance test，そして，高強度の運動後の回復能力に焦点をあてた Yo-Yo intermittent recovery test（YYIRT）である。近年，YYIRT の結果は，試合中のスプリントなどの高強度運動量と相関することや（図7[9]），レフェリーにおいても，試合中の反則地点からの距離と相関することが報告されている[10]。日本においても，ユース年代において，競技レベルが上がるにつれテストでの走行距離がのびることが報告されている（図8[11]）。また，U-13 日本代表から日本代表までの各年代の結果も，レベルが上がるごとに走行距離がのびている（図9，日

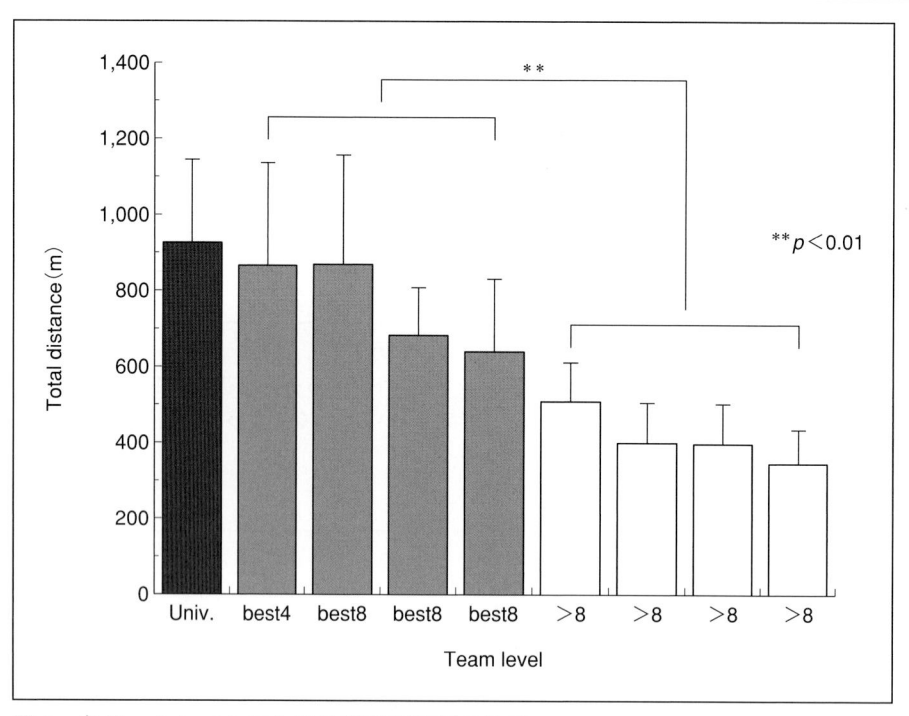

図8. 各チームレベルにおける総走行距離の比較
Univ は関東大学サッカー2部に所属するチーム,他は都県大会での成績。
＞8 は best 8 以下。

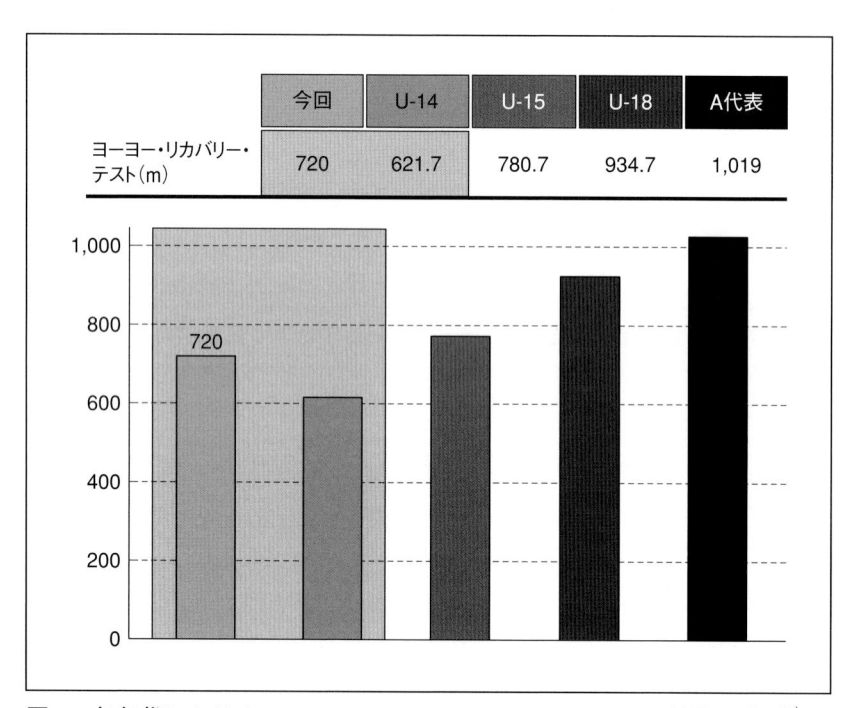

図9. 各年代における Yo-Yo Intermittent Recovery Test の結果の比較[5]

本サッカー協会，2003）。日本代表の結果は，デンマークのプロサッカー選手の平均値と同等であり，基礎持久力同様に専門持久力においても，非常に高いレベルにあることがわかる（表2）。

Ⅳ．サッカーのコンディション評価

コンディショニングとは，「心身の状態をより好ましい方向に整えることを目指した対象者自身への働きかけである」と定義されている（小林，1995)[12]。サッカーにおいては，高いパフォーマンスを発揮するためには，技術，戦術，体力にならんで，コンディショニングも大変重要な要素となる。

1．コンディション評価の指標

コンディションは，生理学的指標，練習時のパフォーマンスおよび試合時のパフォーマンスから評価されている（表2）。生理学的指標としては，起床時の心拍数や体重，そして血液成分が挙げられる。起床時の心拍数や体重は，特に，長期合宿中におけるコンディションチェックとして活用されており，大きく変動したときはコンディションへの影響を考慮する必要がある。夏期の合宿では，同時に尿の量と色をチェックすると，脱水の状態が把握できる。血液からは，貧血，筋疲労，ストレス関連項目を検査し，目に見えない体内の変化を観察することができる。しかし，選手への負担や検査費用がかかることから，年間で数回しかできないのが現状である。また，心理状態の変化を質問紙法などにより観察し，コンディションチェックに利用する試みもなされている。

練習時のパフォーマンスでは，近年，JリーグやJFLのチームにおいて，マルチステージフィットネステスト（20mシャトルランテスト）を選手のコンディションチェックに利用していることが報告されている。サッカー先進国といわれる国々においても，Yo-Yo testsなどのフィールドテストが利用されている。これらのテストは，本来，オールアウト（疲労困憊状態）まで追い込むテストであるが，コンディションチェックを目的とした場合には，最大下負荷における心拍数から評価する例が多い。つまり，毎回同じ運動強度で走行し，その際の心拍数からコンディションを評価する方法である。通常よりも心拍数が高いとコンディションは悪く，逆に通常よりも低くなればコンディションは良いという判断がなされている。

このコンディションチェックのためのランニング形式には，定常速度で走るものと間欠的に走るものの2種類が考らえれる。定常速度で走るものとしては，例えば，サッカーのコートの一部や50m四方のボックスを利用し，1週ごとのペースを決め，そのペースの際の心拍数から評価する方法である。一方，間欠的に走るものとしては，J. BangsboやP. Balsomが使用している，Yo-Yo testsを使ったものや，G. Comettiが行っている，15/15（15秒走って，15秒休息を数セット繰り返す）や30/30がある。前者は，定常速度であるので，ランニング終了時に，手首のとう骨動脈や首の頸動脈の触診法から測定したものでも応用できる。後者の場合には，間欠的なのでハートレートモニターを利用することで，心拍変動を解析でき，負荷をかけた

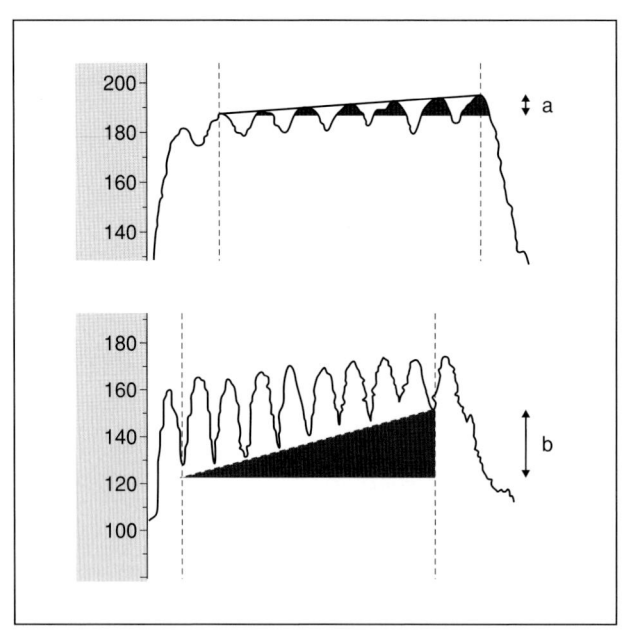

図10. 間欠的ランニング中の心拍波形
a からその運動強度の生体に対する負担を，b から回復能力を評価する。

あとの休息時の回復能力を評価できる（図10）。

　コンディションを把握する目的は，試合において高いパフォーマンスを発揮する前準備のためというのが主な考え方であるが，実際の試合におけるパフォーマンスは，コンディショニングの結果として大変貴重な情報となる。評価項目としては，移動距離や，後半の前半に対する移動距離の減少率などは，特別な機材がなくても記述法により測定できるものとして，これまでも報告されている。近年では，試合中の動きの質を評価する方法として，選手の移動スピードや高強度運動の割合・距離から評価する試みがなされている。

2．Yo-Yo intermittent recovery test によるコンディション評価

　ここでは，筆者らが大学生チームに対して行った，前述の Yo-Yo intermittent recovery test（YYIRT）を使用した，コンディション評価に応用した実践例を紹介する。YYIRT の測定は，東京都大学サッカーリーグ2部に所属する大学生チームを対象にして行った。YYIRT にはその強度からレベル1とレベル2の2種類があり，レベル1をコンディション評価に用いた[9]。YYIRT レベル1を用いたコンディション評価は，テスト開始から6分20秒で終了し，終了直後の心拍数の割合から行った。心拍数の測定には，ポラール社製の無線式心拍計（S610，キャノントレーディング）を用いた。最高心拍数は，別の日に行った YYIRT レベル2の測定時の最高心拍数とした。測定は，夏のオフ前とリーグ戦が開始する週から毎週水曜日の練習開始前のウォーミングアップ時に行った。

　YYIRT レベル1によるコンディション評価の結果，テスト開始6分後の相対的運

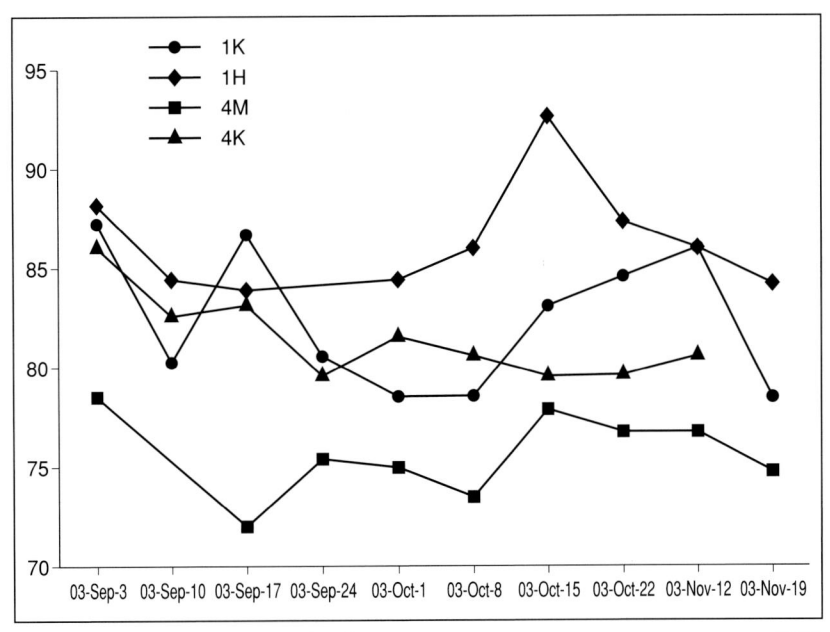

図11. 大学生の秋季リーグ戦中の Yo-Yo Intermittent Recovery Test 開始6分後の運動強度の変化

大学4年生（4 M・4K）と比較して，大学1年生（1K・1H）の変化が大きい．

動強度は平均 83.4±3.2%HRmax であり，練習前のウォーミングアップとして支障なく行うことができる強度であった．リーグ戦中における毎週の測定から，測定結果にはばらつきがみられた（79.7±3.2～85.3±4.3%HRmax）．このばらつきは，4年生よりも1年生に顕著にみられ，基礎体力やリーグ戦に対する慣れが，コンディションに影響することが示唆された（図11）．また，YYIRT レベル1のリーグ戦で結果の良かった週の測定では，%HRmax の平均値が低い傾向がみられた．今後，試合中のスプリント量などの試合中のパフォーマンスとの関係をさらに検討していく必要があるが，YYIRT レベル1テスト時の相対的運動強度が，チームのコンディションを評価する材料のひとつとなる可能性が示唆された．

〔安松幹展〕

参考文献

1) Bangsbo J, Michalsik L：Assessment of the physiological capacity of elite soccer players, eds. Spinks W, Reilly T, Murphy A. Sicience and Football Ⅳ, Routledge, London, pp53-62, 2002.
2) Weineck J：Optimales Futball Training. Spitta Verlag GmbH, Balingen, 1992.（戸苅晴彦監訳，サッカーの最適トレーニング，大修館書店，2002）
3) Cometti G：Football et Musculation, Editions Actio, Paris, 1993.（小野剛監訳，サッカーの筋力トレーニング，大修館書店，2002）
4) 日本サッカー協会科学研究委員会，平成7・8・10年度科学研究委員会報告書．（財）日本サッカー協会，1995・1996・1998.
5) 日本サッカー協会技術委員会フィジカルフィットネスプロジェクト，JFA フィジカル測定ガイドライン．（財）日本サッカー協会，2003.
6) Cometti G, et al：Isokinetic strength and anaerobic power of elite sub-elite and amateur French soccer players, Int. J. Sports Med. 22：45-51, 2001.

7) Reilly T, Mark Williams A：Science and Soccer 2nd edition, Routledge, London, 2003.
8) Bangsbo J：Fitness training in football；A scientific approach. HO＋Storm, Bagsveard, 1994.
9) Krustrup P, et al：The yo-yo intermittent recovery test：Physiological response, reliability, and validity. Med Sci Sports Exerc, 35(4)：697-705, 2003.
10) Krustrup P, et al：Physiological demands of top-class soccer refereeing in relation to physical capacity：effect of intense intermittent exercise training. J Sports Sci, 19：881-891, 2001.
11) 安松幹展，他：サッカー選手における Yo-Yo Intermittent Recovery Test の評価，日本スポーツ方法学会創設 10 周年記念学会大会研究報告．pp 21-24，2000.
12) トレーニング科学研究会編：コンディショニングの科学．朝倉書店，1995.

Chapter 5-1 コンディショニング
―けがからの復帰

　不幸にもプレー中に受傷・発症してしまった選手が，一定期間競技より離脱した後再び競技復帰するにあたり，リコンディショニングを経ない競技復帰はありえない。リコンディショニングとは「悪化した心身の状態を元来の状態に修復，改善を図ること」[1]である。この際，先の定義にもあるようにメンタル，フィジカル両面からのアプローチが必要となる。本章ではリハビリテーション（以下，リハビリ）時におけるフィジカルに対するリコンディショニングを症例別ではなく，すべての症例に共通する競技復帰までの過程を図1のリハビリテーションチェックリスト[2]に沿って述べてゆく。本章で使用しているトレーニング名称などは，現在浦和レッドダイヤモンズにて行っているリハビリ時に使用している俗称である。

I. 復帰までの道のり

　「しっかり立てなければ，歩けない。しっかり歩けなければ，走れない。しっかり走れなければ，跳べない，蹴れない，曲がれない，ましてやサッカーなど行えない」

　以上は筆者が長年トレーナーとして選手と接し，経験し，感じたことである。これは一見わかりきったことではあるが，リハビリを行うにあたり非常に重要なことであり，すべての障害・外傷のリハビリに共通し，紹介するリハビリテーションチェックリストのベースとなっている。

II. リハビリテーションチェックリストの説明

　チェックリストは，受傷・発症し一定期間（1週間以上）チームトレーニングから離れなければならない症例に対して作成し保存している。チェック項目はリハビリ期間初期に行う室内トレーニング，患部回復状況をチェックしコンディションを向上させるランニングトレーニング，サッカー競技に必要なステップをチェックし向上させる方向転換トレーニング，サッカー特有のボールキックをチェックするボールキックトレーニングにグループ分けし順次チェックしてゆく，各グループ内の項目は患部にかかる負荷を考慮し順を追うごとに負荷が増加するように配置してあ

リハビリテーション チェックリスト

氏名	
障害・外傷名	
受傷状況 コンタクト（有・無） トレーニング中・練習試合・公式試合	
症状 腫れ（―――） 圧痛（―――） 跛行（―――）	

処置	手術　　月　　日	月　　日 X 線チェック 所見　有・無	月　　日 CT チェック 所見　有・無	月　　日 MRI チェック 所見　有・無
リハビリテーション　テーマ				

	受傷日	年　月　日	終了日	年　月　日
	開始日	年　月　日	試合復帰日	年　月　日
	受傷～合流	日間	リハビリ期間	日間

＊室内トレーニング			＊グラウンドトレーニング（方向転換）		
ウェートトレーニング 上半身 □　　月　　日			スパイク使用 □　　月　　日		
ウェートトレーニング 体幹 □　　月　　日			前後ステップ □　　月　　日	□患側荷重	
ウェートトレーニング 下半身 □　　月　　日			左右ステップ □　　月　　日	□患側荷重 □キャリオカ	□サイドステップ □クロスステップ
エアロバイク □　　月　　日	□有酸素　□無酸素		アジリティドリル		
UBE □　　月　　日	□有酸素　□無酸素		ジグザグ走	□患側荷重	
ステアマスター □　　月　　日			1 対 1 □　　月　　日	□ボール無し　□ボール有り	
立位バランス □　　月　　日	□開眼　□閉眼　□バランスディスク　□バランスボード		ジャンプ □　　月　　日	□両足　□右足　□左足 □ジャンプヘッド　□バウンディング	

＊グラウンドトレーニング（ランニング）			＊グラウンドトレーニング（キック）		
ウォーキング □　　月　　日	□腰当ウォーク		各種ボレーキック □　　月　　日	□右インサイド □右インステップ	□左インサイド □左インステップ
ウォーキング&ジョギング □　　月　　日	□10 歩　□20 歩　□30 歩		ドリブル □　　月　　日		
連続ジョギング □　　月　　日	□10 分　□15 分　□20 分 □20 分×2		パス（ショート） □　　月　　日	□右インサイド □右インステップ □右インフロント	□左インサイド □左インステップ □左インフロント
コート大周り 12 分間 □　　月　　日	□5 周　□7 周		パス（ミドル） □　　月　　日	□右インサイド □右インステップ □右インフロント	□左インサイド □左インステップ □左インフロント
加速走 □　　月　　日	□タッチ 1/4　□タッチ 1/2 □タッチ全部　□100％走		パス（ロング） □　　月　　日	□右インサイド □右インステップ □右インフロント	□左インサイド □左インステップ □左インフロント
40 m 6 秒×30 m 15 秒 □　　月　　日	□10 周×3 セット □10 周×7 セット		シュート □　　月　　日	□右インサイド □右インステップ □右インフロント	□左インサイド □左インステップ □左インフロント
コート半周 26 秒 □　　月　　日	□5 周　□7 周　□10 周		センターリング □　　月　　日	□右サイド　□左サイド	
ランダム走 □　　月　　日					
スプリントダッシュ □　　月　　日	□5 m　□10 m　□15 m				

図 1． リハビリテーションチェックリスト（参考文献 2. より改変）

表1. サッカー選手のリハビリテーション回復評価

10%	ADL不可能(入院または自宅療養)
20%	ウォーキング可能
30%	ジョギング可能
40%	加速走可能
50%	直線ダッシュ可能
60%	ステップドリル可能
70%	ジャンプ可能
80%	シュート・センターリング可能
90%	合流可能

＊障害・外傷の部位・程度などにより回復状況が異なることがあるが,そのときには評価パーセンテージの低い数値を採用するとよい。

る。リストをすべてチェックすることにより安全に競技復帰することができる。実際のリハビリでは障害・外傷の特性により項目順が前後し,省略することもある。リストを継続的にファイルすることにより,類似した障害・外傷のリハビリ経過予測,障害・外傷の発生状況の把握などができる。**表1**の評価基準[2]に基づき大まかな評価を数値化することにより,選手の回復状況をチーム内で関係者が共有することができる。次にリストの項目を個別に説明する。

1. 室内トレーニング
a. ウェートトレーニング(上半身)

サッカー競技においては下肢における障害・外傷が多く,リハビリ初期から患部外トレーニングとして行う。対象となる選手によりトレーニングの目的が違ってくるが,本稿では多くの日本人サッカー選手に共通する問題点を克服するトレーニングを紹介する。近年世界レベルと比較して,コンタクトプレー時において日本人選手のフィジカルコンタクトが弱いことがよく指摘される。では,フィジカルコンタクトを強くするにはどのようにすればよいのか。今まで多くの選手を観察してきた結果,ただやみくもに筋量を増やせばよいのではなく,数多くある筋を使い切る(運動単位を増加させる)ことが先決であると結論に達した。

ターゲットとする筋は,上半身の各関節および部位(肩甲帯・肩関節・肘関節)の伸展動作時に関与する筋群とする。具体的な方法としては,マシーンによる単関節運動ではなく,自重やフリーウェートを使用した復関節運動に,ドイツで行われているファンクション体操[3]をベースにバランス,コーディネーショントレーニングを交えて行わせる。各種目ともアイソメトリック(10秒静止),スロー(伸展5秒・屈曲5秒),バランス(ボール・バランスディスク使用),クイック(速い動作)など条件を変えて行う。回数・セット数の組合せは選手の年齢・トレーニング達成度などを考慮して決定する。10～20回,3～5セットを行う。

図2.

図3.

図4.

図5.

図6.

図7.

　①プッシュアップ(図2, 3)

目的：競技中に転倒した際，すばやく起きられるようにする。

ポイント：体幹筋群を意識し，上下動するときに腰部後屈が起きないようにする。

　②シーテッドトライセプス(図4, 5)

目的：上腕三頭筋筋力強化。

ポイント：下肢の力をかりずに上肢の力だけで行う。

　③サイドレイズ(図6, 7)

目的：競技中に後方より相手選手を背負った状態で，しっかりボールキープを行えるようにする。

ポイント：肩甲骨周囲筋ならびに上腕三頭筋をしっかり意識して行う。

図8.

図9.

図10.

図11.

図12.

図13.

図14.

b．ウェートトレーニング（体幹）

　体幹部も肩甲骨周囲から上肢と同様，下肢筋力と比較すると弱い選手が多くみられる．体幹部は体軸をしっかり維持し，ランニング，キック，ターン，コンタクトプレー時など，サッカー競技中に発生する動作に大きく関与している．試合に出場

しているトップレベルの選手は，以下のトレーニングを正しいフォームで行うことができるが，出場できない選手は正確に行うことができない傾向にある．具体的な方法としては上半身同様マシーンによる単関節運動ではなく，自重やフリーウェートを使用した復関節運動に，ドイツで行われているファンクション体操をベースにバランス，コーディネーションを交えて行わせる．各種目ともアイソメトリック（10秒静止），スロー（伸展5秒・屈曲5秒），バランス（ボール，バランスディスク使用），クイック（速い動作）など条件を変えて行う．回数・セット数の組合せは選手の年齢・トレーニング達成度などを考慮して決定する．10～20回，3～5セットを行う．

　①腹　筋（図8，9）
目的：体幹部の安定．
ポイント：背部中央部は接地したまま肩甲骨周辺のみを浮かせ，臍を覗き込むよう吸った息を完全に吐き出すように行う．

　②サイドボディーキープ（足上げ，図10）（スイング，図11）
目的：プレー中横方向よりのショルダーチャージに耐え，相手選手を押さえながらのキックを正確に行えるように．
ポイント：骨盤の位置が前後・上下にずれないように，頭から足先までが一直線になるように行う．

　③背　筋（クロール，図12）
目的：ターン・ランニング時に上半身と下半身を腰部中心として対角に滑らかな回旋を行えるように．
ポイント：過度の腰部後屈を行わず，軽度後屈位で回旋を行う．

　④コーディネーション（ローリング，図13）（バランス・レッグ&アーム・アップ，図14）（アウフバウ）
目的：腹筋群・側筋群・背筋郡を滑らかに連動させる．
ポイント：上肢・下肢を自分の意思で体幹を中心にしっかりコントロールする．

C．ウェートトレーニング（下半身）

　サッカーでは下肢の障害・外傷が多く，リハビリ期間全般を通して患部周囲に対する可動域回復トレーニング・軽負荷筋力トレーニングの占める割合が多く，強負荷トレーニングはリハビリ終了間際に行うことがほとんどである．下半身のリハビリは冒頭に述べた"復帰までの道のり"に沿って行う．ACL損傷などの場合以外は，安全性を考慮してOKCトレーニングからスタートし，CKCトレーニングへ移行してゆく．OKCトレーニングとしては徒手抵抗，ゴムチューブ，マシーンなどを使用したトレーニングを行う．CKCトレーニングは自体重をしっかり支えられるところから始め，徐々に負荷を増加して行く．最終的には，グラウンドにおいて各種動作を反復することにより終了する．自重やフリーウェートを使用した復関節運動をドイツで行われているファンクション体操をベースに，バランス，コーディネーショントレーニングを交えて行わせる．各種目ともアイソメトリック（10秒静止），スロー（伸展5秒・屈曲5秒），バランス（ボール・バランスディスク使用），クイック（速い動作）など条件を変えて行う．回数・セット数の組み合わせは選手の年齢・トレーニング達成度などを考慮して決定する．10～20回，3～5セットを行う．

図 15.

図 16.

図 17.

図 18.

図 19.

　① マシーントレーニング（エクステンション）（フレクション）

目的：ハムストリングス，クアドリセプスの運動単位増加，筋量増，CKC トレーニングの準備。

ポイント：障害・外傷の特性を考慮し角度制限・負荷などを決定する。10〜20 回，3〜5 セット，負荷 15〜40 kg とする。

　② ヒップアップ（図 15，16）

目的：ハムストリングスと臀筋の協調性を高める。

ポイント：セミ CKC の状態で膝関節・股関節の協調運動を行う。踵と臀部の距離が遠くなるほど負荷が増加する。

　③ レッグランジ写真（図 17，18，19）

目的：各方向に足を踏み出したときにしっかりとバランスがとれるように，股関節周囲筋の筋力強化と協調性を高める。

ポイント：自体重を負荷とした代表的なトレーニングである。踏み出す足の方向を

図 20.

図 21.

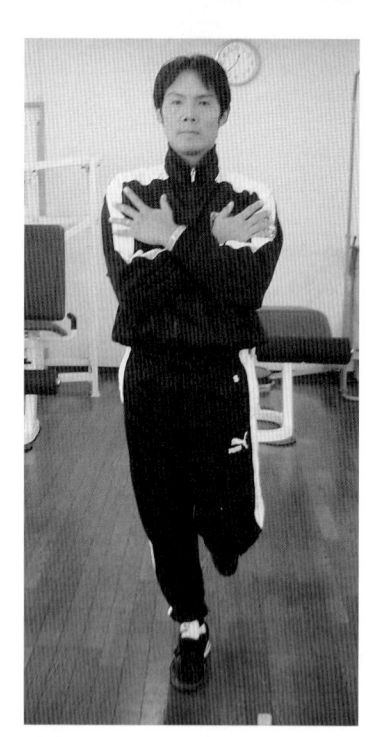

図 22.

図 23.

図 24.

　写真のように前方・45度前方・横方向の3方向を行う。方向を変えることにより股関節周囲筋を広範囲に使用することができる。前方着地時における膝関節の位置が，足関節より前方に位置するとクアドリセプスに作用し，後方に位置するとハムストリングスと臀筋に作用する。

　④ スクアット（スミスマシーン）

　目的：下肢で発生した爆発的なパワーを，しっかりした体幹を通じてシャフトに伝える。

ポイント：下肢から体幹部にまで及ぶ多くの筋が，連動して作用する重要な種目である。レッグランジ同様，膝関節の位置が足関節より前方に位置するとクアドリセプスにかかる比重が多くなり，後方に位置するとハムストリングスと臀筋にかかる比重が多くなる。現在，レッズでは安全性を考慮してスミスマシーンを使用している。

d．エアロバイク

目的：有酸素および無酸素トレーニング。

ポイント：リハビリ初期では，有酸素能力が急速に落ちないように患部の回復状態を観察しながら低負荷(30〜50w)・長時間(トータル20分以上45分以下)で行う。リハビリ中期および後期では，強負荷(150〜300w)・短時間(10〜30秒)でインターミッテントトレーニングを行う。

c．UBE(図20)

目的：上肢を使用した有酸素および無酸素トレーニング。

ポイント：サッカーでは下肢の障害・外傷が多く，リハビリ初期には下肢に負荷をかけることができないことが多い。UBEを使用することによりリハビリ初期より有酸素および無酸素トレーニングを行うことができる。

d．ステアマスター(図21)

目的：グラウンドでジョギングを開始する準備トレーニング。

ポイント：ランニングを開始する前にセミCKCによる連続動作を行うことにより，より安全にランニングトレーニングを開始できる。

e．立位バランス(図22，23，24)

目的：患側・健側それぞれで，自体重をしっかり保持できるかのチェックとバランストレーニング。

ポイント：開眼から閉眼，フラットな固い床からバランスパッド，さらにバランスボードのように少しずつ不安定な条件で行ってゆく。

2．グラウンドトレーニング(ランニング)

患部が日常生活での負荷に耐えられるようになった後，サッカー競技に復帰するために必要な，グラウンドでのチェックとリコンディショニングに入る。

a．ウォーキング

目的：冒頭に述べたように，"しっかり歩けなければ，しっかり走れない"のでランニングを行う前段階のチェックと跛行などの悪い癖があれば改善する。

ポイント：バランスよく歩行するために，図25，26のように臀部上部に両手を置き，上半身をしっかり捻りながらスムーズに歩行する。その後，臀部より手を離し通常歩行へ移行する。

b．ジョギング＆ウォーキング

目的：連続ジョギングを行う前にフォームチェックと患部の回復状況チェックのために行う。

ポイント：10歩ジョギングと10歩ウォーキングを交互に連続して行う。フォーム患部回復状況をチェックし良好であれば，ジョギング歩数を20歩・30歩ま

図 25　　　　　　　　図 26

で増やす。

c．連続ジョギング

目的：患部が長時間の運動に耐えられるかのチェックと復帰へ向けてのリコンディショニングの開始。

ポイント：はじめはゆっくりとしたスピードで，5分・10分・15分・20分と時間を増やす。その後15分×2セット，20分×2セットのようにトータルの時間を増やす。

d．コート大回り 12 分間

目的：心肺機能に対する有酸素リコンディショニング

ポイント：サッカーコート2面の外周（約500 m）を12分以内に5周，その後6周行う。5周の場合クーパー走で約2,500 m，6周では3,000 m走ることになる。

e．加 速 走

目的：患部がスピードを上げたランニングに耐えられるかのチェックと心肺機能に対するリコンディショニング。

ポイント：はじめは患部の安全性を考慮し，短い距離から行う。スピードはジョギングからスタートし，加速ゾーン中央付近で設定パーセントスピードとし，その後ゆっくり減速してゆく。タッチラインを4分割し，加速走とジョギングを交互に行う。その後タッチラインを2分割し，加速走とジョギングを行う。最終的にはタッチライン全部を使用し加速する。スピードに関しては全速力の30%・50%・80%・100%の4段階をめやすに行う。スピードと周回の組合せを設定することでトレーニング目的をコントロールできる。

f．40 m 6 秒×30 m 15 秒インターバル走

目的：規則性をもった長時間低負荷インターミッテントトレーニング。有酸素ト

　　　　　レーニング。
　ポイント：40 m×30 m のグリッドを設定し 40 m を 6 秒以内で走り，30 m はジョギング 15 秒以内でインターバル走を行う。10 周連続を 1 セットとして行う。90 分のゲーム中に約 10,000 m 移動することを参考に設定し，セット数は 3 セット（移動距離 4,200 m）・7 セット（移動距離 9,800 m）行う。各セット間はリフティングなどの軽運動を 2 分間行う。

g．コート半周 26 秒
　目的：規則性をもった短時間高負荷インターミッテントトレーニング。耐乳酸トレーニング。
　ポイント：サッカーコートの周りを 1 周する間にサッカーコート外周半周（タッチラインプラスゴールライン）を 26 秒以内で走る。インターバルはタッチラインをジョギング 1 分間，ゴールラインはウォーキング 1 分間の設定で回復期とする。回復期の選手状況を観察し周回数をコントロールする。

h．ランダム走
　目的：実際のプレーを想定した規則性をもたないインターミッテントトレーニング。
　ポイント：サッカーコート 10 周ランニング間に合図を出し，3 秒間〜6 秒間 100％加速走とジョギングをランダムに行う。または，ハートレイトモニターを使用し，心拍上限を 180 拍，下限を 150 拍に設定する。150 拍到達時のアラームで 100％加速を開始し，180 拍到達時のアラームでジョギングに移行することを連続で行う。選手により上限，下限の拍数を変更する。

i．スプリントダッシュ
　目的：高負荷がかかるダッシュ時における患部の状況，フォームなどのチェック。
　ポイント：完全に静止した状態より，合図により 5 m・10 m・15 m に置かれた目標へ向かい瞬時に最大スピードに加速する。スタート時のポジションを立位・座位・うつ伏せ・仰向けなど変化をもたせて行う。

3．グラウンドトレーニング（方向転換）
　ストレートに走ることに関して十分な距離（約 10,000 m）と，スピードにおいて患部の回復状況が確認された後，実際のサッカー動作に近い方向転換のチェックとリコンディショニングに入る。"予測できる動作から予測できない動作"へ移行する。

a．スパイクの使用
　目的：グラウンドでの方向転換時にスリップしないように使用する。
　ポイント：スパイクに足を通すということは，サッカー選手にとって精神的にとても大きな意味をもっている。また，患部にとっても着地時の衝撃，グリップがアップシューズに比べて非常に大きくなるので，その時期を的確に判断・決定しなくてはならない。

b．前後ステップ
　目的：前後方向への移動時における患部の状況チェック。
　ポイント：初期はマーカーを 1 m 間隔に置き，その間を前後に移動する。前→後

ろ・後ろ→前へ移動方向を変えるときに，患部への衝撃を減らし安全性を確保するためにステップを最低でも4回踏むようにする。距離を3mまで徐々に伸ばし，方向を変えるときのステップ数を減らし，移動スピードを早くしながら行う。最終的には患側でしっかり体重を支え方向転換を行えるかチェックする。

c．左右ステップ
目的：左右方向への移動時における患部の状況チェック。
ポイント：初期はマーカーを1m間隔に置き，その間を左右に移動する。右→左・左→右へ移動方向を変えるときに，患部への衝撃を減らし安全性を確保するためにゆっくりとしたスピードで行う。距離を3mまで徐々に伸ばし，方向を変えるときの移動スピードを早くしながら行う。最終的には患側でしっかり体重を支え方向転換を行えるかチェックする。サイドステップ，キャリオカ，クロスステップなどでチェックを行う。

d．アジリティドリル
目的：前後左右ステップのすばやい連続動作における患部のチェック。
ポイント：ラダー，マーカーなどの目標物を置き，下肢をすばやく動かしながら移動するときに，体軸をしっかり保持し，上半身と下半身の動きをシンクロさせる。神経系コーディネーショントレーニングなので，フィジカル，メンタルともに疲労していないときに行うとよい。

e．ジグザグ走
目的：ランニング時の方向転換における患部のチェック。
ポイント：初期は1m間隔にマーカーをジグザグに置き，それらを目標に走り，方向転換時は安全のために前後ステップのように4回ステップを踏むようにする。距離を3mまで徐々に伸ばし，方向を変えるときの移動スピードを早くしながら行う。最終的には，患側でしっかり体重を支え方向転換を行えるかチェックする。

f．1対1ボール
目的：連続したランダム方向へのステップにおける患部のチェック。
ポイント：トレーナーもしくはコーチがオフェンスとして選手と向き合い，前後左右あらゆる方向に移動する。選手は，その動きにあわせて振り切られないようについてゆく。徐々に発展させていき，最終的にはボールを使用しての1対1をチェックする。

g．ジャンプ
目的：ジャンプ時の強負荷（体重の数倍）における患部のチェック。
ポイント：初期は，安全性を考慮して平らな場所で低いジャンプを前後・左右方向行う。両足からチェックし健側から患側へと進む。次第にマーカー，ハードルなどの障害物を置き，高いジャンプを行う。最終的には，ジャンプヘッド，バウンディングのような実践的な動作を患側踏み切りから患側着地が行えるかをチェックする。

4．グラウンドトレーニング(キック)

　この項目は，サッカーを行うにあたり避けては通れない項目である．障害・外傷のタイプによっては早い段階からボールフィーリングを忘れないために，危険性の少ないキック(リフティング・ボレーキック)などを行うこともある．キックには多くの種類があるが安全性を考慮してキック時にかかる足への衝撃が小さいキックから大きいキックへ順を追って行うとよい．具体的にはボレーキックから向かってくるボールをワンタッチキックから止まったボールをプレイスキックの順で行う．以上を理解したうえで，各種キックをチェックする．シュート，センターリングに関しては，衝撃が強いので注意深く行う必要がある．または，復帰後に行ってもよい．

おわりに

　同じ足関節捻挫でも選手の年齢・チーム内での重要性・痛みを感じるレベル・性格などにより，10人10通りのリハビリプログラムを作成しなくてはならない．"リハビリテーションチェックリスト"に沿い，"復帰までの道のり"を参考にリハビリを進行することにより期間の長短はあるが，大きく逸れることなく復帰への道を歩むことができる．リハビリの成功は，ドクターの診察・診断によって出されたオーダーに基づき，着実なステップを踏み，選手の一挙手一投足をしっかりと観察することにより可能となる．所属するリーグの競技レベルが上がるにつれ時間の制約が大きくなり，できるだけ短時間での復帰を求められることがあるが，上記の事柄をしっかり行うことにより最小のリスクでリハビリを行うことができる．日々変化する選手の患部・心理状況，チーム状況など流動的な要素が多い中，できるだけ柔軟に対応するために情報の引き出しを多く準備し，それらを開ける組合せとタイミングをサッカー競技と同様，臨機応変に自由な発想で行えるよう心がけることが必要である．サッカー選手のリハビリ，リコンディショニング(コメッティ理論[4])が参考になる)を行うにあたり，常に90分間で行われるサッカー競技をベースに考え，指導してゆくことを忘れてはならない．

〔野崎信行〕

参考文献

1) 山崎文裕：deconditioning, reconditioningとは，臨床スポーツ医学 14 (1)：37-41. 1997.
2) 野崎信行：スポーツ現場でのアスレティックリハビリテーション：サッカーグラウンドでのリハビリテーション，福林　徹編，整形外科アスレティックリハビリテーション実践マニュアル．全日本病院出版会，東京，1998.
3) クネーベル KP, ヘルベック B, ハムゼン G：福林　徹監訳，田島幸三・今井純子訳：サッカーのファンクション体操．大修館書店，東京，1998.
4) ジル・コメッティ：小野剛監訳，今井順子訳，サッカーの筋力トレーニング．大修館書店，東京，2002.

Chapter 5-2
コンディショニング
―コンディションの維持

　1993年のJリーグ発足以来，日本代表チームに代表されるわが国のサッカーの競技水準はめざましい発展を遂げ，W杯での実績のみならず，現場の感覚としても徐々に国際的競技水準に近づいていることが実感できる。Jリーグディビジョン1 (J1) は，約8カ月にわたって行われる。この長いシーズンを戦い抜くためには，選手個人のコンディションをいかにベストに整えるかが最重要課題である。振り返ってみると，大きな外傷や障害による欠場もなく，毎試合常にベストメンバーがよいコンディションで試合に臨むことが，勝利への一番の近道であったことを痛感する。

　また，Jリーグの発足は選手寿命の延長化をもたらした。Jリーグ発足前には30歳まで現役を続ける選手は数少なかったが，現在はどの選手も1年でも長く現役であろうとする。そういう意味では，試合に向けてのコンディショニングにとどまらず，選手人生という長いスパンの中でコンディショニングを考える必要性が高まっている。

　さらに，育成年代であるユース(18歳以下)年代においても大きな変化があった。これまで公式戦のほとんどがノックダウン式のトーナメント戦で行われ，1試合でも負ければ終わりであったものが，2003年に発足したユース年代の選手の強化および育成を目的とした「JFAプリンスリーグ」では，高校およびクラブの垣根が取払われ，3月から8月にかけてリーグ戦方式(全国9地域)で試合が行われることとなった。そして，プリンスリーグの上位チームが全国レベルの大会である高円宮杯全日本ユース(U-18)サッカー選手権大会に進出するように改められた。

　このプリンスリーグの設立は，いろいろな意味においてこれからの日本における育成年代のサッカーを変えていくことになると思われる。まず，必然的に試合数が増加するため，シーズンを通した選手個々のコンディション維持がチームの優劣を決定する大きな要因となろう。そのため選手や指導者に，技術・戦術同様，コンディショニングへの配慮が高まることが予想される。その結果，従来ユース年代では取り入れられていなかったシーズンの期分けも行われることになると思われる。また，都道府県によってはジュニアユース(15歳以下)年代においても大会や予選をリーグ戦方式に改めるところ増えつつあり，同様なことがいえよう。

　Jリーグのプロサッカー選手においても育成年代のサッカー選手においても，コ

ンディションの維持には，計画的なコンディショニングマネージメントの考え方が非常に重要であることに変わりはない。コンディショニングマネージメントとは，トレーニングのみならず，栄養(食事)，休養(睡眠)などコンディションを整えるために必要なすべてを含めたことである。本章では，すべてのサッカー選手のために必要なコンディショニングマネージメントについて理解を深めたい。

I．フィジカルチェック(コントロールテスト)の実施

　サッカー選手に対するメディカルチェックについては，次項にお任せするとして，メディカルチェックで問題がなかった選手に対して，次に行うのがコントロールテストとしてのフィジカルチェックである。

　フィジカルチェックを行う目的は，まず第1に，現在その選手のもつ基礎体力や運動能力がどれくらいであるかを客観的な指標で把握するためである。第2に，万が一，けがによって戦列を離れてしまった場合，リハビリテーションおよびリコンディショニングを行うときの比較資料とするためである。例えば，一度低下した基礎体力や運動能力がどれくらい回復したかを再確認するために利用したり，競技復帰の目安にするときに用いる。第3に，サッカーに必要な基礎体力や運動能力が，ある期間のトレーニングにおいてどの程度変化したかを客観的に把握するためである。フィジカルトレーニングは，選手の未知の可能性への挑戦であり，処方や手続きにマニュアルがあるわけではない。常に試行錯誤の連続であり，うまくいく場合もあればうまくいかない場合もある。また選手やチーム状況よって反応も異なる。そのような試行錯誤の結果をコントロールテストとして記録しておくことが重要なのである。

　従来，コントロールテストの部分は，指導者の職人的な経験や勘が重要な役割を果たしてきた。しかし，それらに加えて数値として明らかにし，記録・管理することにより，選手と指導者が情報を共有したり，のちに選手の成長の程度(あるいは，うまくいかなかったこと)を検証できるという意味で，選手の持続的かつ効率よい成長のためには必要不可欠になってきている。

　コンディショニングマネージメントを合理的に行うためには，フィジカルチェックの結果を参考にして，定期的に，計画・実行・評価および見直しを行うことが大切である(図1)。トレーニングを計画するにあたり，まずフィジカルチェックのデータを参考にして，選手個人の現状を把握し現実的な目標を設定する。次にそれらから問題点を見つけ出し，対象とする体力領域の設定，目標値の設定，トレーニング期間の設定，トレーニング方法の設定を行った上で，最終的に具体的なトレーニングプログラムの作成を行う(図2)。

　なお，フィジカルチェックの項目は，等速性筋力や最大酸素摂取量などの実験室的な測定であれ，20m走や12分間走などのフィールド測定であれ，チームの利用可能な施設・設備によって異なってよいと考える。重要なのは日頃のコンディションを把握することにあるので，年間3〜4回程度，定期的に同じ条件で同じ項目を継続的に行うことが大切である。定期的に積み上げられたフィジカルチェックの

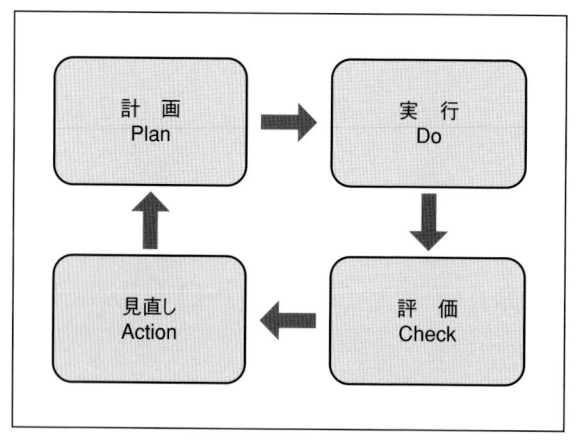

図1. コンディショニングマネージメントのための管理サークル

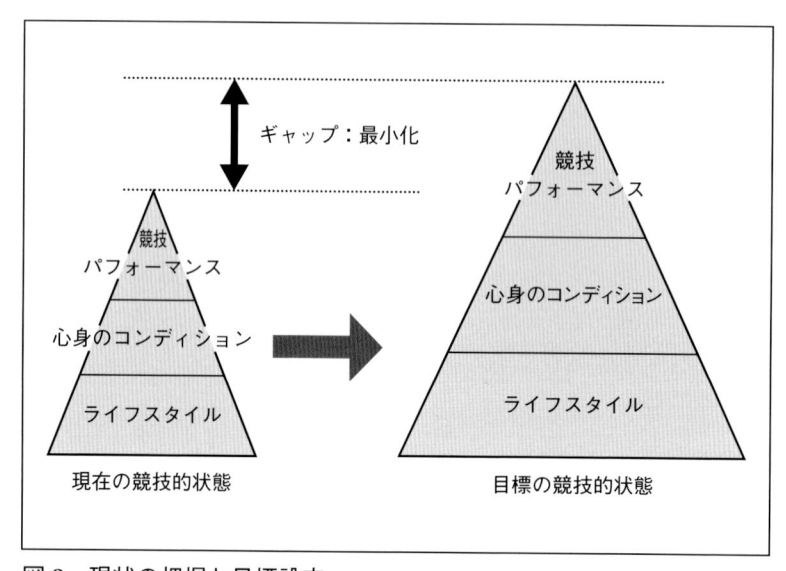

図2. 現状の把握と目標設定

データは，あらゆる側面から選手の状態を把握し，トレーニング計画の見直しやコンディショニングの資料として役立つこととなる。

II．シーズンの期分け

　コンディショニングを考える上で，トレーニングシーズンの期分けは極めて重要である。トレーニングシーズンは，オフシーズン，プレシーズンおよびインシーズンの3つで構成される（図3）。
　目指す大会やリーグ戦などの試合がある期間をインシーズンとし，それまでの期間を休養を含めた基礎体力づくりや技術練習を中心に行うオフシーズンと戦術練習などを中心に行うプレシーズンとに分割する。オフシーズンとプレシーズンとの比

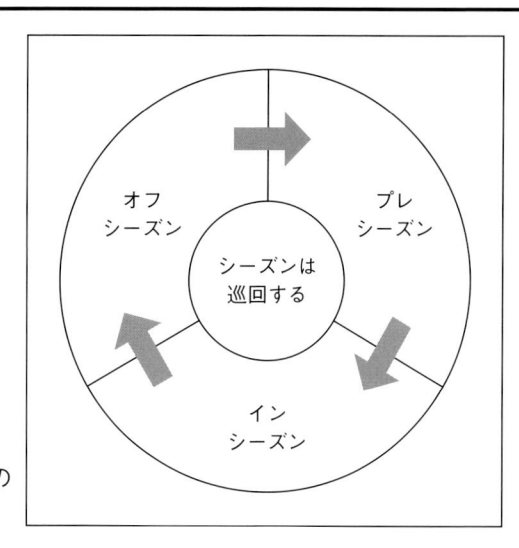

図3. トレーニングシーズンの期分け

率は，チーム事情やチームに所属する選手の特徴などによって異なる。特に，中学校から高校へ，高校から大学へ進学した場合，あるいはプロサッカーチームへ入団した新人選手の場合など，チームのシーズン期分けの途中より練習・トレーニングへの参加することとなり，計画的にコンディショニングを行わないと外傷および障害につながってしまうので気をつけたい。

オフシーズンでは，基礎体力づくりおよびサッカーに重要な運動能力の向上とともに，基礎スキル（次項にあわせて技能はスキルに統一）の習得などに時間を割く。また，選手個人が休息状態から競技的状態になるように準備する期間でもある。オフシーズンにあてられる数週間は，フィジカルコーチにとって最も神経を使う時期である。なぜならば，このオフシーズンのコンディショニングがインシーズンの出来不出来のカギを握っているといっても過言ではないからである。

プレシーズンでは，主に戦術面でのチームづくりがメインテーマとなる。しかし，選手個々においてはオフシーズンから継続して基礎体力づくり・運動能力の向上に加えて，試合における専門的な動きづくりを目的とするとよい。この時期，練習試合やチーム内の紅白戦によってチームづくりの達成度を評価していくわけだが，監督が望む戦術を遂行できない選手はレギュラーになれないので，選手はこの時期までに，監督にアピールできるだけのスピードや身体のキレ，バネなどを，コンディショニングにより獲得しておかなければならない。プレシーズンはそれを念頭にトレーニング計画が立てられる。

インシーズンでは，試合が中心となるので疲労回復などのコンディション維持を優先したトレーニング計画となる。しかし，練習・トレーニング量を減らしすぎてディトレーニングによる基礎体力が低下しないよう注意が必要である。また，試合を行うレギュラーと行わないサブメンバーでは，からだへの負荷に差異が生じるので，コンディショニングマネージメントは選手個別が原則となる。さらに，成長の著しい育成年代においては，インシーズンといえどもさらなる向上，発展を目指すことが大切である。

表1. シーズンの期分けと目的

オフシーズン(選手づくり)
選手個人の競技的状態の準備
基礎体力づくり
サッカーに必要な基礎体力・運動能力の発達
プレシーズン(チームづくり)
チームの競技的状態の準備
チームが目指す戦術を遂行できる能力の養成
ポジション別などの専門的な動きづくり
サッカーに必要な専門的体力・運動能力の発達
インシーズン(チームの完成)
コンディションの維持・発揮
試合の反省をもとにした修正

　また，インシーズンにおいては，次の試合で持ちうる能力を最大限発揮できるように，それまでの試合の反省をもとに修正を加えたトレーニングを行う(表1)。

III. ウォーミングアップおよびクーリングダウン

　オフシーズンであれインシーズンであれ，練習・トレーニング前後に行うウォーミングアップとクーリングダウンの役割は重要である。障害防止の観点からウォーミングアップを行わないチームはほとんどないであろうが，時間的な制限からクーリングダウンをおろそかにするチームは少なくない。

　練習・トレーニングによって酷使した筋肉をそのまま放っておくと，筋肉は収縮したまま硬くなってしまうといわれている。その結果，関節の可動域が小さくなりパフォーマンス低下とともに，スポーツ障害の原因になる可能性がある。筋力トレーニングがなかなかサッカーの現場に取り入れられない理由として，「からだが硬くなる」という声をよく耳にするが，柔軟性を高めるストレッチングを行わずに筋力トレーニングばかりやっていたら，やはり筋肉は硬くなるであろう。これは筋力トレーニングに限らず，サッカーのすべてのトレーニングについても同じことがいえる。やはり筋肉を激しく使う運動は筋肉の柔軟性を乏しくしてしまうので，筋力トレーニングと柔軟性のトレーニングを並行して行わなければならない。使用頻度の激しい部位は，トレーニング前後に特に念入りにストレッチングを施すことが大切である。

　また，強度の高い運動のあと，安静状態のままでいるよりも強度の低い運動を行った方が血中乳酸濃度の低下に要する時間が半分ですむことが実証されている。また，運動による下肢の筋肉の収縮作用は，静脈血の心臓への還流を促進するミルキングアクション(搾乳作用)の効果もあり，末梢への疲労物質の蓄積を防止する。そこで，試合や練習・トレーニング後には必ず，運動によって産生した疲労物質を

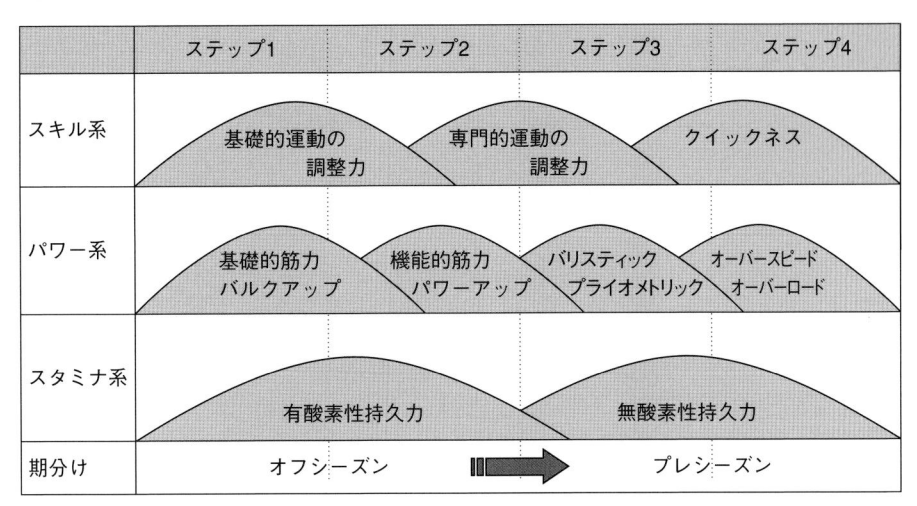

	ステップ1	ステップ2	ステップ3	ステップ4
スキル系	基礎的運動の調整力	専門的運動の調整力		クイックネス
パワー系	基礎的筋力バルクアップ	機能的筋力パワーアップ	バリスティックプライオメトリック	オーバースピードオーバーロード
スタミナ系	有酸素性持久力		無酸素性持久力	
期分け	オフシーズン	→	プレシーズン	

図4．オフシーズンからプレシーズンにかけてのフィジカルトレーニングの構成

できるだけ速やかに筋肉内から排除することを目的に，ジョギングやウォーキングなどの軽運動によるクーリングダウンを行う。このようにして日常的なクーリングダウンの習慣が，翌日に疲労を残さないことになり，ひいては障害防止につながると考えられる。

IV．オフシーズンからプレシーズンにかけてのフィジカルトレーニング

　コンディショニング・マネージメントにはさまざまな要素から成り立つものの，やはりフィジカルトレーニングが最も欠かせない要素である。特に，オフシーズンからプレシーズンにかけてはフィジカルトレーニングに適した時期である。ここでは具体的なフィジカルトレーニングの例を紹介するが，あくまでも一例であってこの限りではない。フィジカルトレーニングにおいて考慮すべき点は，強化する体力領域の特異性と順序性である。

　なお本稿では，わかりやすく説明するために，体力領域をあえて運動生理学的な教科書通りにはせずに，"スタミナ"，"パワー"，"スキル"などの一般に使われている用語を使って分類した（図4）。

　また，オフシーズン，プレシーズン，インシーズンそれぞれにおける週間スケジュールの代表的な例もあわせて示した（表2～4）。

1．スタミナ

　いくら優れた技術をもつ選手でも，90分間の試合中その技術がフルに発揮することができなければ，残念ながら技術をもたないに等しい。よい技術もスタミナを備えていてこそ生きてくるといえよう。このように，キックオフからタイムアップまでの時間を100%持続して戦い続ける能力が，いわゆるサッカーでのスタミナである。オフシーズンは，長いシーズンを戦い抜くためのスタミナを養成するのにふさわしい時期である。

表2. オフシーズンの週間スケジュール

	日	月	火	水	木	金	土
午 前		スタミナ 60分	スキル 60分		スタミナ 60分	スキル 60分	
午 後		技術戦術 120分	技術戦術 120分	技術戦術 120分	技術戦術 120分	技術戦術 120分	技術戦術 120分
夕 方		パワー 60分		パワー 60分		パワー 60分	

表3. プレシーズンの週間スケジュール

	日	月	火	水	木	金	土
午 前		スタミナ 60分	スキル 60分		スキル 60分		
午 後		技術戦術 120分	技術戦術 120分	技術戦術 120分	技術戦術 120分	技術戦術 90分	試合 90分
夕 方		パワー 60分		パワー 60分		パワー 60分	

表4. インシーズンの週間スケジュール

	日	月	火	水	木	金	土
午 前		スタミナ 60分	スキル 60分				
午 後		技術戦術 120分	技術戦術 120分	技術戦術 120分	技術戦術 90分	技術戦術 90分	試合 90分
夕 方		パワー 60分		パワー 60分			

オフシーズンからプレシーズンにかけて行うスタミナを向上させるトレーニングは，大きく次の3つの段階に分けて考えられる。第1の段階として，最大酸素摂取量の約60～80%のスピードで走るLSD(long slow distance)走がある。サッカー選手のためのLSD走は，マラソン選手のそれとは若干異なり，距離は3,000 m～1,0000 m，時間にすれば20分～60分くらいが適当である。特に，時間を決めてその時間を各個人に合ったスピードで走るというのは心理的負担も軽く，シーズン最初のトレーニングとして適当であると思われる。無理のないスピードで長い時間を持続して走ることは，いわゆる有酸素性持久力の向上を重視したトレーニングで，体脂肪の燃焼，呼吸循環系および毛細血管などの末梢組織の発達をねらいとしている。また，森やゴルフ場のようにアップダウンのある芝生など起伏の変化に富んだ地形を利用して走るファルトレクトレーニングも，この時期としては非常に有効なトレーニングである。

第2の段階として，タイムトライアル走や12分間走などの決まった距離や時間を最大努力に近いスピードで走りぬくトレーニングが挙げられる。先に挙げたLSD走に比べると，スピードの向上と持続がねらいとなり，加えて最大酸素摂取能力の向上が目的となる。この段階に進む前に，ゆっくりとしたペースから次第にペースアップして，ほぼ最大努力となるようにスピードを設定するトレーニングも有効である。

さらに第3の段階に進むと，乳酸除去能力の向上を目的としたスタミナのトレーニングを行う。サッカー競技では試合中，ダッシュを連続して行った場合などに血中乳酸濃度が高まり，その結果パフォーマンスが低下することがある。これを防ぐためには，できるだけ早く筋肉内に蓄積された乳酸を除去する能力が必要になる。この乳酸除去能力を高めるトレーニングとしては，血中乳酸濃度が高まる乳酸性閾値(LT)レベルでの運動と，ジョギングなどのゆっくりとした運動を交互に行うインターバルトレーニングが挙げられる。

2．パワー

現代サッカーでは，パワーなくしては勝利を得られないといっても過言ではない。特にオフシーズンは，基礎的な筋力向上を目的とした筋力トレーニングの導入に適している。基礎的な筋力トレーニングは，より進んだパワー系のトレーニングであるバリスティクスやプライオメトリクスなど高強度のトレーニングへの準備段階としても重要である。また，筋力トレーニングで筋力の左右差や拮抗筋のバランスを整えることにより，障害の予防も期待できる。

筋力トレーニングを行うためには，負荷と回数および頻度の設定が重要である。育成年代においては，過負荷にならないことに留意する必要があろう。まだ骨格が発達段階にあるサッカー選手に対して，過度な負荷の筋力トレーニングは障害につながるケースも少なくない。筋力トレーニングの導入としては，まず自分の体重を負荷としてのフォームづくりが大切である。

種目の選択には，大きい筋群からトレーニングすることも留意すべき点である。まず優先すべきは，身体をささえている腹直筋，腹斜筋，広背筋などの体幹部のト

レーニングである。これらの筋肉は姿勢やバランスの保持，呼吸に関わっており，これらの強化はサッカーに限らずあらゆるスポーツの基本となる。トレーニング種目としては，トランクカール，バックエクステンション，サイドベンドなどが挙げられる。

　次に，筋量の少ないいわゆる線の細い選手に対しては，大筋群を中心に全体的な筋量増加を図りパワー向上のための下地をつくる。部位としては大胸筋，大殿筋，大腿四頭筋，ハムストリングなどで，トレーニングとしては，ベンチプレス，スクワット（ハーフ），レッグエクステンション，レッグカールなどが挙げられる。

　育成年代の選手において，将来にわたりサッカーを続けるための身体をつくるためには，基礎的な筋力トレーニングによって上半身・下半身ともバランスよく鍛えるべきである。そして，基礎的なものから専門的なものへとステップアップしていくが，サッカーの動きを考えて，レッグランジ（フロントランジ，サイドランジ），カーフレイズ，ラテラルスクワット，アブダクション，アダクションなどを加えるのが適している。

　さらに，プレシーズンからインシーズンにかけては，オフシーズンでの筋力トレーニングの継続と，速い筋収縮と爆発的なパワーを高めるためのバリスティクスやプライオメトリクスなどの高強度のトレーニングに移行していく。

3．スキル

　サッカー競技におけるスキルトレーニングの最終目的はスピードの向上である。一瞬のスピードやすばやい動きは最大の武器となる。スピードの向上には，いくつかのプロセスを経なければならない。特にサッカーでは，直線のランニングが速いだけではあまり意味がない。相手のマークをかわすような，前後左右にステップを踏んでいろいろな動きによる方向の変化や，急激に加速したり減速したりするスピードの変化などが重要となる。

　オフシーズンからプレシーズンにかけては動きのすばやさを高めるために，基礎的な調整力および敏捷性のトレーニングを行う。まず初めに，いろいろな方向へのステッピング（サイドステップ，バックステップ，クロスステップなど）を取り入れ，足の運びをスムーズにする。スピード，アジリティ，クイックネスを高めるSAQトレーニングに代表されるラダーやミニハードルなどを使った規則性のあるドリルが有用である。

　さらに次の段階に進むと，ジグザグ走などの方向変換走やスピードを変える加速減速疾走，止まった状態からのダッシュや，ターン，ジャンプを伴ったダッシュへと次第に動きにも規則性のものから不規則性のものへと複雑化させる。

　さらに次の段階としては，鬼ごっこのように相手を伴った動きへと移行する。この段階では，一方ではよりサッカーの動きに近い相手の逆をつく動きを取り入れ，それに対してもう一方ではリアクションの動きも同時に取り入れる。ボールを使えばそのままサッカーの1対1の局面になるし，ボールを使わなくてもサッカーの試合ではそのような状況が非常に多くみられる。このように，オフシーズンからプレシーズンにかけては身体の使い方に着眼点をおき，基礎的な調整力および敏捷性の

トレーニングを取り入れるとよい。

V．インシーズンにおけるコンディショニング

1．筋量の維持

　オフシーズンからプレシーズンと長期にわたり行ってきたトレーニングを有効にするためには，インシーズンにおける試合直前の1〜2週間のコンディショニングが非常に重要な意味をもつ．試合が連続するインシーズンにおいては，試合の疲労回復に時間があてられるため，練習・トレーニング量を減らした調整期間として消極的にとらえられがちである．しかし，時間こそ短時間でも，強度の高いトレーニングを行うというように積極的に考えることが大切である．つまり，量的には少なくとも質の高いトレーニングを行うようにしなければならない．従って，ウォーミングアップおよびクーリングダウンが，他のシーズンにも増して重要になる．
　インシーズンにおいては練習・トレーニングの量が減るために，シーズンが進むにつれて，筋力の低下や筋量の減少が起こる筋・パワー系のディトレーニング現象を指摘した研究は多い．しかし，サッカーの試合では，瞬時に発揮される筋パワーが勝敗を決める要因となることが多いため，からだのキレを出すようなパワー系の筋力トレーニングはインシーズンにおいても欠かさず行うのが望ましいと考える．当然，あらゆる体力要素のフィジカルトレーニングが必要であるが，特にパワー系のトレーニングは，これまで作りあげた筋力の維持とともに，肉離れなどの筋肉系の障害予防にも役立つ．また，グリコーゲンの貯蔵庫でもある筋量の減少を防ぐためにも有用であろう．
　過去に「無駄な筋肉をつける必要はない」とか「筋力トレーニングをするとからだが硬くなる」という指摘をするサッカーの指導者が多かったが，あるJリーグチームのトップサテライトおよびユース選手を比較した場合，明らかにトップ＞サテライト＞ユースの順で筋量が多かったことが報告されている．サッカーのプレーでは，筋量の多さがショルダーチャージによるフィジカルコンタクトの強さや，シュートの強さなどに直接関連するため，インシーズン中も筋力トレーニングを通じて筋量の減少を防ぎながらプレーするのが好ましい．

2．疲労回復とオーバートレーニング

　激しいトレーニングや試合を行えば，疲労が蓄積されるのは当然である．従って，コンディション維持のためには，疲労状態からできるだけ早く回復することが重要課題となる．疲労が回復しないまま激しいトレーニングや試合が続けられると，オーバートレーニング症候群に陥る可能性がある．特に若い選手は，チーム内のポジションも不安定であり，オーバートレーニングに陥りやすく注意が必要である．
　オーバートレーニングとは，過剰なトレーニングによってパフォーマンスが低下し，容易に回復しなくなった慢性疲労状態のことをさす．トレーニングによって疲労が生じ，一時的に身体機能は低下するが，回復過程において適応が生じ，身体機能の向上が起こることは誰もが知っていることである(**図5**)．疲労と回復の繰り返

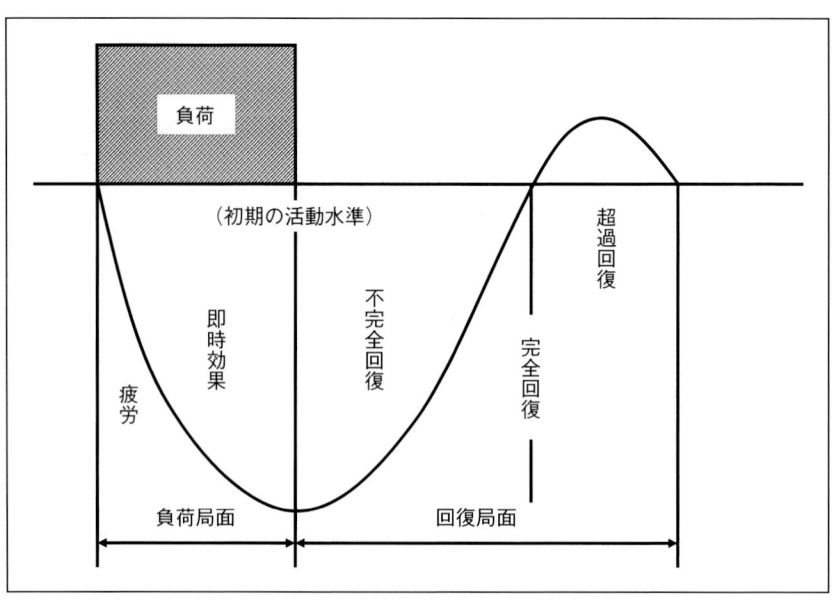

図5. トレーニング負荷と回復の基本モデル

（村木，1994を改変）

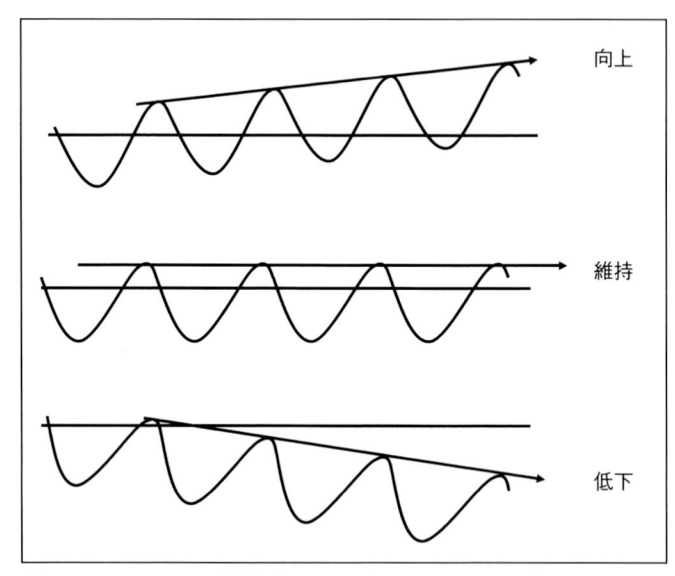

図6. トレーニング効果とオーバートレーニング

（村木，1994を改変）

しによってトレーニング効果が高まり，パフォーマンスも向上していくわけであるが，疲労の回復過程で不完全な回復状態で次の負荷をかけると，トレーニング効果が得られないどころかマイナスに作用する場合がある（図6）。つまり，このような不適切なタイミングで負荷をかけないよう日頃から疲労回復に努める必要がある。オーバートレーニングに陥らないためにも，コンディションを常に把握して，まずはトレーニング負荷の設定を適切に設定するとともに，ライフスタイルでは就寝時

表5. コンディショニングプログラムの時間調整

オフ・プレシーズン		インシーズン		試合前日		試合日		積極的休養日	
7：00	起床	7：00	起床	7：00	起床	7：00	起床	7：00	起床
7：30	食事	7：30	食事	7：30	食事	7：30	食事	7：30	食事
9：30	Tr.(90〜120分)	9：30	Tr.(60分)	9：30	Tr.(90分)				
12：00	食事	12：30	食事	12：30	食事	11：30	食事	12：00	食事
13：00	昼寝	13：00	昼寝				ミーティング		
15：00	Tr(120分)	15：00	Tr(90〜120分)	15：00	移動	15：00	Kick off	15：00	Tr.(60分)
18：30	食事	18：30	食事	18：30	食事	18：00	食事	18：00	食事
20：00	WrTr(60分)	20：00	WrTr(60分)	20：00	ミーティング				
23：00	就寝	23：00	就寝	23：00	就寝	23：00	就寝	23：00	就寝
睡眠時間	8＋1 時間		8 時間		8 時間		8 時間		8 時間
Tr	5 時間		3.5〜4 時間		1.5 時間		1.5 時間		1 時間

間と起床時間をできるだけ一定にして生活のリズムを整え，十分な睡眠時間を確保するように留意しなければならない。また1週間に1日は休養日を設定することも効果的である。休養日の過ごし方は，適度な軽運動を行うことで血液の循環を促し，疲労回復を促進する「積極的休養」と完全にからだの機能を停止させて休む「完全休養」が挙げられる。そのどちらも大切であるが，心身ともによりよいコンディションを維持するために，それぞれ選手個人にあった方法を見出すことが大切である。

3．試合前日と当日のコンディショニング

試合の前日および当日は，試合のキックオフに合わせたタイムスケジュールで行動すべきである。キックオフが何時かによって試合当日のスケジュールが決定される(表5)。

試合当日のコンディショニングでは次の3つがポイントとなる。
① キックオフ3時間前には食事を済ませる
② 食事時刻に合わせて起床時間を決定する
③ 起床時刻に合わせて前日の就寝時刻と夕食の食事時刻を決定する

なお，試合直前の食事は筋肉の中に蓄えられるエネルギー源であるグリコーゲンの合成を促すために，ごはんやパン，うどん，パスタなどの炭水化物中心の食事と，オレンジジュースやスポーツドリンクなどのクエン酸を含むドリンクを摂るのがよい。また，試合開始前にしっかりとした水分補給を行っておくことも大切である。

〔菅野　淳〕

参考文献
1) Donald A. CHU：Jumping into plyometrics. Leisure Press, 1991.
2) ジル・コメッティ：サッカーの筋力トレーニング．大修館書店，2002.
3) 八田秀雄：乳酸を活かしたスポーツトレーニング．講談社，2001.
4) 石井直方(総監修)：ストレングストレーニング＆コンディショニング第2版．ブックハウス

HD, 2002.
5) 日本SAQ協会(編)：スポーツスピード養成SAQトレーニング．大修館書店，1999.
6) NSCAジャパン(編)：サッカーがうまくなるからだづくり．森永製菓株式会社健康事業部，1994.
7) トレーニング科学研究会(編)：コンディショニングの科学．朝倉書店，1995.
8) 浦上千晶，池田正剛：サッカーコンディショニングの科学．電機大出版局，1999.
9) 星川佳広，他：ジュビロ磐田における形態・体力測定I―トップチームと下部チームの比較―．サッカー医・科学研究，20：78-82，2000.
10) 中嶋由晴，他：ジュビロ磐田における形態・体力測定II―トップチームのシーズン変化―．サッカー医・科学研究，20：83-86，2000.
11) 菅野　淳，星川佳広：強くなるためのサッカーフィジカルトレーニングQ&A．スキージャーナル，2004.
12) 村木征人：スポーツトレーニング理論．ブックハウスHD，1994.

Chapter 6-1
サッカー選手に対するメディカルチェック
―内 科

　東京オリンピック以来，スポーツに科学的な考えが導入されて久しくなる。種々のスポーツにおいて，競技力の向上には目を見張るものがある。その反面，「突然死」の問題もつきまとってくる。実際に，全国各地で行われている市民マラソン大会で，レース中に亡くなられる人は後を絶たない。人間である以上，内部に隠された異常を無視してまでは競技を続けていくことは不可能である。その中で，スポーツ中の突然死はその最たるものである。どのスポーツにおいても健康な身体なくしては成り立たない。近年，種々の成人病に対して運動療法が導入されてきているが，それらはきちんとした医学的な管理のもとで行われることを原則としている。従って，基本的にはスポーツを行う際には，自分の身体が健康でその運動を行っても差し支えがないかどうかを調べる必要がある。そして，調べる項目もあらかじめ決めておく必要があるが，どの年代でも同じように行うわけにはいかないので，年代別に必要なチェック項目を挙げて解説する[1]。

I．基本事項[2]

　基本事項は**表1**の通りであるが，日々気をつけておきたいのは体重の変化である。**図1**はある代表チームのFIFAワールドカップ予選期間3カ月の体重変化である。最初の体重を1としているが，いくら良い健康管理・食事管理を行っていても体重は減少してきている。1回の体重測定では健康状態はわからないが，経時的に記録しておくと，それらの変化がわかり健康状態を反映してくれる。これからは健康維持のためには自己管理が必要になってくる。血液検査項目は，年代に応じて考慮していくが，どの年代にでも必須の検査項目は「血算」である。

II．年代別内科的メディカルチェック

1．12歳未満

　通常に育ってくれば大きな問題はない年齢であるが，一番大きな問題は「心奇形」の有無や心臓の調律異常である。先天的な代謝疾患がある場合は，ここまでくる前に発見されると考えられる。小学校の高学年になるとU-12のトレセンに選ばれる

表1. チェック項目の基本事項

1. 基本健康診断		
1）基本健康診断問診	1. これまでの主な病気・けがについての質問 2. 現在の病気やけがについての質問 3. 自覚症状についての質問 4. 現在のコンディションについての質問 5. 家族の病気に対する質問 6. 体重減量についての質問 7. 初潮，月経についての質問（女子選手のみ）	
2）基本健康診断	1. 現症：身長，体重，体温，脈拍，血圧，身体所見 2. 臨床検査所見：心電図検査，尿検査，血液検査，血液生化学検査 3. プロブレムのまとめ処置 4. 診察医師判定 5. メディカル小委員会判定 臨床検査項目 1. 安静時心電図 2. 検尿：糖，蛋白，潜血 3. 血液一般検査：赤血球数，白血球数，Hb，HCT 4. 血液生化学検査：AST（GOT），ALT（GPT），CK，T-Chol，HDL-C，血清鉄，総蛋白	
2. 追加健康診断		
1）追加健康診断問診	1. 運動歴についての質問 2. ベストの成績・記録についての質問 3. 過去一年間での主な大会での成績についての質問 4. 生活についての質問 5. 自覚症状についての質問	
2）追加健康診断	1. 整形外科的メディカルチェック；現在または過去の外傷・障害　アライメント　関節弛緩性　タイトネス 2. 女性に対するメディカルチェック 3. 形態計測 4. 眼科所見 5. ホルモン測定 6. 運動負荷心電図 7. その他の検査；心エコー図検査，ホルター心電図検査，潜水反射試験，水中心電図，頭部CTスキャン検査，脳波検査など	

機会が出てくるが，表1のようなメディカルチェックを行い，トレセンに参加するようにする。

　心臓の異常の有無のチェックは，「超音波検査」と「心電図」である。これら2つの検査で異常があればみつけられると考える。既往歴などにも関連するが，「川崎病」の既往がある場合は必須の検査である。代謝異常は，「尿検査」で多くのこと（糖尿病，ネフローゼ症候群などの腎疾患）がわかる。「体質」として把握しておく必要があるのは，アトピーに代表されるアレルギー性疾患や喘息の有無である。いずれも

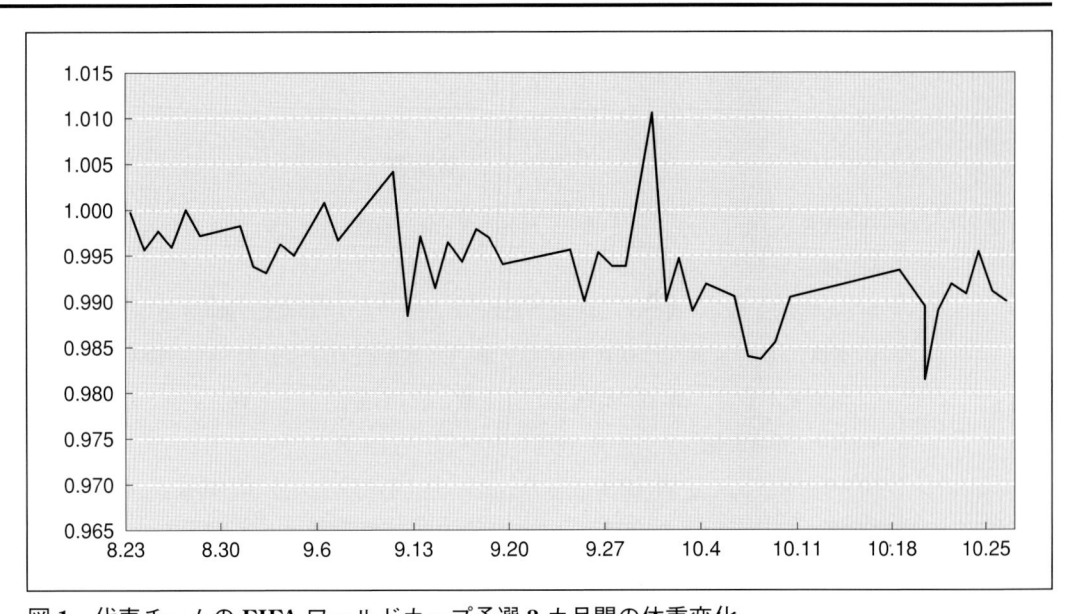

図1. 代表チームのFIFAワールドカップ予選3カ月間の体重変化
8月23日の体重を1として,全選手の体重の増減を表した。全体的経過とともに体重は減少傾向にある。

スポーツ禁忌の疾患ではないが,表2に示す診断書(案)を最寄りの医療機関で調べてもらい,スポーツ活動に参加するようにする。診断書は施設・主催者へ提出することを目的とするものではなく,診断書本来の事故の抑止を目的とした本人への結果説明・アドバイスの文章化であると今後は考えるべきである[3]。

2. 18歳未満

この時期は成長期が終わりいわゆる大人の身体ができ上がってくる時期である。この時期にまずチェックしなければならない項目は「高身長」である。Marfan症候群は,大血管系の壁の異常をきたすことで知られており,この年代のスポーツによる突然死の原因としてまず挙げられる。この疾患は身体的にも特徴があり,クモ状指,脊椎側弯,全身関節弛緩性などがある(表3)。また,川崎病に罹患したことがある人は,この時点で心臓の超音波検査を行い,心血管系に異常のないことを確認しておく必要がある。心血管系に異常のない場合は,トレッドミルなどで心機能の評価をしておく必要がある。また貧血などのチェックのために血液検査も必須となってくる。表4はこの年代に必要な血液・尿検査項目であるが,表5はJリーグの定期的なメディカルチェック項目である。

3. 18歳以上

40歳くらいまでは前項2.に準じた検査を定期的に行っていく。現役を退いたり,40歳以降はいわゆる「成人病」に関する検査が必要となる。心電図においては,虚血性心疾患の有無を,血液検査においては糖尿病,高尿酸血症,高脂血症などのチェックが必要となってくる。近年,生涯スポーツが盛んにいわれるようになってきたが,

表2. U=12 以降のトレセン参加に必要な診断書（案）
個人的な責任で行うことを原則とする。

診断書

選手氏名：＿＿＿＿＿　＿＿歳　性別：男・女　(西暦)　＿＿年　＿＿月　＿＿日生

既往歴について

以下の病気が"ない"場合は，各病名の後の□に／印，"あり"の場合は■内を塗りつぶしてください．

1：貧血□（＿＿）歳　2：喘息□（＿＿）歳　3：高血圧□（＿＿）歳　4：心臓病□（＿＿）歳

5：川崎病□（＿＿）歳　6：腎炎□（＿＿）歳　7：肝炎□（＿＿）歳

8：胃十二指腸潰瘍□（＿＿）歳　9：てんかん□（＿＿）歳

10：その他□（＿＿）歳（病名＿＿＿＿）　11：手術□（＿＿）歳（病名＿＿＿＿）

12：輸血□（＿＿）歳（病名＿＿＿＿）　13：薬物アレルギー□（薬品名＿＿＿＿）

14：食物アレルギー□（食品名＿＿＿＿）

既往歴について

1：ない

2：ある（病名＿＿＿＿）受傷（発症）日＿＿年＿＿月＿＿日　通院医療機関名＿＿＿＿

血液検査（血算・生化学）：異常　なし　（あり　　　　　　　）
心電図　　　　　　　　　：異常　なし　（あり　　　　　　　）
胸部正面X線写真　　　　：異常　なし　（あり　　　　　　　）
超音波診断　　　　　　　：異常　なし　（あり　　　　　　　）

上記の者について，健康であることを証明する．

　　　　　　　　　　　　　　　　　　　　　　年　　月　　日

　　　　　　　　　　　　医療機関名＿＿＿＿＿＿＿＿＿＿＿＿

　　　　　　　　　　　　医師名＿＿＿＿＿＿＿＿＿＿印

内科的な疾患の存在を無視してスポーツを行うことは自殺に等しいので十分注意する必要がある。特に40歳以降は一般的な成人病に対するメディカルチェック，いわゆる「人間ドック」を行う。

a．毎年のメディカルチェック

Jリーグでは，各チーム最低でもシーズンはじめに表5のメディカルチェックを義務づけている。定期的に行うことで，自分自身のコンディショニングの指標となる。

図2は，過去の日本代表選手の1シーズンにおける血中のヘモグロビン濃度の推移をみたものである。シーズンはじめには平均 15.3 mg/dl でしたが，シーズン半ばには 14.4 mg/dl に減少し，シーズン終了時には再び 15.2 mg/dl に回復してきてい

表3. Marfan症候群チェックリスト

検査日（西暦）	生年月日（西暦）	性別	
年　月　日	年　月　日	男　女	
身長	上肢長	下肢長	中指端長
cm	cm	cm	cm

体重
　　kg

家族歴　両親
　　　　兄弟

形態			全身関節弛緩性		
頭部長頭	あり	なし	肩関節	あり	なし
高口蓋	あり	なし	反張肘	あり	なし
脊椎後弯症	あり	なし	手関節（wrist sign）	あり	なし
脊椎側弯症	あり	なし	股関節外旋	あり	なし
胸部漏斗胸	あり	なし	反張膝	あり	なし
胸部鳩胸	あり	なし	足関節背屈	あり	なし
			脊椎柔軟性	あり	なし
			Thumb sign	あり	なし

	右		左	
膝蓋骨亜脱臼	あり	なし	あり	なし
扁平足	あり	なし	あり	なし

眼部所見

	右		左	
水晶体逸脱	あり	なし	あり	なし

視力
視力矯正
画像所見等
METACARPAL INDEX

心電図	あり	なし

超音波

動脈瘤	あり	なし
僧帽弁逸脱	あり	なし
大動脈根拡大	あり	なし
心雑音	あり	なし

る．代表選手は自分の所属チームの試合に加えて，代表での試合がプラスされる．シーズン中は，平均すると1週間に2試合程度をこなすことになる．チームや代表できちんと管理された中でも，血中のヘモグロビン濃度は運動というストレスによって減少してくる．貧血に関する治療の詳細は，「内科的疾患の管理」にゆだねるが，通常スポーツ選手にとって貧血が一番大きな問題となってくる．できるなら，シーズン中に数回検査をしておく必要がある．筋肉に対する負荷の指標としてCPKがある．図3は代表選手のシーズン中のCPKの推移である．シーズンはじめは，自主トレーニングを行い，シーズンに備えるが，そのためにCPKはシーズンはじめに高値を示すことが多くなる．選手によっては2,000 IUを超すことがある．筋肉の損傷で，一番重篤なものはCrush症候群である．しかし，検査データをよくみると，

表4. 血液・尿検査項目

血算	白血球数	WBC	肝機能	AST	
	赤血球数	RBC		ALT	
	ヘモグロビン濃度	Hb		LDH	
	ヘマトクリット	Ht		γ-GTP	
	血小板	Plt		Al-p	
	血清鉄	S-Fe			
	フェリチン濃度	ferritin	腎機能	尿素窒素	BUN
生化学検査				尿酸	UA
免疫栄養状態	総蛋白	TP		クレアチニン	Cr
	アルブミン	Alb		CPK	
	A/G比				
	総コレステロール	TCHO	尿検査	蛋白・潜血・尿糖	
	中性脂肪	TG			

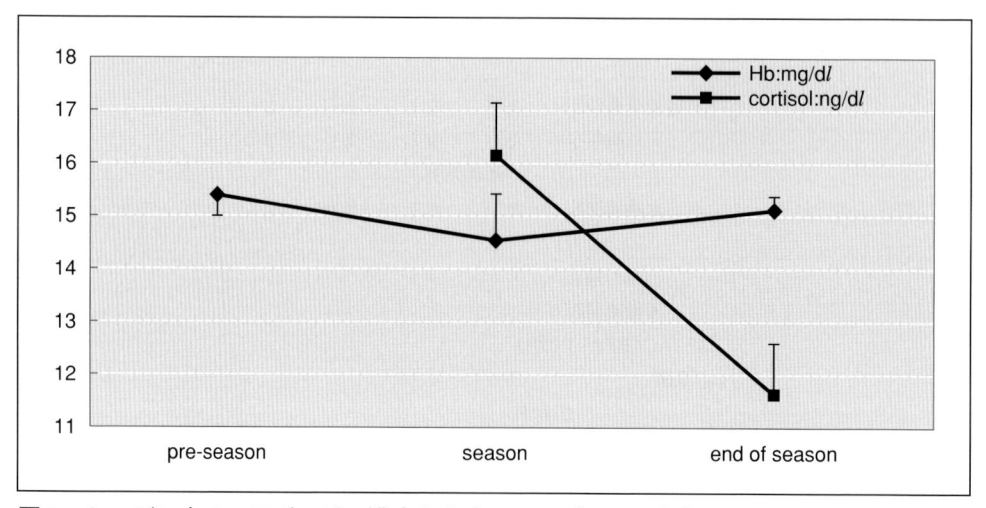

図2. シーズン中のヘモグロビン濃度と血中コルチゾールの変化
シーズン前，シーズン中，シーズン終わりの3つの時期に採血をしている11名の代表選手の血中ヘモグロビンとコルチゾールの推移である。シーズン前とシーズン中では有意に血中ヘモグロビン濃度は低下している。それに伴い血中コルチゾールはシーズン中では増加している。

　LDH・AST・ALTはほぼ正常値(表6)をとっていることがわかる。このように検査データは，その選手の状態をよく表すが，データの解釈には熟練を要し，定期的に検査を行うことで正しい解釈が可能となってくる。最近では，疲労の指標として血中コルチゾールが注目されているが(図2)，疲労が蓄積されると高値を示す。
　定期的にスポーツ活動を行っていくためには，自分自身の健康状態が当該スポーツに耐えうるかどうかにいつも気をつけるようにする。今後は，健康の「自己管理」が必須になってくる。

〔宮川俊平〕

表5. 年次メディカルチェック項目

選　手　名		生年月日 （西暦）		年　　月　　日生		年齢	
実施年月日 （西暦）	年　　月　　日		在籍年数	新人	年		移籍

以下に該当する項目に○印，異常所見ありの場合はさらに具体的に記入してください。			
1．胸部Ｘ線写真	異常なし・あり （　　　　　　　　　　　　　　　　　　　　　　　　　　　　）			
2．安静時心電図	異常なし・あり （　　　　　　　　　　　　　　　　　　　　　　　　　　　　）			
3．負荷心電図	異常なし・あり （　　　　　　　　　　　　　　　　　　　　　　　　　　　　）			
4．血液検査	WBC（　　　　/μl）	RBC（　　　X10⁴/μl）	Hb（　　　　g/dl）
	Ht（　　　　　％）	TP（　　　　g/dl）	ALT（　　　　IU/l）
	AST（　　　　IU/l）	γ-GTP（　　　IU/l）	LDH（　　　　IU/l）
	Cr（　　　　mg/dl）	Al-p（　　　IU/l）	CPK（　　　　IU/l）
	TC（　　　　mg/dl）	HDL（　　　mg/dl）	TG（　　　　mg/dl）
	TPHA（　　　　　）	HBs（　　　　　）	HCV（　　　　　）
5．尿検査	蛋白（3＋　2＋　＋，－）	糖（＋，－）	潜血（＋，－）
6．外傷・障害 　メディカルチェックの時点でactiveな外傷・障害について記載してください	診断名		
	診断名		
	診断名		
7．コメント			

表6. GOT(AST)/GPT(ALT)/LDH, ALPとCPKのシーズンの推移

選手	年	検査項目	シーズン前	シーズン中	シーズン後半
1	96	GOT (AST) / GPT (ALT) / LDH	34／35／465	53／26／543	22／24／430
		CPK	520	1330	284
2	96	GOT (AST) / GPT (ALT) / LDH	47／17／451	32／32／391	30／39／380
		CPK	1599	485	385
	97	GOT (AST) / GPT (ALT) / LDH	60／70／433	29／25／584	21／23／349
		CPK	860	308	277
3	96	GOT (AST) / GPT (ALT) / LDH	24／23／309	27／12／424	23／12／332
		CPK	296	347	199
	97	GOT (AST) / GPT (ALT) / LDH	31／19／347	23／12／334	21／11／310
		CPK	540	213	159
4	96	GOT (AST) / GPT (ALT) / LDH	17／17／331	22／18／397	19／17／310
		CPK	241	250	160
	97	GOT (AST) / GPT (ALT) / LDH	25／21／342	15／17／326	17／20／294
		CPK	432		129
5	96	GOT (AST) / GPT (ALT) / LDH	21／22／284	23／15／378	19／16／268
		CPK	289	169	134
	97	GOT (AST) / GPT (ALT) / LDH	34／25／353	19／13／337	22／22／260
		CPK	798	200	172
6	96	GOT (AST) / GPT (ALT) / LDH	45／35／379	38／26／525	32／32／348
		CPK	537	360	121
7	96	GOT (AST) / GPT (ALT) / LDH	21／26／298	20／14／352	18／9／268
		CPK	164	267	222
	97	GOT (AST) / GPT (ALT) / LDH	20／17／283	19／13／323	17／12／248
		CPK	324	191	150
8	96	GOT (AST) / GPT (ALT) / LDH	29／10／352	18／11／359	17／9／334
		CPK	1033	218	416
9	96	GOT (AST) / GPT (ALT) / LDH	25／21／361	34／22／413	17／11／296
		CPK	335	272	108
	97	GOT (AST) / GPT (ALT) / LDH	37／29／374	23／23／374	24／15／334
		CPK	598	242	277
10	96	GOT (AST) / GPT (ALT) / LDH	16／14／362	25／15／490	17／13／326
		CPK	164	372	129
	97	GOT (AST) / GPT (ALT) / LDH	19／19／328	20／21／397	18／15／325
		CPK	254	219	140
11	96	GOT (AST) / GPT (ALT) / LDH	21／18／356	31／19／389	13／11／268
		CPK	371	867	125
	97	GOT (AST) / GPT (ALT) / LDH	69／96／360	20／19／408	19／16／342
		CPK	217	288	429

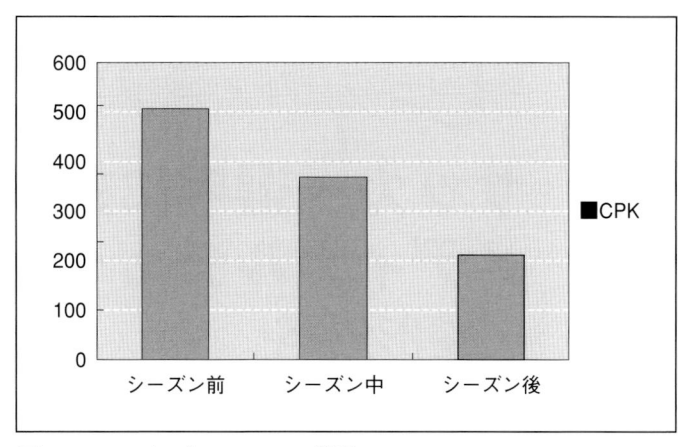

図3. シーズン中のCPKの推移
シーズン前は，選手たちは自主トレ等で，運動量が増加しているためCPKは高値を示すが，シーズンに入ると，試合はあるが，試合―休息―練習―コンディショニング―試合といったリズムになり，筋肉に対する負担が軽減してきていると考えられる。

参考文献

1) 渡辺郁雄：メディカルチェックの今後の方向 ―内科医の立場から．日本臨床スポーツ医学会誌, 11(1); 19-24, 2003.
2) 国体選手における医・科学的サポートとガイドライン，メディカルチェック用診断用紙など．日本体育協会2; 55-79, 2001.
3) 武者春樹：これからのスポーツ診断書の考え方．日本臨床スポーツ医学会誌, 8(2); 120-124, 2000.
4) 南家俊彦他：運動誘発心室頻拍で引退を余儀なくされたプロサッカー選手の1例．日本臨床スポーツ医学会誌, 9(9); 246-250, 2001.
5) 武者春樹：スポーツにおける突然死とメディカルチェック．日本臨床スポーツ医学会誌, 9(1); 10-13, 2001.

Chapter 6-2 サッカー選手に対するメディカルチェック
―整形外科

　サッカーに限らず，あらゆるスポーツにおいてある程度のけがはつきものである。しかし，サッカー選手ができる限り傷害や疾病を起こさないように予防策を講じる必要があり，いったん傷害が起こった時には早期発見，早期治療，そして早期復帰を考える必要がある。メディカルチェックを実施するのはこのためである。メディカルチェックを定期的に実施することにより，選手自身が気づいていない傷害や選手自身の身体的特性を知ることができ，サッカーをプレーする上でより良いコンディションをづくり，傷害発生の予防に役立てようとするものである。

　日本サッカー協会医事委員会(現スポーツ医学委員会)は，1975年に個人用の携帯カルテとなるサッカーヘルスメイトを作成し，日本サッカーリーグのチームドクターが選手のメディカルチェックを行うようにした。サッカーヘルスメイトは，1993年に改定され，現在もJリーグに所属する選手はすべて持つよう義務づけている。サッカーヘルスメイトの内容はその項に譲るが，サッカー協会で行っている整形外科的メディカルチェックは，原則として，ヘルスメイトに記載されている項目について行っている。

I．メディカルチェックの進め方

1．問　診
a．過去のスポーツ歴，現在のスポーツ活動状況
　スポーツ種目，スポーツ開始年齢，ポジション，所属クラブ，練習量などを記載する。現在のスポーツレベル，1日の練習時間，1週間の練習日数についても聞く必要がある(第7章「サッカーヘルスメイト」の図2，88頁参照)。
b．過去の外傷・障害・疾病歴
　けがをした時の年齢，種目，診断名，治療機関，治療内容，治療期間，そのけがが完全に治癒しているか，後遺障害の有無，現在のプレーに支障をきたしているかどうかのチェック(第7章「サッカーヘルスメイト」の図4，90頁参照)。

2．全身的なチェック
　年齢，身長，体重，体脂肪率，利き手，利き足などの一般的チェックを行う。発

育期には現在の値だけではなく，1年間の身長，体重の増加率についても注意を払う。

整形外科チェックシートは第7章「サッカーヘルスメイト」の図5(91頁)，図6(92頁)に示す通りである。このチェックシートをもとに整形外科的メディカルチェックをすすめていく。

a．全身関節弛緩性

7項目によりチェックしている。

Wrist thumb test：手関節屈曲で母指が前腕の掌側につくか。
Knee recurvatum test：膝が10°以上反張するか。
Spine flexion test：前屈で手掌全体が床につくか。
Elbow hyperextension test：15°以上の肘関節過伸展が可能かどうか。
Hand in hand on the back：肩中で後ろ手に指を組めるか。
Ankle dorsiflexion test：膝屈曲位で足関節45°以上の背屈が可能か。
Hip external rotation test：股関節外旋で両足部のなす角が180°以上，外開きになるか。

b．筋のタイトネスの測定

全身性の関節弛緩とは反対に，筋肉の固さをみるタイトネステストも重要である。

Finger floor distance(FFD)テストは下肢伸展位で前屈し，指と床の間の距離を測定し，腰背筋やハムストリングのタイトネスをみる。Straight leg raising(SLR)テストは，膝伸展位で下肢が床からどのぐらいの角度の挙上できるかを測定し，ハムストリングのタイトネスをみる。大腿四頭筋は，腹臥位で他動的に膝関節を屈曲し抵抗が出たところで，踵と殿部との間の距離を測る。腸腰筋は仰臥位で片一方の膝をかかえた姿勢で，反対側の膝窩部と床からの距離を測定し判定する。下腿三頭筋は仰臥位で，膝を伸展した状態で足関節を背屈し何度背屈できるかで判定する。

腰背筋 FFD(finger floor distance)
ハムストリング SLR(straight leg raising teat)
大腿四頭筋：踵殿間距離
下腿三頭筋：立位膝進展位での足関節最大背屈角度
腸腰筋：膝かかえ姿勢での床から膝窩までの距離
内転筋：股関節開脚角度

c．アライメント

全身のアライメントをチェックするが，膝・足関節，足部を重点的にチェックする。

脊椎：側弯の有無，亀背等の変形の有無，腰椎の階段状変形の有無などをチェックする。また腰椎に関しては，すべり症にみられる階段状変形の有無をチェックする。

肘関節：carrying angle の測定

膝関節：O脚，X脚の有無・程度。X脚の程度は通常両大腿骨顆部を接触させての両足関節内果の距離で表し，O脚の程度は両足関節内果を合わせた時の両大腿骨

内顆の距離で表す。Q-angle の測定。Q-angle は，膝蓋腱の走行と大腿四頭筋の牽引方向とのなす補角で表す。

　足関節：leg-heel angle の測定。これは後方よりみた下腿下 1/3 と踵骨のなす角度で，立位では外反 5〜13°くらいが正常である。

　足：扁平足，甲高，外反母趾，内反小趾，ハンマートゥ，胼底の有無，部位などを観察する。

3．部位別のチェック
a．頚　椎
可動域　前後屈，側屈，回旋を調べ疼痛の有無を確認をする。神経学的所見として上下肢の反射，ワルテンベルグやバビンスキー病的反射，知覚，筋力の障害をチェックする。また Spurling test, Jackson test の評価を行う。

b．腰　椎
可動域　前後屈，側屈と運動時通をみる。腰部の圧痛の有無と部位。SLR test で下肢への放散痛があるかどうか。腰椎の前後屈，側屈，バレーの圧痛点，成長期の腰椎後屈時の疼痛，棘突起の圧痛は分離症を示唆するので注意深くチェックすることが重要である。

c．肩関節
関節可動域と疼痛，圧痛の有無。その際，painful arc や drop arm sign，上肢挙上試験(Speed test)，前腕外旋試験(Yergason test)などもあわせてチェックする。Impingement sign などもあわせてチェックする。前方・後方・下方の不安定性の有無のチェック，Apprehension test を行う。

d．肘関節
可動域，疼痛部位，関節不安定性の有無をチェックする。

e．手関節・手指
ゴールキーパーには特に注意してチェックしなくてはならない。関節可動域，指関節の不安定性の有無，変形，疼痛，圧痛などをチェックする。

f．股関節
Groin pain syndrome にみられるように，サッカー選手には股関節周辺に問題をもっている人が少なからずいるので注意深い診察が必要である。股関節の可動域，筋力，抵抗時痛，ストレッチ痛の有無，恥骨周囲や内転筋の圧痛の有無などを正確に評価しなくてはならない。

g．膝関節
屈曲，伸展角度。腫脹，熱感，発赤，圧痛の有無と部位，脛骨粗面の隆起，圧痛をチェック。大腿四頭筋の萎縮の有無を膝蓋骨上 5 cm，10 cm の部位の大腿周径も測定。半月板損傷に対しては関節裂隙に沿った圧痛や McMurray テストをチェックする。膝の靱帯損傷をチェックするために膝動揺性テストを行う。前十字靱帯損傷に対しては Lachman テスト，N-テスト，前方引き出しテストを行う。後十字靱帯損傷に対しては後方引き出しテストや sagging sign をチェックする。内側側副靱帯損傷に対しては外反ストレステスト，外側側副靱帯損傷に対しては内反ストレステ

ストが有用である．膝蓋骨亜脱臼や，膝蓋骨動揺性をみるためには，膝蓋骨を外方に圧排してその程度とapprehensionの有無をみる．クラークテストやグライディングテストで膝蓋大腿関節面に問題があるかどうかを調べる．脛骨粗面の圧痛，隆起，膝蓋腱や棚の部位の圧痛などもチェックする．またO脚では腸脛靱帯炎になることがあるので，graspingテストなどでチェックする．

h．下　腿

下腿内反やシンスプリントの有無をみるとともに，腫脹，発赤，熱感，圧痛の有無，腓腹筋の緊張やアキレス腱周囲部の圧痛を調べる．下腿周径を測定する．

i．足関節

サッカーでは足関節の捻挫を起こしやすく，足関節のチェックは特に注意してみる必要がある．まず足関節可動域を調べ，圧痛，腫脹の有無をチェックする．次に，前方引き出しテストや内反，外反動揺性の有無をチェックする．

j．足・足趾

偏平足，甲高，外反母趾，内反小趾，開帳足などのアライメントをみる．また胼底形成の部位程度をチェックし，シューズが合っているかどうかをみる．足趾間の白癬の有無もみておく必要がある．

II．レントゲン・その他の検査

Jリーグのメディカルチェックでは，ルーチーンに頸椎，腰椎，膝，足関節，足のレントゲン撮影を行っている．その所見はX線写真所見記入シート〔第7章「サッカーヘルスメイト」の図10～13（96頁～99頁）に示す通りである〕に記入し保存する．その他，理学的所見で問題のある箇所についてはレントゲン，MRIなどの必要な検査を行い，診断を下し，適切な処置を行う必要がある．

III．まとめ

サッカーにおけるメディカルチェックの概要を述べたが，重要なことはこのメディカルチェックの結果をもとに選手個々の問題をまとめ，それに対する治療やトレーニングプログラムを考え，トレーナーやコーチと協力してそれを実行していくことである．また，定期的にメディカルチェックを行い，常に選手の状態を把握し，縦断的に選手の問題点をみていくことも大切である．

〔森川嗣夫〕

Chapter 7 サッカーヘルスメイト

　サッカー開始年齢が低年齢化し，サッカー人口が増加している。それに伴って外傷・障害の発生も増加している。いったん外傷・障害が起これば，早期治療，早期復帰を目指す。そのためには一貫した医学管理が重要である。選手は，成長とともに所属チームが変わっていく。家庭の事情により転居することもある。このような時に，選手の身体的評価や外傷・障害，疾病の記録があれば選手を総合的にケアすることが可能になる。そこでサッカー協会スポーツ医学委員会は，日本代表選手に選ばれた時に一貫した医学管理が行えるようにサッカーヘルスメイトを作成した。サッカーヘルスメイトはサッカーを開始した時から記録し始めるのが理想的であるが，現在は日本代表，U-23代表，U-20代表，U-17代表，女子代表，U-19女子代表選手とJ1，J2所属選手に用いている。

Ⅰ．サッカーヘルスメイトの内容と使用方法

1．個人のプロファイル（図1）
　生年月日，性別，血液型，家族歴を記入し，選手を継続的にフォローするために現住所を書く欄が作ってある。

2．スポーツ歴（図2）
　これまでに行ったスポーツの種類。サッカーでは所属チーム，ポジションなどをすべて記入する。

3．海外遠征歴（図3）
　主として代表のときのものを記入するが，最近では単独チームでの海外遠征も増えているので海外遠征の記録となる。遠征に帯同したドクターを記入する。

4．外傷・障害・疾病歴（図4）
　外傷・障害・疾病歴を所定の様式で記入し，それらが現在，activeかinactiveかを具合の欄に記入する。これをみることで過去のけがの状態がわかり，現在フォローしなければならないことがすぐわかるようになっている。

```
生年月日(西暦):     年   月   日              性別:(男, 女)
血液型 (A, B, AB, O) 型, RH (+, −)
家族歴

                        両親    □───────○
                              ┌──┬──┬──┬──┬──┐
                              │  │  │  │  │  │

兄弟（本人を含む）

（○は女，□は男，本人の場合子の記号の中に丸あるいは四角を書き二重する：例，女で本人の場合は◎）
体質  アレルギー       食べ物：
                    薬　　：
                    昆虫　：
                    その他：

                        現 住 所
```

〒	都道府県	郡市	村町	TEL
〒				
〒				
〒				
〒				
〒				
〒				
〒				
〒				

図1. 選手のプロファイル

スポーツ歴				
開始年齢 (種目またはポジション変更)	種目とポジション	所属クラブ	一日の練習時間	レベル

(レベル:レギュラーか補欠か,あるいはチームの成績:県でベストフォーなど)

図2. スポーツ歴

7. サッカーヘルスメイト

海外遠征歴（代表として）

遠　征（大会名）	遠　征　期　間	監　督	帯同ドクター

代表：日本代表、U-23代表、U-20代表、U-17代表、女子代表、U-19女子代表、その他

図3．海外遠征歴

外傷・障害・疾病歴（PROBLEM LIST）								
年令 または 発生日	種目	診断名	治療機関	治療内容	治療期間	具合	影響	問題解決日 医師サイン
								年　月　日
								年　月　日
								年　月　日
								年　月　日
								年　月　日
								年　月　日
								年　月　日
								年　月　日
								年　月　日
								年　月　日
								年　月　日
								年　月　日
								年　月　日
								年　月　日
								年　月　日

医療機関：1．病院　　　　　2．接骨院　　　3．放置　　　　　4．その他
　具合：1：Inactive　　　A：Active　　　F：Follow
　影響：1．運動をやめた　2．種目変更　　3．ペースを落とした　4．完全復帰

図4．外傷・障害・疾病歴

整形外科チェックシート(1)

年　月　日

	アライメント	関節弛緩性	関節可動域	関節不安定性
体幹	側弯：有　無	FFD=　cm 関節弛緩性 有　無		
頚椎			前屈　後屈　　回旋　側屈 右： 左：	
胸椎	亀背等の変形 有　無			
腰椎	階段状変形 有　無	SLRテスト 右： 左：	前屈　後屈　側屈　バレーの圧痛点 右： 左：	
	神経学的所見	Bi　Br　Tr　Wa　PTR　ATR　Ba* 右： 左：	上肢　下肢　背筋　腹筋 知覚異常　右：有　無　有　無　筋力： 　　　　　　左：有　無　有　無	
肩関節		右：有　無(1) 左：有　無	屈曲　伸展　外転　内転　外旋　内旋 右： 左：	前方　後方　下方 右： 左：
肘関節	carryingアングル 右＝　　度 左＝　　度	右：有　無(2) 左：有　無	屈曲　　　　伸展 右： 左：	外反　　内反 右： 左：
手関節		右：有　無(3) 左：有　無	掌屈　背屈　橈屈　尺屈 右： 左：	掌　背　橈　尺 右： 左：
手指			母指　示指　中指　環指　小指 右： 左：	

*Bi：上腕二頭筋腱反射　　Br：腕橈骨筋腱反射
Tr：上腕三頭筋腱反射　　Wa：ワルテンベルグ病的反射
PTR：膝蓋腱反射　　ATR：アキレス腱反射
Ba：バビンスキー病的反射

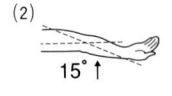

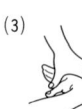

**(1)　(2) 15°↑　(3)

図5．整形外科チェックシート(1)

整形外科チェックシート(2)

年　　月　　日

	アライメント	関節弛緩性**	関節可動域	関節不安定性
股関節	SMD* 右＝ 左＝　　cm	股関節外旋 角度＝　° 関節弛緩性(4) 有　無	屈曲　伸展　外転　内転　外旋　内旋 右： 左：	
膝関節	正常・O脚・X脚 横指	右：有　無 左：有　無 10°↑	屈曲　伸展　5AP(cm)　10AP(cm) 右： 左： 腫脹　熱感　発赤　圧痛　マクマレーテスト 　　内 右： 　　外 　　内 左： 　　外 　　　　　脛骨粗面 　　　痛み　熱感　圧痛　膨隆 右： 左：	右　　左 外反　0 　　　30 内反　0 　　　30 ラックマンテスト 　　　　右　左 N-テスト　右　左 前方引き出し 　　　　右　左 後方引き出し 　　　　右　左
膝蓋骨	Q-アングル 右＝ 左＝		クラークテスト　グラインデイングテスト　圧痛 右： 左：	apprehensionテスト 右：有　無 左：有　無
下腿	腫脹　熱感　発赤　圧痛：部位　シンスプリント　下腿径(cm) 右： 左：			
足関節	leg-heel アライメント 右＝ 左＝	右：有　無 左：有　無 45°↓	背屈　底屈　熱感　腫脹　圧痛 　　内 右 　　外 　　内 左 　　外	右　　左 前方 内反 外反 外旋
足部	(扁平, 正常, 甲高)		他の圧痛部位 右： 左：	

*SMD：上前腸骨棘－足関節内果間距離　　　　**(4)
5AP：膝上5cm部の大腿周囲径　　10AP：膝上10cm部の大腿周囲径

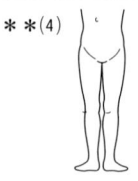

図6. 整形外科チェックシート(2)

内科チェックシート(1)　　　　　　　年　月　日

身長　cm, 体重　kg(ベスト体重　kg), 体温　℃, 血圧　/　mmHg, 脈拍　/分(整・不整)		
全身状態	不良	良
表情	不安	正常
皮膚	皮疹あり（　　　　　　　　　　　　　　　　）	なし
眼	貧血あり（　　　　　　　　　　　　　　　　）	なし
	黄疸あり（　　　　　　　　　　　　　　　　）	なし
リンパ節の腫脹	頸部　　　あり（　　　　　　　　　　　　）	なし
	耳介後部　あり（　　　　　　　　　　　　）	なし
	その他　　あり（　　　　　　　　　　　　）	なし
頸部	甲状腺腫大　あり（　　　　　　　　　　　）	なし
	その他　　　あり（　　　　　　　　　　　）	なし
咽頭 扁桃腺	発赤　　あり（　　　　　　　　　　　　　）	なし
	腫脹　　あり（　　　　　　　　　　　　　）	なし
	化膿　　あり（　　　　　　　　　　　　　）	なし
歯	う歯(未治療)　あり（　　　　　　　計　本）	なし
	入れ歯　　　　あり（　　　　　　　　　　）	なし
心臓	心　音　異常（　　　　　　　　　　　　　）	正常
	心雑音　あり（　　　　　　　　　　　機能的）	なし
	その他　あり（　　　　　　　　　　　　　）	なし
肺	moist rale　あり（　　　　　　　　　　　）	なし
	dry rale　　あり（　　　　　　　　　　　）	なし
腹部	圧痛　　あり（　　　　　　　　　　　　　）	なし
	その他　あり（　　　　　　　　　　　　　）	なし

図7. 内科チェックシート(1)

	内科チェックシート(2)	
背部	CVA　圧痛あり（右・左）	なし
四肢	浮腫　あり（	）なし
神経・筋	異常　あり（	）なし
その他	あり（	）なし
胸部X線写真	CTR＝	
安静時心電図		
負荷心電図	血圧　　／　　mmHg	

図8. 内科チェックシート(2)

血液・尿検査歴

	年 月 日	年 月 日	年 月 日	年 月 日	年 月 日
白血球					
赤血球					
血色素					
Ht					
血小板					
S Fe					
血沈					
総蛋白					
Alb A/G					
BUN					
UA					
Cr					
TBiℓ/DBiℓ					
GOT/GPT					
LDH					
AℓP					
γ-GTP					
LAP					
TTT/ZTT					
ChE					
T.choℓ					
CPK					
Na/K					
Cℓ					
Ca/P					
空腹時血糖					
RA					
ASO					
CRP					
尿検査 尿蛋白	＋ ± －	＋ ± －	＋ ± －	＋ ± －	＋ ± －
尿検査 尿糖	＋ ± －	＋ ± －	＋ ± －	＋ ± －	＋ ± －
尿検査 ウロビリノーゲン	＋ ± －	＋ ± －	＋ ± －	＋ ± －	＋ ± －
尿検査 潜血	＋ ± －	＋ ± －	＋ ± －	＋ ± －	＋ ± －
HBsAg/HCV					
TPHA					

図9. 血液・尿検査歴

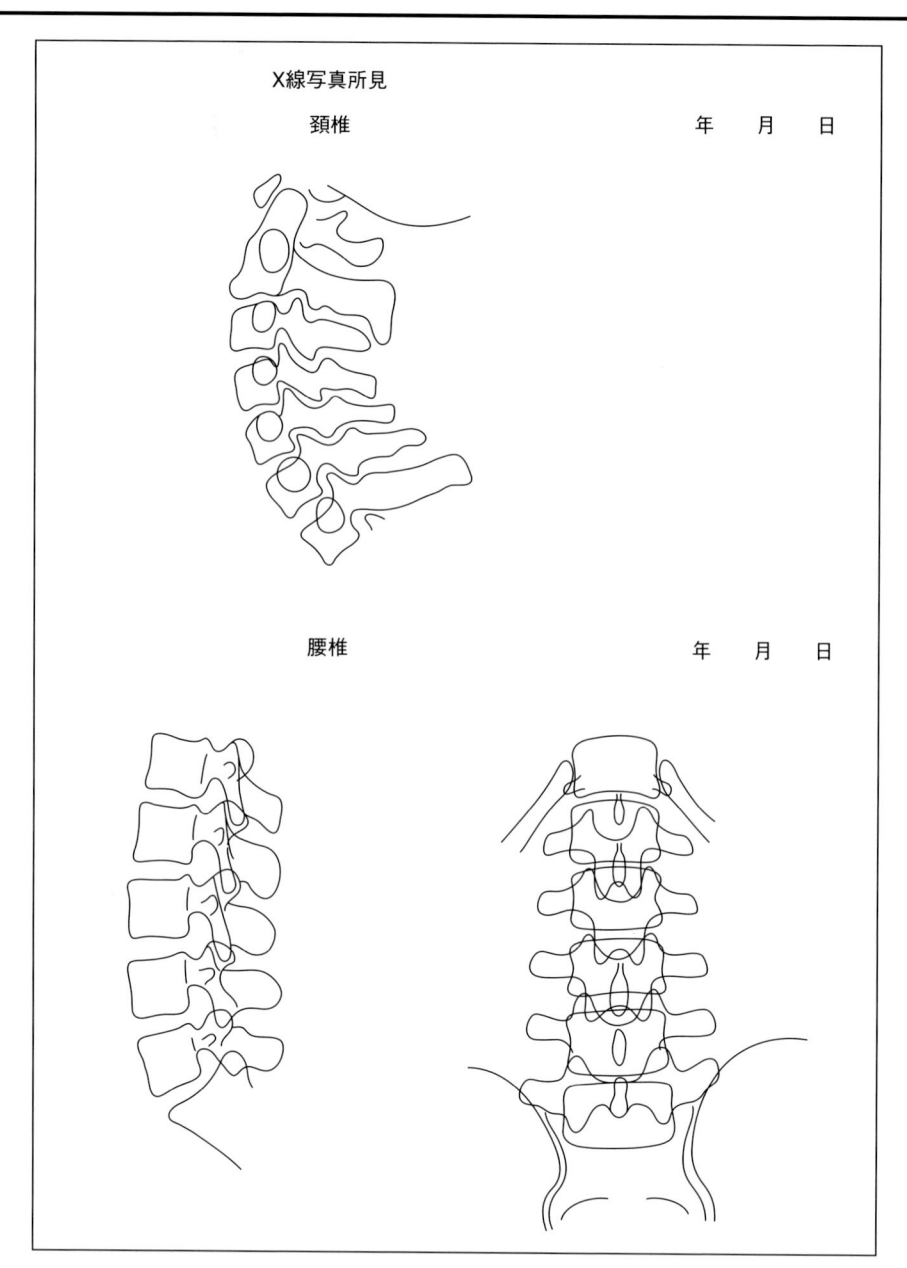

図 10. X 線写真所見記入シート(1)

7. サッカーヘルスメイト　97

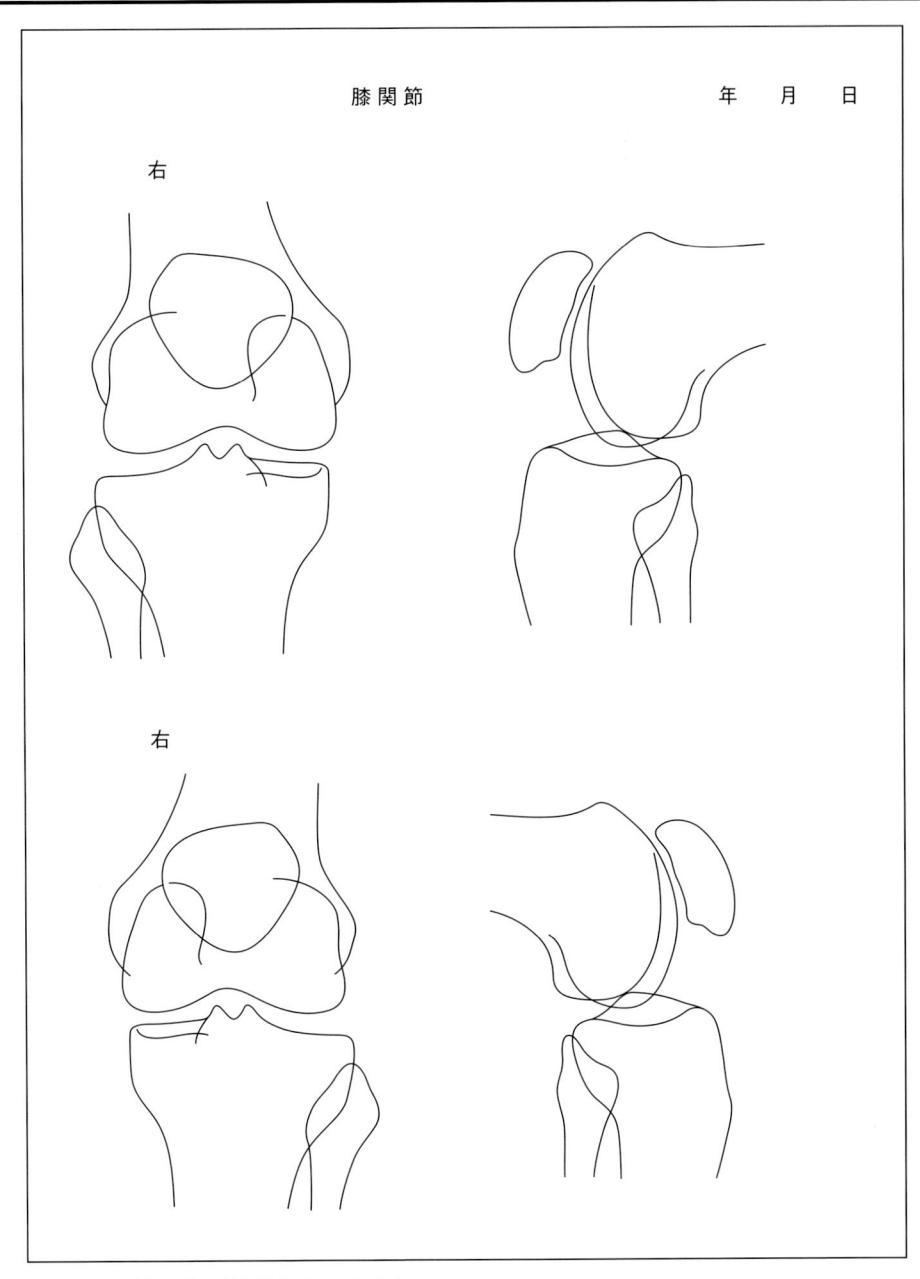

図 11. X線写真所見記入シート(2)

足関節　　　　　　　年　月　日

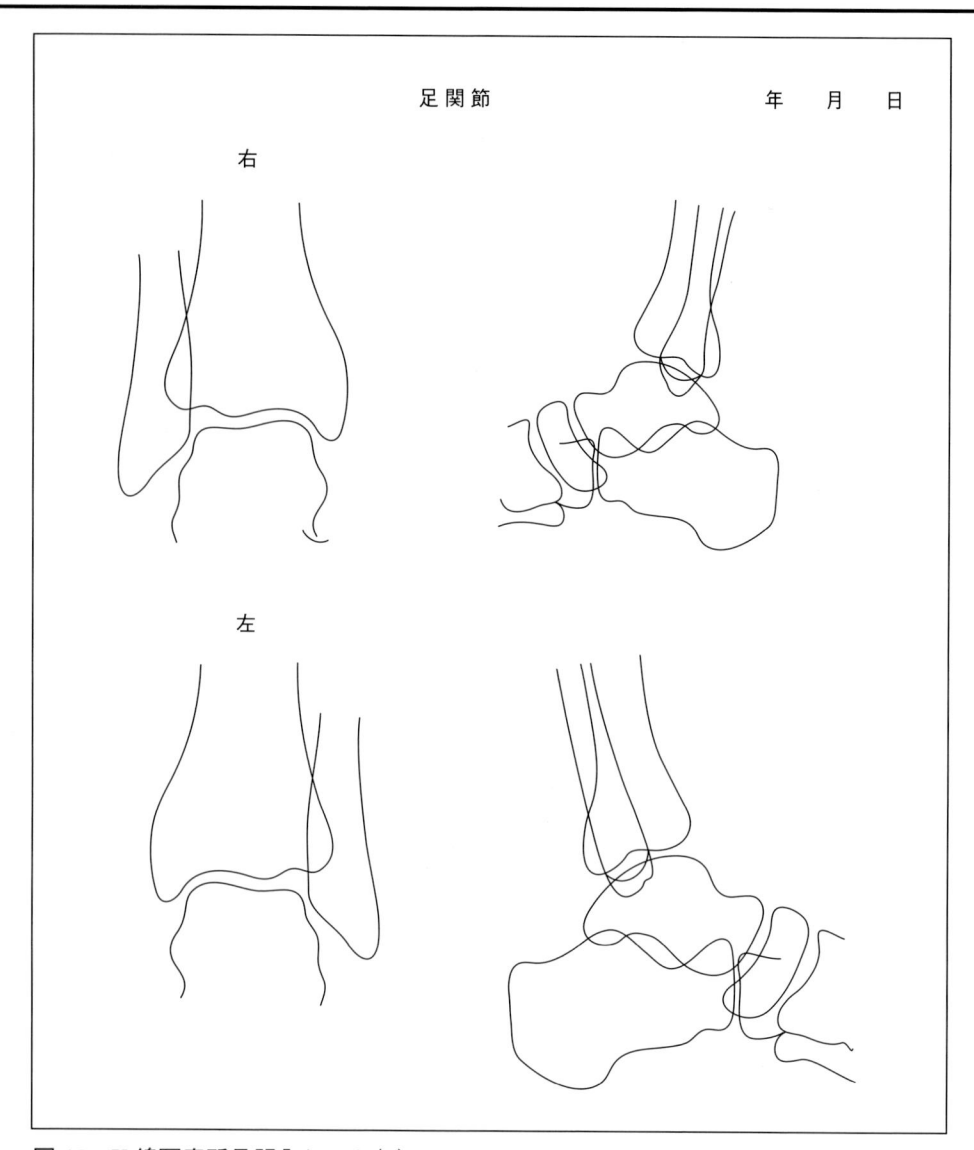

右

左

図 12. X 線写真所見記入シート(3)

7. サッカーヘルスメイト　　99

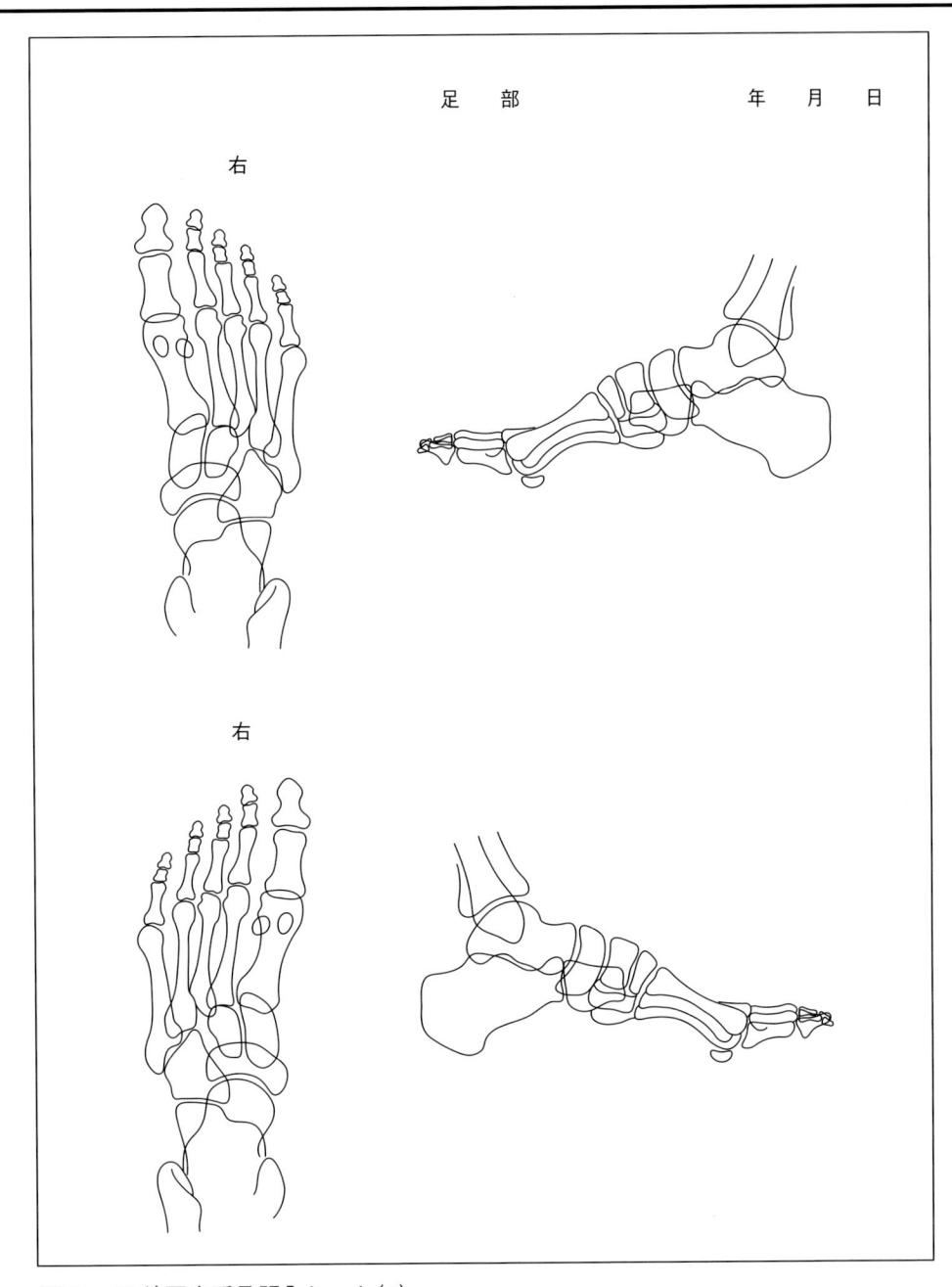

足部　　　　　　年　月　日

右

右

図 13. X 線写真所見記入シート(4)

形　態	身長	cm	体重	cm	皮脂厚	上腕	mm	背部	mm
	体脂肪率	%	握力	右	kg		左		kg

運動要素	体前屈	cm	上体反らし	cm	垂直跳び	cm
	反復横飛び	回	背筋力	kg	全身反応時間	msec

筋力等速性	膝関節	右		左	
		伸展	屈曲	伸展	屈曲
	60 deg/sec	Nm	Nm	Nm	Nm
	180 deg/sec	Nm	Nm	Nm	Nm
	300 deg/sec	Nm	Nm	Nm	Nm
	股関節 60 deg/sec	Nm	Nm	Nm	Nm
	足関節	底屈	背屈	底屈	背屈
	60 deg/sec	Nm	Nm	Nm	Nm
	180 deg/sec	Nm	Nm	Nm	Nm
	体幹	伸展	屈曲	右回旋	左回旋
	60 deg/sec	Nm	Nm	Nm	Nm
	150 deg/sec	Nm	Nm	Nm	Nm

図14. 体力チェックシート(1)

5．メディカルチェック

　Jリーグに所属している選手は，年1回のメディカルチェックが義務づけられている。それ以外の選手に対しては，スポーツ医学委員会が行っている。
　① 整形外科的チェック（図5，図6）
　② 内科的チェック（図7，図8）
　③ 血液・尿検査（図9）
　④ X線所見（図10，図11，図12，図13）

体力チェックシート(2)

筋力等速性		プレス	プル	
	ショルダープレス 60 deg/sec	Kg	Kg	
	ベンチプレス 60 deg/sec	Kg	Kg	
	スクワット 60 deg・sec	Kg	Kg	
関節スピード	膝関節	右		左	
		伸展	屈曲	伸展	屈曲
	1 Kg・sec	deg/sec	deg/sec	deg/sec	deg/sec
呼吸循環機能	$\dot{V}O_2max$	l/min	体重あたりの$\dot{V}O_2max$	ml/min・Kg
	VE	l/min	最大心拍数	/min
最大無酸素パワー		Watt		W/Kg
40秒パワー		Watt		W/Kg
フィールドテスト	50m走	秒	シャトルラン	① 秒	② 秒	③ 秒	計 秒
	12分走	m	10カンガルージャンプ	秒	m

図 15. 体力チェックシート(2)

6. 体力測定(図 14,図 15)

7. 現病歴(図 16)

　選手がヘルスメイトを携帯したあとの外傷・障害,疾病の記録である。特に決められた様式はなく,診察したドクターが記載する。現病歴は別のドクターがみることがあるため,既往歴の項目に従って記入してもらう。
　ヘルスメイトを作成した目的は,サッカー選手の健康管理を一元化することで,

年月日	現　　症	処　　置	医師サイン

図16. 現病歴

選手生命をいかに長くしていくかである。このためには，限られた選手だけでなくすべてのサッカー選手がヘルスメイトをもつようになるのが理想である。サッカー協会に登録したときからヘルスメイトをもち，選手自身が自己管理に対する意識を高めることが重要である。

（河野照茂）

Chapter 8-1 外傷・障害の発生頻度
—発育期のスポーツ外傷・障害

　日本サッカー協会は，将来日本代表となる優秀な素材を発掘し，良い環境，良い指導を与えるために，全国9地域より選手を選抜して，毎年トレーニングキャンプ，すなわちナショナルトレーニングセンター（以下，ナショナルトレセン）を実施している（図1）。選手は各都道府県のチームから選ばれ，図1のように，まず地区のトレーニングセンターで指導を受け，ナショナルトレセンと徐々にレベルの高い環境で指導を受けることになる。これらの選手の中から各世代の日本代表選手が育っていくことを目標にしている。今回は1995年，1996年，1997年，2000年および2001年のナショナルトレセンに参加したU-12（12歳以下），U-14（14歳以下），U-17（17歳以下）のサッカー選手の外傷・障害を調査した。

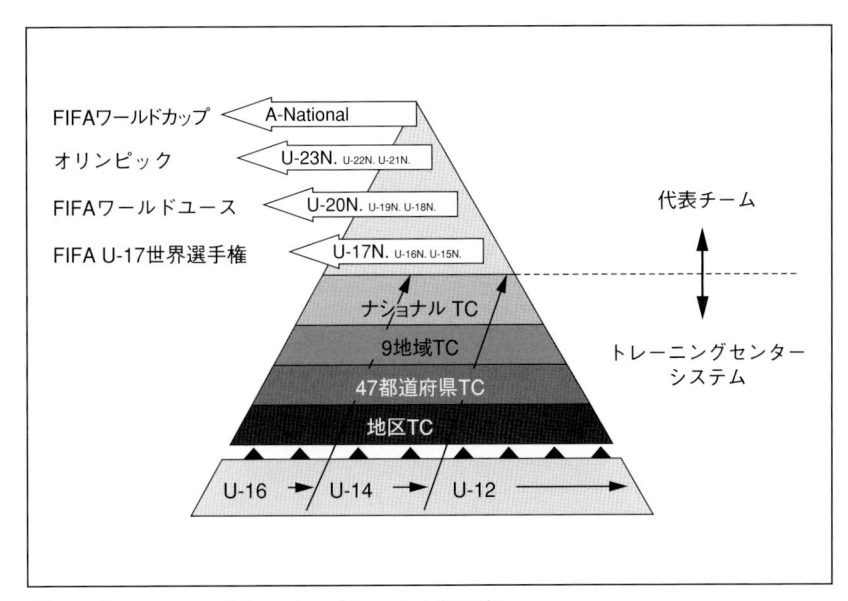

図1．トレーニングセンター（トレセン）制度

I. 対象および方法

　対象は1995年から2001年(1998年，1999年を除く)のナショナルトレセンに参加したU-12が723名，U-14が654名，U-17が652名の計2,029名である。これらの選手に対して，外傷・障害のアンケート調査を行い，その後直接検診を実施した。調査した項目は，所属チーム，練習時間，練習日数，試合数，過去1年間の1週間以上練習を休んだ外傷・障害の既往，現在の愁訴である(表1)。

II. 結　果

　平均年齢，身長，体重，サッカーの開始年齢を表2に示す。U-14，U-17では，それぞれの年齢の日本人の標準値に比べて，身長で4cm以上，体重で3kg以上高い値である。サッカー開始年齢は7.3〜7.9歳と各世代ともほぼ同じである。所属チームは，U-12ではいわゆる少年団と呼ばれる地域のクラブチームが94％と大部分であり，学校の部活動やJリーグのクラブに所属している選手はごくわずかである。U-14では，Jリーグと地域のクラブチームが合わせて50％，部活動が50％になっている。U-17では部活動が73％と増加し，クラブチームが減少している。このように，世代によって所属チームの種類が変わっている。週あたりの練習時間は，U-12では10.6時間，U-14では14.1時間，U-17では15.8時間と世代が上がるにつれて増加している。これは所属チームの活動状況と関係し，学校の部活動の練習時間がクラブチームに比べて長いためである。次に，1年間で1週間以上練習を休んだ外傷・障害数を図2に示す。U-12は347件，U-14は489件，U-17は510件であった。そのうち外傷は，U-12が193件(56％)，U-14は276件(56％)，U-17は318件(62％)であった。外傷を部位別にみると，下肢が多くU-12は137件(71％)，U-14は213件(77％)，U-17は254件(80％)であった(図3，4)。外傷の

表1. アンケート調査内容

1．所属チーム
2．練習時間，練習日数，試合数
3．1週間以上休んだ外傷・障害の既往

表2　参加選手のプロフィル

	U-12	U-14	U-17
平均年齢(歳)	12	14	17
身長(cm)	152	169*	174*
体重(kg)	41	58	65
開始年齢(歳)	7.5	7.9	7.3

*同年齢の平均より4cm高い

8. 外傷・障害の発生頻度　105

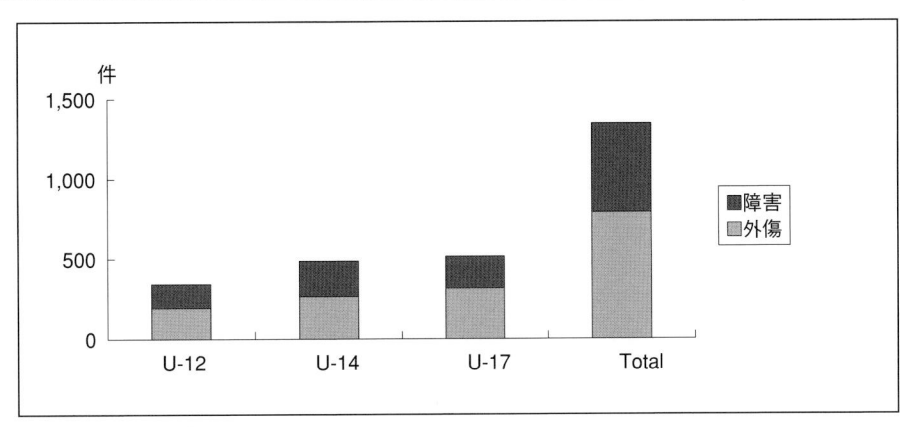

図 2. 外傷・障害の総数

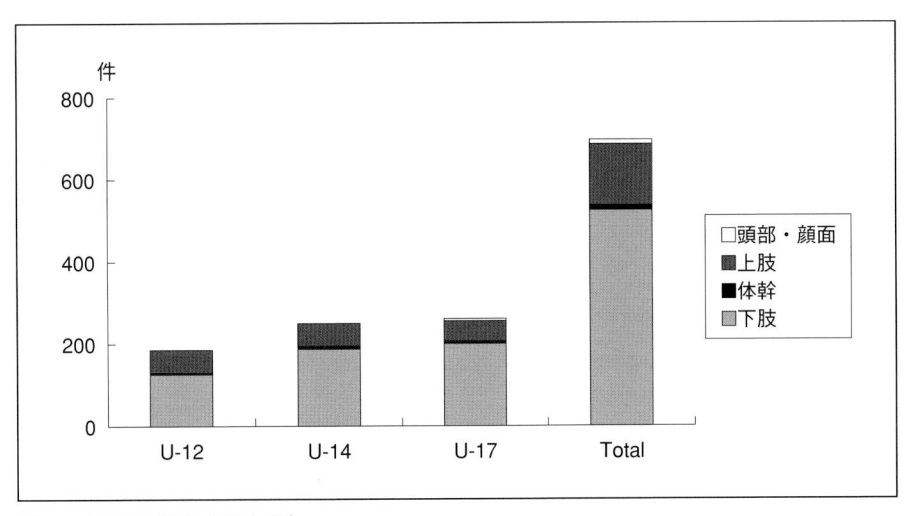

図 3. 外傷の部位（発生数）

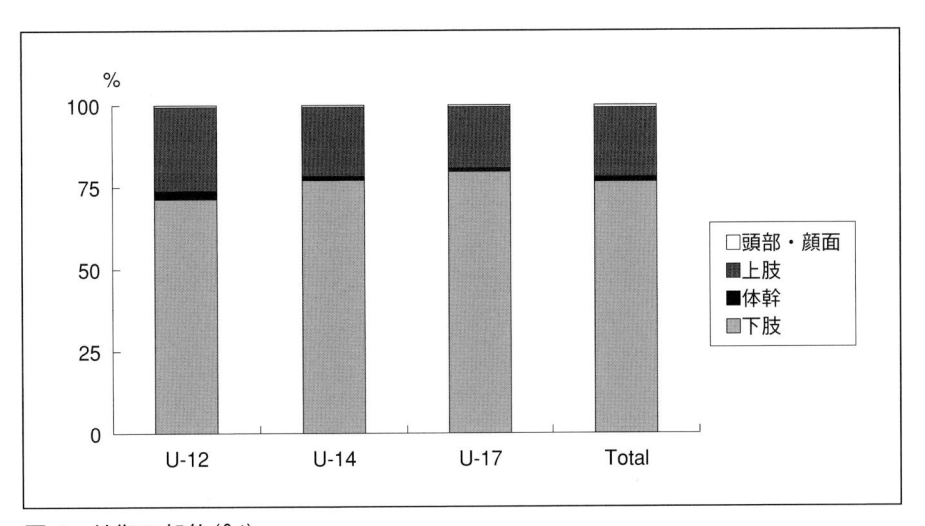

図 4. 外傷の部位（％）

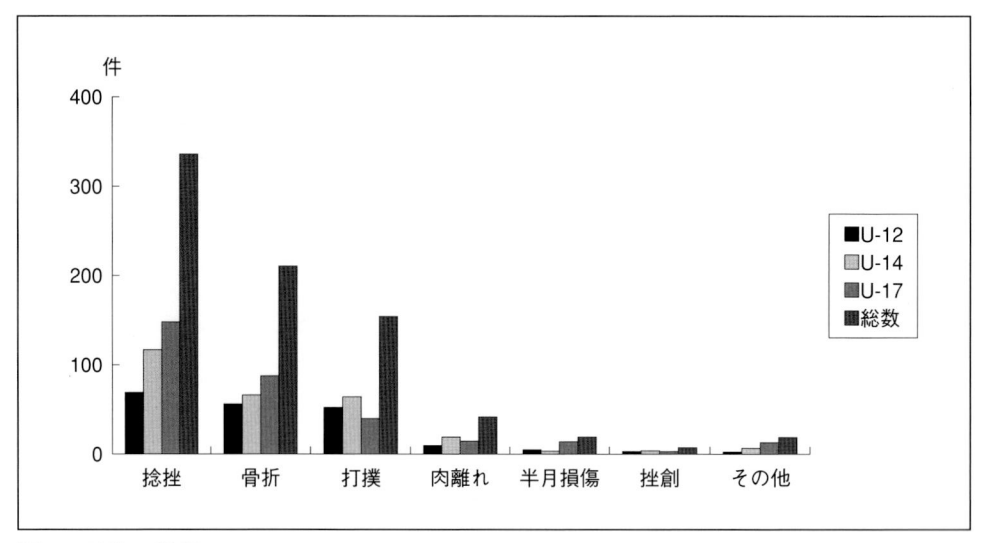

図 5. 外傷の種類

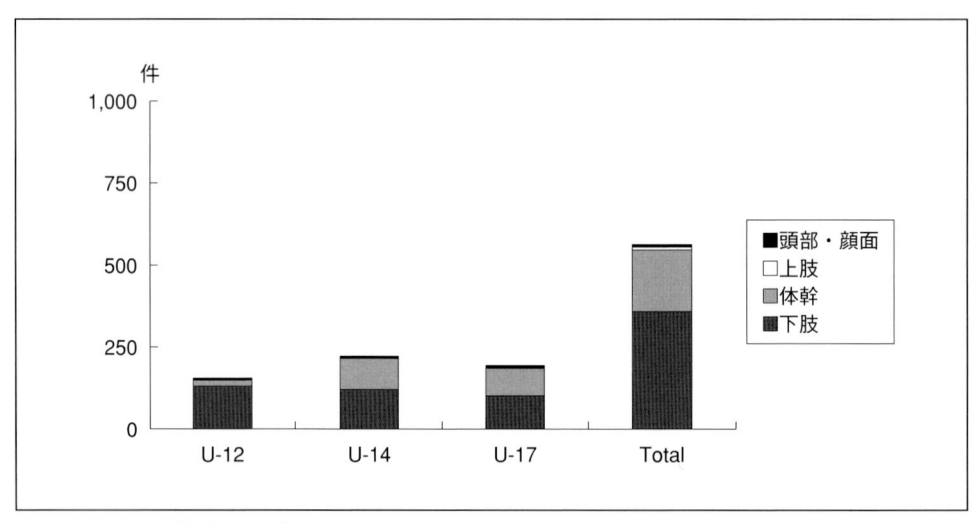

図 6. 障害の部位（発生数）

種類は，U-12，U-14，U-17 のすべての世代で捻挫が多い（図 5）。障害の部位を図 6，7 に示す。各世代の障害の発生数は，U-12 で 154 件，U-14 で 213 件，U-17 で 192 件であった。部位別にみると U-12 が 134 件（87％）と下肢が多く，U-14 は下肢 122 件（57％），体幹 88 件（41％），U-17 は下肢 102 件（53％），体幹 83 件（43％）と下肢と体幹であった。障害の種類は U-12 ではオスグッド病を含む膝関節痛が最も多く，U-14 では腰痛が最多で，続いて膝関節痛であった。U-17 では腰痛が多く，オスグッド病以外の膝関節痛が増加していた（図 8）。1,000 時間/1 人あたりの外傷・障害の発生率は，U-12 では 1.05 件，U-14 では 1.32 件，U-17 では 1.39 件と世代が上がるにつれて発生率が増加した。

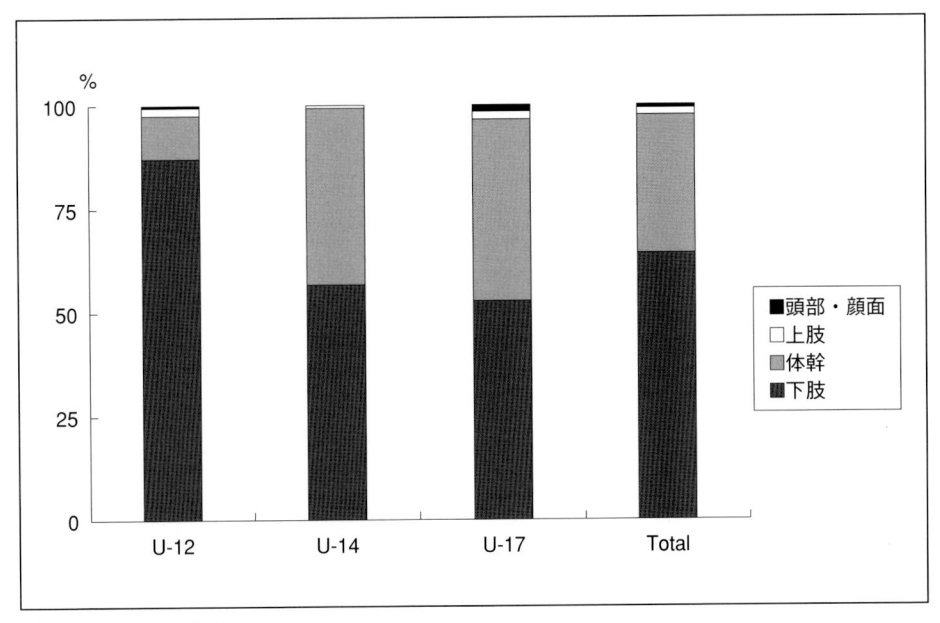

図7. 障害の部位（％）

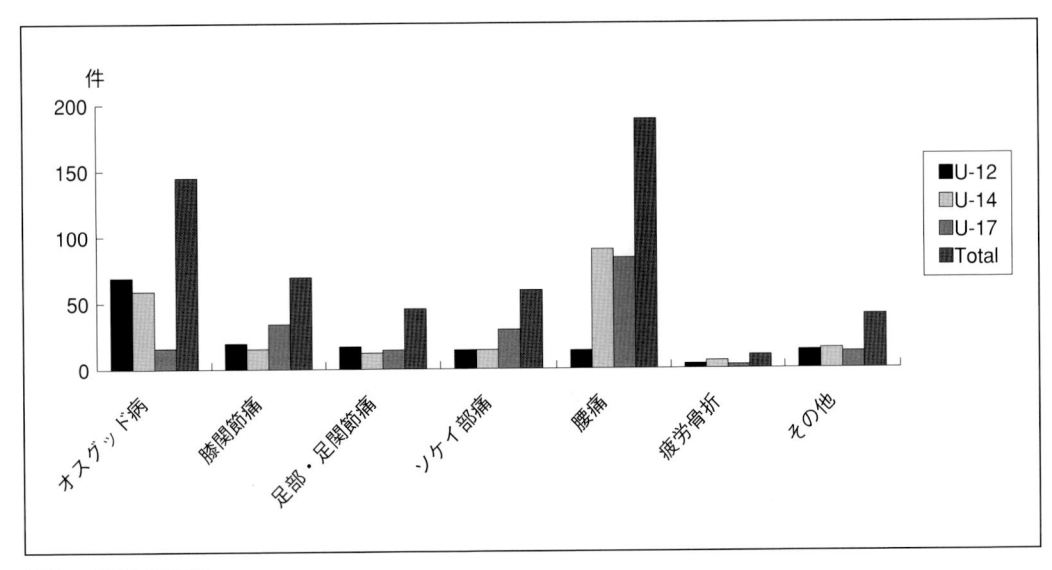

図8. 障害の種類

III. 考　察

　　ナショナルトレセンに参加した発育期サッカー選手の外傷・障害の発生について調査した．外傷の部位は，U-12からU-17までの全体でみると下肢が約80％であった．なかでも足関節捻挫が多くみられた．足関節捻挫の治療は，骨折の治療より難しいといわれることがあり，サッカー復帰したあとでも慢性の疼痛やスポーツ活動時の不安感に悩んでいる選手は多くみられる．この時期にリハビリテーションを十分に行い，疼痛の消失，関節可動域の回復，筋力の回復，固有受容感覚の回復をは

表3. 発育期サッカー選手の外傷・障害の発生率

	年齢	けがの数/1000時間
Nilsson, et al	11〜18	14.0
Sullivan, et al	7〜18	0.5
Schmidt-Olsen	12〜18	3.7
今回の調査	11〜17	1.3
(Ekstrand)	成人	7.6（練習）
		16.9（試合）

かり，しっかりと治しておくことが大切である。障害の発生は年代で異なっていた。U-12では下肢が多く，U-14，U-17では下肢と腰部に多くみられた。U-12ではオスグッド病が多くみられたが，この時期は骨の成長が筋の成長より早いため，一時的に筋の相対的短縮が起こる。オスグッド病の発生原因のひとつである。練習量のコントロール，大腿部のストレッチの習慣化，膝の痛みが起こるようなランニングやキック練習は避け，膝に負担がかからないような技術的な練習を主に行うようにする。U-14，U-17では腰痛が増加していた。中学生から高校生にかけて練習量の増加や練習の強度が強くなる時期であり，それに見合った体力に到達していない選手が多くみられる。この時期の発育には，±3年の差があることを知っておく必要がある。また，下肢の筋の柔軟性が低下する選手がみられる。練習前後のストレッチを練習メニューに必ず入れるようにする。サッカーの練習や試合を含めて1,000時間あたりの外傷・障害の発生率について，Nilssonらは11〜18歳で14.0，Sullivanらは7〜18歳で0.5，Schmidt-Olsenは，12〜18歳で3.7と報告している（表3）。

今回の調査では外傷・障害の発生率は1.3であった。ナショナルトレセンに選ばれる選手の外傷・障害の発生率が低いことがわかった。ナショナルトレセンの目的は，トレセン参加選手が将来の日本代表選手に育っていくことである。外傷・障害の発生が少なかったことは，ナショナルトレセンのシステムがうまく機能していることを示している。

〔河野照茂〕

Chapter 8-2
外傷・障害の発生頻度
―トップレベル(J)

　Jリーグでは，すべての公式戦にチームドクターが帯同し，試合中に負傷し1週間以上の治療を要する選手を対象に「Jリーグ傷害報告書」の提出を義務づけている（図1）。

　Jリーグ傷害報告書は2002年度に一部改訂され，新たに運営担当記入欄が設けられた。ドクター記入欄では受傷時のピッチ状況，ドクターコメント欄が設けられ，傷害種類，受傷状況，応急処置対応，再報告の必要性の欄が一部変更となった（図2）。

I. 外傷の発生頻度

　このJリーグ傷害報告書をもとに，1993年Jリーグが開幕した後の10年間にわたる公式戦における外傷の発生頻度を調査した。

　Jリーグ10年間における外傷の発生件数は全2,586試合で2,168件であった。1試合における平均件数は0.84件で，各年度別にみると1999年度が最多で1.05件，2002年度が最少で0.55件であった（表1）。

　次に，発生部位別件類をみると頭部・顔面外傷が2,168件中397件，18.3%にみられ，上肢は179件8.3%，体幹は193件8.9%，下肢が最多で1,410件65.0%，その他10件0.5%となっている。スポーツ安全協会によるサッカー競技の外傷の統計と比べてみると，Jリーグでは頭部，顔面外傷が比較的多くみられている。年度別にみると特に1993年度，1994年度に頭部顔面外傷が多くみられている。Jリーグ開幕当時，選手らが積極的にボールを奪おうと頭から当たりに行くような接触プレーが多かったためと思われる。

　下肢の外傷は，1998年度で最多の割合で全体の72.1%，1993年度で最少の55.9%と幅があるが，部位別でみると最多の割合でみられ，平均すると65.0%となっている（表2）。

　外傷種類別件数をみると，打撲が最も多く755件34.8%。捻挫が512件23.6%。肉離れが260件12.0%，挫創，裂創，切創，刺創など創がみられたものが223件10.3%，靱帯損傷・骨折がともに116件5.4%，脱臼が44件2.0%，筋断裂が19件0.8%，擦過傷が21件1.0%，半月板損傷が12件0.6%，腱断裂が5件0.2%，その他85件3.9%となっている。

	Jリーグ傷害報告書		
チーム名_____	チームドクター署名_____		運営担当署名_____

試合名		対戦チーム		グラウンド	
（西暦）	年　　月　　日	（1）トップ　（2）サテライト　（3）ユース			
天　候	（1）晴れ　（2）曇　（3）雨　（4）その他_____				
グラウンド状況	（1）良い　（2）中　（3）悪い	芝状態	（1）良い　（2）中　（3）悪い		

傷害選手名		年　齢		ポジション	
病　名（推定）					

受　傷　部　位
　（01）頭部　　（02）顔　　　（03）頚部　　（04）肩・鎖骨　（05）上腕　（06）肘関節　（07）前腕　（08）手関節
　（09）手部　　（10）指　　　（11）背部　　（12）胸部　　　（13）腹部　（14）腰部　　（15）殿部　（16）股関節
　（17）大腿　　（18）膝関節　（19）下腿　　（20）足関節　　（21）足部　（22）趾　　　（23）その他

傷　害　種　類
　（01）骨折　　（02）捻挫　　（03）靱帯断裂　（04）半月損傷　（05）脱臼　　（06）筋断裂　（07）肉離れ
　（08）腱断裂　（09）擦過傷　（10）切創　　　（11）刺創　　　（12）挫創裂創（13）打撲　　（14）その他

受　傷　時　間　　　前半_____分　　後半_____分　　延長_____分

受　傷　状　況
　相手プレーヤーとの接触　　（1）なし　　（2）あり　　　　　　　　（3）不明
　反則プレー　　　　　　　　（1）なし　　（2）あり（本人・相手）　（3）不明

治　　　療
　（1）アイシング　（2）テーピング　（3）弾性包帯　（4）ギプス（シーネ）
　（5）縫　合　　　（6）その他_____
　転送（1）なし　（2）あり_____　救急車の使用（なし・あり）

程　　　度　　　推定全治期間_____
　（1）軽症（1週）　（2）中等症（2〜8週）　（3）重症（2カ月以上）　（4）重篤（生命の危険性）

再報告の必要性　　（1）なし　（2）あり（重症，重篤例または病名が変更になる場合必要）

事　務　局　用　　傷害経過報告書の依頼　（1）不必要　（2）必　要（未_____）
　　　　　　　　　コンピュータ登録　　　（1）未登録　（2）登　録（番号_____）

図1.

（㊞はJリーグ事務局提出用）

Jリーグ傷害報告書

チーム名＿＿＿＿＿＿　　チームドクター署名＿＿＿＿＿＿＿＿　　運営担当署名＿＿＿＿＿＿

運営担当記入欄

大　会　名
- J１リーグ戦（1st, 2nd）ステージ　第　　節　　　　J２リーグ戦　第　　節
- リーグカップ戦　　（　　　　　　　　　　）
- サテライトリーグ　（　　　　　　　　　　）
- その他の大会　　　（　　　　　　　　　　）

対 戦 チ ー ム		会　場	
開　催　日	（西暦）　　年　　月　　日	キックオフ時刻	時　　分

天　　候　　（1）晴　　（2）曇　　（3）雨　　（4）その他（　　　　　　　　　）

ドクター記入欄

傷害選手名		年　齢		ポジション	

受傷時のピッチ状況

病　名（受傷直後推定）

受 傷 部 位
- (01) 頭部　(02) 顔　(03) 頚部　(04) 肩・鎖骨　(05) 上腕　(06) 肘関節　(07) 前腕　(08) 手関節
- (09) 手部　(10) 指　(11) 背部　(12) 胸部　(13) 腹部　(14) 腰部　(15) 殿部　(16) 股関節部
- (17) 大腿　(18) 膝関節　(19) 下腿　(20) 足関節　(21) 足部　(22) 趾
- (23) その他（　　　　　　　　　　　）

傷 害 種 類
- (01) 打撲　(02) 捻挫　(03) 擦過傷　(04) 靱帯断裂　(05) 肉離れ　(06) 筋断裂　(07) 腱断裂　(08) 骨折
- (09) 挫創裂創　(10) 半月損傷　(11) 脱臼　(12) その他（　　　　　　　　　　）

受 傷 時 間　＿＿＿＿＿＿分

受 傷 状 況　　（1）初回　　（2）再発
相手プレーヤーとの接触　（1）なし　　（2）あり　　　　　　　（3）不明
反則プレー　　　　　　　（1）なし　　（2）あり（本人・相手）　（3）不明

ドクターコメント欄
(1) プレーの詳細：

(2) その他；

応急処置対応
- (1) アイシング　　(2) テーピング　　(3) 弾性包帯　　(4) ギプス（シーネ）
- (5) 縫合　　　　　(6) 投薬　　　　　(7) その他（　　　　　　　　　　　　）
- 転送（1）なし　（2）あり　　　救急車の使用（1）なし　（2）あり

程　　　度　　推定全治期間＿＿＿＿＿＿
(1) 軽症（1〜2週）　(2) 中等症（2〜8週）　(3) 重症（2カ月以上）　(4) 重篤（生命の危険性）

再報告の必要性　（1）なし　（2）あり（重症, 重篤例または病名が変更になる場合必要）
連絡ドクター名（　　　　　　　　　　　　　　　　　）
提出時期（1）1週以内　(2) 2週以内　(3) 1カ月以内　(4) 1カ月以上

事 務 局 用　コンピュータの登録　（1）未登録　（2）登録済（番号　　　　　　　　　）

図 2．（2002年度に一部改訂）　　　　　　　　　　　　（㊞はJリーグ事務局提出用）

表1. Jリーグ10年間における外傷発生件数

	試合総数	外傷発生件数	1試合における平均件数
1993年度	180試合	161件	0.89件
1994	264	191	0.72
1995	364	346	0.95
1996	240	223	0.93
1997	272	221	0.81
1998	306	229	0.75
1999	240	252	1.05
2000	240	216	0.90
2001	240	198	0.83
2002	240	131	0.55
計	2,586	2,168	0.84

表2. Jリーグ10年間における外傷発生部位別件数

	頭部・顔面	上肢	体幹	下肢	その他	総数
1993年度	43件(26.7%)	17件(10.6%)	19件(11.7%)	90件(55.9%)		161件
1994	45 (23.6)	12 (6.3)	21 (11.0)	115 (60.2)		191
1995	66 (19.1)	27 (7.8)	31 (9.0)	227 (65.6)		346
1996	36 (16.1)	23 (10.3)	14 (6.3)	149 (66.8)		223
1997	35 (15.8)	21 (9.5)	18 (8.1)	149 (66.1)		221
1998	30 (13.1)	10 (4.4)	29 (12.7)	165 (72.1)		229
1999	49 (19.4)	15 (6.0)	20 (7.9)	162 (64.3)		252
2000	39 (18.1)	14 (6.5)	15 (6.9)	148 (68.5)	6件 (2.4%)	216
2001	33 (16.7)	29 (14.6)	14 (7.0)	119 (60.1)	3 (1.5)	198
2002	21 (16.0)	11 (8.4)	12 (9.2)	86 (65.6)	1 (0.8)	131
計	397 (18.3)	179 (8.3)	193 (8.9)	1410 (65.0)	10 (0.5)	2,168

　打撲，創をまとめたもの以外では捻挫，肉離れが比較的多くみられており，年度別にみると捻挫が17.6～29.9％，平均23.6％，肉離れが9.9～13.9％，平均12.0％となっている。
　創をまとめたものは，1993年度に多くみられているが，頭部・顔面に発生したものが多かった(表3)。
　捻挫512件を発生部位別にみると，足関節が最多で338件66.0％と全体の約2/3にみられた。次に多くみられたのは，膝関節で64件12.5％であった。その他，肩・肩鎖関節24件4.7％，足・足趾関節22件4.3％，手指関節20件3.9％，腰部15件2.9％，肘関節9件1.8％，頚部8件1.6％，股関節6件1.2％，手関節5件1.0％，背部1件0.2％となっている(図3)。

表3. Jリーグ10年間における外傷種類別件数

	打撲	捻挫	肉離れ	挫創, 裂創 切創, 刺創	靱帯損傷	骨折	脱臼	筋断裂
1993年度	51件(31.7%)	33件(20.5%)	22件(13.7%)	31件(19.3%)	5件(3.1%)	9件(5.6%)	1件(0.6%)	1件(0.6%)
1994	72 (37.7)	36 (18.8)	20 (10.5)	22 (11.5)	8 (4.2)	15 (7.9)	3 (1.6)	5 (2.6)
1995	140 (40.5)	76 (22.0)	47 (13.6)	29 (8.4)	21 (6.1)	15 (4.3)	5 (1.4)	4 (1.2)
1996	76 (34.1)	52 (23.3)	31 (13.9)	26 (11.7)	11 (4.9)	7 (3.1)	8 (3.6)	
1997	65 (29.4)	66 (29.9)	26 (11.8)	23 (10.4)	11 (5.0)	9 (4.1)	3 (1.4)	1 (0.5)
1998	81 (35.4)	63 (27.5)	25 (10.9)	19 (8.3)	12 (5.2)	10 (4.4)	3 (1.3)	1 (0.4)
1999	72 (28.6)	67 (26.6)	30 (11.9)	33 (13.1)	10 (4.0)	24 (9.5)	6 (2.4)	3 (1.2)
2000	85 (39.4)	51 (23.6)	24 (11.1)	19 (8.8)	10 (4.6)	10 (4.6)	1 (0.5)	1 (0.5)
2001	63 (31.8)	45 (22.7)	22 (11.1)	12 (6.1)	11 (5.6)	13 (6.6)	12 (6.1)	2 (1.0)
2002	50 (38.2)	23 (17.6)	13 (9.9)	9 (6.9)	17 (13.0)	4 (3.1)	2 (1.5)	1 (0.8)
計	755 (34.8)	512 (23.6)	260 (12.0)	223 (10.3)	116 (5.4)	116 (5.4)	44 (2.0)	19 (0.8)

	擦過傷	半月板損傷	腱断裂	その他	計
1993年度	2件(1.2%)	1件(0.6%)		5件(3.1%)	161件
1994	4 (2.1)	1 (0.5)		5 (2.6)	191
1995	4 (1.2)	2 (0.6)		3 (0.9)	346
1996	1 (0.4)		1件(0.4%)	10 (4.5)	223
1997	3 (1.4)	1 (0.5)	1 (0.5)	12 (5.4)	221
1998	1 (0.4)	2 (0.9)	1 (0.4)	11 (4.8)	229
1999		5 (2.0)		2 (0.8)	252
2000	2 (0.9)		2 (0.9)	11 (5.1)	216
2001	3 (1.5)			15 (7.6)	198
2002	1 (0.8)			11 (8.4)	131
計	21 (1.0)	12 (0.6)	5 (0.2)	85 (3.9)	2,168

　肉離れ260件を発生部位別にみると大腿部が206件79.2％と最も多くみられる。下腿部は40件15.4％で，次いで腹部4件1.5％，腰部・殿部が各2件0.8％，頸部・背部が各1件0.4％，その他4件1.5％であった(図4)。

　重症度を1週間以上2週間未満の軽症，2週間以上8週間未満の中等症，2か月以上の重症と分け，1996年度を除いた1,945件の外傷をみてみると，軽症1,231件63.3％，中等症632件32.5％，重症57件2.9％，不明25件1.3％であった。

　年度別にみると，1994年度に重症が17件8.9％と高率にみられている。2002年度では軽症が101件77.1％，中等症が25件19.1％と，他の年度に比べて軽症が比

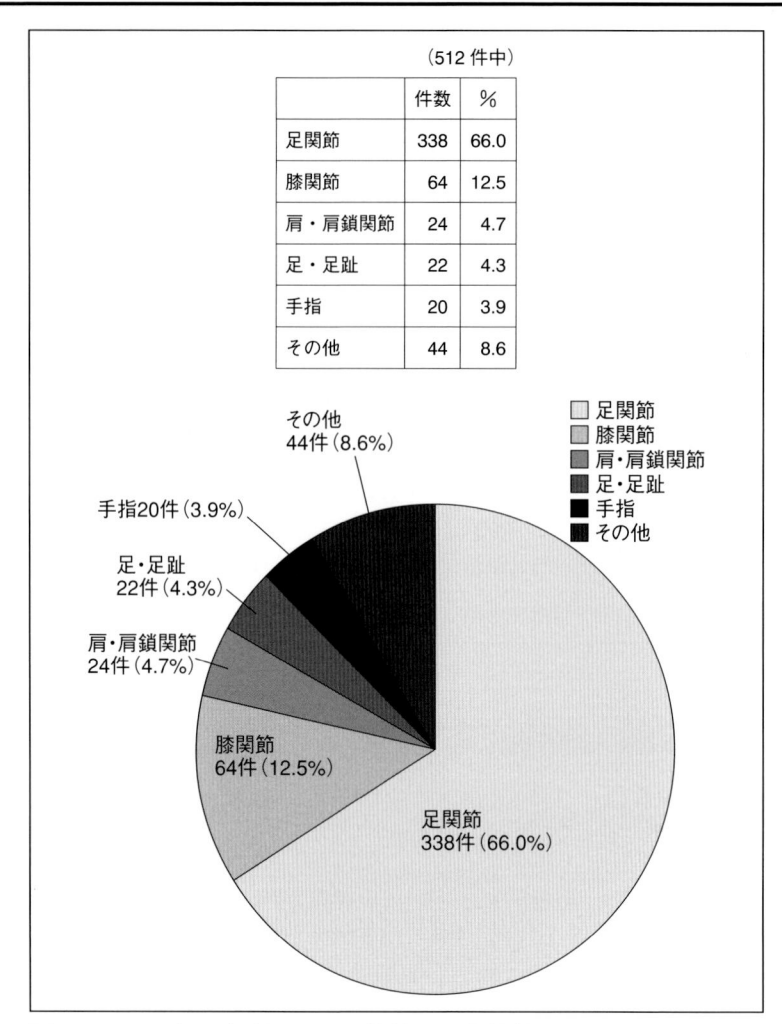

	件数	%
足関節	338	66.0
膝関節	64	12.5
肩・肩鎖関節	24	4.7
足・足趾	22	4.3
手指	20	3.9
その他	44	8.6

(512件中)

図3. Jリーグ10年間における捻挫の発生件数

較的多く，中等症が少なくなっている(表4)。

　次に渉猟し得た1995年度，2000年度，2001年度，2002年度の4年分における反則プレーによる外傷の発生率をみると，反則プレー有りが736件中139件18.9%，約1/5を占めている(図5)。サッカー外傷において肉離れは非接触プレーで多くみられるが，その他の外傷は接触プレーで発生する可能性が多く，レフリーが反則プレーを正しく判定しているのかどうか，また反則プレーにより発生した外傷の重症度分類など，検討しなければならない要素が多くあるものと思う。

　また，渉猟し得た1993年度から1995年度にわたる3年分の外傷の時間別発生率をみると，698件中，前半に発生したものが316件45.3%，後半に発生したものが320件45.8%，延長戦で発生したものが35件5.0%，不明27件3.9%となっており，前後半ほぼ同様の割合であった(図6)。この項目についてももう少し時間帯を細かく，また発生した外傷の種類別，重症度別に検討を加える必要があるものと思う。

　このようにJリーグが開幕されてから，公式戦中に発生した傷害の統計を集めることができたが，年に1，2回行われたJリーグスポーツ医学委員会の中で公式戦外

8. 外傷・障害の発生頻度　115

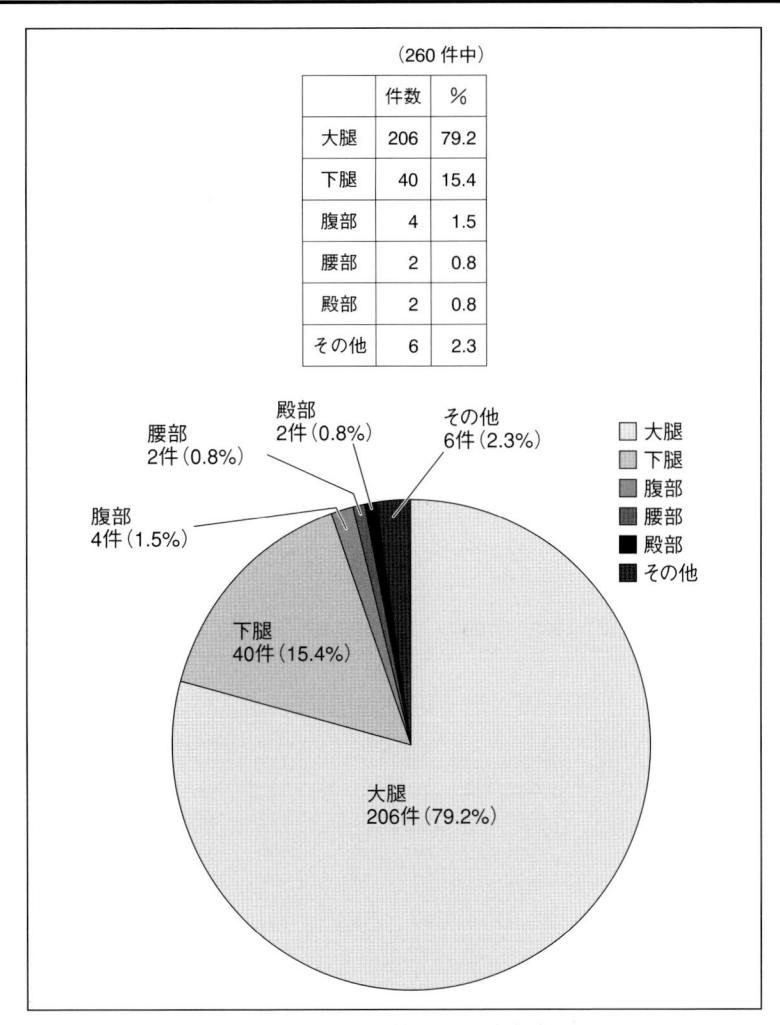

	件数	%
大腿	206	79.2
下腿	40	15.4
腹部	4	1.5
腰部	2	0.8
殿部	2	0.8
その他	6	2.3

(260件中)

図4. Jリーグ10年間における肉離れの発生部位

表4. 重症度別発生件類 (1996年度のものを除く1945件中)

	軽症 (1〜2週)	中等症 (2〜8週)	重症 (2カ月以上)	不明	計
1993年度	88件 (54.7%)	54件 (33.5%)	6件 (3.7%)	13件 (8.1%)	161
1994	93 (48.7)	80 (41.9)	17 (8.9)	1 (0.3)	191
1995	221 (63.9)	114 (32.9)	7 (2.0)	4 (1.2)	346
1996					
1997	146 (66.1)	72 (32.6)	3 (1.4)		221
1998	131 (57.2)	89 (38.9)	5 (2.2)	4 (1.7)	229
1999	172 (68.3)	77 (30.6)	3 (1.2)		252
2000	159 (73.6)	50 (23.1)	7 (3.2)		216
2001	120 (60.6)	71 (35.9)	4 (2.0)	3 (1.5)	198
2002	101 (77.1)	25 (19.1)	5 (3.8)		131
計	1,231 (63.3)	632 (32.5)	57 (2.9)	25 (1.3)	1,945

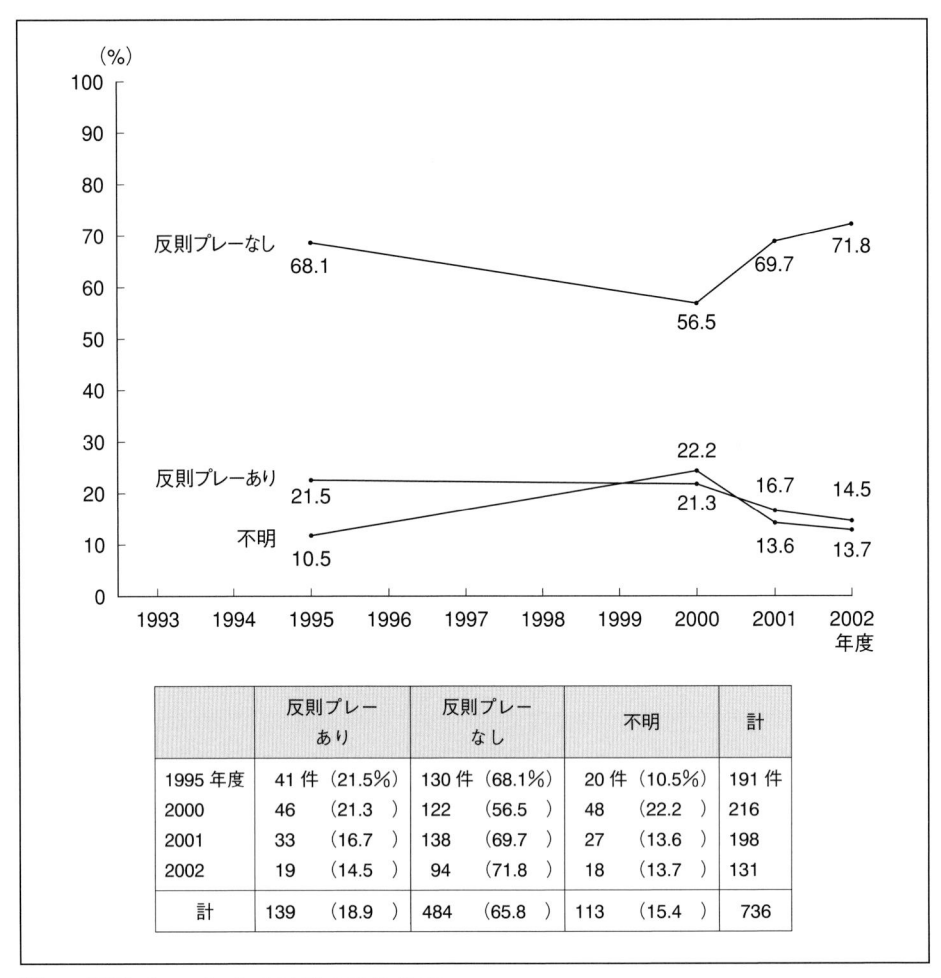

図5. 反則プレーによる外傷の発生件率

	反則プレーあり	反則プレーなし	不明	計
1995年度	41件 (21.5%)	130件 (68.1%)	20件 (10.5%)	191件
2000	46 (21.3)	122 (56.5)	48 (22.2)	216
2001	33 (16.7)	138 (69.7)	27 (13.6)	198
2002	19 (14.5)	94 (71.8)	18 (13.7)	131
計	139 (18.9)	484 (65.8)	113 (15.4)	736

で鼠径部周囲に疼痛を訴える恥骨結合炎(スポーツヘルニア)や第5中足骨疲労骨折(Jones骨折),腰椎椎間板ヘルニアなどの傷害をもつ選手がいて,試合への長期離脱を余儀なくされているという報告が多くみられた。そのため練習中や他の公式戦,プレシーズンマッチなどで発生した傷害についても調査をするという意図で「Jリーグ公式戦以外傷害報告書」(図7)が作製され,1997年度から2002年度までJリーグ事務局への提出が義務づけられた。しかし,すべてのチームに毎日,常勤のチームドクターがいるわけでなく,この報告書の提出はチームによってかなりのばらつきが発生してしまい,正確性はやや欠けるものと思われる。この報告書の提出は2002年度で廃止された。

提出された報告書572件の中では,肉離れが123件,捻挫が108件,靱帯損傷が84件,骨折が57件と比較的多くみられた。この報告書では外傷ばかりでなく,腱鞘炎19件,疲労骨折18件,靱帯炎13件と慢性的に発生する障害も散見される。また,整形外科的な疾患ばかりでなく眼科,外科,歯科,耳鼻科など多領域にわたる専門的な疾患もみられる。

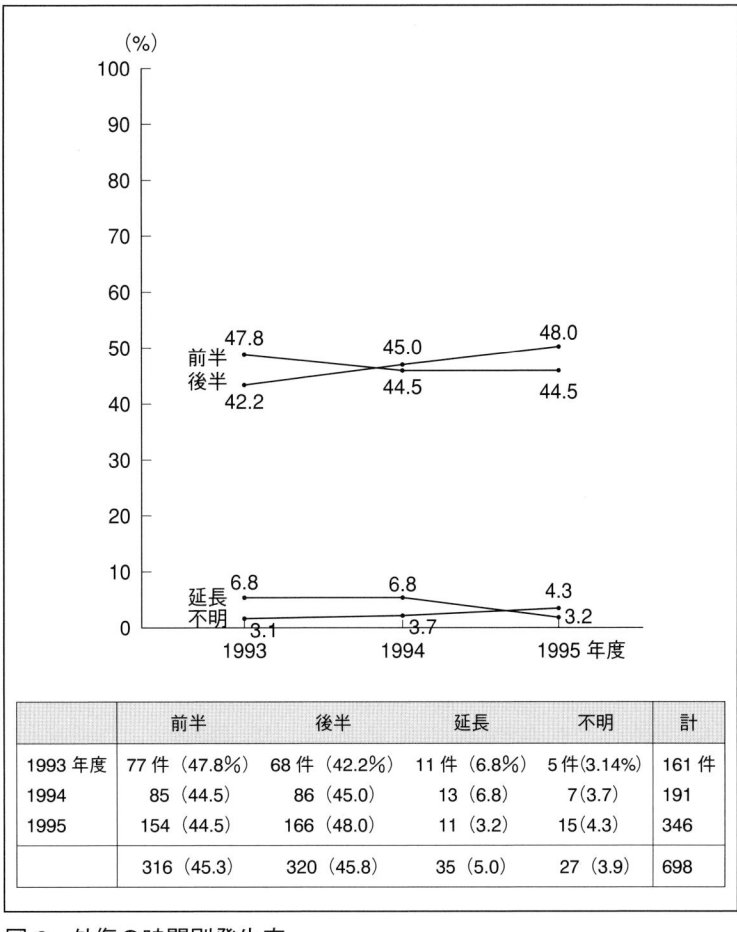

	前半	後半	延長	不明	計
1993年度	77件（47.8%）	68件（42.2%）	11件（6.8%）	5件（3.14%）	161件
1994	85（44.5）	86（45.0）	13（6.8）	7（3.7）	191
1995	154（44.5）	166（48.0）	11（3.2）	15（4.3）	346
	316（45.3）	320（45.8）	35（5.0）	27（3.9）	698

図6．外傷の時間別発生率

　また，長期間にわたり，練習や試合を休まなければならない疾患としては骨折，疲労骨折，膝前十字靱帯損傷，膝内側副靱帯損傷，腰椎椎間板ヘルニア，スポーツヘルニアなどがみられた（表5）。
　これらの資料をもとに，さらなる検討を加え，各チームドクターたちが協力し合い，今後のプロサッカー選手の傷害の予防に役立てていく必要があるものと思う。

II．まとめ

（1）Jリーグ10年間で公式戦2,586試合が行われ，計2,168件，1試合平均0.84件の割合で外傷がみられた。
（2）外傷を発生部位別にみると，下肢が最も多く，65.0%にみられた。頭部，顔面外傷が他の統計に比べて多く，18.3%にみられた。
（3）外傷を種類別にみると，打撲，捻挫，肉離れ，創をまとめたものが比較的多くみられた。
（4）捻挫は足関節に66.0%と最多にみられ，肉離れは大腿部が79.2%と多くみ

Ｊリーグ公式戦以外傷害報告書

チーム名＿＿＿＿＿＿＿＿＿＿　医師署名＿＿＿＿＿＿＿＿＿＿　運営委員署名＿＿＿＿＿＿＿＿＿＿

傷害選手名		年　齢		ポジション	

受傷・発症年月日	199　年　月　日（　　）	傷害の発生時期 （1）天皇杯，代表での試合などサッカー協会主催の公式戦で （2）プレシーズンマッチで （3）その他の練習試合やいわゆる練習で （4）不明（　　　　　　　　　　　）

病　名（確　定）	

傷　害　部　位
（01）頭部　　（02）顔　　　（03）頚部　　（04）肩・鎖骨　（05）上腕　　（06）肘関節　（07）前腕
（08）手関節　（09）手部　　（10）指　　　（11）背部　　　（12）胸部　　（13）腹部　　（14）腰部
（15）殿部　　（16）股関節　（17）大腿　　（18）膝関節　　（19）下腿　　（20）足関節　（21）足部
（22）趾　　　（23）その他

傷　害　種　類　（複数回答可）
（01）骨折　　（02）捻挫　　（03）靱帯断裂　（04）半月損傷　（05）脱臼　　（06）筋断裂
（07）肉離れ　（08）腱断裂　（09）擦過傷　　（10）切創　　　（11）刺創　　（12）挫創裂創
（13）打撲　　（14）疲労骨折（15）腱（鞘）炎（16）靱帯炎
（17）脳外科　（18）眼科　　（19）耳鼻科　　（20）外科　　　（21）皮膚科　（22）歯科　（23）その他

傷害発生の原因　（複数回答可）
（1）プレーヤーとの接触　　　　　　　（2）グランドの状態が悪い
（3）試合を含めて練習量が多過ぎる　　（4）練習内容に問題がある
（5）体力（筋力）が不足している　　　（6）他の外傷を引きずり無理をした
（7）疲労（カゼ，睡眠不足など）　　　（8）不明
（9）その他

治療までの期間
（1）1カ月以内　　（2）1〜2カ月　　（3）2〜3カ月　　（4）3〜6カ月　　（5）6カ月以上

治　療　内　容
保存的治療：（1）内服　（2）湿布　（3）理学療法　（4）注射　（5）ギプス固定　（6）その他（　　　）
（複数回答可）
手　　術：（1）あり　（2）なし

現在の治癒状況
（1）完　治
（2）試合には出られるが傷害のため満足なプレーができない
（3）試合に出場できる見込みがたち，アスレチックリハビリテーション中
（4）この傷害のため試合にまったく出られない

事　務　局　用	報告年月日	199　年　月　日

（㊞はＪリーグ事務局提出用）

注意：本報告書は公式戦傷害報告書（Ｊリーグ傷害報告書）で報告済のケースを除きます。

図 **7.**

表 5. 公式戦外における外傷種類別件数 (1997～2002 年度)

	1997年度	1998	1999	2000	2001	2002	計
肉離れ	12 件	35 件	27 件	21 件	14 件	14 件	123 件
捻挫	18	27	17	31	10	5	108
靱帯損傷	15	24	15	18	8	4	84
骨折	7	21	12	11	4	2	57
打撲	8	7	1	5	2	2	25
腱鞘炎	3	4	4	3	4	1	19
疲労骨折	3	3	1	6	2	3	18
半月板損傷	2	6	2	2		3	15
脱臼	3	4	2	4	1	1	15
靱帯炎	4	5	1	2	1		13
筋断裂		3	1	2	2		8
腱断裂		1	1	2			4
挫創・裂創	1	1		1			3
眼科疾患	2						2
外科疾患	1		1				2
歯科疾患				1			1
耳鼻科疾患					1		1
その他	9	22	12	16	7	8	74
計	88	163	97	125	56	43	572

られた。

(5) J リーグ初期の 1993 年度, 1994 年度では頭部・顔面における挫創・裂創が多くみられた。

(6) 参考資料は少ないが, 反則プレーによる外傷が 18.9% みられ, 前後半による差はみられなかった。

(7) 公式戦外では肉離れ, 捻挫, 靱帯損傷, 骨折などが比較的多くみられた。

(関 純・白石 稔)

参考文献
1) 大島 襄：日本プロサッカーリーグ(J リーグ)のメディカルケア(医学管理). 臨床成人病, 23(9)：1303-1310, 1993.
2) J リーグスポーツ医学委員会資料. 1993～2003.
3) 高沢晴夫, 他：サッカーでのけがと安全. 財団法人スポーツ安全協会, 1986.

Chapter 9-1

サッカーに多い外傷・障害の管理
―頭部外傷・脳震盪

　サッカーおける頭部外傷は大きく分けて，障害物や衝突による頭部の皮膚などの外傷（頭部挫創）とヘディングや衝突による脳震盪に分けられる。その診断，初期治療などは大きく異なるため，別々に述べる。

　今回，本章で強調したいことは，後者の脳震盪の件であり，頭への打撃はボクシング，アメリカンフットボールなどのようには頻発しないように思われるが，アメリカでのFIFAワールドカップを機会にサッカーにおける脳震盪のデータの蓄積・検討がなされてきて，次のようなことがわかった。

　1．サッカーでも脳震盪はかなりの頻度で生じる。
　2．脳震盪を繰り返すと，慢性の脳損傷としての後遺症的なものを残すことがある。

　以上の2点を強調して，本章を進めてゆきたい。

I. 頭部外傷（挫創）

　選手間の衝突やゴールポストなどへの衝突により，頭部へ打撃が加わり，その結果，頭の皮膚などに傷（挫創）を生じることは，サッカーにおいても経験することである。

1. 頭部挫創の特徴と初期治療

　この際のけがの特徴としては，頭部の皮膚（頭皮）は血管に富んでおり，出血が多くなる傾向があることである。また，出血点が髪の毛でわかりにくく，初期の止血の操作を行いにくいため，長時間にわたり出血が続くことがある。

　傷の処置において，砂や土などが傷面に付着する時は，生理的食塩水や流水などで十分に洗浄する。

　創部からの出血に対する処置としては，たとえ動脈性で拍動性に出血していても，その出血量が高度でない限り，圧迫止血の操作を5～10分行えば止血は通常完了する。圧迫は一定の圧で動かさないようにするのが肝要である。

2. フィールドへの再参加に関しての注意事項

　止血が完了したならば，そのままの状態でいったんはフィールドへ復帰することは問題ない。打撃に対する防御のために，包帯などを巻くことはよいが，止血が完了しないうちに巻くと出血は継続し，出血点をみることができなくなるので，必ず止血が完了してから包帯などを巻く。

　自らのヘディングなどで再出血を来たせば，同様の初期治療を行う。

3. 試合後の管理

　創部は細菌などが混入しえる不潔な状態であるので消毒は必要である。可能であるなら，できるだけ早期に抗生剤を服用するようにする。

　もし，傷が深く（頭蓋骨の膜まで達するような），あるいは大きく創部が開いている時は，自然の治癒では外傷部位に比較的大きな瘢痕が生じ，その部分は再度の外傷に対して弱く出血を来たしやすいし，美容上も脱毛を起こして部分的な禿となるので，縫合処置のために病院へ搬送した方がよいであろう。

　創部が完全に落ち着くには1カ月程度はかかるであろう。その期間は，当該部位への打撃は避けるようにするのが望ましい。

II. 脳震盪

　冒頭に述べたように，サッカーにおける脳震盪は決して稀なものではなく，本症は中枢神経という一番大切な部位での障害であるので，慎重に取り扱う必要がある。

1. 脳震盪とは

　脳は硬くて丈夫な頭蓋骨によりガードされており，サッカーでは頭蓋骨を壊すようなけがは生じ得ない。しかし，そのような直接の打撃でなくても，急激に頭部が揺すられることはサッカーにおいてもみられる。ヘディングや選手間の衝突，あるいは衝突後にフィールドに頭から落下転倒した時などに，頭部がひどく揺すられ，頭蓋骨と脳組織の間で移動の「ずれ」を生じ，その結果，脳組織の「ひずみ」が起きる

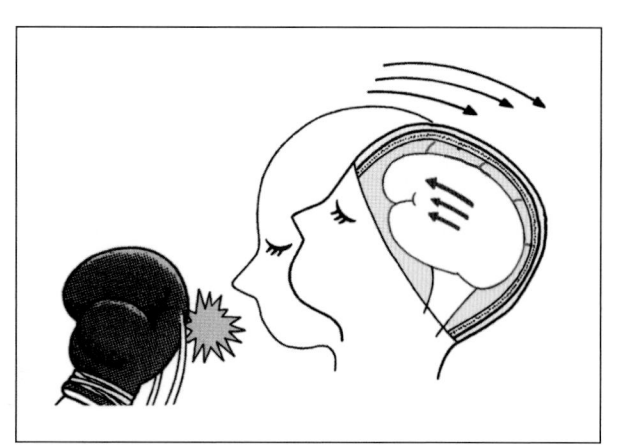

図1. 脳震盪のイメージ

表1. 脳震盪の症状

```
Early（分・時間単位）
  頭痛
  ふらつき，めまい
  周囲への無関心
  なんとなくボーッとしている
  吐き気・嘔吐
Late（日・週単位）
  軽い頭痛が続く
  注意力・集中力の低下
  記憶障害
  疲れやすい
  怒りっぽくなる・いらいらする
  まぶしい光に耐えられない・目の焦点が合わない
  大きな音に耐えられない・耳鳴りがする
  不安・うつ状態・不眠
```

（図1）。

　このような急激な脳組織の「ひずみ」により，脳の機能障害を来たし精神活動が障害された状態を脳震盪と定義している。定義の内容をみればわかるとおり，「意識がなくなる」状態だけでなく，意識や精神活動が混乱したり（ボーッとしながらプレーを続ける），試合の前後のことを思い出せないような「健忘」も広く含まれるのである。よく，試合中に頭を打ち，周りが心配するなか，元気にプレーを続けていたが，試合が終わると，当の本人は試合前のことや打った後のプレーをまったく覚えていないことが多々ある。つまり，健忘の最中でも，意識や運動機能は正常な時があるのである。

　具体的な脳震盪の範疇に入る症状をアメリカ神経学会が提唱したものを挙げる（表1）。

　これは，受傷当初の症状（Early）とその後の継続する症状（Late）が挙げられており，慢性期の症状にも注意を払ったものである。

2．脳震盪の頻度

　これまでボクシングやアメリカンフットボールなどのように，脳震盪が当たり前のスポーツとは，サッカーは異なるものと思われてきたが，プロサッカー選手に脳障害がみられた報告がされて以来注目された。オランダのプロサッカー選手の調査では，選手は年間800回ヘディングを行い，54%は神経心理テストにおいて記憶や認識の点数が低かった。また，アマチュアサッカー選手の調査では，ヘディングの回数は1試合あたり8.5回であるが，脳震盪は27%が1回，23%が2～5回あまり経験しており，他の競技に比較して心理テストの結果は，記憶や計画性に問題があることがわかった。

アメリカの高校生における脳震盪などの発生頻度のスポーツ種類別の検討では，最多であったアメリカンフットボールが1シーズン100選手あたり3.44人であり，サッカーでは0.92人といわれている。従って，頻度としては低いものの，稀なものとはいえない。また，試合中の方が練習中より16倍の頻度で発生しており，フォワードとハーフバックの選手が66%を占めており，ゴールキーパーが12%余りであったと報告されている。やはり，ヘディングの最中の衝突が一番多く，次に通常の衝突といわれている。一方で，全米大学体育協会(NCAA)によるスポーツ外傷サーベイランスデーターによると，脳震盪のスポーツ種目別の脳震盪の発生頻度は競技者の10%であるアメリカンフットボールを1とした時に，サッカーも1という，ほぼ同程度の頻度であるとの報告もある。

以上，主にアメリカのデーターの引用ではあるが，サッカーにおける脳震盪の頻度はプロ，大学生，高校生どれをとっても，シーズンあたり1〜10%の脳震盪の発生があり，これまで考えられていたよりも高頻度であることは，脳震盪の正しい定義の理解とともに十分に認識する必要がある。

3．フィールドからサイドラインへ

転倒などして朦朧としている選手は躊躇なく，いったん試合から離脱させるべきである。その際には，サイドラインへは無理に歩かせたりしないようにする。この時点で，再び転倒し二次的外傷を受けるのは避けなければならない。プレーの中断はあるものの，担架を準備してもらうのが安全である。

首(頚椎)の捻挫や，なかにある脊髄にも軽く障害を併発している可能性がるので，頚を無理に動かすことなく，自然な位置のまま3〜4人で頭，身体，四肢などを抱えて，担架に乗せる。

搬送はサイドライン近くの，あまり観衆から目を引かないところが適当と思われる。

4．脳震盪のサイドラインでの診断・評価

サイドラインでは，医務担当者は原則に選手の状態を詳細に観察することが肝要である。これは担架の上のままでもよい。

選手の意識状態が当初よくても，後で悪化もありえるし，脳震盪状態の回復過程を把握するためにも，頻回に声をかけて意識状態を観察する。この時点で，サイドラインでの脳震盪判定基準に基づく評価がなされるのが望ましい。アメリカ神経学会のスポーツにおける脳震盪の判定基準(表2)はやや煩雑ではあるが，世界的に共通の評価基準であるので，知っておく必要は十分にある。

5．重症度の判定

これまで種々の判定基準が提案されてきたが，スポーツにおける頭部外傷に関心をもつ脳神経外科医の参画のもとに，アメリカ神経学アカデミーが1997年に脳震盪の重症度基準を新しく定義した(表3)。この基準は単純なものであり，コーチ，トレーナー，その他関係者も含めて，重症度の評価が評価者により変化することが

表2. アメリカ神経学会のスポーツにおける脳震盪の判定基準

精神機能検査	合計点数	
指南力（各質問 1点）	指南力	5
月	短期記憶	15
日付	集中力	5
曜日	遅延起想	5
年	合計	30点
時間（時間単位でよい）		
指南力点数：5点	必要に応じて，下記の検査をさらに加える．	
短期記憶（各正解に対して1点，3回行う）	神経学的スクリーニング	
1回目　2回目　3回目	けがの記憶	
言葉1	筋力	
言葉2	感覚	
言葉3	協調運動	
言葉4	身体機能検査	
言葉5	40ヤード走	
短期記憶点数：15点	腕立て伏せ	5回
集中力	腹筋運動	5回
数字の逆唱（桁数の同じ両方が不正解で中止，各桁で各1点）	膝屈伸運動	5回
	神経学的検査	
3-8-2　　　　5-1-8	瞳孔	左右差の有無
2-7-9-3　　　2-1-6-8		対光反射
5-1-8-6-9　　9-4-1-7-5	協調運動	指鼻指試験
6-9-7-3-5　　4-2-8-9-3-7		つぎ足歩行感覚
月名の逆唱（すべて正しいとき1点）（これは，本邦では不適当で検討課題である）		指鼻試験（閉眼）
December, November, ‥‥		ロンベルグ試験
集中力点数：5点		
遅延起想（短期記憶で述べた言葉の想起．各言葉に対して1点）		
言葉1		
言葉2		
言葉3		
言葉4		
言葉5		
中期記憶点数：5点		

少ないものであり，世界的にみても今後スタンダードとなるものであろう．

また，救急隊や医療機関との連携上，日本で以前から用いられてきた3-3-9度方式も知っておいた方がよい．これは，「何もしないで開眼している」時はIのレベル，「声やその他の刺激などにより開眼する」時はIIのレベル，「どんな刺激でも開眼しない」時はIIIのレベルと大別する．もう少し詳しくは，それぞれのレベルを3段階に分けて，I-1～3，II-1～3，II-1～3に細分している．

表3. 脳震盪の判定基準

	第1度	第2度	第3度
1．意識喪失	なし	なし	あり（秒ないし分単位）
2．精神活動の混乱	15分以内	15分以上	

6．初期治療のポイント

　万が一，当初に意識状態が悪いようであり，担架でサイドラインまで運ばれた段階でも意識の戻りが不良であれば，そのまま病院への搬送を手配した方が安全であろう。選手は，昏睡体位といって，横向きに寝かせ，あごを少し前に出す。そのあごの下に，上側の手を添えるようにしておく。救急隊などが来るまでの時間は，冷静に状態を観察し報告の準備をする。

7．試合後の観察

　脳震盪を起こした際の特殊な治療は提唱されていない。むしろ，二次的打撃の回避が重要であるので，脳震盪の症状を時間を追って正確に把握する必要がある。従って，コーチ，トレーナーなどの選手の管理者はサイドラインのみならず，事故後も選手の自覚症状の把握，可能であればアメリカ神経学アカデミーの脳震盪の評価を再度行い，点数の改善の有無を観察する必要がある。また，自覚症状が強かったり，長期間継続する時は，微細な脳実質の損傷の可能性も考慮に入れ，専門医にMRIその他の精査を依頼するのがよい。

8．脳震盪を繰り返すとどうなるか？

　脳震盪とは，必ず意識消失を伴うかのごとくの誤った概念が流布していたため，さきの定義も含めた広い意味での脳震盪における検討が少ないのが現状であろう。しかし，一般人は脳震盪という頭部への打撃を繰り返し受ける機会はほとんどなく，脳震盪の繰り返しの影響はスポーツ選手にしかないものと思ってよい。

　「脳震盪はすぐに意識が戻るものだから，後はまったく正常なのである」という観念は大きな間違いである。繰り返しの脳震盪に関して問題となるのは，受傷直後から何十日か単位での再打撃と，慢性的に繰り返す脳震盪によるものとに大別される。

a．受傷直後から何十日か単位での打撃

　脳震盪を受けてから，多くの選手がしばらくの間，種々の症状を感じていることがボクサーなどのアンケートからもわかっている。それらの頻度が高いものとして，頭痛，物忘れ，耳鳴り，聴力障害，目まい，目の焦点が合わない，手足の震え，吐き気などである。多くのボクサーは1週間程度は続くと述べている。つまり，脳震盪後のある期間は脳の機能障害があるわけであり，その詳細な機序は不明であるが，脳血流の循環障害が考えられている。従って，受傷直後からこのような基礎病態がある時期に，再び脳震盪を生じえるような打撃を被ると，同じ外力でも脳循環

表4. 復帰のガイドライン

重症度	1回目	2回目	3回目
1度	その試合に出場可能	2週間以降の復帰，1週間の無症状期間あるもの	そのシーズンは出場停止
2度	2週間以降の復帰，1週間の無症状期間あるもの	1カ月以降の復帰，1週間の無症状期間あるもの	そのシーズンは出場停止
3度	1カ月以降の復帰，1週間の無症状期間あるもの	そのシーズンは出場停止	そのシーズンは出場停止，または，引退

障害が高度に進み，脳の腫れ（脳腫脹）が異常に起こり，命に関わることがあるといわれsecond impact症候群と呼ばれている。

b．慢性的な繰り返し損傷

脳震盪を繰り返すと永続的な認知機能の障害を起こす可能性があることは，ボクシングなのでよく知られており，パンチドランカーの名前で有名である。先に述べたように，サッカーやアメリカンフットボールの選手でも認知機能の低下をみることが報告されており，いわゆる強度の脳震盪ではない軽いものの繰り返しでも同様の状態を生じ得るということになる。

典型的な場合には，すくみ足になったり，手が震えたりするパーキンソン症候群を呈したり，認知機能や記憶の障害を起こすアルツハイマー病に類似した症状を起こしてくる。ボクサーなどの研究では，引退後数年から10数年してこのような症状が生じてくる場合が多いとされている。危険因子は，引退までの試合数が多いこと，引退年齢が高いことなどが挙げられており，結局，打撃回数に依存しているのではと考えられる。

サッカーにおいてこの慢性の脳損傷は注目されていないが，詳細な神経心理学的検査を施行すれば，今後明らかになってくる可能性もあり，医療関係者は注意を払う必要がある。

9．試合への復帰のガイドライン

ラグビーにおいては，脳震盪を起こした選手は3週間は頭部への打撃を禁じており，試合復帰にあたり，専門医の診断を必要としている。また，プロボクシングではノックアウトされた選手は60日間の試合出場停止を言い渡している。そのように各スポーツで復帰への基準が設けられつつあるが，サッカーにおいてはこのような基準は設けられていないのが現状である。

アメリカ神経学アカデミーの提唱するアメリカンフットボールなどへの復帰へのガイドラインは表4に示すようであるが，脳震盪の重症度（1～3）と反復損傷の危険を考慮に入れた脳震盪経験回数により，復帰の基準を推奨している。軽度の脳震盪（1度）で初回の場合には，その試合に出場可能であるが，重度の脳震盪（3度）を3

回経験した選手には引退まで勧めている。

III. まとめ

(1) 頭部挫創(頭皮などのけが)についての対応を述べた。
(2) 脳震盪に対する最近の新しい考え方について紹介し，サイドラインでの評価法を提案した。
(3) これまであまり注目されていなかったが，脳震盪はサッカーにおいて，どの世代にでも発生している。
(4) 繰り返し起きる脳震盪を生じる打撃は，脳に対してはある時は生命にまで影響を及ぼし，長期的には慢性脳損傷を生じえる。
(5) サッカーにおける脳震盪の経験者のフィールドへの復帰のガイドラインを提案した。

(谷　諭)

参考文献

1) 平川公義：スポーツにおける「脳震盪」の新しい考え方．臨床スポーツ，19：601-607，2002.
2) Jordan SE, et al：Acute and chronic brain injury in united states national team soccer players. Am J Sports Medicine, 24：205-210, 1996.
3) 川又達郎，片山容一：脳震盪を繰り返すとどうなるのか—いつ復帰できるか—．臨床スポーツ，19：637-643，2002.
4) Kelly JP, et al：Practice parameter. The management of concussion in sport. Report of quality standards committee. Neurology, 48：581-585, 1997.
5) Master EJT, et al：Chronic traumatic brain injury in professional soccer players. Neurology, 51：791-796, 1998.
6) Master EJT, et al：Neuropsychological impairment in amateur soccer players. JAMA, 282：971-973, 1999.
7) 森　照明，他：頭部外傷，10か条の提言．日本臨床スポーツ医学会・学術委員脳神経外科部会，小学館スクウェアー，東京，2001.
8) 荻野雅宏：スポーツにおける脳震盪．現場での対処法．2．アメリカンフットボール．臨床スポーツ，19：619-624，2002.
9) Powel JW, et al：Traumatic brain injury in high school athletes. JAMA, 282：958-963, 1999.
10) 田口芳雄，関野宏明：脳震盪と診断するのがどんなときか．臨床スポーツ，19：609-613，2002.
11) 谷　諭，他：プロボクシングにおけるパンチの影響—全国規模のアンケート調査より—．日本臨床スポーツ医学会誌，9：413-416，2001.

Chapter 9-2 サッカーに多い外傷・障害の管理
―顔面外傷

　スポーツに伴う顔面の外傷には，スポーツ用具の打撃によるものやプレー中の選手間の接触によって生じることが多い．サッカーにおいては，用具によるものといえばゴールポストやスパイクとの接触による受傷が考えられるが，ほとんどが選手間の接触によるものが多いと想定される．従って，損傷の原因となる外力はそれほど重度ではないため，後に障害を残すような重篤な損傷は少ない．しかし，サッカーを続ける限り受傷の機会は反復することから，不適切な管理や救急処置を継続すれば当然非可逆的な障害や変形を残すことが考えられる．本項では，顔面外傷を軟部組織損傷と骨折に分けて，その診断と救急処置，治療後のプレー再開に向けての要点，リハビリテーションについて言及する．

I．顔面軟部組織損傷

　顔面の軟部組織損傷をみた場合，まず留意すべき点は出血と皮下諸器官(涙小管，耳下腺管)，神経(顔面神経，三叉神経)などの合併損傷である．

1．救急処置と管理

　軟部組織損傷でよくみられるのは，皮膚への鈍的外力による裂挫創である．この損傷による顔面からの出血では，量的な評価より拍動性出血か否かを判断する必要がある．顔面の皮膚，皮下組織には，豊富な血管網が存在するために，重篤な血管損傷がなくても外見上相当な出血と判断されることが多い．しかし，ほとんどは圧迫によって止血可能である．ただし，動脈の損傷によって拍動性の出血を認める場合には，圧迫による止血を試みることなく医療機関での治療を選択すべきである．圧迫によって創からの出血が止まれば，創を水洗しテーピングによる固定を行う(図1)．もし，創接着剤(ダーマボンド®)があるならば，さらにこれを使用してもよい．そして，綿ガーゼを創にあて，テープで固定する．この後，創からの再出血がみられなければプレーの続行は可能である．選手間の接触で生じる裂挫創は，眉毛近傍でよくみられる．これは，突出している眼窩上縁の解剖学的特性によるものである．同部位に受傷した場合は，以降も継続して受傷することを防止するためにも，競技終了後速やかに専門医による適切な縫合処置を受けた方がよい．また，創

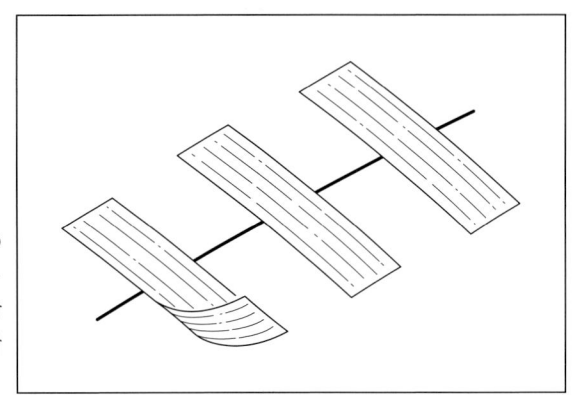

図1. テーピングの実際
テープは間隔をあけて貼付し，創からの血液や浸出液が排出しやすくする。テープはまず片側の創縁に貼付し，これを対側に引き寄せながら対側の創縁に貼付する。

図2. 合併損傷を伴いやすい部位
1：耳下腺管損傷，2：涙小管損傷，a：顔面神経下顎縁枝損傷，b：同，側頭枝損傷，c：同，頬筋枝損傷，d：三叉神経枝損傷
(川上重彦：顔面外傷．治療，77：443，1995から引用)

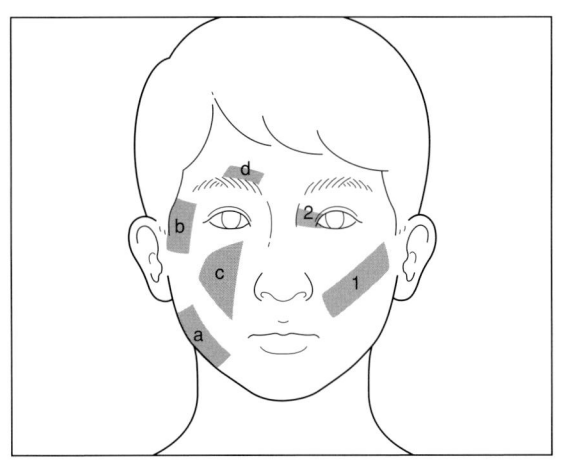

治癒後のプレーにおいては，6カ月程度は額にヘアーバンドやサポーターを巻き，再損傷の防止に努めるべきである。同時に治癒創をテーピングで固定することも怠ってはならない。このテーピングは，他部位の創に対する後療法でも同様である。
　擦過創もよくみられる損傷である。これは，通常自然に上皮化(治癒)するが，創に付着した土砂などを除去しないと，皮下に土砂が埋入した状態で治癒する。その結果，皮下の土砂が透過されるような醜状を呈するようになる(外傷性刺青)ので注意が必要である。

2．合併損傷

　サッカー中に生じる軟部損傷は鈍的な打撃によることが多いため，皮下深部まで損傷が及ぶことは稀である。しかし，スパイクの刺入による深部損傷も想定されるため，合併損傷の有無をチェックする手段については認識する必要がある。合併損傷が伴う可能性のある部位を図に示す(図2)。眉毛上で生じる三叉神経損傷では，前額部の知覚異常の有無をチェックする。損傷が疑われるなら，競技終了後に専門医の診断・治療を受けなければならない。三叉神経は，比較的神経が太く同定しやすい。また，回復も速やかなので著しい緊急性はない。
　外眼角近傍の損傷では，顔面神経側頭枝の損傷をチェックする。大きく目を開か

せて，その際に眉毛が挙上されるか確認する。眉毛が挙上しない，動きに左右差がある，などがみられたら神経損傷が疑われる。下顎角部から口角での損傷では，顔面神経下顎縁枝の損傷に留意しなければならない。口角の下垂，口唇動作の非対称などがみられたら損傷を疑う。頬部の損傷では顔面神経頬筋枝，頬骨枝の損傷が生じることがあるが，神経枝が多数吻合しあっているので症状として出現するのは稀である。症状としては，眼輪筋麻痺による下眼瞼外反，頬筋麻痺による鼻唇溝の消失などがみられる。これらの顔面神経枝損傷による顔面の不具合がみられた場合は，直ちに専門医の判断を仰ぐ必要がある。損傷された神経枝は比較的細く，時間が経過して創が腫脹してくると損傷部位の同定が困難になることがある。

合併する皮下の導管損傷として，涙小管損傷と耳下腺管損傷に留意する必要がある。内眼角部の骨・骨膜に達する損傷，頬部の筋層(咬筋)に達する損傷では導管損傷の合併を疑い，直ちに専門医の判断を仰ぐべきである。顔面神経枝同様，腫脹が強度になると切断端の同定が困難になる。

II．顔面骨骨折

顔面骨の特徴は，三次元的に構築された梁構造である。この構造は，顔面に作用する外力がこの構造によって吸収され，後上方にある脳組織や眼窩にある眼球などの重要臓器を外力から防御する役割を担っている。従って，比較的軽微な外力でも骨折を生じるため，サッカーもしばしば顔面骨骨折の原因となる。

顔面は，解剖学的には(顔面頭蓋)5種，8個の骨(上顎骨，下顎骨，頬骨，口蓋骨，舌骨)で構成されている。しかし，臨床的には鼻骨(鼻篩骨)，ときに前頭骨も顔面骨に加えられている(図3)。顔面骨骨折として治療の対象となるのは，鼻骨(鼻篩骨)，頬骨，上顎骨，下顎骨，眼窩壁，眼窩上縁の前頭骨である。これらの骨折の診断においてX線画像が有用であることはいうまでもない。しかし，受傷現場においては，当然画像の利用は期待できない。従って，現場での診断では視診，触診が重要となる。視診では，受傷部の変形に加えて顔面の機能的異常をチェックする。すなわち，眼球運動，咬合，開口，歯列の異常を判定する。次に触診では，受傷部の骨突出・陥没やその可動性で骨折の有無を確認できる。また，皮膚の知覚異常も重要な情報である。

以下に，それぞれの骨折の診断および救急処置について述べる。

1．鼻骨骨折

スポーツが原因となった骨折で，最も多くみられる骨折である。同部は腫脹し，変形(鞍鼻，斜鼻)が生じる(図4，5)。通常，受傷時には鼻出血が生じる。鼻中隔も彎曲するため一側の鼻閉も生じることがある。患部を触れて骨の突出・陥没や可動性があれば，骨折と診断される。現場での救急処置としては止血と患部の腫脹防止である。止血処置としては，綿ガーゼを幅1cm程度に裁断して，これを鼻腔内(特に上，中鼻道)にパッキングする。生理食塩水があれば，ガーゼを浸して使用する。腫脹防止としては患部のクーリングを行う。この状態のまま，10～20分間仰臥位で

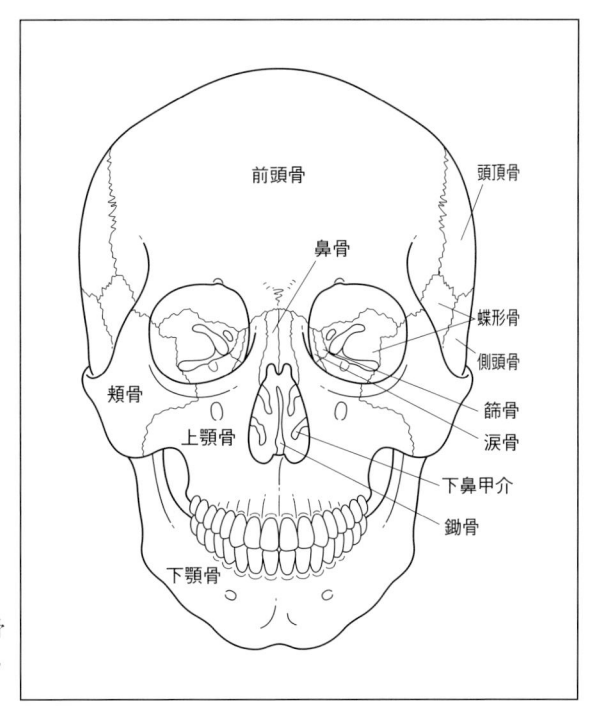

図3. 頭蓋顔面骨
(上条雍彦：口腔解剖学（1 骨学）. p4, アナトーム社, 東京, 1966 から引用)

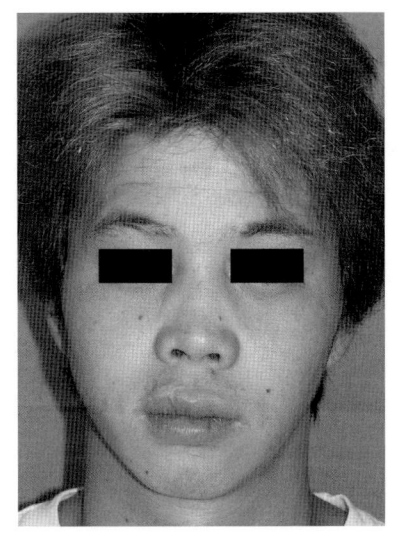

図4. 鼻骨骨折による鞍鼻変形

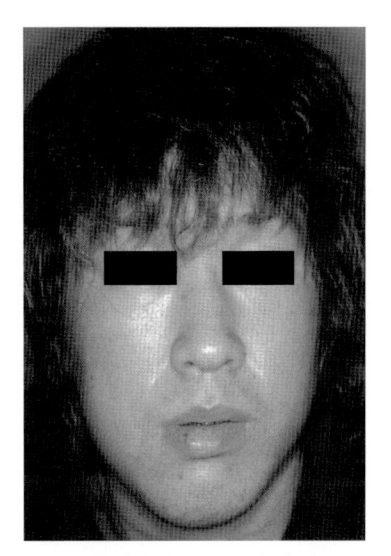

図5. 鼻骨骨折による斜鼻変形

安静にする。出血が持続しなければ専門医への受診は，特に急ぐ必要はない。骨折の整復は，通常受傷後1週間ほどで予定される。ときに強い外力が作用して，鼻骨の土台を成している上顎前頭突起，篩骨が一塊として骨折する場合がある(鼻篩骨骨折)。この骨折では，頭蓋内から鼻腔に出てくる嗅神経が損傷されることがある。受傷者が嗅覚の異常を訴えたなら(例えば煙草の臭いがわからない)，この損傷を疑い，直ちに専門医の判断を仰がなければならない。

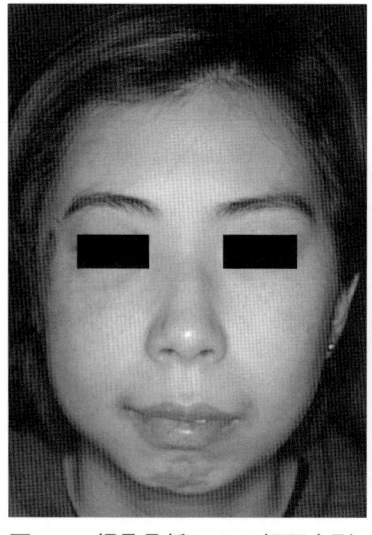

図 6 a. 頬骨骨折による顔面変形
右頬部の平坦化が認められる。

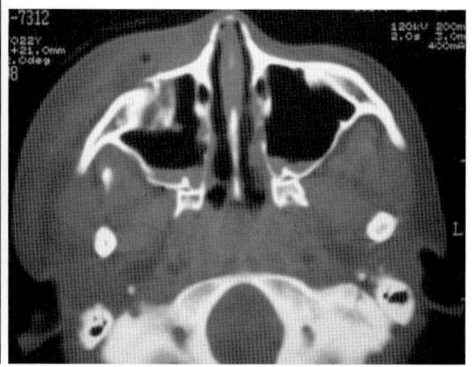

図 6 b. 同，受傷直後の CT 像
右頬部は腫脹により突出している。

2．頬骨骨折

　側方からの比較的軽度な外力で生じるため，スポーツによる受傷も鼻骨についで多い。頬骨が後・側方へ偏移するため，顔面の変形(頬部の平坦化)が生じるが，受傷直後は腫脹により頬部はかえって突出した状態を呈する(図 6)。骨片の偏移によって眼窩下孔から分布する三叉神経枝が損傷されることが多い。従って，現場での診断はこの神経領域(頬，鼻，上口唇)の知覚に異常がないかを検査する。また，両下眼瞼から下眼窩縁の骨を触れ，骨の突出や陥没の有無を確認する。健側と比べて明らかに異常があれば，骨折と診断してよい。その他，骨片や周囲の浮腫によって外眼筋が拘扼される結果，眼球運動障害・複視が生じることや，骨片によって頬骨弓下の側頭筋が拘扼されて開口障害が生じることもある。これらの症状も診断の助けとなる。救急処置としては，患部の腫脹を防止する目的でクーリングを行う。骨折の整復は，通常 1〜2 週後に行われるので，専門医への受診は特に急ぐ必要はないが，明らかな眼球運動障害がみられたならば，視機能への影響も考慮して速やかに専門医の判断を仰ぐ必要がある。

3．眼窩壁骨折

　眼球やその近傍に鈍的外力が作用した結果，眼窩壁に骨折が生じ，眼窩内容が副鼻腔へ陥頓する骨折で，吹き抜け骨折(blowout 骨折)とも呼称されている。下壁骨折では上顎洞，内壁骨折では篩骨洞へ眼窩内容は陥頓する。眼窩内容の陥頓・浮腫で外眼筋が拘扼される結果，眼球運動障害・複視が生じる(図 7)。陥頓の影響により，眼球陥没もみられることが多い(図 8)。下壁骨折では，眼窩下孔を通る三叉神経枝も影響を受ける結果，頬部や鼻部の知覚異常も生じる。現場では，眼球運動障害の有無を確認する。受傷者の顔面から約 30 cm 離したところで検者の示指を凝視させ，顔を固定した状態で上下，左右に動く示指を目で追わせる。すべての視野で

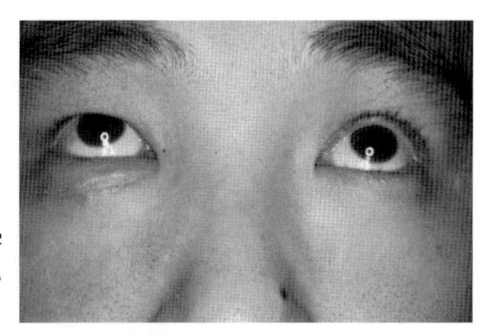

図7. 眼窩底骨折による眼球運動障害
上方視で左眼球の運動障害が生じている。

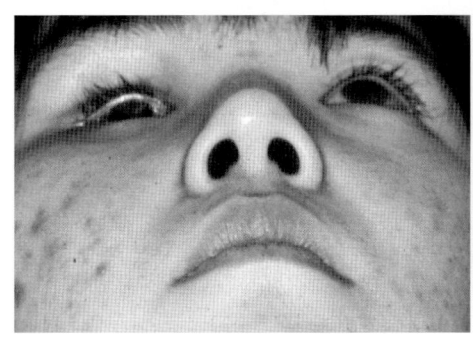

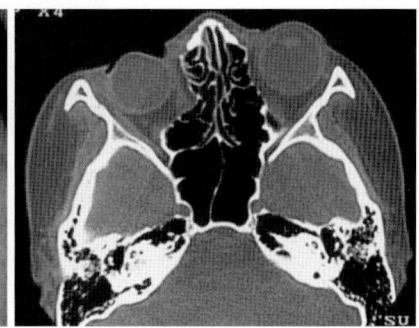

図8a. 眼窩内壁骨折による眼球陥没　　図8b. 同，CT像

指が1本にみえれば問題がないが，特定の方向をみた時(例えば上方視)に指が2本にみえるなら，骨折を疑い，専門医の判断を仰ぐ必要がある。眼球の運動障害は，受傷後2週間ほどで正常化することが多いため，緊急性は少ないが，受傷時に著しい疼痛を訴える時は，外眼筋が骨片などで直接傷害を受けている可能性があるため，早急に専門医の判断を仰ぐ必要がある。著しい眼球陥没や2週間以上眼球運動障害が持続する時は，手術的治療が検討される。受傷時の救急処置としては，打撲部のクーリング程度でよい。

　保存的治療や手術的治療で眼球運動が検査上正常に復しても微妙な調整力には問題を残していることが多い。早急に競技へは復帰させず十分なトレーニングを行って調整力の正常化に努める必要がある。

4．下顎骨骨折

　下顎への外力が直達的に作用すれば下顎体部や角部が骨折し，介達的に作用すれば関節突起部に骨折が生じる。体部の骨折では，患部の腫脹に加えて，歯列の不整，咬合の異常が生じる。触診により骨折部で骨片の突出・陥没も明らかである。角部の骨折では，患部の腫脹，圧痛に加えて咬合の異常がみられる。触診では骨折の確認は困難であることが多い。

　関節突起部の骨折では，耳前部の腫脹，圧痛に加えて，開口障害や咬合の異常がみられる。触診では，開口時に耳前部で，通常は触知できる関節突起の前方への滑動が触知できなくなるのが特徴である。

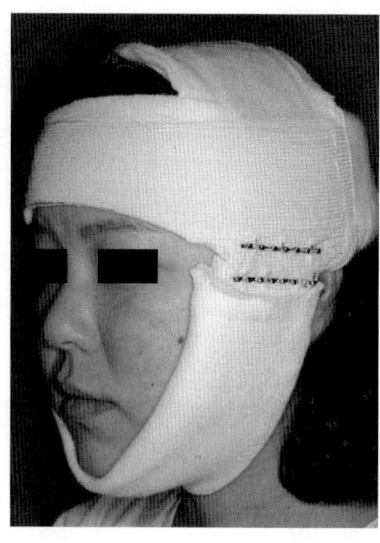

図 9. バンデージによる下顎の固定
救急時は弾力包帯を用いて行う。

　骨折が疑われた場合，バンデージで下顎を固定して専門医の治療に委ねるのが望ましい(図 9)。適切な治療が行われるならば，比較的早期から練習への復帰は可能である。筆者の施設では，術後 2 週ほどから復帰を勧めている。しかし，すべての治療施設で早期からの復帰が可能とはいえない。もし，術後早期の運動許可が出ない時には，他施設でのセカンドオピニオンを求めることも念頭におくべきである。

5．その他
　顔面骨骨折には，その他，上顎骨骨折，前頭骨骨折などがあるが，これらの骨折は交通外傷など重度な外力が作用した時に生じる。サッカーなどのスポーツでの受傷例は稀である。上顎骨骨折は，Le Fort 型骨折と呼称される。上顎歯槽骨(Le Fort Ⅰ)や上顎体(Le Fort Ⅱ，Ⅲ)が後方へ偏移する骨折で，咬合異常が代表的な症状である。前頭骨骨折は，前頭洞前壁骨折と呼ばれるもので，前額部の陥没や，ときに眼球運動障害がみられる。これらの骨折が疑われた場合は，速やかに専門医の治療に委ねるのが望ましい。

（川上重彦）

Chapter 9-3

サッカーに多い外傷・障害の管理
― 腰　痛

I．体幹・腰部外傷

1．体幹・腰部外傷のメカニズム

　サッカー選手は，腰椎の急激かつ強力な運動を要求される。従って腰部筋肉，腱靱帯など軟部組織の損傷を生じやすい。さらに，ヘッディングあるいはスローイングなどの動作時に腰椎を頻回に伸展するため，椎間関節の捻挫や亜脱臼により激しい腰痛を生じることがある[1]。

　一方，直達外力により棘突起あるいは横突起骨折などの骨傷も起こりうる。チームドクター・トレーナーは，腰部外傷の重症度を迅速かつ的確に把握する必要があり，脊柱構成要素と腰部筋の機能解剖に関する基本知識を知る必要がある（図1）[2][3]。

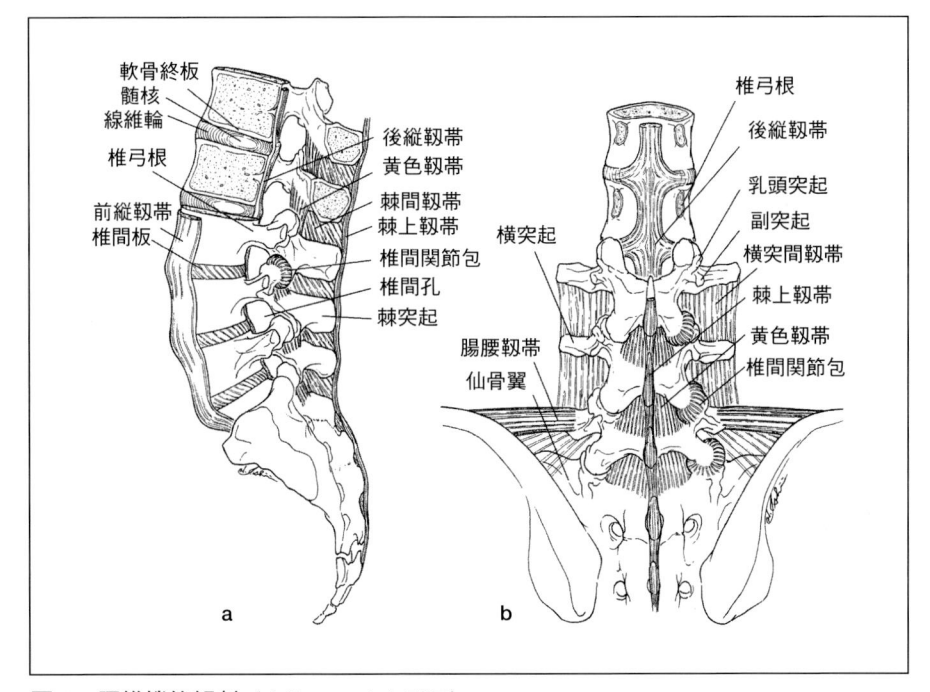

図1．腰椎機能解剖（文献2，3より引用）

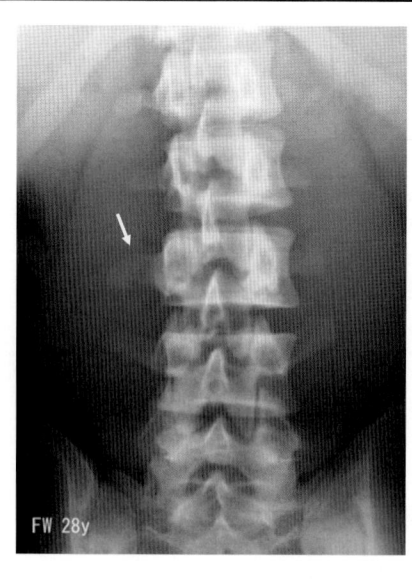

図2. 腰椎横突起骨折
28歳, FW。相手選手の膝による腰部への直達外力によって腰椎横突起骨折を受傷した。

2. サッカーによる体幹・腰部外傷の特徴

　1999〜2003年の5年間におけるJリーグ(J1)傷害報告によると, 全923傷害の中で腰部外傷を20例に認めた。傷害の内訳は打撲10例, 捻挫6例, 骨折2例, その他2例であった。打撲や捻挫は, 痛みの程度によっては競技の続行は可能な場合もあるが, 骨傷を伴う場合は強い疼痛のために競技を続けることは困難である。しかし, チームドクターにとって試合中に競技続行の判断が容易でないことも少なくない。その際, 損傷部の他覚的検査にて局所の疼痛の有無とその程度が参考になる。試合中に発生しうる体幹あるいは腰椎部骨折は, 棘突起骨折, 横突起骨折, 下位肋骨骨折, 胸腰椎椎体圧迫骨折などが報告されている(図2)。

3. ポジションによる体幹・腰部外傷

　過去5年間のJリーグ傷害報告における腰部傷害のポジション別の発生頻度は, GK 1例, DF 6例, MF 7例, FW 6例であった。ポジションによる外傷発生率に明らかな差はなかった。アメリカ・メジャーリーグサッカー選手を対象とした傷害調査でも, ポジション別傷害発生率に差はないと報告されている[4]。

　一方, イングランド・プレミアリーグ10試合の傷害調査では, ゴールエリア付近での外傷が多く重篤な傷害を生じる可能性が高い[5]。われわれは, ゴールキーパーの背部直達外力による腎損傷を経験しており, ゴールエリア内でのプレーには注視する必要があり, 特にゴールキーパーはルール規制の観点からも十分な保護を加えるべきである。

II. 腰部慢性障害

1. 腰部椎間関節症

　椎間関節は, 腰椎に加わる圧縮荷重の3〜25％を分担している[6]。サッカー競技で

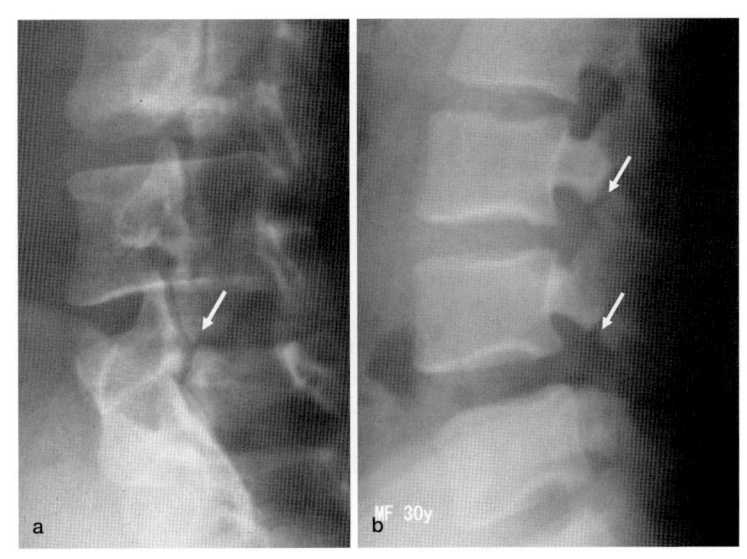

図3. プロサッカー選手の無症候性腰椎分離
メディカルチェックにて腰椎分離症を認めたが，プレーには支障ない。

は腰椎の伸展，回旋が頻繁に繰り返され，腰椎伸展時に椎間関節や椎弓根などの脊椎後方要素に応力が集中する[1]。従って，椎間関節症はスポーツ選手の腰痛の原因として一般的である。

2．腰椎分離症

ジュニア年代の選手が慢性の腰痛を訴える場合は，まず腰椎分離症を疑う。腰部背屈時に腰痛を生じる。腰椎斜位X線像にて診断は容易であるが，初期例ではX線検査のみでは診断が困難である。MRIは，X線検査で分離出現前の骨髄変化として，いわゆるbone bruiseなどの初期変化をとらえることができる。

Jリーグ某チームの平成13年度メディカルチェックによると，腰椎分離または分離すべり症は30％と高率に認めるものの，シーズン中腰痛が原因で1カ月以上の長期間スポーツ復帰が困難であった選手は存在しなかった[7]（図3）。腰椎分離症はself-limitingな経過を辿る疾患であり，腰椎分離に悩むジュニア選手には「明るい」内容の医学的指導を行う必要がある。

3．椎弓根疲労骨折

スポーツ選手の慢性腰痛の原因には筋性疼痛等の軟部組織によるものが多いが，椎弓根疲労骨折を生じることがある。

症例：22歳，男性，プロ野球選手（投手）

大学卒業後，プロ球団へ入団した。シーズン後半より腰痛が出現したが，X線上腰椎分離等の異常が認められず続投の指示を受けていた。しかし，徐々に腰痛が増悪するため投球困難となった。MRIにてL4両側椎弓根の信号変化が認められ，椎弓根疲労骨折と診断した（図4）。骨シンチグラムでは，L4両側椎弓根部に異常集積像を認めた（図5a）。5カ月後には自覚症状は軽減したが，骨シンチグラムでは右椎

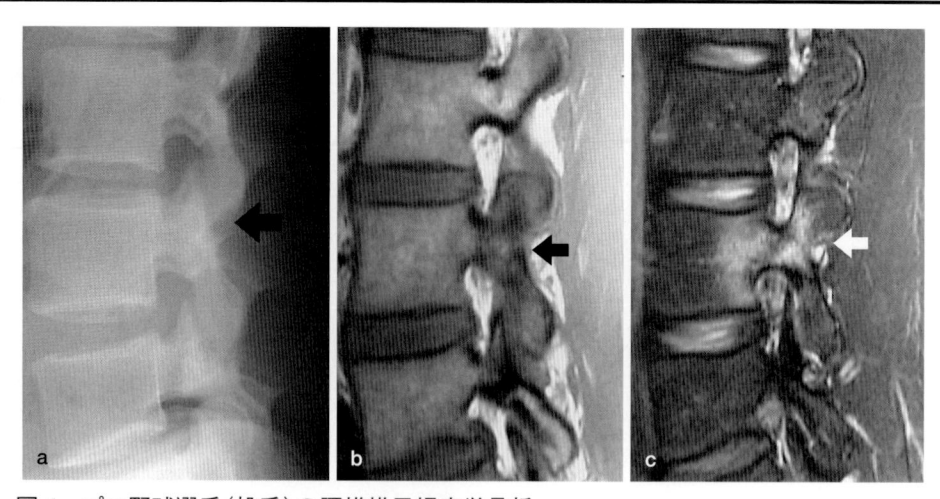

図 4. プロ野球選手（投手）の腰椎椎弓根疲労骨折
X線検査では明らかな異常がなかったが，MRIにてL4両側椎弓根の信号変化が認められ，椎弓根疲労骨折と診断された。

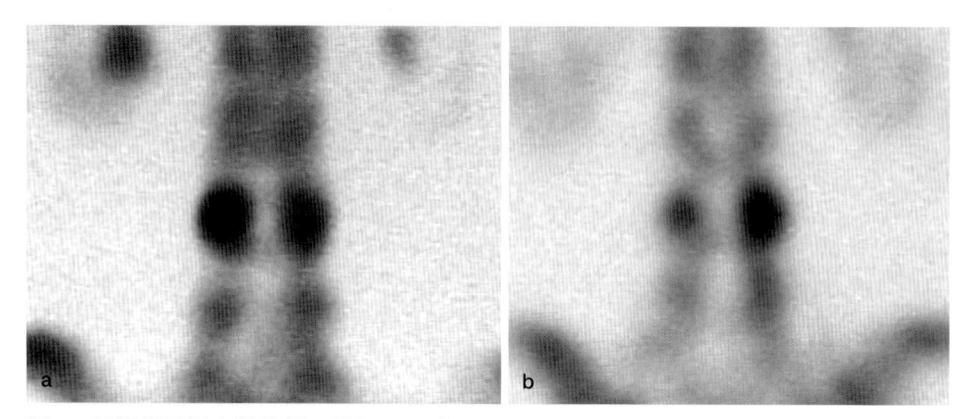

図 5. 腰椎椎弓根疲労骨折・骨シンチグラム
a：骨シンチグラムでL4両側椎弓根に異常集積像を認めた。
b：5カ月後に骨シンチグラムを再施行した。右椎弓根の集積巣が若干減弱している。

弓根の異常集積像は改善した（図5b）。

4．腰椎椎間板ヘルニア

　サッカー競技は全速力で走行中の急停止や，速く低い弾道のシュートを放つなど腰椎屈曲保持に伴う椎間板内圧上昇が髄核の脱出を生じる可能性がある。

症例：26歳，男性，プロサッカー選手

　ヘディング後に殿部より墜落し，グラウンドで骨盤部を強打した。直後より，右下肢痛と右足関節底屈力減弱による跛行が出現した。腰椎X線検査にてMeyerding分類GradeⅠのL4分離すべり，およびL5/S椎間板腔の狭小化を認めた（図6）。MRI，脊髄造影・造影後CTより脱出したL5/S椎間板による右S1神経根麻痺と診断した（図7）。L4分離すべりは無症候性であった。顕微鏡下髄核摘出術後4カ月で，母国の代表選手としてFIFAワールドカップアメリカ大会に出場することがで

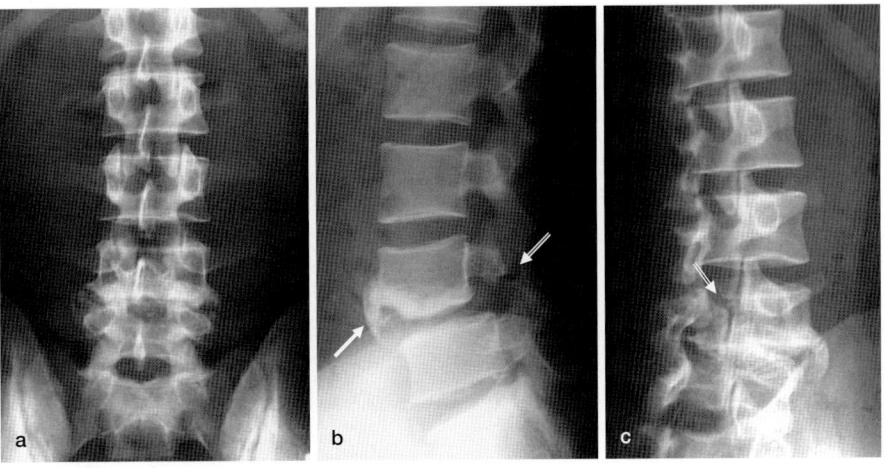

図6. 腰椎椎間板ヘルニア・プロサッカー選手
Meyerding 分類 Grade I の第4腰椎分離すべり，L5/S 椎間板腔の狭小化を認めた。

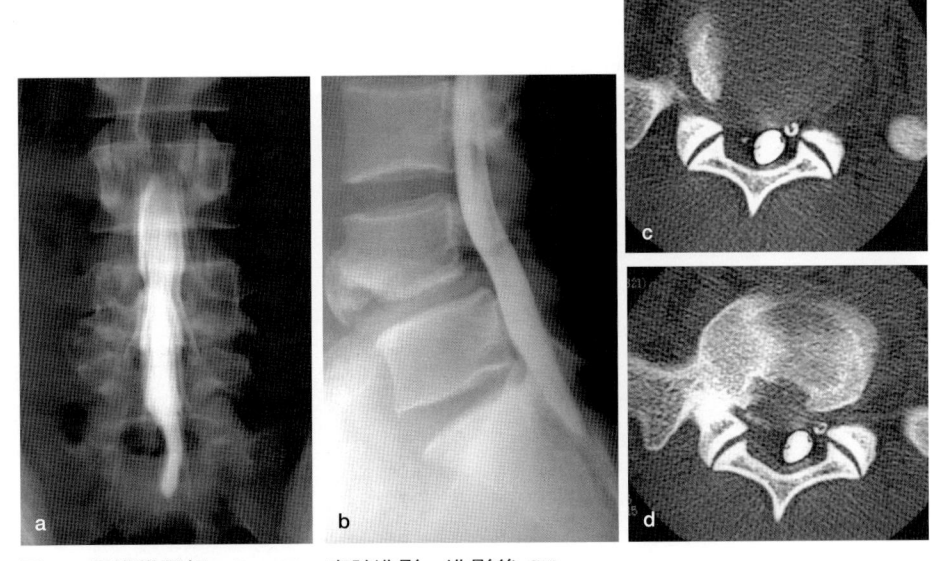

図7. 腰椎椎間板ヘルニア・脊髄造影・造影後 CT
脱出した L5/S 椎間板を認める。

きた。

5．腰椎椎体後方隅角解離

　成長期スポーツ選手の腰部障害として，腰椎椎体後方隅角解離がある。椎体終板後方損傷部が，椎間板組織とともに脊柱管内に突出する[8)9)]。MRIでは，腰椎椎間板ヘルニアとの鑑別が困難であり，CT で骨片を確認する[10)]。

症例：27歳，男性

　14歳時，柔道で投げられ，高度な腰痛を生じたことがあった。27歳時，腰痛および右殿部痛が出現した。X線検査にて，L4 椎体後方隅角解離を認めた（図8）。MRI

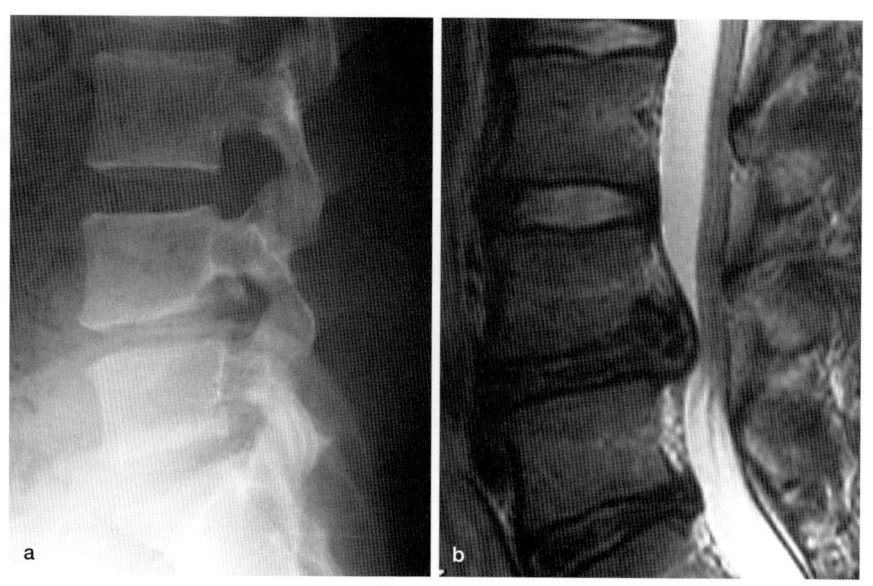

図8. 腰椎椎体後方隅角解離，椎間板ヘルニア合併例
X線検査にてL4椎体後方隅角解離を認めた。

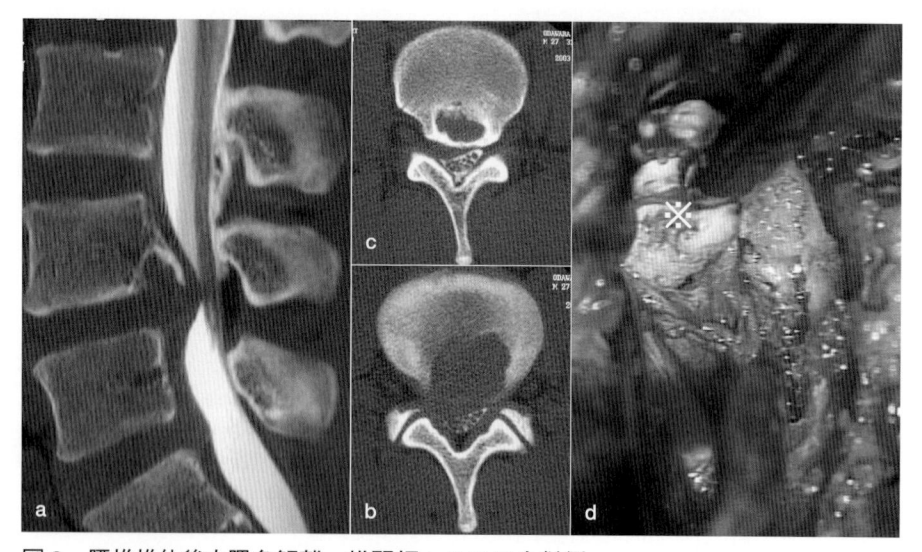

図9. 腰椎椎体後方隅角解離，椎間板ヘルニア合併例
MRIでは解離骨片による硬膜管の圧迫を認めたが，脊髄造影後CTでは神経根圧迫の主因は脱出した椎間板であると考えられた。顕微鏡手術により画像所見を確認した。

および脊髄造影検査では椎間板ヘルニアを合併していた（図9）。顕微鏡下にヘルニア摘出を行い術後症状は消失した。
　本例では隅角解離による神経根の圧迫を認めなかったため，骨片の切除は行わなかった。

III. 治療法

1. 急性外傷

腰椎打撲もしくは腰椎捻挫は多くが軽症であり，横突起骨折，下位肋骨骨折では痛みの強い例に体幹ギプス固定を行うこともある．

2. 慢性障害

a. 腰椎分離症の治療

腰椎分離症に対する治療は，一般的にはスポーツ活動の休止と外固定が行われている．しかし，分離・分離すべり症に関する縦断的研究は少ない．分離症発症後のごく早期に適切な保存療法によって関節突起間部に生じた疲労骨折を骨癒合させた，との少数の報告があるが，多くの症例が示すように分離部の骨癒合が完成されないにも関わらず臨床症状である腰痛が消失することは，本病態の予後は self-limiting であることを示している．

分離をきたす選手層は，ジュニアの年代に集中しており，将来もサッカーを継続して行いたい，との精神的にも活発な子供たちによく遭遇する．まず，本疾患の良好な予後について保護者を含めよく理解させることによって，治療に対する協力を得ることが必要である．スポーツ休止期間は症例によって一定していないが，筆者らは臨床症状を参考に必要最低期間のスポーツ休止を指示することで対処可能である，と考えている．

骨癒合の期待できない分離症は，施設によっては手術適応と考えられているが[11]，腰痛を伴わない分離症も多く，分離症から分離すべり症に移行する割合も不明である．従って，腰椎分離症の手術適応は慎重に検討すべきと考えられる．神経障害を有する分離症の場合，NSAIDs の内服や神経根ブロックなどの保存的療法に抵抗する症例のみ手術適応と考えているが，スポーツ選手において分離部の神経根症状をきたし，手術にまで至る症例は非常にまれと考えられる．

b. 腰椎椎間板ヘルニアの治療

安静，NSAIDs，硬膜外ブロックなどの保存的治療で多くは軽快する．一般的に，膀胱直腸障害や下肢筋力低下などの麻痺症状を呈す症例や，保存治療に抵抗する症例は手術適応である．スポーツ選手には，より低侵襲な手術が望まれるため，経皮的髄核摘出術など傍脊柱筋や椎弓へのダメージの少ない治療法も選択のひとつと考えられる[12)13)]．また，近年は内視鏡を用いた手術も報告されている[14]．筆者らは，低侵襲かつ安全に手術を行うため，手術用顕微鏡を用いた髄核摘出術を行っている[15]．

IV. 予防

スポーツを長期間続けると，腰椎椎間板を中心にさまざまな変化が起こることが報告されている．Sward らは，スポーツ選手の X 線所見より椎間板高の減少，シュモール結節，椎体変形などの異常を挙げ，それぞれ腰痛との相関性を報告している[16]．一方，Lundin らはスポーツ選手の腰椎 X 線所見に異常を多く認めるものの，腰

痛の頻度はスポーツをしない人と比べて変化ないことを報告している[17]。また，Videmanらはスポーツ選手の腰椎MRI所見を検討し，サッカー選手は他のスポーツ選手と比較して下位腰椎椎間板の変性が強いことを報告している[18]。これらの報告は，サッカー歴の長い選手は椎間板変性が進行し，腰痛の出現しやすい状態を呈している可能性を示唆している。従って，腰椎に加わるストレスを軽減させるために，さまざまな工夫がなされている。岡村らは，サッカー少年の腰部脊柱筋に対するサッカー用スパイクの関連を報告しており，取り替え式より固定式のスパイクを推奨している[19]。また，スパイクインソールの使用や芝のグランド使用を推奨する報告もある[20]。さらにメディカルチェックにより，腰痛原因の早期発見と適切な治療を施すこと，サッカー指導者や選手自身へ腰痛に関する基礎知識の啓蒙も腰痛発生予防に有効と考える。

(藤本吉範・奥田晃章・寛田　司・山田清貴)

参考文献

1) Harvey J, Tanner S. Low back pain in young athletes : A practical approach. Sports Med, 1991 ; 12(6) : 394-406.
2) 藤本吉範，村上健，奥田晃章：スポーツ外傷・障害の理学診断・理学療法ガイド；診断・評価のための基本テクニック，体幹(腰部)の理学診断・評価．臨床スポーツ医学，2001；18(臨増)：63-70.
3) 藤本吉範，田中信弘：スポーツ外傷・障害の理学診断・理学療法ガイド；機能解剖，体幹(腰部)の機能解剖．臨床スポーツ医学，2001；18(臨増)：7-13.
4) Morgan BE, Oberlander MA : An examination of injuries in major league soccer. The inaugural season. Am J Sports Med, 2001 ; 29(4) : 426-430.
5) Rahnama N, Reilly T, Lees A : Injury risk associated with playing actions during competitive soccer. Br J Sports Med, 2002 ; 36(5) : 354-359.
6) Yang, KH, King AI : Mechanism of facet load transmission as a hypothesis for low-back pain. Spine, 9 ; 557-565, 1984.
7) 寛田　司，奥田晃章，藤本吉範：スポーツ選手のための腰椎装具の実際，臨床医としての意見．臨床スポーツ医学，2002；19(10)：1201-1206.
8) Edelson JG, Nathan H : Stages in the natural history of the vertebral end-plates. Spine, 1988 ; 13(1) : 21-26.
9) Sward L, Hellstrom M, Jacobsson B, Karlsson : L Vertebral ring apophysis injury in athletes. Is the etiology different in the thoracic and lumbar spine? Am J Sports Med, 1993 ; 21(6) : 841-845.
10) Banerian KG, Wang AM, Samberg LC, Kerr HH, Wesolowski DP : Association of vertebral end plate fracture with pediatric lumbar intervertebral disk herniation : value of CT and MR imaging. Radiology, 1990 ; 177(3) : 763-765.
11) Debnath UK, Freeman BJ, Gregory P, de la Harpe D, Kerslake RW, Webb JK : Clinical outcome and return to sport after the surgical treatment of spondylolysis in young athletes. J Bone Joint Surg Br, 2003 ; 85(2) : 244-249.
12) 藤本吉範，西川公一郎，生田義和：腰椎椎間板ヘルニアに対する経皮的椎間板摘出術マニュアル；腰椎椎間板ヘルニアに対する経皮的椎間板摘出術，その手術と適応を中心に．整形外科最小侵襲手術ジャーナル，1997；(2)：39-43.
13) Onik G, Mooney V, Maroon JC, Wiltse L, Helms C, Schweigel J, Watkins R, Kahanovitz N, Day A, Morris J, et al : Automated percutaneous discectomy : a prospective multi-institutional study. Neurosurgery, 1990 ; 26(2) : 228-232.
14) Foley KT, Smith MM : Microendoscopic discectomy. Tech Neurosurg, 1997 ; (3) : 301-307.
15) 藤本吉範，田中信弘，生田義和：整形外科手術後療法のコツ，腰椎椎間板ヘルニアに対する顕微鏡下髄核摘出術．1999：26-29.
16) Sward L, Hellstrom M, Jacobsson B, Peterson L : Back pain and radiologic changes in the thora-

co-lumbar spine of athletes. Spine, 1990 ; 15(2) : 124-129.
17) Lundin O, Hellstrom M, Nilsson I, Sward L : Back pain and radiological changes in the thoraco-lumbar spine of athletes. A long-term follow-up. Scand J Med Sci Sports, 2001 ; 11(2) : 103-109.
18) Videman T, Sarna S, Battie MC, Koskinen S, Gill K, Paananen H, Gibbons L : The long-term effects of physical loading and exercise lifestyles on back-related symptoms, disability, and spinal pathology among men. Spine, 1995 ; 20(6) : 699-709.
19) 岡村良久, 原田征行, 半田哲人, 他：サッカー少年の腰部傍背柱筋に対するサッカーシューズの影響. 臨床スポーツ医学, 1990；7(3)：309-312.
20) 千葉昌宏, 有馬亨, 須藤隆二, 李潤煥, 荻野睦, 福田宏明：サッカー選手（18歳以下）のスポーツ障害予防に関するスパイク用インソールの有用性. 臨床スポーツ医学, 1998；15(12)：1408-1411.
21) Schreiber A, Suezawa Y, Leu H : Does percutaneous nucleotomy with discoscopy replace conventional discectomy? Eight years of experience and results in treatment of herniated lumbar disc. Clin Orthop, 1989 ; 238 : 35-42.

Chapter 9-4 サッカーに多い外傷・障害の管理
―鼠径部痛

　サッカー選手の鼠径周辺部痛は，ときとして症状が慢性化して治療に難渋することがあり，これまで多くの国でさまざまな治療が試みられてきたが，いまでも診断や治療法は確立していない。わが国では，従来ほとんどの鼠径周辺部痛に対して恥骨結合炎[1,2]や内転筋付着部炎・腹直筋付着部炎の診断のもとに保存的に治療が行われてきたが，なかには内転筋への理学療法や長期間の安静などによる保存療法が奏効せず，長期間復帰できない選手もいた。筆者は「潜在する鼠径ヘルニア（スポーツヘルニア）」が慢性鼠径周辺部痛の原因になりうるという考え方に基づいて，ヘルニア修復手術による治療を取入れてきたが，その経験を経て現在ではほとんどの症例を保存的に治療して復帰させることが可能になっている。現在は，鼠径周辺部痛の病態を何らかの原因で体幹・股関節周囲の筋力，筋緊張のバランスが崩れた結果，効果的な動作ができなくなり鼠径周辺部に痛みを生じる症候群として考えており，病名はスポーツヘルニアというより「鼠径部痛症候群（groin pain syndrome）」と呼ぶのがふさわしい。保存療法においては体幹・股関節周囲の拘縮と筋力低下の改善を図り，全身を使ったダイナミックな動きのバランスを回復させるリハビリテーションが重要である。

　海外ではヨーロッパを中心にさまざまな手術療法の試みが報告されてきた。内転筋腱や腹直筋腱の炎症や拘縮が原因であるとして，内転筋腱や腹直筋腱を切る手術[3〜5]を行った国（スペイン，ベルギー，スウェーデン，オーストラリア），閉鎖神経のエントラップメントが原因であるとして神経剥離の手術[6]を行った国（スウェーデン），皮下にヘルニアの膨隆が認められない潜在する鼠径ヘルニア―膨隆が明らかな通常の鼠径ヘルニア（いわゆる脱腸）と区別して表現するために，筆者はイギリスのHackney[7]に倣ってこれを「スポーツヘルニア」と呼ぶことを推奨した―が原因であるとしてヘルニア修復手術[8〜12]を行った国（ユーゴスラビア，イギリス，スウェーデン，オーストラリア，ドイツ），スポーツヘルニア手術と同時に内転筋腱を切った国（オランダ），恥骨の薄筋腱付着部の剥離骨折が原因であるとして剥離骨片摘出術をした国[13]（カナダ），腸腰筋の炎症が原因で腸腰筋への注射が有効だとした国[14]（イスラエル）などである。

　海外でも，手術よりリハビリを中心とした保存療法を勧める報告もある。イタリアのサッカーセリエAのあるチームでは，「手術より多少時間がかかってもリハビ

リで治した方がよい」としている。ヨーロッパと並んでサッカーが盛んなブラジルでは手術は好まれず，種々のアスレチックリハビリテーションによって復帰させるのを好む傾向にある。

アメリカでは，日本と同様に恥骨結合炎が原因であるとして長期間の安静や恥骨結合に少数回の局所注射などの保存的治療が主として行われてきたが，最近の報告ではヨーロッパと同様のヘルニア修復術に類似した手術を行う報告がある[15)16)]。ただし，これは潜在する鼠径ヘルニアを修復しようとするものではなく，筋力で保護しにくい骨盤底部の弱い部分を補強する手術を行って痛みを改善させるという考え方である。

同様の臨床症状を呈する選手達に対して，このように国によってさまざまな診断のもとにさまざまな治療が行われていることは，この障害の診断，治療がまだ確立されていない難しさを示すものであり，それぞれの治療方法の信憑性に疑問が生じる。しかし，多くの症例の手術，保存治療を経験してわかったことは，一見異なるようにみえるさまざまな診断，治療方法も実際には同じことを違う面からみてアプローチしているのであって，それぞれに意味があることではないかということである。

また，本疾患の治療に限らず，さまざまな国の選手の治療を通して感じたのは，積極的に手術することを望むか，保存療法を望むかのメンタリティは国によって驚くほど大きな違いがあるということである。サッカーのスタイルにも国民性や個性があるように，最終的な治療方法の選択にも選手や医師の国民性，個々のメンタリティが大きく関与してくる。

I．初期の鑑別診断

内転筋損傷，外閉鎖筋損傷などの筋損傷がないかMRIで鑑別診断する。

CT，MRIで剥離骨折，疲労骨折の鑑別診断を行う。骨折の中で鼠径周辺部の痛みを起こす疾患としては，下前腸骨棘剥離骨折，坐骨剥離骨折，大腿骨頸部疲労骨折，恥骨下枝疲労骨折があり，これらの障害については骨癒合を優先した治療を行い，後述するアスレチックリハビリテーションの適応外なので，鑑別診断は非常に重要である。

臨床的にNoakes[17)]の3徴（運動時の鼠径部痛・positive standing sign 陽性・恥骨下枝に限局した圧痛）が認められれば，X線や骨シンチで異常がなくても恥骨下枝疲労骨折への移行に最大限の注意を払わなくてはならない。サッカー選手ではまれだが，特に女子長距離選手の鼠径部痛では第一に恥骨下枝疲労骨折を疑うべきであり，今後女子サッカーが盛んになるにしたがい注意が必要である。

骨折以外で鑑別すべき障害としては，腰椎椎間板ヘルニア，腰痛，変形性股関節症，大腿骨骨頭壊死，股関節関節唇障害，真性の鼠径ヘルニア，腫瘍，感染（泌尿器，股関節，リンパ節，腸腰筋），膠原病などがある。いずれも原疾患の治療を優先に治療を行う。

図1. 種目別割合

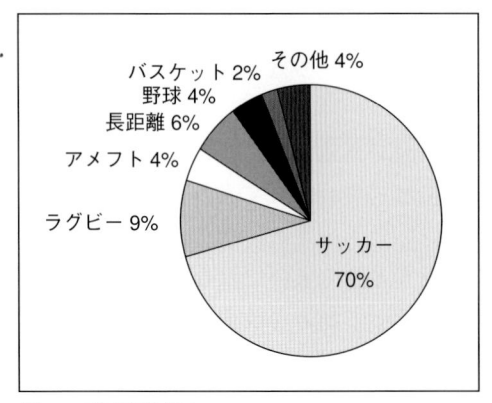

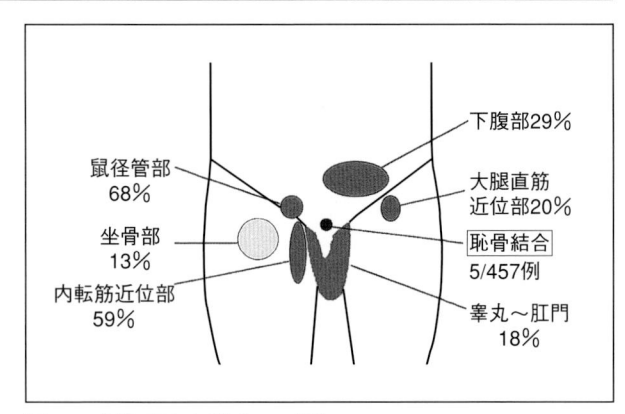

図2. 自発痛の部位（457例）

II．当科における治療経験

　1994年から2003年に，鼠径周辺部痛を主訴として受診したスポーツ選手の症例は457例であり，男性415例，女性42例，平均20.5歳（11〜48歳）であった。両側例は162例，右側例162例，左側例133例だった。種目別割合はサッカーが70％と最も多く（図1），うち68例がJリーグ選手であった。

　症状は，日常生活に大きな影響を及ぼすものではなかったが，悪化時には日常の起きあがり動作やくしゃみでも痛みが生じていた。サッカーにおいては，腹筋動作，ダッシュ，キックというプレーする上で欠かすことができない動作で痛みが生じるため，選手はどのようにサッカーのトレーニングをしていけばよいのか悩んでいることが多かった。痛みの部位は症例によってさまざまであったが，鼠径管部と内転筋近位部に痛みを生じる例が最も多く，下腹部や睾丸の後方，座骨などにも痛みを生じる例があった（図2）。

　漠然と恥骨が痛いので恥骨結合炎ではないかと考える選手が多いが，実際に確認してみると，恥骨結合そのものに痛みを生じていたのは457例中5例のみであった。

　457例中で，恥骨結合の圧痛を35％に認め，X線所見では恥骨結合にまったく異常がなかった例が59％，軽微な浸食像や透亮像を示した例が18％，明らかな浸食像を示した例が23％であった。

　同僚の外科医師の協力のもとに，潜在する鼠径ヘルニア（スポーツヘルニア）が診断のつかない慢性鼠径周辺部痛の原因になりうるという考え方に基づき，長期間復帰困難だった90例132側に鼠径管後壁の修復手術（スポーツヘルニア手術）を施行した[18)19)]。うち16例がJリーグ選手であった。手術を考慮した症例では超音波（図3），ヘルニオグラフィーによって潜在する鼠径ヘルニアの有無を調べたが，無症状側にも陽性所見は認められ，結局有症状側・無症状側間で統計学的な有意差を見出すことはできなかった（図4）。

　当初の治療では，現在のような体幹・股関節周囲の拘縮と筋力低下による悪循環の病態が把握できず，積極的なアスレチックリハビリテーションを含む保存療法の

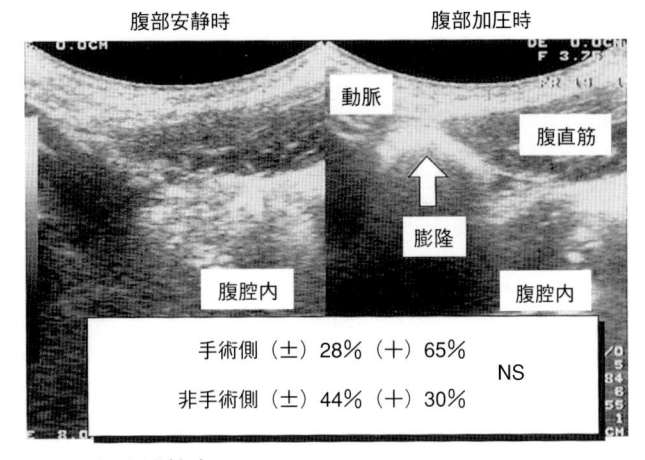

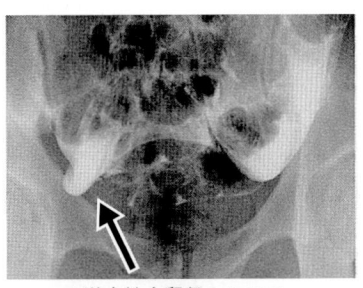

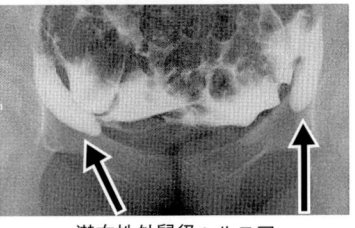

図3. 超音波検査

図4. ヘルニオグラフィー

ノウハウが少なかった上に，手術適応も不明確だった。そのため恥骨結合炎の診断のもとに，さらに長期間スポーツを中止して安静を中心とした保存療法をするか，スポーツヘルニアの診断のもとにスポーツヘルニア手術をするかの二者択一を迫られることになり，初期の症例では結果的に約50％の症例に手術を選択した。

当科で施行したスポーツヘルニア手術の結果では，確かに諸家が報告した通り一定の有効性が認められた(**表1**)。種目別ではサッカーと比べて他の競技の改善度が低く，男女別では女性の改善度が低かった(**表2**)。従って，この手術の適応はできる限り男性のサッカー選手および片脚で体を支持してキック動作を行う競技(ラグビーのスタンドオフ，オーストラリアンラグビーなど)に限った方が手術不良例を減らすことができる。なぜそのような結果になったか，その理由そのものが本症候群の病態と治療について理解する手がかりである。

表1. スポーツヘルニア手術の有効性

```
Smedberg（53例）：痛み消失70％，改善20％，
                   不変10％
Malycha （44例）：有効33例，改善10例
                   反対側の痛み出現1例
                   41例が元スポーツへ復帰
Hackney （15例）：完全復帰13例，2例は改善
                   したが復帰できなかった
仁賀   （62例）：Excellent66％  Good19％
                   Fair    2％   Poor13％
```

表2. スポーツヘルニア手術による種目別改善度

種目別の改善度	
	Excellent of Good
サッカー　　（50例）	96％
サッカー以外（12例）	42％
男女別の改善度	
	Excellent of Good
男性（57例）	89％
女性（ 5例）	40％

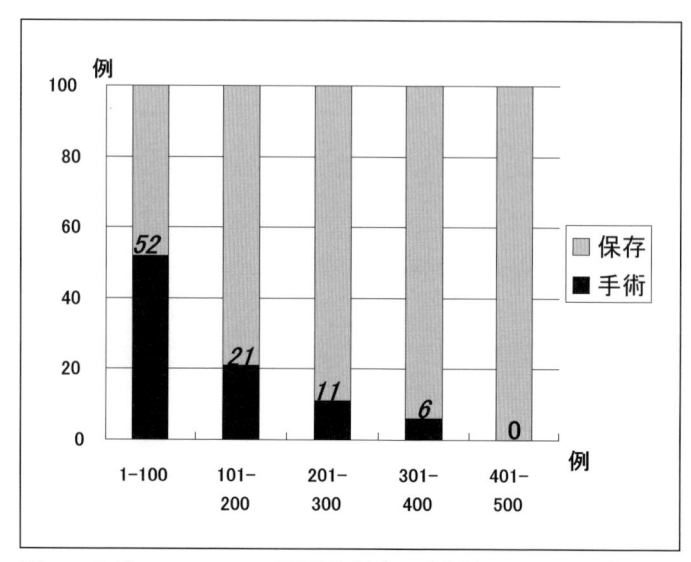

図5. スポーツヘルニア手術施行率の変遷（1994→2004）

　手術をしても痛みが改善しなかったり，術後に痛みの改善が長引いた症例もリハビリをしてなんとか復帰させなければならなかった経験の中で，結局手術をしても腰背部や内転筋の拘縮除去が不徹底だったり，股関節周囲筋（特に外転筋）の筋力回復が得られなければ復帰できないことがわかった。また，強い腰痛をもっていた例は手術をしても腰痛が改善しない限り鼠径部痛は改善せず，逆に腰痛が改善すればその時点で関連する鼠径部痛が改善して復帰できることがわかった。
　その後，そのような観点からリハビリを行うことによって手術になる率は減少していき，現在ではほとんどの症例が保存的に治療できている。手術に至った症例は，第1～100例中では52例であったが，最近の第301～400例中では6例である（図5）。
　スポーツヘルニア手術が保存的治療に長期間抵抗する症例に対して一定の有効性があるのは事実であり，スポーツヘルニアそのものが痛みの原因となる症例の存在は現在も否定できない。しかし，潜在的なヘルニアの有無を調べたヘルニオグラ

フィー，超音波検査で有症状側と無症状側の間に有意差は示されず，ほとんどの症例がアスレチックリハビリテーションによって鼠径周辺部の痛みが改善して復帰可能であったことから，多くの痛みの主因はスポーツヘルニアというよりも何らかの原因（足関節捻挫，下肢の打撲，膝の故障，腰部・内転筋の拘縮などでバランスを崩したままプレーすることが誘因になる）で股関節周辺の筋力，筋緊張のバランスが崩れたことにあると思われた。その結果，拘縮や痛みが出現しやすい鼠径周辺部にさまざまな痛みがでる[20]のが本疾患の病態であり，診断名は筆者が以前推奨した「スポーツヘルニア」というよりも「鼠径部痛症候群（Groin Pain Syndrome）」というべきであると現在は考えている。

　さまざまな国で諸家が報告したさまざまな治療方法，すなわち内転筋腱を切離することや鼠径管後壁を補強・修復すること，注射によって筋緊張を和らげること，股関節周辺に負荷をかけてリハビリを行うことなどは，いずれも股関節周辺の筋力，筋緊張のバランスを回復させるという観点からみれば，それぞれ一定の効果を上げる可能性があり，一見異なる治療方法が同様の治療効果を上げたことはありうると考えられる。

　スポーツヘルニア手術によって鼠径管後壁の潜在的な弱体化部分（鍛えても強化しにくい解剖学的構造である）を補強することにどのような意味があるのかはいまもはっきりしないが，ほとんどの例で保存療法が奏効することから考えると，手術後には多くの選手が積極的に復帰するためのリハビリに取組む結果，股関節周辺の筋バランス不良の悪循環から脱出して復帰が可能になるきっかけをつかめる意味があると考える。

　サッカー以外の手術成績が悪かったのは，片脚立位の状態で強い外転・伸展筋力によって骨盤を保持し，内転筋を酷使してキックを行う競技と他の競技では痛みを生じる病態が異なる可能性があることを示唆するものであり，女性で手術成績が不良だったのは，最終的に獲得しなければならない股関節周囲の筋力回復が手術をきっかけにしても女性では獲得しにくいことに原因があると考えられる。

III．初期治療のポイントと重症度の判定，治療法の選択

　現在筆者は診察において，潜在する鼠径ヘルニア（スポーツヘルニア）が存在するかどうかを調べようとはしておらず，以前多くの例で施行した超音波検査やヘルニオグラフィーも現在は施行していない。

　診察で重要なのは，股関節周辺の可動域制限の有無，拘縮している筋腱の有無，筋力低下の有無を確認して，改善すべき点は何か，スポーツができる状態にあるか，できるとすればどんなレベルでできるか，リハビリはどんな動作でどの程度の負荷から可能なのかをチェックすることである（図6）。

　まず，病歴を聞いて鑑別診断や病状の判断の材料とする。

　同時に自発痛の位置を直接指し示してもらって詳細に確かめる必要がある。恥骨が痛いと訴えていても，実際にはほとんどの症例の自発痛は内転筋付着部や鼠径管部分にある。図2に示した通り，恥骨結合そのものに自発痛が発生することは極め

Groin Pain 診察チェックリスト　　2004.10.27作成

氏名＿＿＿＿＿＿＿＿　　年　月　日

自覚所見	R	L
鼠径管部痛・違和感		
恥骨結合部		
坐骨部痛		
内転筋近位部痛		
大腿直筋近位部痛		
睾丸～肛門痛		
下腹部痛		
くしゃみ・咳による痛み		
上体起こしによる痛み		
ラン・ステップによる痛み		
キックによる痛み		
通常の腹筋訓練による痛み		
腰痛		

他覚所見	R	L
positive standing sign		
Trendelenburg		
開排角度	°	°
開排ストレッチによる痛み		
内転筋圧痛・拘縮		
SLR角度	°	°
抵抗下SLRの痛み		
抵抗下内転の痛み		
上体起こしによる痛み		
端座位抵抗下内転の痛み		
恥骨結合のX線変化		
恥骨結合の圧痛		
恥骨下枝の圧痛		

R	L
部位	部位
程度	程度

部位（A鼠径部　B内転筋近位部　C大腿直筋近位部　D下腹部　E睾丸～肛門　F　G　）

程度（−、±、+、2+）

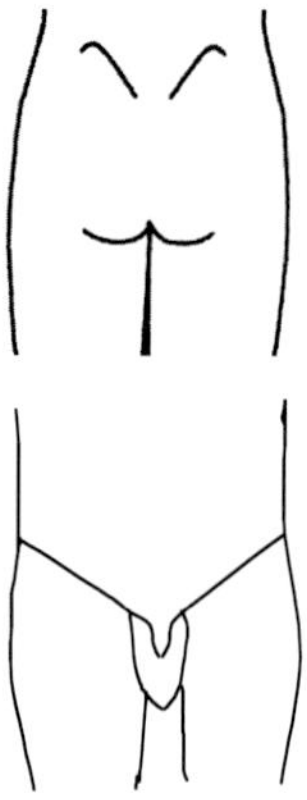

自発痛領域 ◎　圧痛点 ×

参考	R	L
片足立ちバランス	良 やや不良 不良	良 やや不良 不良
90/90 腹筋の痛み	+・± −	+・± −
アイソメトリック腹筋の痛み	+・± −	+・± −

可能な負荷	R	L
抵抗下外旋力・痛み		
抵抗下外転力・痛み		
抵抗下伸展力・痛み		

R		L	
MMT	部位	MMT	部位
程度		程度	

cross motionによる痛みの変化
R（痛み消失・改善・不変）
L（痛み消失・改善・不変）

【現症】

	R	L
内転筋拘縮	(+、±、−)	(+、±、−)
抵抗下の痛み	(+、±、−)	(+、±、−)
外転筋力低下	(+、±、−)	(+、±、−)
cross motion の連動性	良 やや不良 不良	良 やや不良 不良

【リハビリ】

内転筋強刺激マッサージ（要・不要）
腹筋（アイソメトリック・90/90・不可）
外転筋力強化　（要・不要）
側臥位体幹保持→外転・前後スイング
クロール　ヒップアップ
後→前スイング　外→内スイング
マシン：前方スイング　後方スイング　内方スイング

【スポーツ復帰】

（段階的に可・リスクあり・不可）

ジョギング	（可・不可）
ショートキック	（可・不可）
加速走	（可・不可）
ミニゲーム	（可・不可）
ゲーム	（可・不可）
ロングキック	（可・不可）

図 **6.** Groin pain 診察チェックリスト

てまれであり，筆者が経験した症例では膠原病的な四肢関節痛を伴う症例や恥骨結合そのものを外傷で痛めた例などに限られていた。恥骨結合の圧痛とX線上の恥骨結合の浸食像は，無症状の選手を含め多くの例で認められるものであり，恥骨結合に自発痛がないにも関わらずそれらの所見をもとに恥骨結合炎の診断を下すことには賛成できない。

体幹・股関節周囲の拘縮と可動域制限の有無を詳細にチェックする（図7）。
　痛みが出現しやすい動作に抵抗をかけて現在の痛みがどのような動作で出現し，プレーに必要な筋力はどの程度発揮できるかを確かめ（図8），引き続いて痛みが出にくい動作で抵抗をかけてリハビリでどの方向にどの程度の負荷がかけられるかを

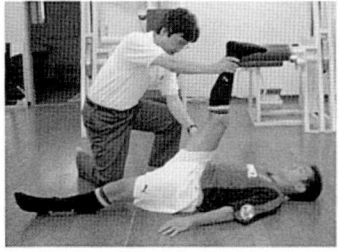

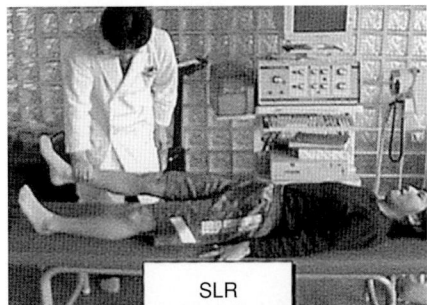

図7．拘縮と可動域制限のチェック

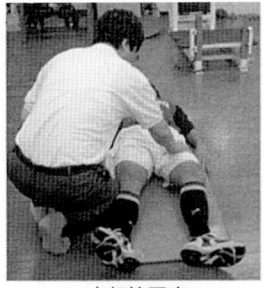

ハムストリング拘縮
内転筋圧痛
内転筋拘縮

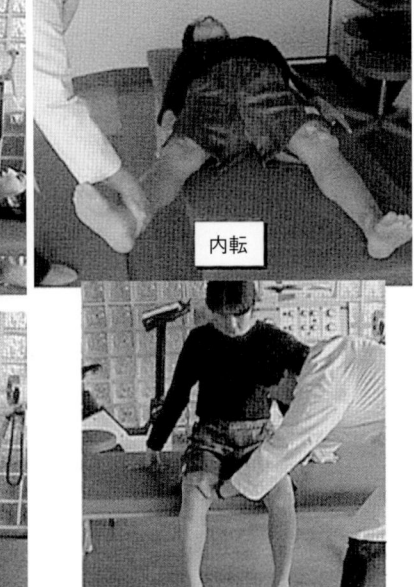

SLR
内転
上体起こし
座位内転

図8．疼痛が生じやすい動作のストレステスト（重症度判定）

確認する(図9)。外転筋の筋力低下の有無はTrendelenburg徴候(図10)，および側臥位での股関節外転筋力をチェックする。プロのサッカー選手でも痛みをかばってプレーを続けたり，安静を長期間続けたりしていると，外転筋筋力は徒手筋力テスト(以下，MMT)以下に低下する。内転筋の痛みと拘縮が鼠径部痛に伴って一次的，あるいは二次的に発生すると，股関節の外転動作を無意識に制限してかばうようになり，さらに内転筋の拘縮が増長する。同時に股関節にしっかり負荷をかけなくなるので，本来は痛みなく動作できる股関節外転筋力も低下し，骨盤の安定性を保てな

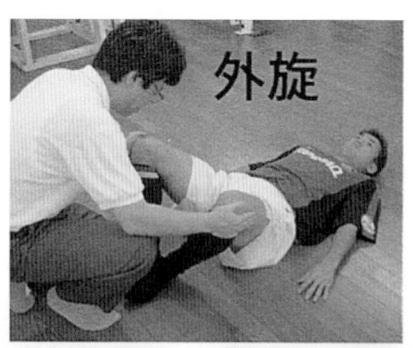

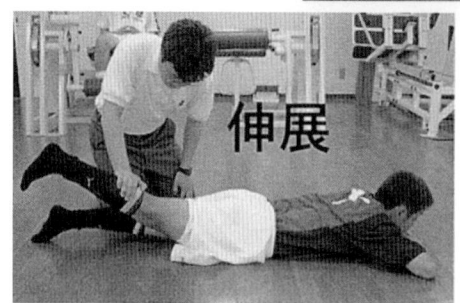

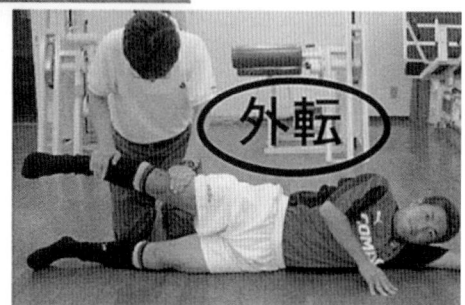

図9. 疼痛が生じにくい動作のストレステスト
(アスレチックリハビリテーションの内容の決定)

図10. Trendelenburg徴候

くなる．内転筋，外転筋が有効に使えない状態で，さらにプレーを続けていればハムストリングだけで支えるしかなくなるので，最終的にはハムストリング付着部の坐骨にも痛みが及ぶ．このような痛みと拘縮，筋力低下の悪循環に陥るのが鼠径周辺部痛の病態であると考えている．

IV．鼠径周辺部痛のためのアスレチックリハビリテーション

　治療においてはいたずらに安静にしていても問題の解決にはならない．過去に恥骨結合炎の診断のもとに長期間安静にしてから復帰し，すぐに再発したのは体幹・股関節周囲の筋力が低下していたためであろう．まだ体幹・股関節周囲の筋力低下をきたしていない急性期ならば，一時的な安静や拘縮した筋のマッサージなどによって拘縮と痛みが軽減し悪循環から脱出する効果は期待できるが，慢性化して周囲の筋力が低下した例については，適切な筋力強化が必要である．通常，鼠径周辺部痛の症例は抵抗をかけた股関節の SLR（下肢伸展挙上）動作，内転動作，ダイナミックな腹筋動作で痛みが増強することが多く，これらの動作を痛みが伴う状態で続けることは悪循環を増長させるので避けなければならない．しかし，鼠径周辺部痛を生じている時でも，通常は股関節の外転，外旋，伸展動作には痛みなく負荷を加えることができる．最初からすべての筋を鍛えることができなくても，とっかかりをつかまえて股関節に負荷をかけられるようにすることが重要である．

1．内転筋と腰背部，ハムストリングの拘縮除去

　内転筋の拘縮をストレッチングだけで改善させることは難しく，強刺激のマッサージを拘縮が改善するまでできる限りの頻度で行う．

　腰背部に拘縮があると骨盤の動きが制限されて上半身の動きを使えなくなり，下肢の動きのストレスが下肢の付け根に集中するので，改善させる必要がある．

　ハムストリングの拘縮も腰部，股関節の動きを制限するので，アシストしてストレッチングを行い改善させる．

2．腹筋訓練

　痛みを伴う内転筋訓練とダイナミックな腹筋訓練は通常避けなければならない訓練であるが，多くの場合，腹筋は膝，股関節屈曲位でアイソメトリックに行うことによって訓練が可能である．あるいは膝・股関節をそれぞれ90度に屈曲させた状態でならダイナミックに腹筋訓練を行える可能性がある（図11）．

　痛みなく負荷をかけやすいアイソメトリックな腹筋訓練や，股関節外転・外旋・伸展時にも鼠径周辺部への痛みが生じるのは無理をしてプレーを続けた結果の終末像である．このような状態に至っている場合は，股関節に負荷をかけるリハビリを行うのは困難であるが，いったんスポーツを中止して筋の拘縮を除去することによって経時的に痛みが改善し，アイソメトリックな腹筋訓練・股関節外転・外旋・伸展など鼠径部に負荷が伝わりにくい動作から徐々に負荷をかけられるようになる．

アイソメトリックな腹筋訓練　　　股関節・膝関節を90°に屈曲してダイナミックに行う腹筋訓練

図11. 鼠径部に負担の少ない腹筋訓練

外転　　　　　　　　　　伸展
図12. 立位でゴムチューブを使う外転・伸展筋力訓練

3．股関節外転・伸展筋力訓練

　股関節の外転と伸展の筋力訓練は，痛みが伴わない限り積極的に行うべき基本的な訓練である．いずれも立位でゴムチューブを使い訓練することができる(図12)．
　側臥位で前腕と足外側部に荷重して，全身の軸がぶれないように保持する(保持できなければ体幹などを鍛える必要がある)．さらに，上方の下肢を体の軸を保持したまま挙上する(体幹が保持できなければ通常の側臥位から行う)(図13)．
　腹臥位で股関節を伸展して脚を挙上する動作に徒手抵抗をかけると，鼠径部に痛みを生じる例では，この動作時に脚の動きだけでなく，同時に反対側の手・肩を挙上して反対側の背筋を同時に使うようにさせると力が入りやすくなり，鼠径部に痛みなく下肢を挙上できるようになることが多い（図14）．筆者はこの動きを cross motion と呼んでいる．
　同様に床に四つん這いの姿勢から上肢と反対側の下肢を挙上する運動をするのも

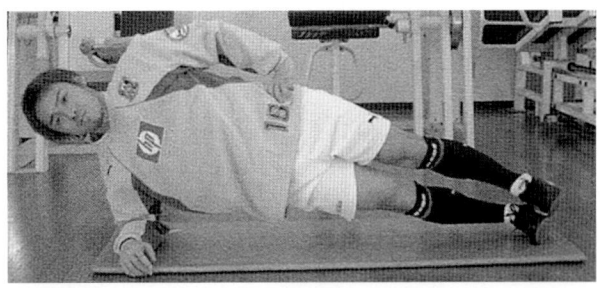

体幹保持

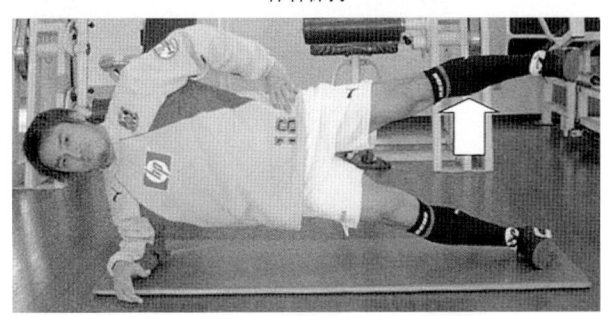

外転

図13. 側臥位での体幹保持・外転筋力訓練

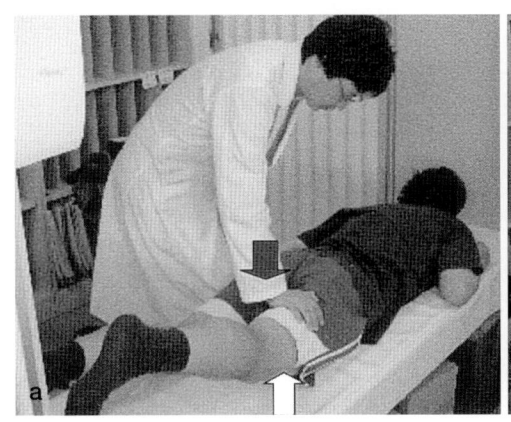

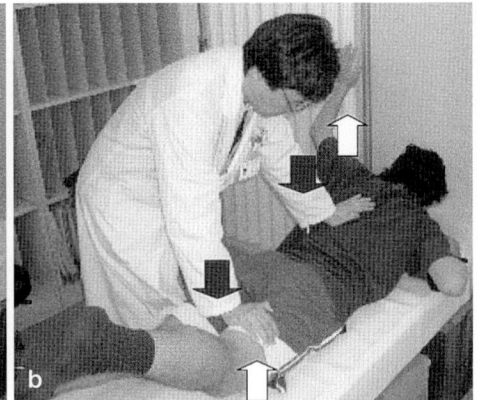

図14. 腹臥位の徒手抵抗下伸展
a：腹臥位で体幹の動きを使わずに下肢を挙上する動作に徒手抵抗をかけると鼠径部に痛みが生じる場合がある．
b：挙上する下肢と反対側の肩を挙上して反対側の背筋を同時に使い体幹の動きと連動させて下肢を挙上(cross motion)すると徒手抵抗を強くかけても痛みが生じなくなる．

よい(図15)．

4．立位で全身を使うスイング

　片脚立位で体の軸がぶれないように手で支持棒をつかんで体幹を保持した上で，体幹・股関節周囲の筋をバランスよく使って脚を大きく前方から後方に(図16)，外方から内方へスイングできるようにすること(図17) が非常に重要である．もしこのスイングを無理なく行えないようであれば，その原因(腰背部の拘縮，内転筋拘

図15. 四つん這いでの cross motion

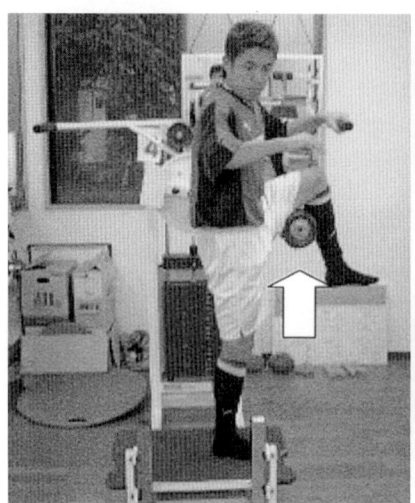

図16. 前方から後方へのスイング
後方へスイングする下肢と反対の上肢を下肢と同期させて後方へ動かし，背筋・殿筋を効果的に使うようにする。軽い負荷で前方に大きな可動域をとり，比較的速くスイングする。スイングする下肢と同側の手で支持棒をつかみ体幹の軸がぶれないように前屈みにならないようにしっかり保持する。

縮，外転筋力低下，伸展筋力低下，cross motion の動きの不全など)を検討して必要なリハビリを個々の状態に応じて一つひとつ積み重ねていく。痛みのために片脚立位をしっかり保持できない段階で，無理に片脚立位の訓練をさせても痛みの悪循環に陥り，逆効果になることが多いので注意が必要である。立位荷重側の痛みのために片脚立位が保持できない場合は，側臥位での外転筋力訓練や荷重しないですむ水中での訓練からリハビリを積み，内転筋の拘縮のためにスイングする可動域が十分とれない場合は内転筋の拘縮を除去する必要がある。また，腰背部の痛みや拘縮のために骨盤をダイナミックに動かせない場合は，腰背部の拘縮や痛みの除去を考える。そうしたリハビリの積み重ねの結果，自然に無理なく片脚立位で体の軸を保持して，脚を大きく前方から後方へ，外方から内方へスイングできるようになれば復

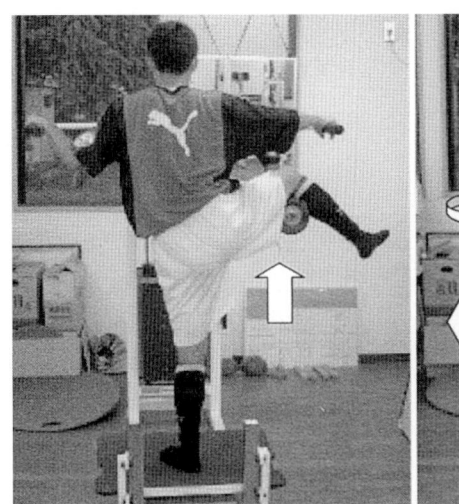

荷重側の足先をスイングする方向へ向けておく

図17. 外方から内方へのスイング
両上肢で支持棒をつかみ体幹を保持し，スイングする下肢を大きく外転してから骨盤を回旋しながら内方へ軽い負荷で比較的速くスイングする。下肢外転時に骨盤の下肢外転側が荷重支持側よりもしっかり高く上がってから骨盤を回旋しながら下肢を内方へスイングする。立位側の足先を下肢外転側と反対方向へ外旋して向けておき，スムーズに下肢を内方へ振り抜けるようにする。外転した下肢を単に内転するのではなく，骨盤の回旋とともに最終的に股関節を前方に屈曲する動作にしてスイングする。

帰への道が開ける。

立位での訓練，歩行，ランニング，キックにおいても同様だが，体幹の軸をぶらさずに体幹・骨盤のダイナミックな動きと連動させて効果的に下肢を動かすことが重要である。いずれの訓練も強い負荷は必要なく，軸を保持して痛みが伴わない軽い負荷で可動域を十分とって行う。

5．ランニング・キックを再開する基準

股関節の開排ストレッチングを最大可動域まで行ってもどこにも痛みが生じないレベルまで内転筋などの股関節の拘縮が改善していること。股関節の外転・伸展筋力が痛みなくMMT5以上まで発揮できること。この2つの条件が満たされてからランニングやキックを再開するのが理想である。可動期の制限と骨盤を保持する筋力に低下がある状態で走ったり，片脚立位で体を保持してキックすれば，体幹・骨盤を保持するために脚の付け根や鼠径周辺部に正常ではない負荷が加わり，再発する可能性があるからである。もし外転・伸展筋力が非常に強ければ，鼠径部に痛みがあり，内転筋や腰部の拘縮があってもプレーを続けることが可能だが，拘縮が改善しなければ悪化していく可能性が高い。

6．鎮痛薬の使用

練習や試合前の鎮痛薬の使用は，股関節周囲の筋力がMMT5以上に維持されてい

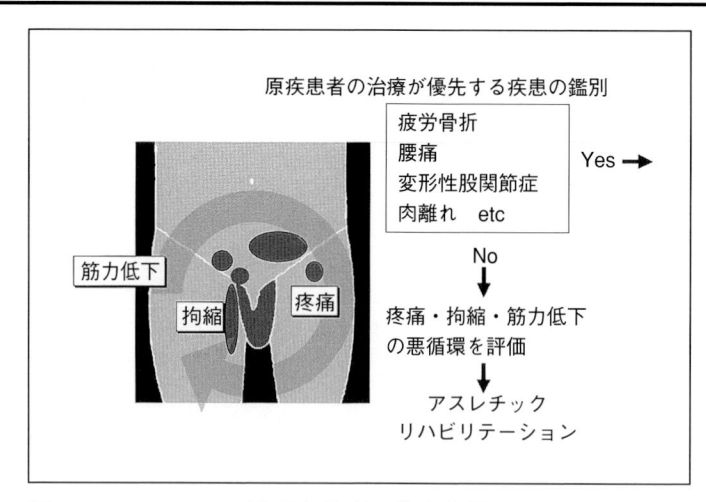

図18. Groin pain の診察と治療の基本方針

て，腰背部・内転筋の拘縮改善が得られていれば，使用しながらプレーを続けられる可能性がある。しかし，筋力と拘縮に問題があるまま鎮痛薬を使用してプレーを続ければ悪循環が増悪する可能性が高いので注意が必要である。

7．予防的見地から

本稿で述べたチェックやリハビリは，鼠径周辺部痛の予防としても重要である。メディカルチェックで問題点が発見されれば，鼠径部痛が発症する前に上記のような訓練をして骨盤をダイナミックに安定化させる訓練を行うことが勧められる。通常の練習に参加できている選手については練習後ではなく，練習前に訓練した方がよい（マッサージは練習後に行う）。特に休み明けに発症したり，症状が悪化する例が多いので，休み明けにはサッカーをする前に意識して訓練する必要がある。また，本稿に述べたようなアスレチックリハビリテーションをいったん習得した選手は，症状が再発した場合も症状の悪化を最小限に抑え，より早期に症状を改善させて復帰できるであろう。

V．今後の課題

現在，筆者が考えている診断と治療の基本的な考え方（図18）[21)〜23)]を述べたが，本疾患の診断や治療にはまだ不明な点が数多く残されており，いまでも早期復帰できない選手は少なくない。保存療法における具体的なアスレチックリハビリテーションには，もっとさまざまな工夫や考え方があるはずなので，読者の方々の沢山の工夫や知恵によって，さらにこの疾患の診断・治療が発展することを期待している。

■深　謝

筆者が本稿をまとめるに至るまで多くの人に助けていただきました。

多くの病院で外科医師からの理解を得られなかった中でスポーツヘルニア手術に理解を示し

全面的に協力，執刀してくれた大和幸保氏，ブラジル，イタリアでのリハビリの状況を教えてくれた池田誠剛氏，山口英裕氏，ヘルニオグラフィーの技術を教えてくれた中嶋昭氏，荻内隆司氏，リハビリの実際を考えてくれた長瀬エリカ氏，野崎伸行氏，鼠径部の解剖をご指導，ご教示いただいた秋田恵一氏，佐藤達夫氏，症例の情報を記録管理してくれた森田浩章氏，大沢薫氏，筆者をサポートしてくれた同僚の先生達，そして，自らの治療体験を通して診断・治療方法に多くの示唆を与え続けてくれた沢山の選手達に心から深謝します。

(仁賀定雄)

参考文献

1) Klinefelter EW：Osteitis Pubis. With five case reports. B J Urol, 22：30-51, 1950.
2) 大畠 襄, 他：サッカー選手の Pubic Symphysitis. 東日本スポーツ医会誌, 3：77-82, 1981.
3) Martens M, et al：Adductor tendinitis and musculus rectus abdominis tendopathy. Am J Sports Med, 15：353-356, 1987.
4) Akermark C, et al：Tenotomy of the adductor longus tendon in the treatment of chronic groin pain in athletes. Am J Sports Med, 20：640-643, 1992.
5) Cugat R, et al：Groin pain in soccer players. Instructional course lectures in ISAKOS congress, 1997.
6) Bradshaw C, et al：Obturator nerve entrapment. A cause of groin pain in athletes. Am J Sports Med, 25：402-407, 1991.
7) Hackney RG：The sports hernia：a cause of chronic groin pain. Br J Sports Med, 27：58-62, 1993.
8) Ekberg O, et al：Longstanding groin pain in athletes：A multidisciplinary approach. Sports Medicine, 6：56-61,1988.
9) Ekberg O, et al：Positive contrast herniography in adult patients with obscure groin pain. Surgery, 89 (5)：532-536, 1981.
10) Smedberg SG, et al：Herniography in athletes with groin pain. Am J Surg, 149：378-382, 1985.
11) Malycha P, et al：Inguinal surgery in athletes with chronic groin pain：The 'Sportsman's hernia'. Aust NZ Surg, 62：123-125, 1992.
12) Smodlaka VN：Groin pain in soccer players. Phys Sportsmed, 8：57-61, 1980.
13) Wiley JJ：Traumatic Osteitis Pubis：The gracilis syndrome. Am J Sports Med, 11：360-363, 1983.
14) Mazes M, et al：Iliopsoas injury in soccer players. Br J Sports Med, 19：168-170,1985.
15) Taylor DC, et al：Abdominal musculature abnormalities as a cause of groin pain in athletes. Am J Sports Med, 19：239-242,1991.
16) Meyers WC, et al：Management of severe lower abdominal or inguinal pain in high-performance athletes. Am J Sports Med, 28：2-8, 2000.
17) Noakes TD, et al：Pelvic stress fractures in long distance runners. Am J Sports Med, 13：120-123, 1985.
18) 仁賀定雄, 他：「スポーツヘルニア」の診断と手術的治療．臨床スポーツ医学, 13 (6)：699-707, 1996.
19) 仁賀定雄,他：スポーツヘルニア．最新スポーツ障害・外傷診療マニュアル(室田景久, 矢部裕, 青木治人編)．M B Orthop, 9 (10)：43-52, 1996.
20) Akita K, et al：Anatomic basis of chronic groin pain with special reference to sports hernia. Surg Radial Anat, 21：1-5, 1999.
21) 野崎信行, 他：スポーツ選手の鼠径部痛に対するリハビリテーション．整形・災害外科, 41：1261-1267, 1998.
22) 仁賀定雄：Groin Pain Syndrome (鼠径周辺部痛症候群)．新版スポーツ障害の理学診断・理学療法ガイド．文光堂, pp. 197-212, 2003.
23) 仁賀定雄, 他：鼠径部痛症候群の病態と治療．整形・災害外科, 48：585-596, 2005.

Chapter 9-5
サッカーに多い外傷・障害の管理
―肉離れ

　一般的に「肉離れ」というと比較的軽い筋損傷と思われている感がある。しかし，意外と復帰までに時間がかかることがある。これは，「肉離れ」の病態を正しく評価しないで，闇雲に復帰までの期間を決めて失敗することがあるためである。ここでは，筋損傷の程度を考慮しながらサッカー選手に生じやすい筋損傷と，それらの治療と現場復帰までのリハビリテーションについて述べる。また，サッカーで生じやすい筋損傷で，もう一つ重要なものは「筋挫傷」である。これは，相手選手との接触時に相手の膝が大腿部にぶつかって生じるものである(図1)。筋損傷であるが，これは急性の損傷であり，肉離れは「自家筋力」での損傷であり，「疲労性」の要素が含まれる(表1)。このことは，リハビリテーションの過程で対処の仕方に違いが出てくるので注意を要する。また筋挫傷の場合，無理やりリハビリテーションを行っていくと，「骨化性筋炎」に移行することがあるので注意を要する。

　表2は，年代別にみた傷害の発生頻度である。当然のことだが，12歳以下の年代では肉離れはほとんど発生しない。肉離れは，成長期を過ぎてからその発生頻度が高くなってくる。練習の量が増加し，その質も高くなってきて，筋腱にかかる負担も増加してくる。そしてそこに疲労が加わり，ダッシュなどの急激な動きでいわゆる肉離れが発生してくる(図2)。従って，この疾患の予防のためには増加する練習の量と高くなる質に耐え得るだけの基礎体力が要求される。また，疲労をためない

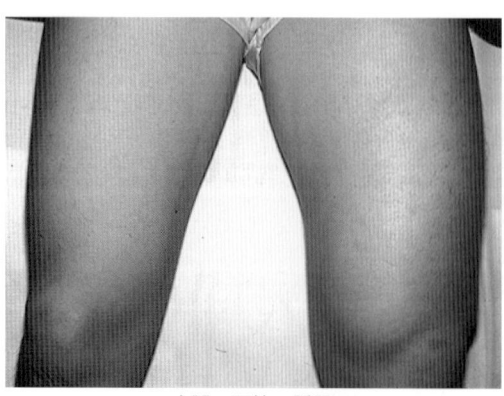

　　大腿四頭筋の腫脹 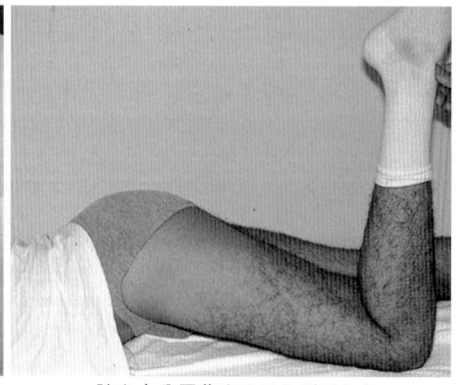　　　　　　　　　　膝を十分屈曲することができない

図1. 大腿四頭筋の挫傷の症状

表1. 成因からみた筋挫傷と肉離れ（筋断裂）の比較

	受傷機転	原因	後遺症
筋挫傷	外力によるもの	急性の外傷	骨化性筋炎
肉離れ（筋断裂）	自家筋力によるもの	疲労性	再断裂

表2. 各年代と傷害の発生頻度(％)

	15歳以下	18歳以下	19歳以上
手部・手関節外傷	10.8	12.1	7.1
大腿部筋挫傷・筋断裂	0	8.1	19
腰痛・腰部傷害	7.2	14.1	9.3
オスグット-シュラッター氏病	20.5	0	0
足部・足関節外傷	36.1	34.3	40.5

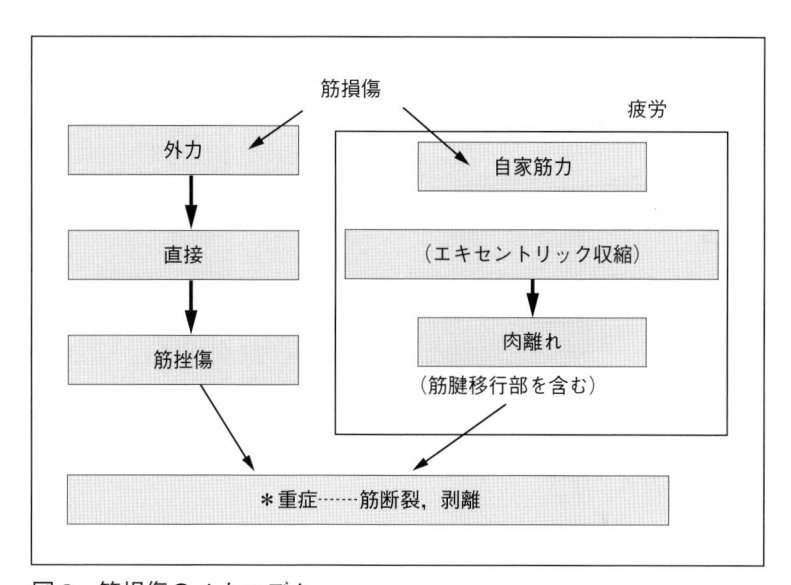

図2. 筋損傷のメカニズム

ことも必要となる。年間を通した一貫性のある指導が必要である。
「肉離れ」は，その程度に応じて，
　軽症：筋断裂はないが筋肉が伸ばされた状態(筋間の血腫のみ)
　中症：部分筋断裂(連続型)
　重症：完全筋断裂(非連続型)
に分けられる[1)2)]。

　一般的には筋腱などの軟部組織の修復には少なくとも1〜3週間かかる。重症の場合，断裂した筋が修復されて連続性ができあがるのに最低でも3週間かかることになる。そこから運動に耐え得るだけの筋に戻っていくのに，少なくとも3週間かかる。従って，重症の筋損傷の場合，復帰までに最低でも6週間かかることになる。

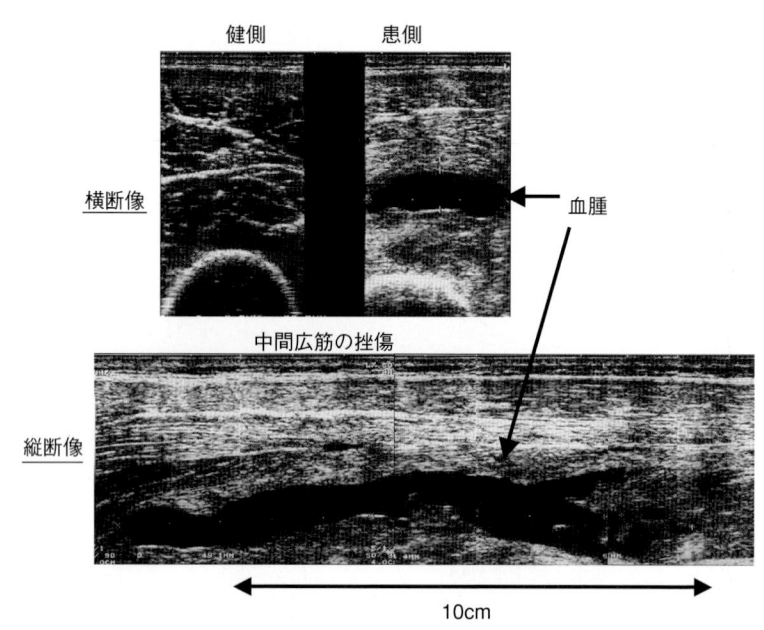

図3. 筋挫傷の超音波画像

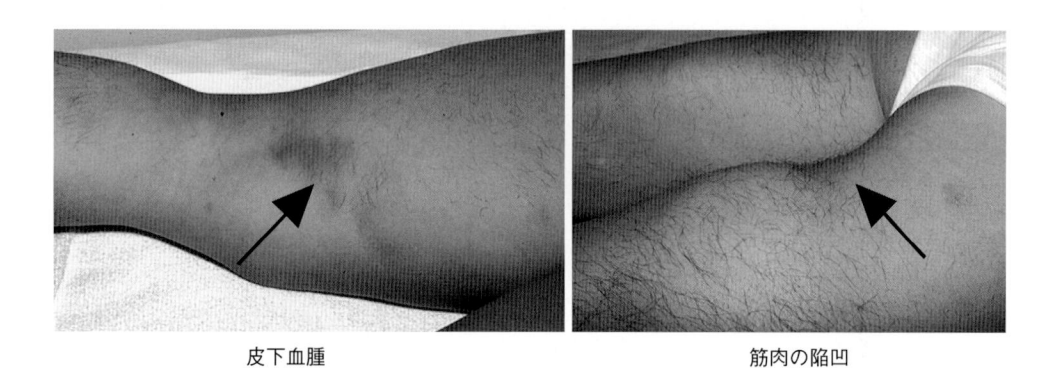

図4. 肉離れの症状

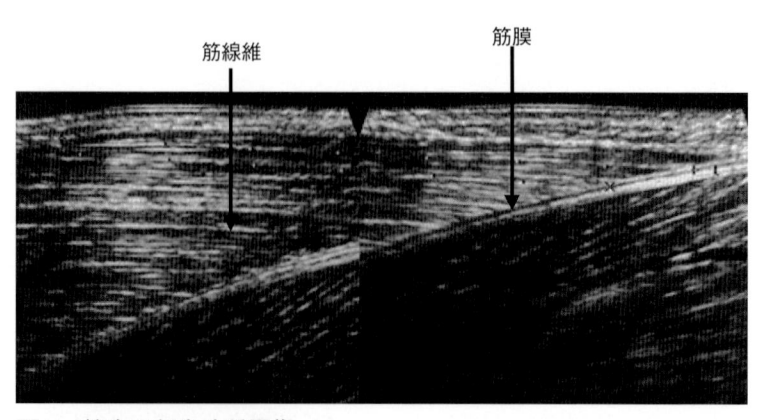

図5. 筋肉の超音波断層像

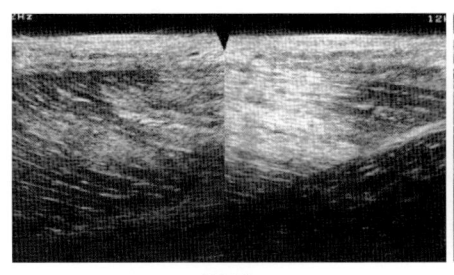

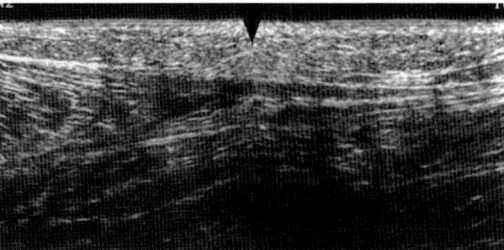

| 筋挫傷 | 肉離れ |

図6．肉離れの超音波画像

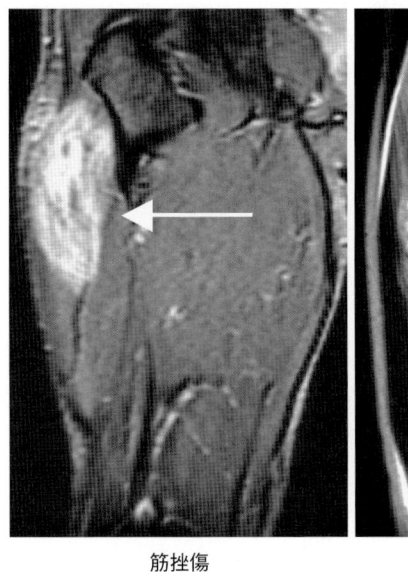

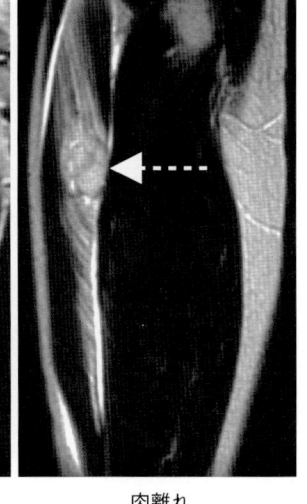

| 筋挫傷 | 肉離れ |

図7．筋損傷のMRI

筋損傷の治療と現場復帰を考える場合，このことを十分理解して現場復帰の時期を決める必要がある．

　従って，肉離れ後の現場復帰までの目安は，肉離れの重傷度の正確な診断をつけることが必要となる．身体所見（図1，4），超音波（図3，5，6）やMRI（図7）などによる画像診断を行い，選手にも筋損傷の程度を十分理解させ，症度に応じた治療期間の必要性を教育することが大切である．

I．初期治療

　RICE処置を行う．筋肉全体を冷やすのではなく，一番圧痛が強い部分を冷やすことが重要である．正常の筋肉を冷やさないようにすること．安静にする肢位は，特に決まったものはない．一番痛くない位置で安静に保つことが大切である．安静期間は軽症の場合1日，中症の場合2，3日，重症の場合は1週間程度が目安（図8）となる．疼痛が消失したら移動可となるが，患肢の荷重は痛みに応じて荷重を許可

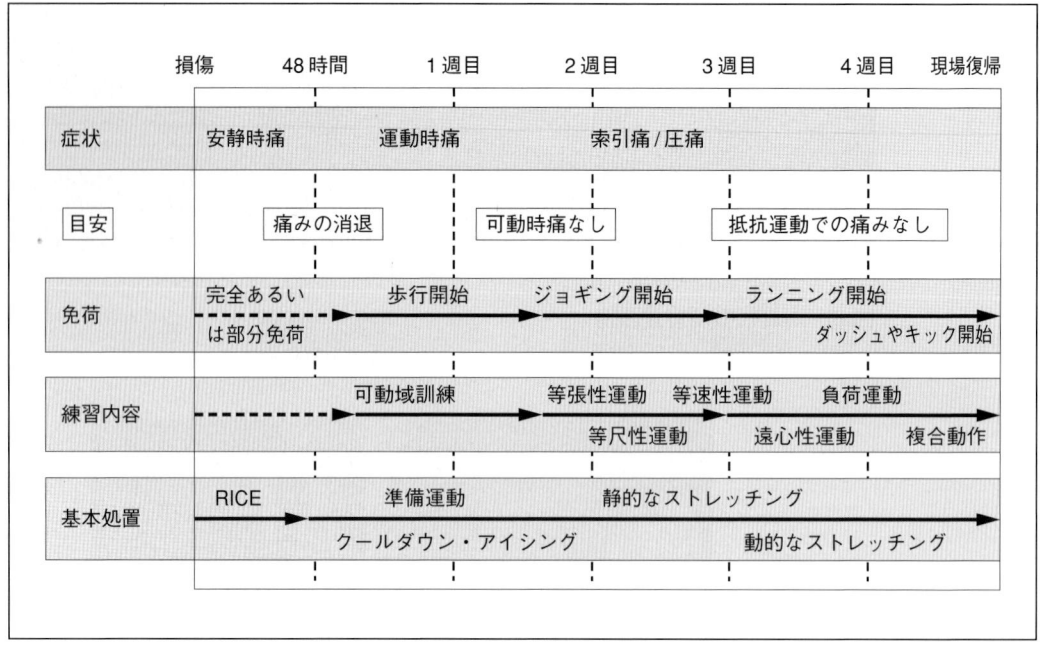

	損傷	48時間	1週目	2週目	3週目	4週目	現場復帰
症状	安静時痛		運動時痛		索引痛/圧痛		
目安		痛みの消退		可動時痛なし		抵抗運動での痛みなし	
免荷	完全あるいは部分免荷		歩行開始	ジョギング開始		ランニング開始 ダッシュやキック開始	
練習内容			可動域訓練	等張性運動 等尺性運動	等速性運動 遠心性運動	負荷運動 複合動作	
基本処置	RICE	準備運動 クールダウン・アイシング		静的なストレッチング 動的なストレッチング			

図8. ハムストリングの肉離れのリハビリテーション

していく。軽症の場合は2, 3日で完全荷重可能となるが，中症の場合は1週間程度，重症の場合は3週間程度かかるので無理をさせないことが重要である(図8)。

受傷後早期から行う運動としては，等張性(isotonic)の筋力トレーニングである。損傷した筋肉周囲の筋肉を適度に使うことからはじめる。負荷はかけずにOKC(open kinetic chain)で行う。筋損傷周辺の可動域訓練は，痛みが増強しない程度に行う。通常，歩行が可能となり，可動域も正常になってきたら，歩行速度を早めていく。ランニングは，軽いジョッギングから始めるが，そのスピードは徐々に上げていく。止まる時もゆっくりスピードを下げていくことが重要である。1日単位でスピードの上げ方を早めていき，1〜3週間くらいでダッシュができるようにする。調子がよいからといって，この期間を早めてはいけない(図8)。

II. 各 論

1. 大腿四頭筋(図9)

インステップキック動作の繰り返しや，ボールと間違えて地球を蹴った時に起こることが多い。断裂の程度に応じて治療とリハビリテーションを行うが，大腿四頭筋の直筋が主な受傷筋である。他の筋(中間広筋・内側広筋・外側広筋)に囲まれているためか再発は少ない。

2. ハムストリング

内側ハムストリング：半膜様筋・半腱様筋(図10)
外側ハムストリング：大腿二頭筋(図11)

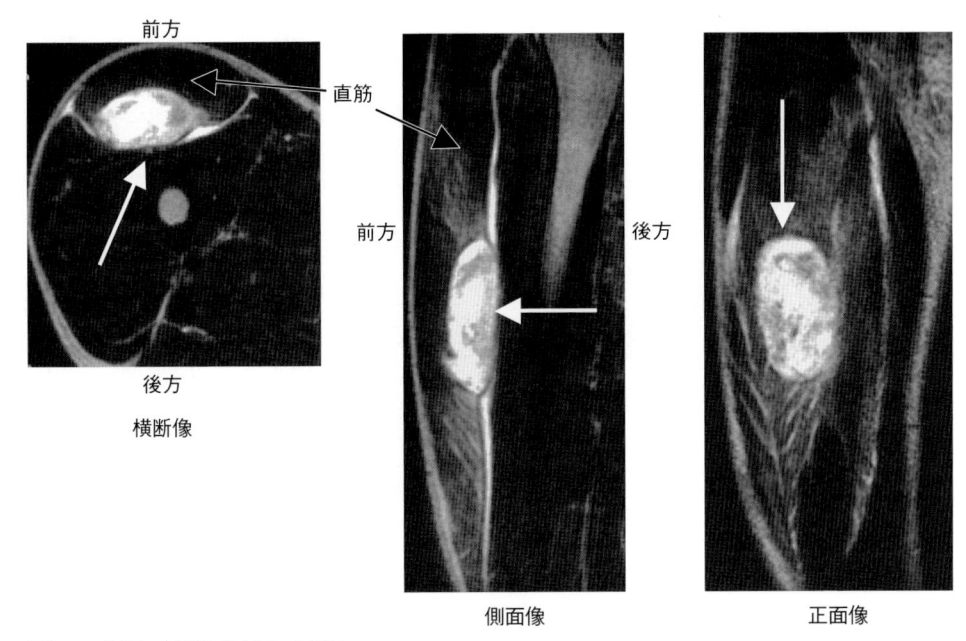

図9. 大腿四頭筋直筋の肉離れ
18歳男性，サッカー中キックした時に大腿部前方に強い痛みが出現した。受傷後5日目のMRI（T2強調画像）である。大腿四頭筋（黒矢印）に血腫（白矢印）を認める。

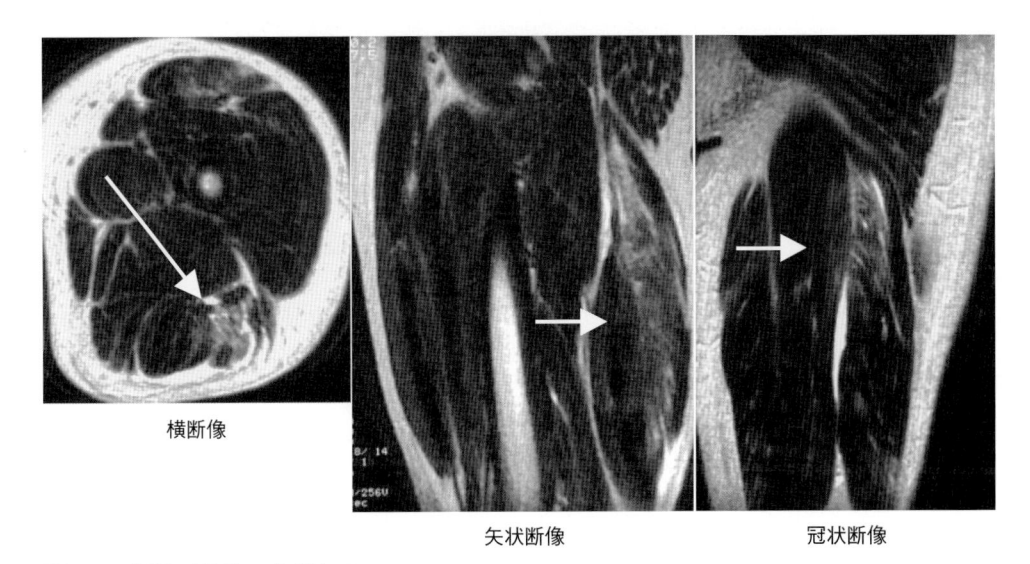

図10. 大腿二頭筋の肉離れのMRI

　上記のように内側と外側に分かれているが，どのような受傷機転で内側または外側が損傷するかははっきりしていない。比較的内側のハムストリングが，損傷することが多いようである。治療やリハビリテーションに差はないが，基礎的には筋の慢性の疲労が存在していることが多い。正常歩行が可能になったらジョギングではなく，速歩きからはじめ，受傷した筋にエキセントリックな力が加わらないようにする（例えば，サイドステップ）。

　内転筋群（図12）：内転筋の肉離れもサッカー選手において，頻発する肉離れの一

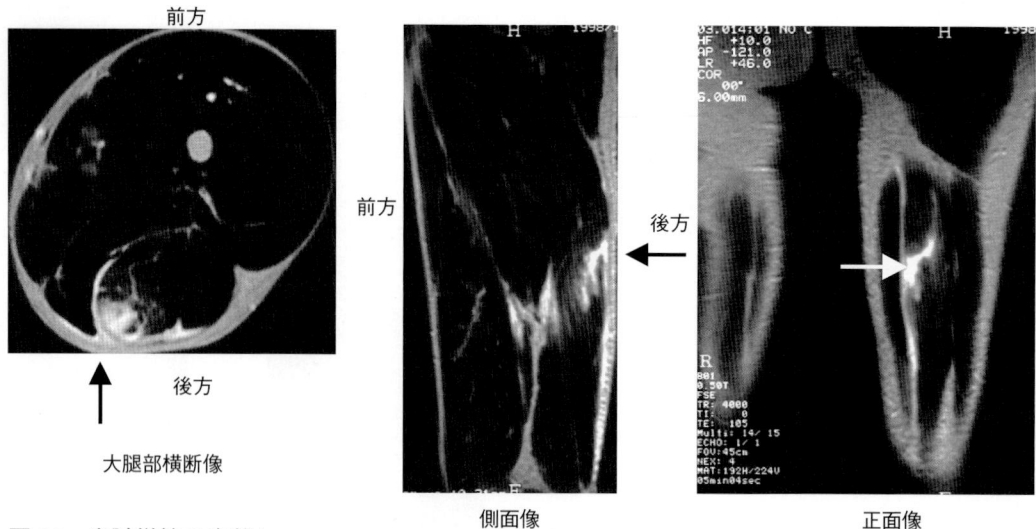

図11. 半腱様筋の肉離れ
21歳サッカー選手，サッカー中走っている時に左側大腿部後面に痛みが出現した．受傷後3日目のMRI（T2強調画像）である．矢印の部分に血腫が認められる．

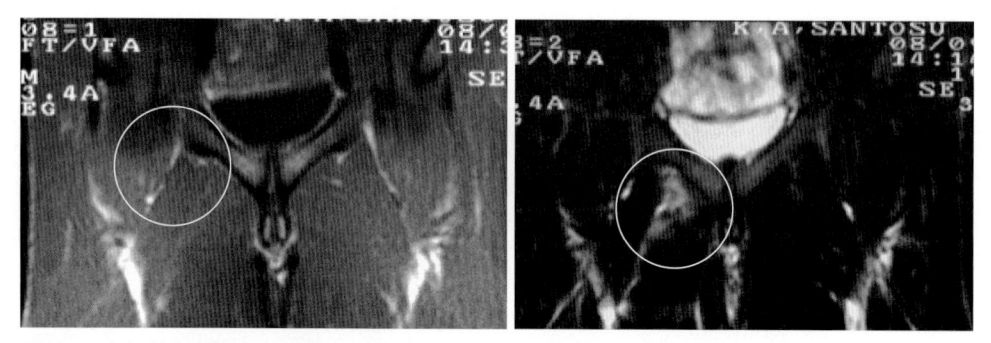

図12. 内転筋起始部の肉離れのMRI
内転筋の起始部の肉離れのMRIである．左側はT1強調画像で筋肉は灰色で内転筋と他の筋と容易に区別が付く．右側はT2強調画像で筋肉は黒く描写されるが，丸で囲まれた部分で白く（左側：T1強調画像と比べ）なっています．炎症を表している．復帰までに3ヵ月要した．

つである．筋腹の肉離れは，その程度に応じて治療・リハビリテーションを行っていくことで現場復帰できる．しかし，起始部や，起始部に近い筋腱移行部の損傷（図12）は，復帰までのリハビリテーションを長めに考えた方が安全だと考える．というのは，修復期間の差と元の動作環境に慣れるのに，筋腹の損傷より時間がかかるからである．また，再発も多いので復帰後も筋腱の日頃のケア（練習前の十分なウォーミングアップとストレッチング，練習後のアイシングとストレッチング，就寝中患部が冷えないようにすること，例えば抗炎症作用のある湿布の貼付）が重要である．

　腓腹筋：この部位の肉離れは，内側の筋腱移行部に多く生じる（いわゆるテニスレッグ）．筋腱移行部であるが，外側の筋腱移行部は正常なので損傷の程度に応じた治療とリハビリテーションで現場復帰が可能で，再発も少ない．

筋腱損傷の予防と治療にはその危険因子として，
　① 筋力の低下と拮抗筋のアンバランス
　② 筋肉の疲労と耐久性の低下
　③ 準備運動不足

が挙げられる．このような危険因子をなくし，毎日のケアをしっかり行い，起きた場合は，組織の修復状態や能力を考慮に入れたリハビリテーションが重要となってくる．

〔宮川俊平・奥脇　透〕

参考文献
1) 奥脇　透：大腿部(肉離れ)．臨床スポーツ医学，17（臨時増刊号）：257-267，2000．
2) 奥脇　透，小倉　雅，林浩一郎：肉離れにおける超音波検査の有用性について．整スポ会誌，17(1)：51-58，1997．

Chapter 9-6
サッカーに多い外傷・障害の管理
―膝関節

　膝関節のスポーツ外傷は非常に多彩な病態を呈するのが特徴である。特に靱帯損傷の場合は膝関節の不安定性を呈し，スポーツ活動に支障をきたして，そのまま無理をしてスポーツを続行すれば将来的に変形性関節症へと進展する。そのため，受傷時における正確な診断と治療方針の決定が極めて重要である。

I．受傷から診断まで

　受傷直後はまず安静にして患者の不安を取り除き，後述するRICE療法を速やかに施行することが必須である。
　関節脱臼における膝窩動脈や腓骨神経など，重大な血管・神経損傷を疑われる場合は直ちに専門医へ転送する。一方，緊急性のない場合においては，その後に病態把握がなされないまま漫然たる対症療法を行うことは，関節拘縮，二次的な半月損傷や関節軟骨損傷が発生する可能性が高く，絶対に避けるべきである（図1）。膝関節傷害において最も重要なことは，まず第一に受傷後できるだけ早く正確な診断を

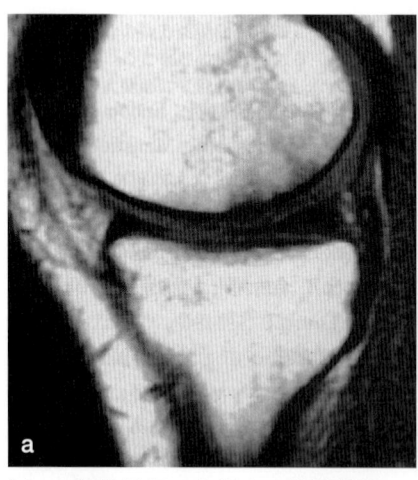

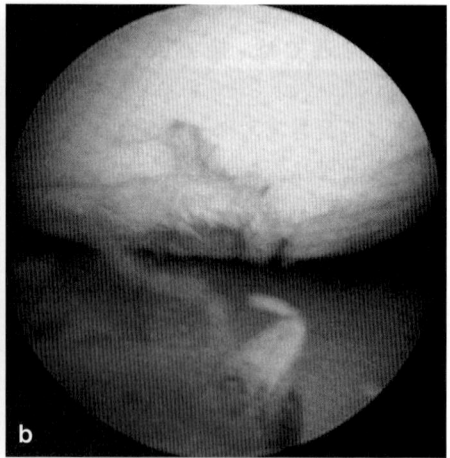

図1．靱帯損傷に合併する軟骨損傷
　a：MRI像。大腿骨内側顆に低輝度像を認める。
　b：関節鏡。同部位に関節軟骨の変性（erosion）を認める。

表1. 膝新鮮損傷の診断法

診断項目	所　見
受傷機転	前十字靱帯損傷：外力により膝外反外旋強制（接触型），ジャンプの着地，急停止（非接触型） 後十字靱帯損傷：ダッシュボード損傷 内側側副靱帯損傷：外反損傷 外側側副靱帯損傷：内反損傷 半月損傷：大腿脛骨関節における固定圧迫力の発生，前十字靱帯損傷との合併 膝蓋骨（亜）脱臼：膝外反外旋位での着地，急停止 骨軟骨骨折：特徴的な受傷機転なし
臨床症状	疼痛，膝崩れ，脱力感，不安定感，引っ掛かり感，嵌頓症状，破裂音，関節内血腫
理学所見	圧痛部位，関節可動域制限 徒手不安定性テスト，疼痛誘発テスト 前十字靱帯：Lachman test, N-test, pivot shift test, 90°屈曲位前方引き出しテスト 後十字靱帯：posterior sagging sign 後外側構成体：下腿外旋テスト 内・外側側副靱帯：外・内反ストレステスト 半月損傷：膝過伸展テスト，McMurray test 膝蓋骨（亜）脱臼：apprehension sign（Fairbank sign）
単純X線	骨折の有無（骨軟骨骨折，靱帯付着部剥離骨折，脛骨高原骨折） ストレス撮影
MRI検査	靱帯，半月損傷の診断，軟骨損傷の評価，軟骨下骨骨折の診断，離断性骨軟骨炎の診断

確定することである（表1）。

1．問　診

　問診のポイントは，① 受傷時のスポーツ動作の種類，② 受傷機転（着地，急停止，方向転換，タックルなど），③ 疼痛，不快感の発生部位や誘発状況，④ 破裂音（pop）の有無，⑤ 膝崩れ（giving way）の有無，⑥ 受傷直後の関節腫脹の有無などである。
　前十字靱帯損傷は，スポーツにおいて非常によく認められる傷害で，膝への直接外力により膝の外反や下腿外旋が強制される場合（接触型）と，ジャンプの着地や急激なストップ動作などで大腿四頭筋が急激に収縮し，強い前方引き出し力が脛骨に加わって損傷する場合（非接触型）の2通りの受傷機転がある。いずれの場合も膝軽度屈曲位で受傷する場合が典型的であるが，頻度的には非接触型の方が多い[1]。後十字靱帯損傷は，膝屈曲位で脛骨前面を打撲した場合に発生することが多い（図2）。

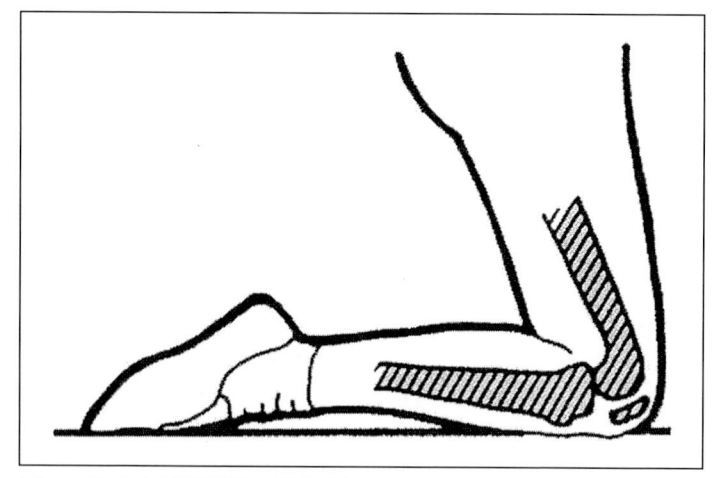

図2. 後十字靱帯損傷の受傷機転
脛骨近位前面を打撲して受傷する場合が多い。

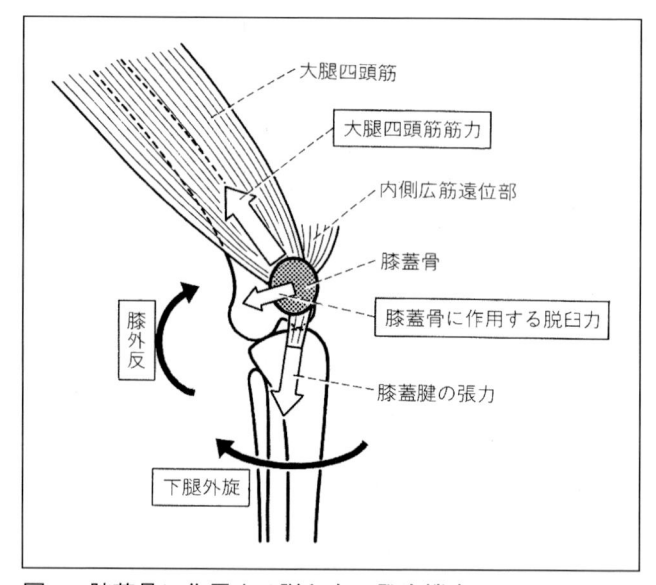

図3. 膝蓋骨に作用する脱臼力の発生機序
膝蓋骨が外反, 外旋された肢位で着地や急停止の動作により大腿四頭筋が収縮すると, 膝蓋腱付着部は大腿骨に対して通常より外側に変位するため, その分力として膝蓋骨に外側への脱臼力が作用する。

　内・外側側副靱帯損傷は, 膝に直接外力が加わることにより, それぞれ外反力, 内反力が加わり受傷することが多い。
　半月損傷は, 荷重位で膝を捻った際に大腿脛骨関節に生じる過大な回旋・圧迫力が誘因となって発生し, よく前十字靱帯損傷に合併する。膝蓋骨(亜)脱臼は, 着地や急停止の際, 膝関節外反・下腿外旋肢位で大腿四頭筋の急激な収縮力が膝蓋骨に加わり発生することが多く, 受傷機転が前十字靱帯損傷の場合と類似しているので注意が必要である(図3)。また, 骨軟骨骨折は上述のいずれの状況においても発生

する可能性があり，鑑別疾患として常に念頭におくべきである．

　靭帯損傷の臨床症状は，一般に受傷後早期では不安定感よりも疼痛や関節可動域制限が主となる．半月損傷の場合には運動時痛のほか，引っ掛かり感を訴えたり，嵌頓症状（locking）を呈することもある．膝蓋骨（亜）脱臼においても，靭帯損傷と同様に疼痛や可動域制限が生じるが，運動時に膝蓋骨の強い不安定感を訴えることが多い．骨軟骨骨折や離断性骨軟骨炎では運動時の疼痛に加えてlockingを，またタナ障害では引っ掛かり感を伴う疼痛を呈することがあり，ともに半月症状との鑑別に注意を要する．いずれの場合も，症状の部位や症状が増強される動作などに関する問診を詳細に行うことが大切である．

　また，患者による受傷時の"pop"の聴取は重要で，破裂音を感じた場合の90％に前十字靭帯損傷を認めたという報告もある．さらに，giving wayの有無も重要で，これが存在する場合は，靭帯損傷による不安定症，半月損傷，あるいは膝蓋骨（亜）脱臼などを念頭におくべきである．さらに，外傷後急速に関節腫脹が生じた場合は関節血症の存在を疑い，その有無を穿刺にて確認する．関節血症の存在はなんらかの関節内構成体の損傷を意味し，前・後十字靭帯損傷，高度の側副靭帯損傷，膝蓋骨（亜）脱臼や骨軟骨骨折を疑う．一般的に関節血症の60〜70％に前十字靭帯損傷を認めるといわれている．また，骨軟骨骨折の典型例では関節血症とともに脂肪滴の混入を認めることが多い．

2．理学所見

　詳細な問診により診断の大まかなアウトラインを立てた上で，理学所見のチェックを行う．ポイントは，①圧痛の位置，②可動域制限の有無，③不安定性の判定，④特徴的な痛みの誘発などである．

　圧痛の位置は損傷部位を診断する上で非常に重要である．内・外側側副靭帯損傷では，それぞれの靭帯に沿った圧痛がある．半月損傷では損傷部位に一致した関節裂隙に圧痛をみることが多く，タナ障害では膝蓋骨内側部の索状部の圧痛，また膝蓋骨（亜）脱臼においては膝内側の圧痛が特徴的である．

　関節可動域制限は，疼痛を認めるほとんどの傷害で発生するが，損傷した半月や靭帯，または関節内遊離体のlockingによっても生じる．

　靭帯損傷の診断にあたり，関節の不安定性を徒手的に調べることは非常に重要であるが，反対側の正常膝と比較することがポイントである．前十字靭帯損傷の診断には，①Lachman test，②Nテスト，③膝90°での前方引き出しテストが通常行われる（図4）．徒手的なストレスによる検査は定量的とはいえず，器具により定量的なストレスを加える検査法が望ましい（図5）[2]．

　後十字靭帯損傷の診断には，両膝を90°屈曲位にして脛骨粗面の位置を横から観察するsagging sign（図6）や後方押し込みテストが有用である[3]．膝軽度屈曲位での脛骨の後方亜脱臼を認める場合には後外側構成体損傷の合併を疑う．後外側構成体損傷の診断には，両膝30°屈曲位にて両下腿を同時に外旋させ外旋度の左右差をみるテスト（dial test）が用いられる[4]．内・外側側副靭帯損傷の診断には，膝伸展位と30°屈曲位にて各々外反・内反ストレスをかける．関節不安定性とともに靭帯部分

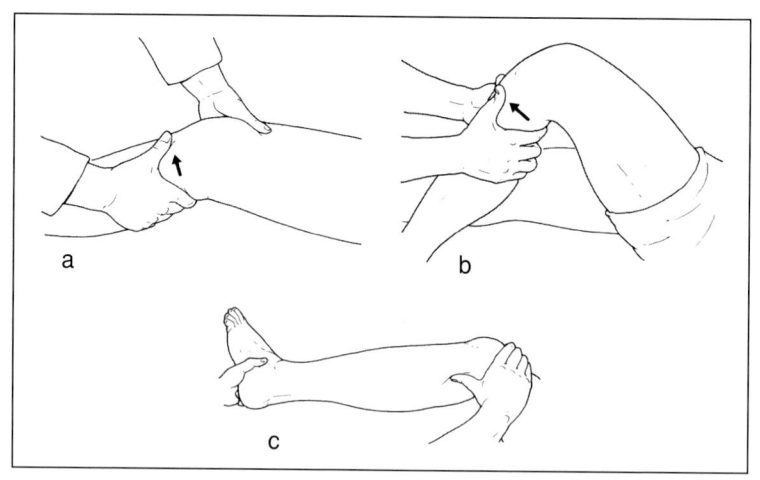

図4. 前十字靱帯損傷の徒手テスト
a：Lachman test
b：前方引き出しテスト
c：N test

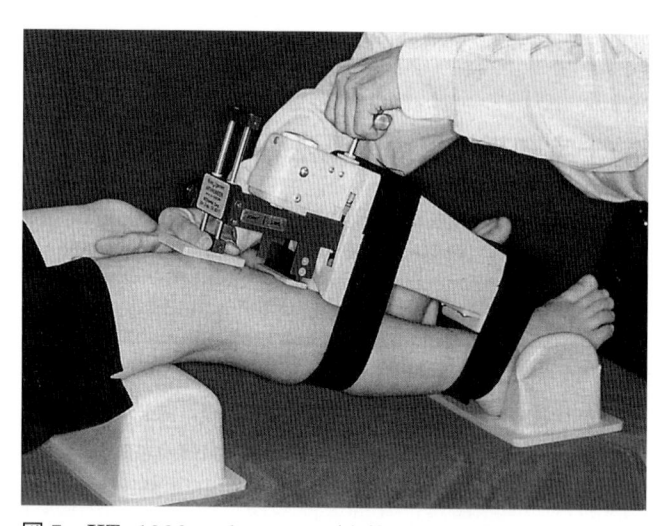

図5. KT-1000 arthrometer（文献2.より抜粋）

での疼痛の増強がみられる。

半月損傷の診断法としては，損傷半月の存在部位における圧痛の有無と膝過伸展テスト，McMurray test が一般的である。

膝蓋骨（亜）脱臼の診断では，apprehension sign をチェックする。これは，膝関節を30°屈曲させ，膝蓋骨を外側へ徒手的に移動させると患者が恐怖感を訴えるテストである[5]。

骨軟骨骨折，離断性骨軟骨炎では，特異的徒手検査法はなく，最終的な診断は画像診断による場合がほとんどである。診察所見が，靱帯，半月損傷，膝蓋骨（亜）脱臼の存在を示唆している場合でも，それらに合併した骨軟骨骨折の存在を常に念頭

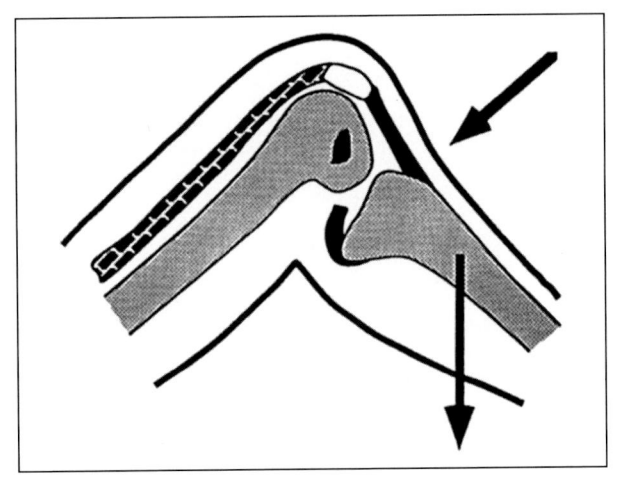

図 6. Sagging sign
膝を 90°屈曲すると，下腿の重みで脛骨が後方に落ち込む。

におくことが重要である。

3．画像診断

　以上，病歴の聴取，理学所見のチェックを終えた後に画像診断へと移る。

　膝関節損傷の画像診断には，単純 X 線撮影，X 線ストレス撮影，関節造影，MRI 検査，CT 検査などが用いられる。

　単純 X 線撮影では，骨折の有無，特に靱帯付着部の裂離骨折，脛骨平原骨折などに注意する。外側関節包の脛骨付着部裂離骨折（Segond 骨折）は，前十字靱帯損傷に伴い脛骨が前外側亜脱臼することにより発生するといわれており，この骨折を認めた場合は前十字靱帯損傷が示唆される。また，単純 X 線では判別しにくい脛骨平原陥没骨折などは，断層撮影が有用であることも多い。

　X 線ストレス撮影は，膝関節にストレスを加えながら X 線撮影を行い不安定性を計測する方法である。MRI 検査に関しては，靱帯損傷新鮮例では連続性の途絶，肥厚，浮腫，出血などの所見が描出される。特に浮腫，出血の変化には T2 強調画像が有用であり高信号像としてみられる。陳旧化すれば靱帯は弛緩，消失した像としてとらえられることが多い（図 7）。MRI 検査は半月実質部の描出に優れているため，円板状半月の診断に極めて有効である。また，半月断裂部は T1，T2 強調画像にて高信号像として描出される（図 8，9，10）[6]。さらに MRI 検査は軟骨損傷，軟骨下骨損傷（bone bruise）の診断にも極めて有用である（図 11）[7)8]。

II．外傷の初期治療

　以上の行程により損傷膝の診断が可能となった時点で，初期治療に入る。
　新鮮損傷膝における応急処置としては，受傷早期の膝の疼痛，腫脹を軽減させる目的で RICE 療法を行う。RICE 療法とは rest（安静），icing（冷却），coompression（圧迫），elevation（挙上）することである。ギプス固定は，疼痛の強い初期に一時的に施

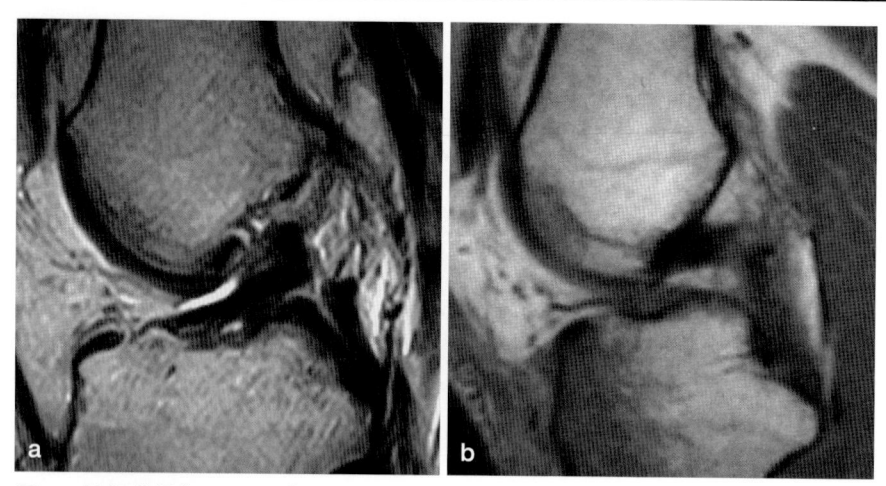

図7. 膝靱帯損傷のMRI像
 a：前十字靱帯損傷
 b：後十字靱帯損傷

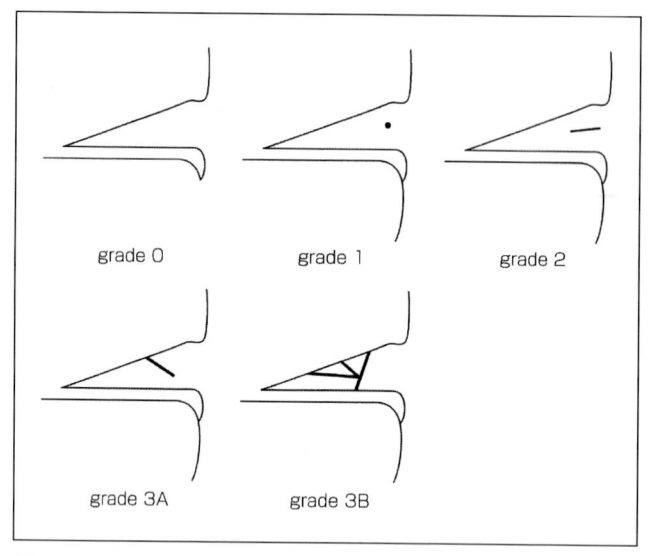

図8. 半月損傷のMRI grading

行するのはよいが，1週間以上の固定は関節軟骨の栄養，靱帯の修復，関節拘縮の面からみて問題点も多く，病態把握の障害ともなりうるため避けることが望ましい。

III．初期治療後の治療方針

上記の救急処置後の治療方針は損傷部位によって異なる。以下に各傷害における治療方針を概説する。

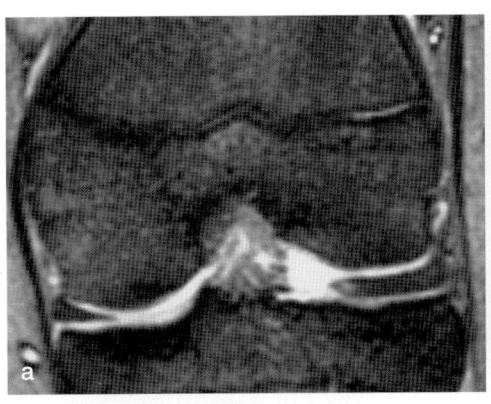

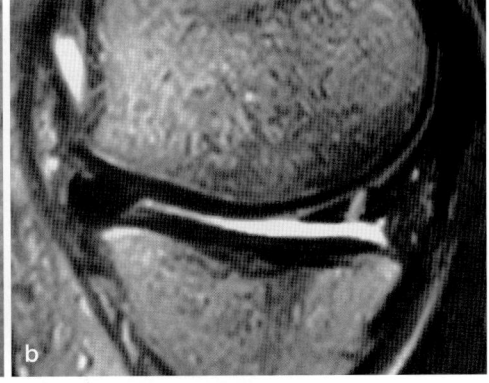

図 9. 半月損傷の MRI 像
a：外側円板状半月障害
b：内側半月後節の縦断裂

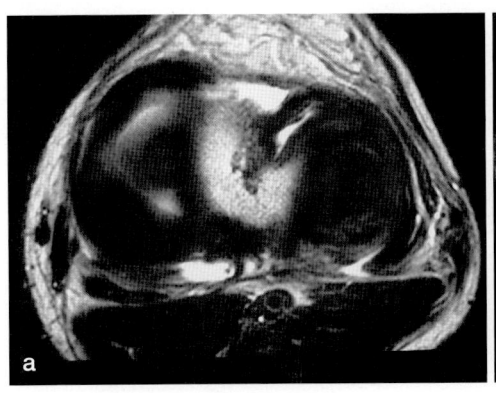

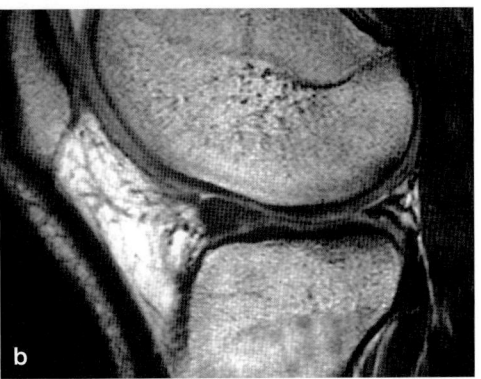

図 10. 内側半月損傷の MRI 像
a：水平断像で内側半月のバケツ柄断裂を認める。
b：矢状断像では後節が小さく前節に断裂部分が重なっている。

1．前十字靱帯損傷

　前十字靱帯損傷の経過は，損傷靱帯の治癒能力が低いこと，保存療法ではスポーツに復帰できる可能性が低いこと，放置すれば半月や軟骨の二次損傷を合併して変形性関節症へと進展すること，陳旧例では半月の温存がスポーツ復帰の鍵となること，近年靱帯再建術の成績が良好なことなどを考慮すれば，活動性の高いスポーツ選手では靱帯再建術が第一選択と考えられる(図12)。現在，再建材料としては，膝蓋靱帯，半腱様筋腱などの自家腱が主に用いられている。受傷後早期の手術は関節内癒着を生じ拘縮をきたす可能性が高いため，急性期の炎症が落ち着き関節可動域が十分に回復した後に再建術を実施するのが普通である(表2)[9]。また，前十字靱帯脛骨付着部裂離骨折の場合は観血的整復固定術の適応となる。

2．内側側副靱帯損傷

　内側側副靱帯損傷は原則として保存的に治療される。浅層繊維のみならず，関節

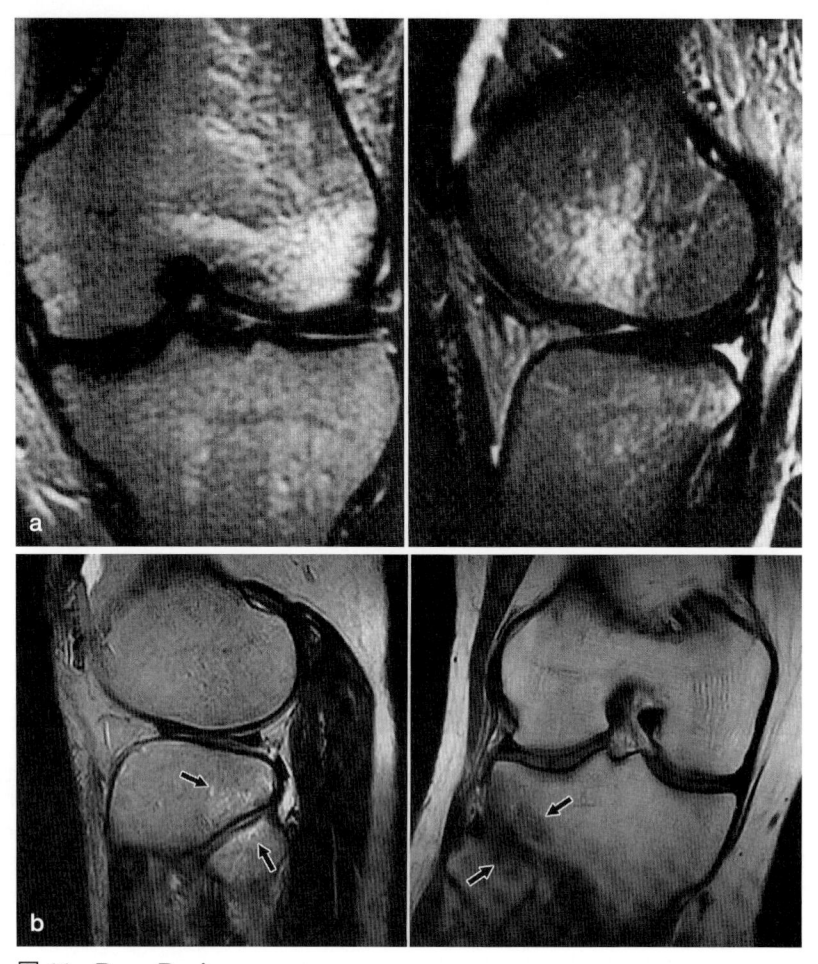

図 11. Bone Bruise
　a：前十字靱帯損傷に伴う Bone Bruise
　　　大腿骨外側顆荷重部前方や脛骨外側荷重部後方に発生することが多い。
　b：近位脛腓関節の Bone Bruise（文献 8. より抜粋）

包靱帯を含め内側支持機構の完全断裂をきたした場合（Grade Ⅲ）には，一次修復術を選択する考えもあるが，動物実験の報告では，内側側副靱帯を切離後修復しなくても，靱帯は治癒して関節の安定性や靱帯の力学的特性はほぼ正常になること，grade Ⅲ の症例でも約 8 割は保存的治療で良好な結果を得られることなどを考慮すると，一般的には保存療法が第一選択と考えられている。保存療法では，できるだけギプス固定は行わない方針で，外反ストレスから保護する膝装具を装着し早期から可動域訓練を開始する。荷重は疼痛がなければ早期から許可する。

3．後十字靱帯損傷

後十字靱帯単独損傷では，保存療法でも，日常生活およびスポーツ活動に支障をきたすことが少ないため，靱帯実質部の断裂であれば保存的治療が第一選択となっている。しかし，高度の不安定性を有する活動性の高い患者には再建術の適応があ

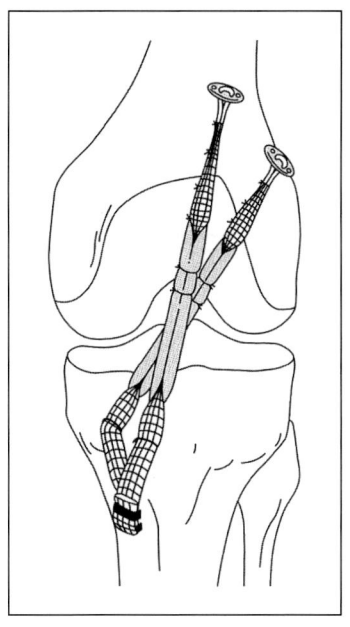

図 12. 前十字靱帯二重束再建法
(文献 9. より抜粋)

表 2. 前十字靱帯再建術後のリハビリプログラム (文献 9. より抜粋)

開始時期	開始する訓練内容
翌日	膝関節 20°装具固定, 部分荷重許可, 下肢伸展 (ROM) 訓練 (0～30°), 下肢同時収縮十下肢挙上訓練 股関節外転挙上訓練
15 日目	ROM 訓練 (0～90°), 全荷重歩行 (装具あり), 膝屈曲起立バランス (静止 Skating) 訓練, レッグカール
29 日目	ROM 訓練 (0～120°), 全荷重歩行 (装具なし),
7 週目	ROM 訓練 (全可動域), 自転車, カーフレイズ, 踏台昇降
9 週目	段階昇降, 速歩
13 週目	ハーフスクワット, 水泳 (バタ足)
17 週目	ジョギング
28 週目	ランニング, 縄跳び, ジャンプ, 敏捷性訓練, 等速性収縮訓練
10 カ月目	スポーツ復帰

る(表3)[10)11)]。また,脛骨付着部裂離骨折では,骨片は近位に変位して,陳旧例の場合は偽関節となり,通常は観血的整復固定術の適応となる。

4. 後外側構成体損傷

外側側副靱帯の単独損傷例は少ない。外側側副靱帯損傷の多くは,膝の後外側支持機構の損傷として,外側内反及び後外側不安定性(postero-lateral rotatory instability;PLRI)をもたらすが,この不安定性は前十字靱帯や後十字靱帯損傷の合併で増強する[12)]。

表3. 後十字靱帯再建術後のリハビリプログラム(文献11.より抜粋)

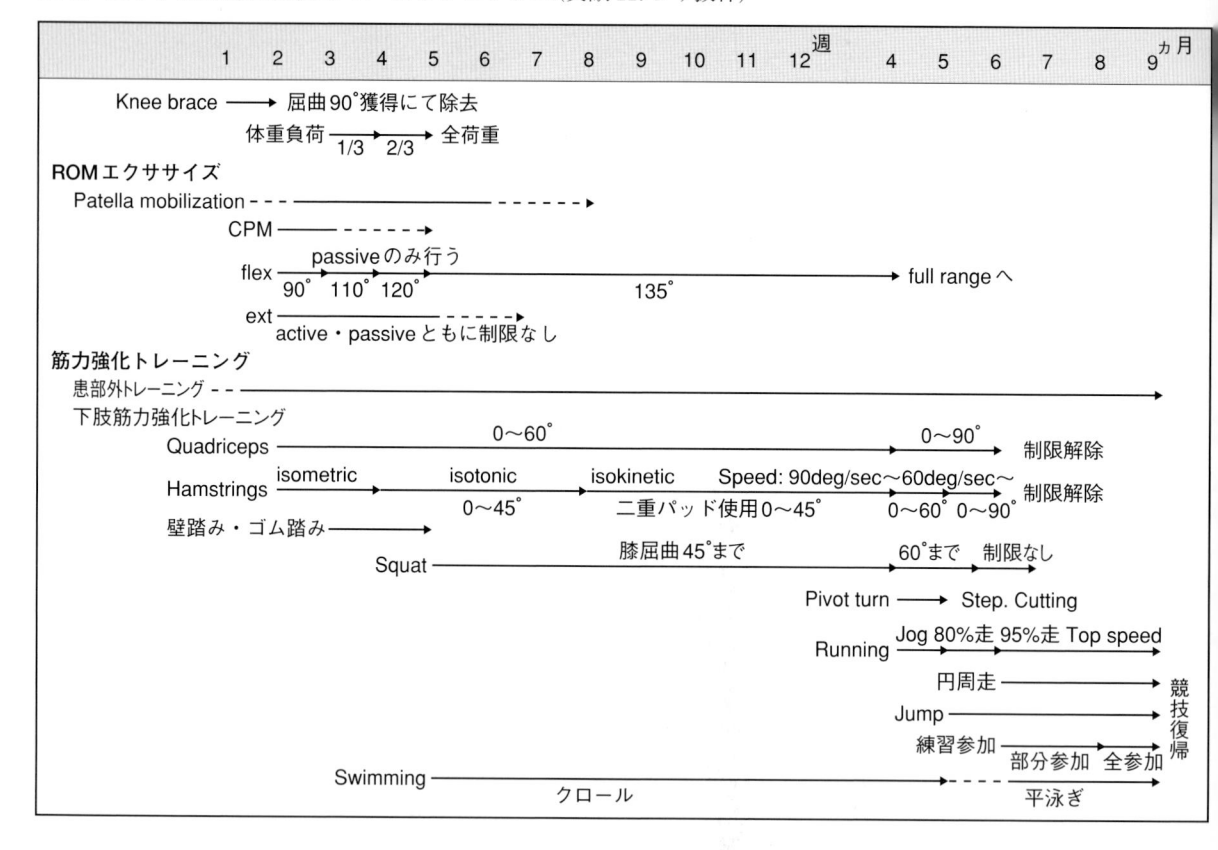

	週													カ月					
	1	2	3	4	5	6	7	8	9	10	11	12		4	5	6	7	8	9

Knee brace ──→ 屈曲90°獲得にて除去
体重負荷 1/3 → 2/3 → 全荷重

ROMエクササイズ
Patella mobilization - - - - - - - - - - - - - →
CPM ─── - - - - →
flex　passiveのみ行う
　　90° 110° 120°　　　　135°　　　　　　　　　full rangeへ
ext　active・passiveともに制限なし

筋力強化トレーニング
患部外トレーニング - - ──────────────────────────
下肢筋力強化トレーニング
　　　　　　　　　　0〜60°　　　　　　　　　0〜90°
Quadriceps ────────────　　　　　　　　──────→ 制限解除
Hamstrings isometric　isotonic　isokinetic　Speed: 90deg/sec〜60deg/sec〜　制限解除
　　　　　　　　　　0〜45°　二重パッド使用0〜45°　0〜60°　0〜90°
壁踏み・ゴム踏み ──→
　　　　　Squat　　　　　　膝屈曲45°まで　　60°まで　制限なし
　　　　　　　　　　　　　　　　Pivot turn ─→ Step. Cutting
　　　　　　　　　　　　　　　　Running　Jog 80%走 95%走 Top speed
　　　　　　　　　　　　　　　　円周走 ────→ 競
　　　　　　　　　　　　　　　　Jump　　　　　　　　技
　　　　　　　　　　　　　　　　練習参加　部分参加　全参加 復帰
Swimming ──────────────────────────
　　　　　　　クロール　　　　　　　　　平泳ぎ

外側側副靱帯単独損傷の保存療法は，内側側副靱帯損傷と同様に内反ストレスから保護する装具を装着し，早期から可動域訓練を開始する．荷重も疼痛がなければ早期より許可する．陳旧性の後外側支持機構損傷に前十字や後十字靱帯損傷を合併する複合靱帯損傷の治療法は，複数の靱帯に対する再建術が基本であるが，高位脛骨骨切り術などの手術が追加される場合も多い．

5．複合靱帯損傷

単独の内側側副靱帯損傷は放置してもよく治癒するのに対し，これに前十字靱帯損傷が加わるとその治癒は不良となる[13]．複合靱帯損傷例では，半月損傷や軟骨損傷を合併すること，また陳旧性になると強い関節不安定性が残存することが多く，治療に難渋することも多い．そのために複合靱帯損傷では可能な限り靱帯修復術や再建術を積極的に施行するのが望ましい[14]．

6．半月損傷

半月損傷では，受傷後しばらく保存的に経過を観察しても症状が残存する場合は，関節鏡視下に損傷部位を確認して切除または縫合術を行う．最近はできるだけ損傷半月を温存する傾向にある．MRI検査にて，変性が少なく損傷形態が単純で，血行豊富な部位の損傷であることが確認されれば，関節鏡視下に半月縫合術が選択

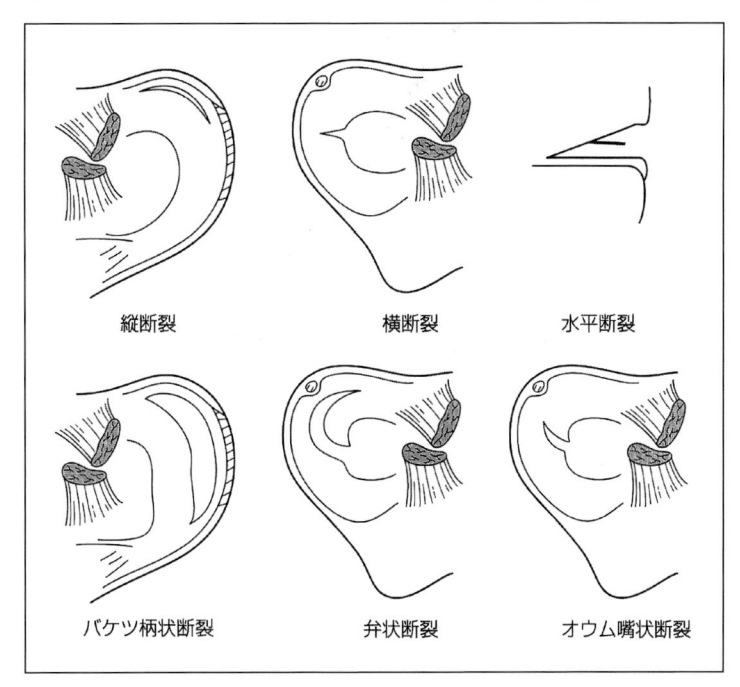

図 13. 半月の損傷形態

される場合が多い。切除術の適応しかない場合でも，可能な限り健常部分を残す方針で損傷部位を切除する(図 13)。

7. 膝蓋骨脱臼・亜脱臼

膝蓋骨脱臼では，軟骨損傷や裂離骨折を合併したり，不安定性が残存して陳旧化して症状が残存することが多いので，明らかな脱臼が確認されれば初回脱臼の段階で，外側膝蓋支帯切離，近位リアライメント，遠位リアライメントなどの手術的治療が選択される場合が多い(図 14)[15)16)]。一般的には，内側広筋を中心とした大腿四頭筋の筋力増強訓練や，膝蓋骨脱臼を誘発しやすい動き(大腿四頭筋が収縮している際に膝関節に外反・外旋力が作用する動作)を避ける指導にも関わらず，疼痛や膝くずれを繰り返す場合，またスポーツ活動性が高く上述の動作を避けることが難しい患者には前述の手術的治療が適応となる。

8. 骨軟骨骨折，関節内骨折(剝離骨折含む)

骨片の介在によるlocking症状や関節軟骨損傷の防止，また骨片の正確な整復と骨癒合の確率を下げないためにも早期の手術療法の適応となる(図 15)。

IV. 膝の過労性障害

1. 総 論

サッカーをはじめとするスポーツ活動では，身体の酷使によって使い過ぎ症候群(overuse syndrome)と呼ばれる外傷性炎症を起こす。この病態の定義は，「繰り返し

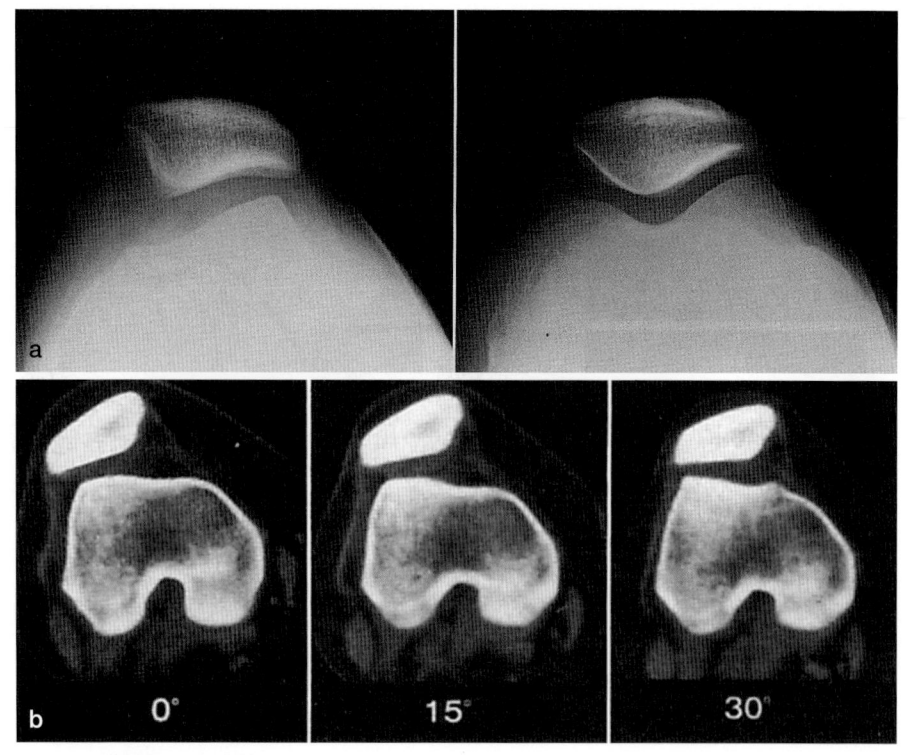

図 14. 膝蓋骨不安定症
　a：膝蓋骨亜脱臼例(左)と正常例(右)の膝蓋骨軸射像
　b：膝蓋骨亜脱臼における膝蓋骨 tracking pattern
　　　膝伸展位になるにつれて外側への変位と傾きが大きくなる例。

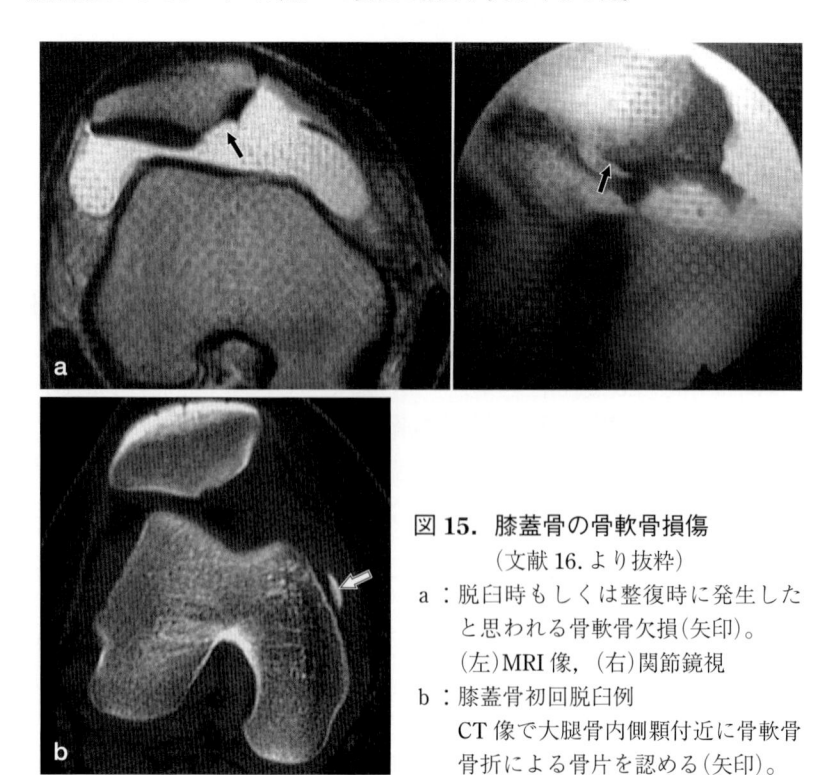

図 15. 膝蓋骨の骨軟骨損傷
　　　（文献 16. より抜粋）
　a：脱臼時もしくは整復時に発生したと思われる骨軟骨欠損(矢印)。
　　(左)MRI 像，(右)関節鏡視
　b：膝蓋骨初回脱臼例
　　　CT 像で大腿骨内側顆付近に骨軟骨骨折による骨片を認める(矢印)。

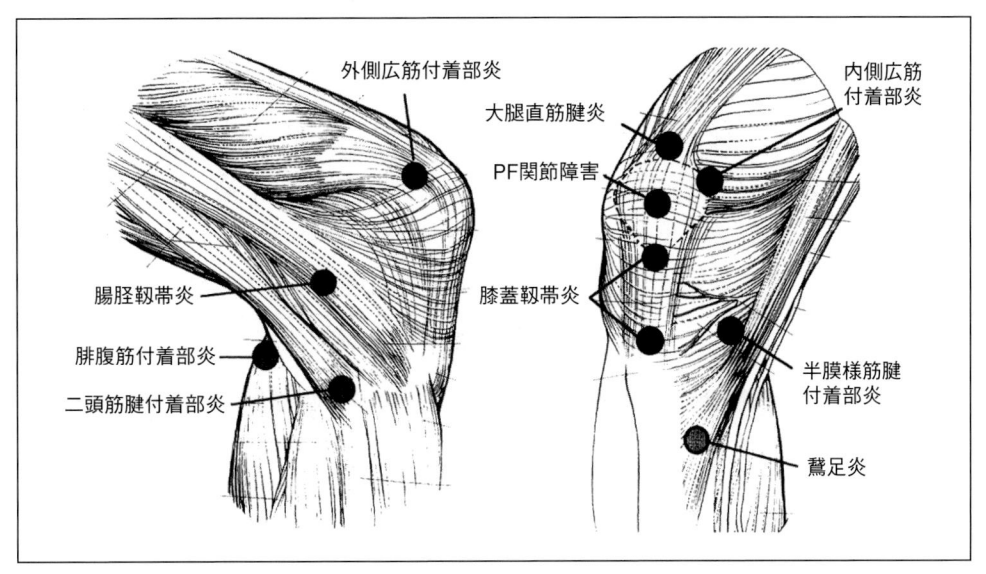

図16. 膝関節周辺の overuse syndrome

のスポーツ活動により，筋肉に機械的刺激，摩擦，ストレスが加わり筋腱付着部，腱鞘，腱に外傷性炎症が生じる。また関節では滑膜炎や滑液包炎を，骨では疲労骨折を生じる」とされており，膝関節構成体またはその周囲に特に多く発生する(図16)。いずれの疾患も，診断は比較的容易で原因となる運動や競技を休止すれば症状は軽快するが，練習や競技の再開により症状が再発しやすく，軽快と再燃を繰り返すことが特徴である。予防に優る治療法はなく，そのためには病態を患者自身に十分に理解させて再発を予防することが極めて重要である。

　最も基本的なランニング動作においては，ランニング環境の変化(練習量，靴，グランドなど)により膝への衝撃加速度が増加したり，選手個人の解剖学的特徴(回内足，内反膝など)が膝の動きに変化をもたらして過剰なストレスが加わり，さまざまな障害を発生すると考えられる。また，サッカーで必要とされるジャンプや急激なストップ，ターンなどの動作では大腿四頭筋が強力に収縮し，大腿四頭筋腱—膝蓋骨—膝蓋靱帯の膝伸展機構に強大なストレスが加わり，靱帯の付着部や膝蓋大腿関節の関節軟骨に強大なストレスが加わる。この病態は広義のジャンパー膝と呼ばれる。10歳代前半の少年期によくみられる Sinding-Larsen-Johansson 病や脛骨粗面の骨端炎である Osgood 病は，力学的に脆弱な成長軟骨帯に障害を発生したジャンパー膝の一種と考えられている。

2．障害の発生因子

　過労性障害の発生要因としては内因性と外因性の2つが考えられる。実際の診療においては，対症療法にとらわれず，この2つの要因を十分考慮に入れて原因に対する治療を行う必要がある。

　外因性因子としては，トレーニング量過多，練習前のコンディショニングの不足などトレーニングに関する要因と，不適切なシューズや整備の悪いグラウンドなど

練習用具，練習環境の要因が考えられる。障害予防の面からみて，トレーニング前のウォーミングアップは極めて重要であり，ウォーミングアップが不十分であれば，関節可動域や組織の柔軟性不足および筋活動の不活性，不均衡などの要因で障害が発生しやすくなる。また，練習場のサーフェスの状態は膝への衝撃に強い影響を与えるため，過労性障害発生の大きな要因となる。例えば，グラウンドが硬ければ運動時の膝への負担が増加し，グラウンドの摩擦が大きければ急停止する際などに大きな負荷が加わる。

内因性因子としては，脚長差，大腿骨頚部前捻角の異常，関節の柔軟性，下肢アライメントの異常（内・外反膝，脛骨の捻れ），足の形態異常（扁平足，回外足）など，下肢の解剖学的異常が挙げられる。大腿骨前捻角に異常があれば膝蓋大腿関節の障害が起こりやすく，内反膝では腸脛靱帯炎が発生しやすい。扁平足では足底アーチによる衝撃吸収ができないため膝に衝撃が加わりやすくなり，また，回内足では下腿の内旋や膝の外反が増加するため膝周辺組織に障害が発生しやすくなる。

このように，練習環境を中心とした外因性の障害，個人の解剖学的特徴である内因性の障害の両者が相まって膝の過労性障害が発生すると考えられる[17]。

膝の過労性障害の多くは，解剖学的特徴とトレーニング環境を要因として生じた膝周囲組織の炎症がその主病変であるので，治療法の原則は，① 発生要因を解明し，② 局所の炎症に対する治療を行い，③ できるだけ早く過労性障害の悪循環から離脱することである。

ほとんどの症例が保存的治療で経過が良好であるが，誤った治療や経過の長い症例では完全治癒・完全復帰に至らないものもある。従って本障害を治療する上では，その選手のトレーニング環境の把握と下肢アライメントを中心とする解剖学的特徴のチェック（メディカルチェック）は極めて重要である[18]。内因性や外因性の発症要因を慎重に分析し，選手，両親，コーチやトレーナーと要因や対策について共通の認識をもつことが理想的である。技術的な問題が影響している症例には，コーチングスタッフの協力が不可欠である[19]。また，適応を限定して，ステロイドの局所注射や外科的な治療も検討する。

3．各 論
a．ジャンパー膝

ジャンプや着地，ダッシュ，ストップなどのスポーツ動作を繰り返した後に，膝蓋骨上下端部を中心に疼痛を訴え，特に膝蓋骨下極部から膝蓋腱近位部にかけて運動痛や圧痛がみられることが多い。着地や急激なストップ動作の衝撃を緩衝するための動作（deceleration）による大腿四頭筋の遠心性収縮によって疼痛が増悪するのが特徴である。Q-angle の増大，O 脚，X 脚なども大きく関与しており，malalignment の状況もダイナミックに観察する必要がある（図17）。

抵抗下膝伸展テストが障害部位の特定に有用である。大腿四頭筋のストレッチングを中心としてハムストリングや股関節の内転筋群，さらには腸脛靱帯などの柔軟性やアンバランスの矯正も重要である（図18）。臨床症状から病期を分類して，治療法選択の指標とされている（Blazina や Roels）（表4，5）[20]。

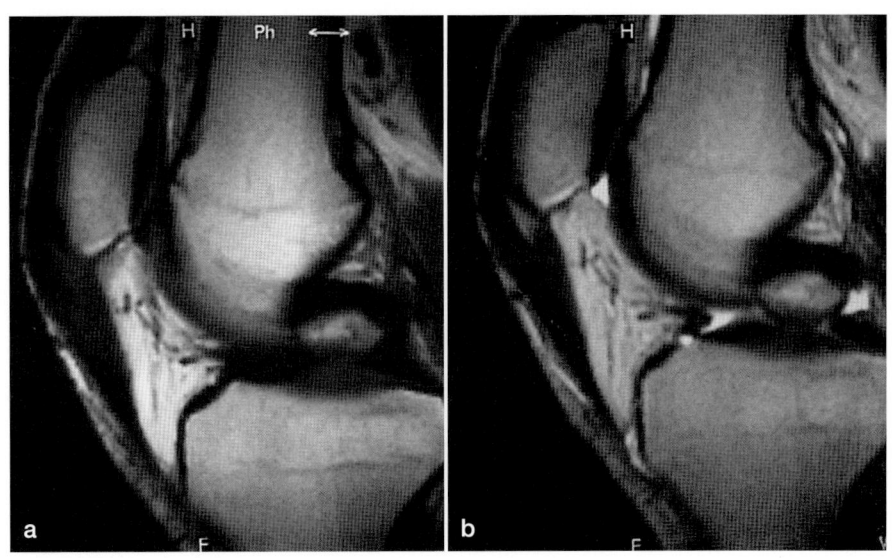

図 17. ジャンパー膝の MRI 像(文献 20. より抜粋)
膝蓋靱帯が肥厚し信号強度が増加している。
　a：T1 像　　b：T2 像

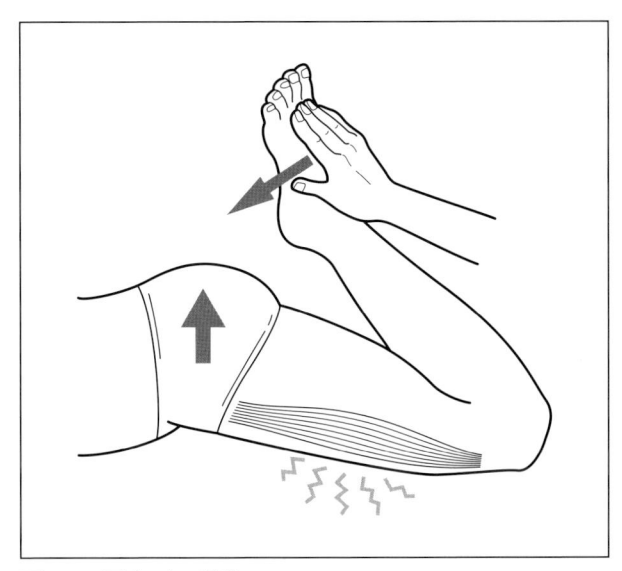

図 18. 尻上がり現象
ジャンパー膝の要因である大腿四頭筋の tightness を調べる方法。
踵部を殿部に接近させると大腿四頭筋が伸長されるため尻が持ち上がる。

表4. ジャンパー膝の病期分類

```
＜Blazinaらの病期分類＞
第1期  スポーツ活動後の疼痛でスポーツに支障なし。
第2期  スポーツ活動中および活動後に疼痛あるが，スポーツに支障なし。
第3期  常に疼痛があり，スポーツ活動に支障がある。
＜Roelsらの病期分類＞
第1期  膝蓋下または膝蓋上部のスポーツ活動や練習後の疼痛。
第2期  活動開始時の疼痛で，ウォームアップ後に消失し活動後に再度出現する。
第3期  活動中および活動後に疼痛が残存し，スポーツ活動に支障がある。
第4期  膝蓋靱帯の完全断裂
```

表5. ジャンパー膝のリハビリプログラム

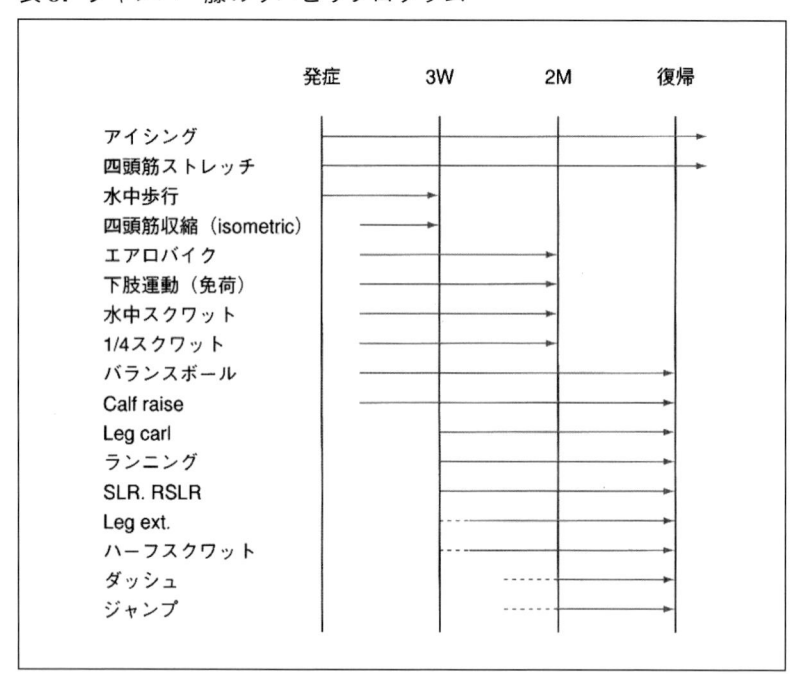

	発症	3W	2M	復帰
アイシング	→→→→→→→→→→→→→→→→→→→
四頭筋ストレッチ	→→→→→→→→→→→→→→→→→→→
水中歩行	→→→
四頭筋収縮（isometric）	→→→
エアロバイク	→→→→→→→→→
下肢運動（免荷）	→→→→→→→→→
水中スクワット	→→→→→→→→→
1/4スクワット	→→→→→→→→→
バランスボール	→→→→→→→→→→→→→→→
Calf raise	→→→→→→→→→→→→→→→
Leg carl	→→→→→→→→→→→→→→→
ランニング	→→→→→→→→→→→→→→→
SLR. RSLR	→→→→→→→→→→→→→→→
Leg ext.	- - - →→→→→→→
ハーフスクワット	- - - →→→→→→→
ダッシュ	- - - →→→
ジャンプ	- - - →→→

b. 腸脛靱帯炎

膝関節外側の運動時痛を主訴とする主にランニング動作によって発症する障害である。腸脛靱帯は，膝関節の屈伸に伴い前後に滑動して，下肢の動的制動機構のひとつとして機能している。腸脛靱帯炎とは，繰り返す膝の屈伸によって腸脛靱帯が大腿骨外側上顆部で機械的刺激を受けて疼痛を生じる疾患で，長距離ランナーに好発することからランナー膝と呼ばれることもある。

O脚（内反膝），回内足，脚長差などのmalalignmentや下腿の内旋の強いフォームなどが本障害の重要な発症要因とされている。O脚（内反膝）では，heel-strike時に，回内足ではmid-support時に，腸脛靱帯に過剰な緊張が加わりやすい。靴の状態や傾斜した走行路面の関与も考えられるので，慎重に病因を検討しなければならな

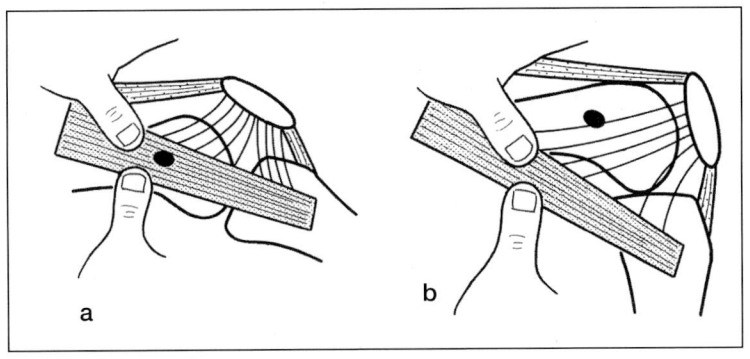

図 19. 腸脛靱帯炎に対する Grasping test
a：腸脛靱帯を大腿骨外上顆部またはその近位部で両親指で圧迫する。
b：膝を伸展させると 30°屈曲位近くで疼痛が誘発される。

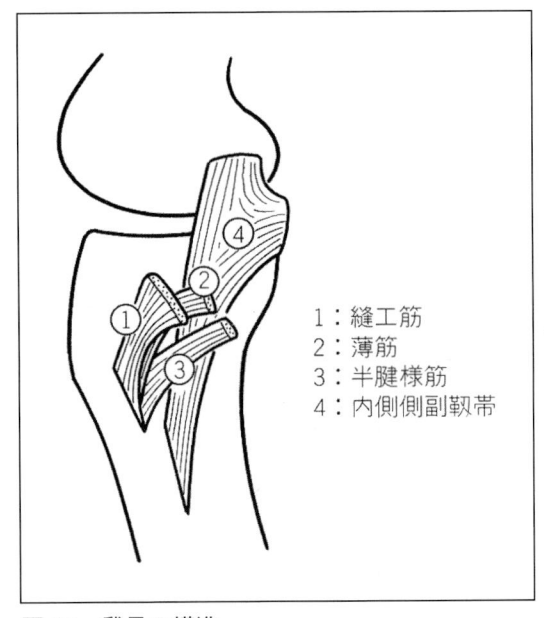

図 20. 鵞足の構造
鵞足炎では腱自体による炎症だけではなく，同部に
存在する滑液包にも炎症が発生することもある。

1：縫工筋
2：薄筋
3：半腱様筋
4：内側側副靱帯

い。
　疼痛誘発テストとして，腸脛靱帯の大腿骨外側上顆部やや近位を手で圧迫しながら膝の屈伸を行う grasping test が診断に用いられる（**図 19**）。治療は，主として腸脛靱帯のストレッチング，練習後のアイシングなど身体のケアを指導する。さらに消炎鎮痛剤や物理療法を追加することも多い。摩擦して変性した部位を切除する手術療法は保存療法に抵抗する症例に限って行われる。

c．鵞足炎

　鵞足 pes anserinus とは，脛骨粗面内側部に付着している縫工筋，薄筋，半腱様筋の複合腱停止部の名称である（**図 20**）。鵞足炎とは，鵞足部の機械的摩擦による炎症や周辺の滑液包炎により，疼痛，圧痛，引っ掛かり感などを生じるものをいう。外

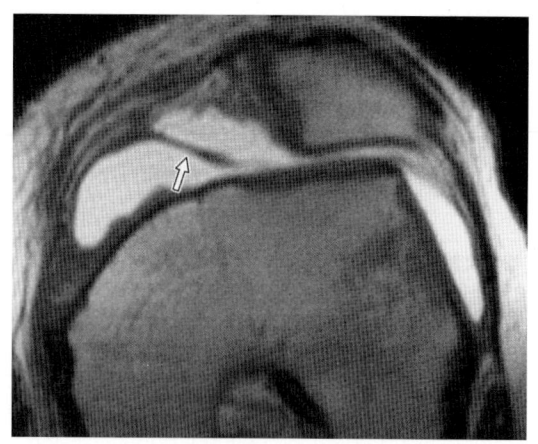

図21. 内側タナ障害(MR arthrography)
(文献16.より抜粋)

反膝，回内足などの下肢のアライメント異常が，鵞足部の負荷の増大に関与していると報告されている．診断は比較的容易であるが，滑液包炎，ガングリオン，外骨腫や脛骨内顆疲労骨折，内側半月損傷などとの鑑別が必要である．

治療は，さまざまな原因・誘因を検討し，ハムストリングなどのストレッチング，アイシングを重点的に行わせる．難治例にはステロイドの局注も慎重に検討する．

d．滑膜ひだ障害(タナ障害)

滑膜ひだは胎生期の遺残であり，報告者によりヒトの20〜80％に存在するといわれている(図21)．スポーツ活動中に，ひだが膝蓋骨と大腿骨の間にはさまり，疼痛や引っ掛かりを生じる．lockingを起こすこともあるので半月損傷との鑑別も必要である．治療は保存療法が第一選択である．安静の後に，筋力増強訓練，トレーニング前のウォーミングアップ，ストレッチング，トレーニング後の局所冷却を徹底させ，再発を予防する．このような治療法に対して抵抗性の場合，ステロイド剤と局麻剤の局注を行い経過観察する．以上の治療に反応しない場合には関節鏡視下に切除術を行う．

e．膝蓋大腿関節障害 anterior knee pain syndrome

膝蓋大腿関節の疼痛や不安定性を訴える症例は，男性より女性に多い．診断名として，膝蓋軟骨軟化症，膝蓋骨不安定症，anterior knee pain symdromeなどの名称が用いられることが多いが，病態は不明な症例も存在する．疼痛の有無，膝蓋骨不安定性の有無，膝蓋大腿関節の変形性変化の有無によって病態をとらえ，診断名を整理する必要がある(表6)[21]．

f．離断性骨軟骨炎

関節軟骨の一部が軟骨下骨を伴って，周辺の骨，軟骨から次第に剥離する病態をいう．発生原因として，外傷，血行障害，骨化異常，遺伝などの諸説があるが，身体素因の関与が大きいと考えられる多病巣型と，外傷やoveruseによると考えられる単病巣型のものがあり，単病巣型の方が多い(図22)[22]．

骨端軟骨板閉鎖前後の男子に好発し(男女比約4：1)，発生部位は多い順に，大腿

表6. Anterior Knee Pain Syndrome の治療法

```
A．初診時（競技能力，目的，練習内容，心因性の背景）
  1）病態説明
  2）練習量の調節，練習方法の変更
  3）保存療法
      ・膝蓋軟骨障害
          装具療法
          等尺性大腿四頭筋訓練
      ・伸展機構の過負荷
          接地面，靴，運動内容の変更
      ・発生要因への対処
          大腿のストレッチング
          ヒールウエッジなど
  4）疼痛への対処
          アイスマッサージ
B．経過観察時
  1）症状軽快
      ・予防的保存療法
  1）症状悪化（競技に支障なし）
      ・各種消炎鎮痛剤
      ・練習休止，関節鏡検査を考慮
  2）症状悪化（競技に支障）
      ・局所麻酔剤，ステロイド剤注入
      ・手術的操作を含む関節鏡検査
```

骨内側顆60〜70％，外側顆15〜20％，膝蓋大腿関節15〜20％となる．外側顆発生例では，円板状半月と関連していることが多く，内側顆発生例よりも病巣が広範囲で後方寄りのため予後が不良になりやすいのが特徴である．膝蓋大腿関節発生例では約半数に膝蓋骨の不安定性を伴う．Overuse により膝痛を生じた若年男子の症例では，本疾患を常に念頭におく必要がある．

症状は非特異的な膝関節痛から始まり，引っ掛かり感や locking などを呈してくる．骨端線閉鎖以前に発症したものを若年型，骨端線閉鎖後のものを成人型という．患者の年齢，病変部の大きさ，位置，状態により治療方針は異なるが，安静や固定による約2〜3カ月の保存療法に反応しない場合，手術適応となる．手術方法は病状の経過により骨穿孔術，骨軟骨片整復固定術，遊離体切除術などが選択される[23]．

g．関節軟骨障害

スポーツによるストレスや小外傷が繰り返し関節に作用することで，関節軟骨の軟化や損傷が生じることがある．X線で診断困難な時も多いので，MRI，骨シンチ，関節鏡などの検査を利用する（図23）[24]．治療は，ヒアルロン酸の注入[25]や関節鏡による外科的治療が行われる（図24）[26)27]．

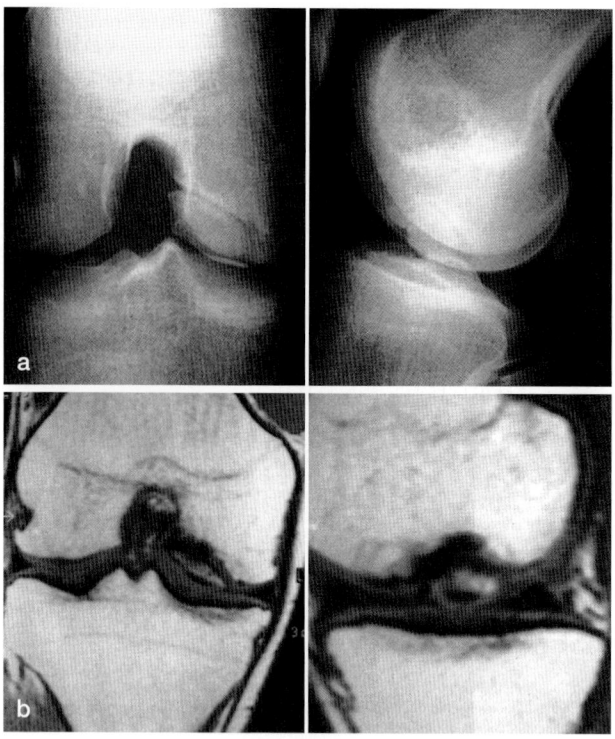

図22. 膝離断性骨軟骨炎（大腿骨内側顆）
（文献22.より抜粋）
a：X線像　　b：MRI像

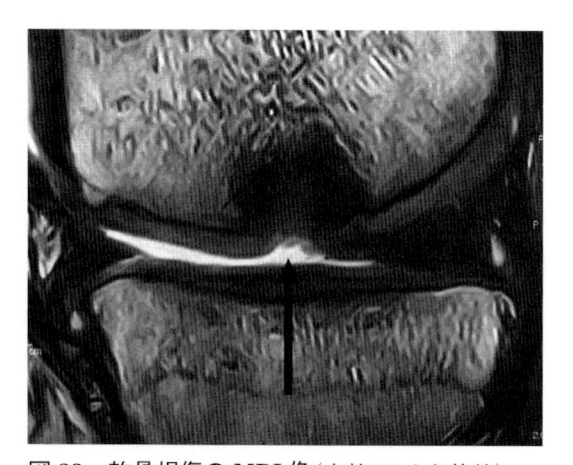

図23. 軟骨損傷のMRI像（文献24.より抜粋）

h. 関節鼠

　関節鼠は，一般的に関節遊離体といわれるもので外傷や過剰な負荷，もしくは炎症により関節構成体から遊離した組織片であり，次第に関節水腫をきたす。原因疾患としては，① 離断性骨軟骨炎，② 骨軟骨骨折，③ 半月損傷，④ 変形性関節症，⑤ 滑膜骨軟骨腫症などがある。

　治療法は，関節鏡視下に関節鼠を摘出するとともに原因疾患の治療により，再発

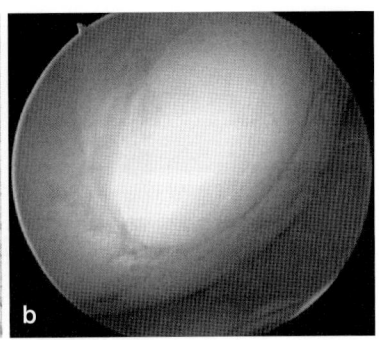

図 24. Mosaic Plasty(文献 27. より抜粋)
a：移植用に採取した骨軟骨柱
b：移植後の軟骨面の関節鏡所見

を予防することである。

i．滑液包炎

膝周辺には，前方に，膝蓋前滑液包，脛骨粗面滑液包，鵞足部滑液包，内側側副靱帯内滑液包，後方に，内側腓腹筋腱・半膜様筋腱・大腿二頭筋腱などの各滑液包がある。運動過多によりこのような滑液包にも炎症が生じる。膝の前方部位に発生する場合が多い。

違和感や腫脹が主訴であり，滑液包内の貯留液を確認すれば診断は確定できる。感染性のものであれば，発赤・熱感などの所見が著明である。

外傷性のものか感染性のものかにより治療は異なる。感染性が疑われれば抗生剤の投与や切開排膿を行い，できるだけ早期に積極的治療を行う。出血性のものでは，1回の穿刺と局所の圧迫で予後は良好であるが，難治性であれば手術的に切除する。

j．膝窩筋炎

膝窩部の疼痛の診断は明確にならないことも多い。この中には，膝窩筋腱炎，滑液包炎などが含まれる。下り坂のランニングや歩行などで，toe-off 時に疼痛を訴えることがある。膝窩筋腱炎では外側関節面近位部に圧痛があり，膝関節 90°屈曲位にて股関節を屈曲，外転，外旋すると膝窩筋腱に緊張が加わり疼痛が誘発される。

k．疲労骨折

スポーツ選手の疲労骨折は，脛骨骨幹部などによくみられ，膝関節周囲には極めて少ないが，膝蓋骨，脛骨内顆部に発生する報告もあり，注意すべき疾患である。膝蓋骨疲労骨折は，膝蓋骨の下極に多く発生し，膝伸展機構の障害に含まれる(図25)。通常の疲労骨折は安静を保たせるのみで良好な経過をとるが，膝蓋骨の場合，ストレスが常にかかるため，観血的整復固定術を第一選択にすべきと考える[28]。脛骨内顆疲労骨折は，内反膝や凹足，hypo-pronation などの下肢アライメントの異常が影響して発症すると考えられている。他覚的所見に乏しく症状も鵞足炎に類似しており，鑑別診断が困難である。膝内側の治療に抵抗する疼痛の鑑別診断として考えるべきである。大腿骨顆上部疲労骨折は，サッカー，陸上長距離，バレー，野球などに多くみられる。

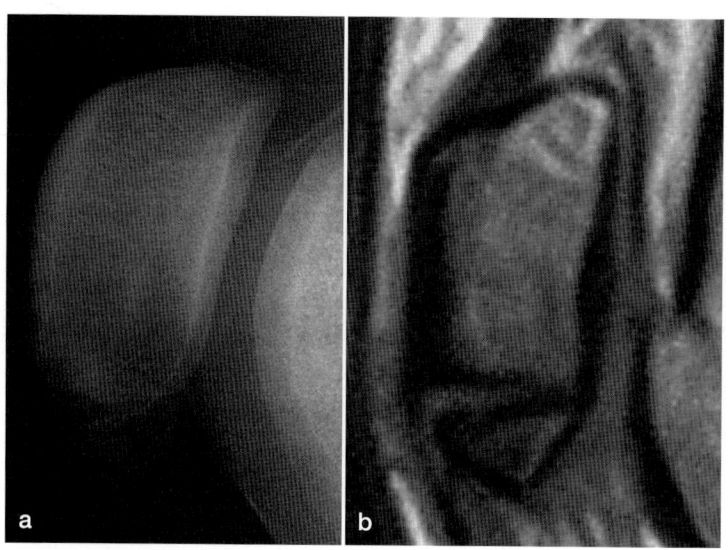

図 25. 膝蓋骨疲労骨折(文献 28. より抜粋)
膝蓋骨下端に横走する骨折線を認める。
　a：X 線像　　　b：MRI 像

I. 絞扼性神経障害

　膝周辺の絞扼性神経障害は比較的まれな疾患であるが，他の疾患鑑別診断としても重要で，スポーツ選手を診察する場合には常に頭に入れておかなければならない。伏在神経と総腓骨神経の障害などがある[29]。

V. 成長期の障害

1. Osgood 病

　骨端軟骨板閉鎖前のスポーツ愛好者に生じる代表的スポーツ障害で，膝関節伸展機構の overuse による脛骨粗面部の骨端症である。骨の長軸成長がスパートする小学校高学年以降の時期に熱心にスポーツを行う男子に好発し，大多数の症例では骨端軟骨板の閉鎖とともに脛骨粗面部の骨性膨隆を残して治癒する(図 26)。
　脛骨粗面部の特徴的な膨隆と運動時痛，圧痛，腫脹を認める(図 27)。膝伸展機構に強い張力を生じるジャンプ，着地，ダッシュ，ストップなどの動作の繰り返しで疼痛が増悪し，また，正座時に膨隆した脛骨粗面部が床に接して疼痛を訴え，正座が困難になったりする。典型例では特徴的な臨床症状とスポーツ歴から診断は容易である。比較的運動能力の高い下肢筋力の強い選手が，骨成長のスパートにより大腿四頭筋やハムストリングの相対的な短縮を生じてくる時期に発症することが多いのが特徴である(図 28)。骨端軟骨板の閉鎖後も症状が残存したり，骨端軟骨板の閉鎖が遅延して慢性の疼痛を生じる場合には，陳旧性 Osgood 病，遺残性 Osgood 病などと呼んで区別する[30]。

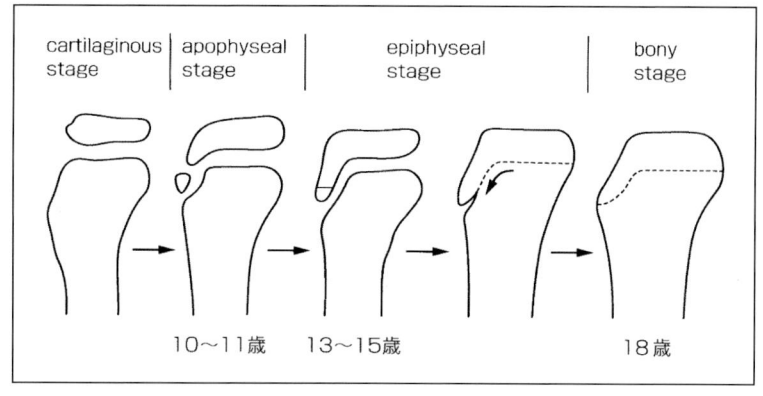

図26. 脛骨粗面部の発育化骨過程
10〜11歳：脛骨近位骨端核が前下方に嘴状に発育し，これにやや遅れて脛骨粗面部に骨化核が生じる。
13〜15歳：脛骨近位骨端核と脛骨粗面部の骨化核が癒合し舌状突起を形成する。
18歳頃：舌状突起と脛骨体部との癒合が完成する。最後に脛骨粗面部が癒合する。

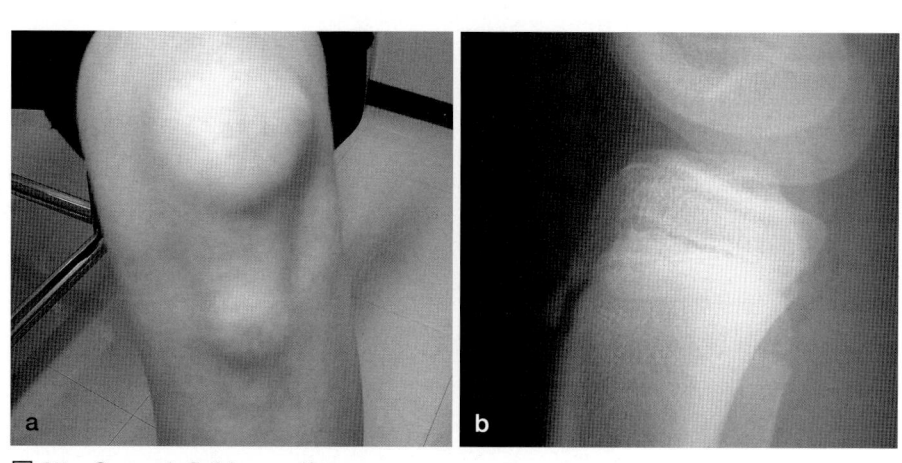

図27. Osgood-Schlatter disease
a：遺残性の骨性膨隆
b：舌状突起

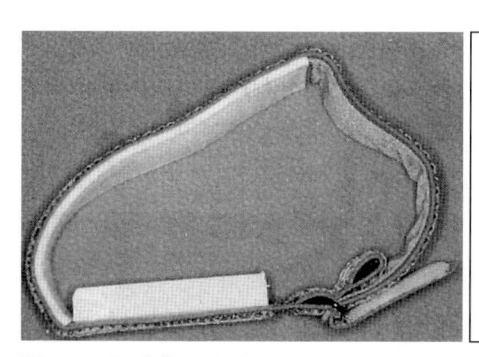

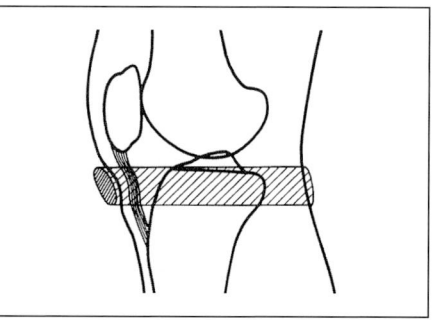

図28. オズグッドバンド

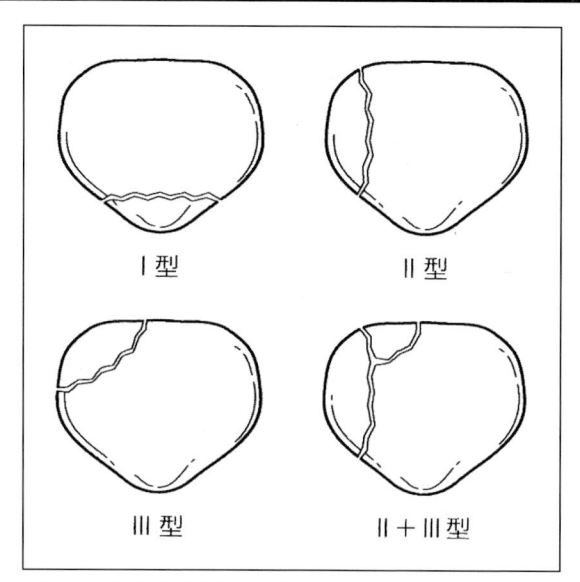

図 29. 有痛性分裂膝蓋骨の分類

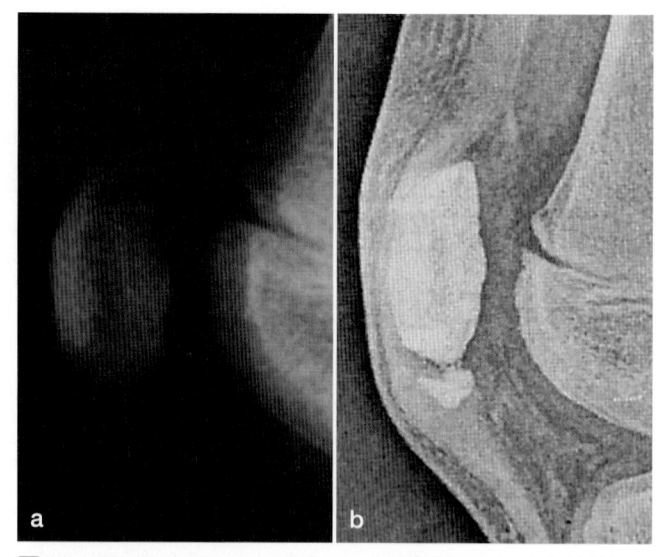

図 30. Sinding-Larsen-Johansson 病（文献 31. より抜粋）
a：X 線像にて膝蓋骨下極部に骨化巣がみられる。
b：Xerography にて骨化巣は明瞭となる。

2. 有痛性分裂膝蓋骨

　膝蓋骨の一部が分離した形態をとるものを分裂膝蓋骨という。病因は不明であるが，分裂膝蓋骨そのものは無症状のことも多く，膝蓋骨が分裂しているだけでは障害とはいえない。外傷や，スポーツによる膝伸展機構の overuse により，分裂部を中心に疼痛を生じた場合に有痛性分裂膝蓋骨と呼ぶ。Saupe は X 線所見から 3 型に分類している。有痛性となるものは，外側広筋付着部付近が分離した形をとる III 型が多い（図 29）。

　Saupe III 型の有痛性分裂膝蓋骨では，膝蓋骨近位部外側を中心に運動痛，圧痛，

叩打痛などがあり，分離部に骨性突出を認めることが多い．診断は，臨床症状と単純X線所見，MRI像などから容易である．最も強く疼痛を訴える部位が，分離部と外側広筋や大腿四頭筋総腱付着部などの場合があり，注意深い診察によりこれらをよく見極めることが治療のヒントになることがある．多くの症例で，ジャンパー膝やOsgood病などと同様に大腿四頭筋やハムストリングの柔軟性の低下を認める．

3．Sinding-Larsen-Johansson病

X線像にて膝蓋骨と膝蓋靱帯の付着部に不規則な骨化が出現する（図30）．ジャンパー膝の一種と考えられる．traction-periostitisや二次骨端核のosteochondritisなどの説がある[31]．

（白石　稔）

参考文献

1) 金森章浩：前十字靱帯に与えられる外力と非接触型膝前十字靱帯損傷．臨床スポーツ医学，19：1007-1010，2002．
2) 白石　稔，他：弛緩計測装置による膝前十字靱帯損傷の診断法．MB Orthopaedics, 11(1)：27-36, 1998．
3) 濱田雅之，他：PCL損傷膝の病態からみた治療法選択．臨床スポーツ医学，20：643-648, 2003．
4) 須田康文，他：外側支持機構損傷の診断と治療法．MB Orthopaedics, 15(4)：47-54, 2002．
5) 吉矢晋一，他：膝蓋骨のalignment異常．MB Orthopaedics, 13(1)：14-20, 2000．
6) 小林保一，他：半月板の画像診断．MB Orthopaedics, 17(1)：27-41, 2004．
7) 江原　茂：骨挫傷．臨床スポーツ医学，22：283-290, 2005．
8) 土屋明弘：スポーツ膝外傷の画像診断．MB Orthopaedics, 17(1)：10-16, 2004．
9) 安田和則，他：解剖学的膝前十字靱帯再建術．臨床スポーツ医学，22：265-272, 2005．
10) 前　達雄，他：膝靱帯損傷に対する鏡視下手術の実際．MB Orthopaedics, 17(13)：40-46, 2004．
11) 小柳磨毅，他：PCL損傷/再建術後のリハビリテーション．臨床スポーツ医学，20：685-692, 2003．
12) 土屋明弘：合併した後外側支持機構損傷（PLC）に対する治療．臨床スポーツ医学，20：679-684, 2003．
13) 岡村良久，他：新鮮膝複合靱帯損傷の診断の要点と治療計画の立て方．MB Orthopaedics, 14(1)：1-8, 2001．
14) 堀部秀二，他：十字靱帯損傷に伴う軟骨損傷とその治療．関節外科，23：628-636, 2004．
15) 松本秀男，他：膝蓋骨脱臼・亜脱臼の診断と治療．MB Orthopaedics, 17(3)：32-39, 2004．
16) 本杉直哉，他：膝蓋大腿関節障害の画像診断．MB Orthopaedics, 17(1)：41-48, 2004．
17) 白石　稔，他：プロサッカーにおけるスポーツ外傷治療の実際．日本臨床スポーツ医学会誌，11：196-204, 2003．
18) 竹田　毅，他：膝関節のスポーツによるoveruse障害に対するリハビリテーション．MB Medical Rehabilitation, 5：56-63, 2001．
19) 白石　稔：プロスポーツ選手の下肢外傷・障害のリハビリテーションと問題点．MB Medical Rehabilitation, 45：22-34, 2004．
20) 根岸慎一，他：膝蓋靱帯炎の診断と治療．MB Orthopaedics, 18(1)：39-45, 2005．
21) 森雄二郎：いわゆるanterior knee pain（AKP）．MB Orthopaedics, 13(1)：21-26, 2000．
22) 富士川恭輔，他：大腿骨内側顆離断性骨軟骨炎．関節外科，23：642-650, 2004．
23) 戸松泰介：膝離断性骨軟骨炎．MB Orthopaedics, 17(3)：47-53, 2004．
24) 塩崎嘉樹，他：膝靱帯損傷の画像診断—主に陳旧性のもの（軟骨障害，再建靱帯のMRIも含む）—．MB Orthopaedics, 17(1)：17-25, 2004．
25) 宗田　大：下肢のスポーツ障害に対するヒアルロン酸投与の実際・経験：関節周囲の圧痛部への投与．関節外科，20：1017-1024, 2003．

26) 秋月　章, 他：変性軟骨（変形性関節症）に対する関節鏡視下 marrow stimulation technique—drilling, abrasion arthroplasty, microfracture technique の方法と効果—. 関節外科, 23：656-661, 2004.
27) 安達伸生, 他：関節軟骨損傷に対する鏡視下手術の実際. MB Orthopaedics, 17(13)：56-61, 2004.
28) 内山英司：膝蓋骨疲労骨折, 臨床スポーツ医学, 20(臨増)：134-136, 2003.
29) 松崎昭夫：総腓骨神経圧迫症候群の病態と治療. 関節外科, 21：77-83, 2002.
30) 平野　篤：オズグッド病の診断と治療. MB Orthopaedics, 18(1)：52-61, 2005.
31) 角田雅也, 他：Osgood-Schlatter 病および Sinding-Larsen-Johansson 病の病態と治療. 関節外科, 22：478-483, 2003.

Chapter 9-7 サッカーに多い外傷・障害の管理 —足・足関節

サッカーにおける外傷,障害は約60〜70%の頻度で下肢にみられ,その中でも足,足関節部が最も多くみられる。

I. 足関節捻挫・靱帯損傷

多くの場合,足関節が内反(内がえし)あるいは底屈強制され受傷する。足関節部の腫脹,皮下出血,靱帯の圧痛がみられ,靱帯断裂の程度によりⅠ度(不全断裂),Ⅱ度(完全断断裂するも断端部がそれほど離れていないもの),Ⅲ度(完全断裂し断端部が離れてしまったもの)に分類される(図1)。

画像診断として単純X線撮影で剝離骨折の有無を確認する。また,内反ストレスX線撮影を行い,異常可能性の有無も確認する(図2)。MRI検査では,靱帯損傷の程度も確認することができる(図3)。

初期治療はrest(安静),ice(冷却),compression(圧迫),elevation(高挙)のRICEの処置が重要である(表1)。腫れや内出血は,受傷後数時間経過してから強くなってくるので,受傷直後にRICEの処置を行うことで腫れや内出血を最小限に抑え,治療期間を短縮することができる。

治療法として,基本的には保存的治療を行うが,Ⅲ度の断裂が強い症例に対して

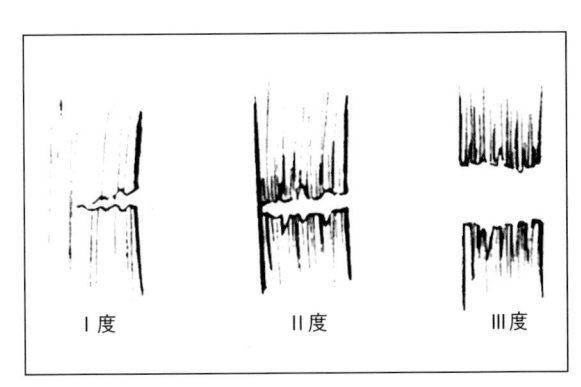

図1. 靱帯損傷の程度

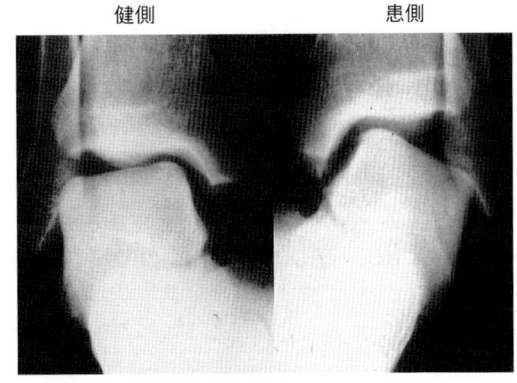

図2. 内反ストレスX線像

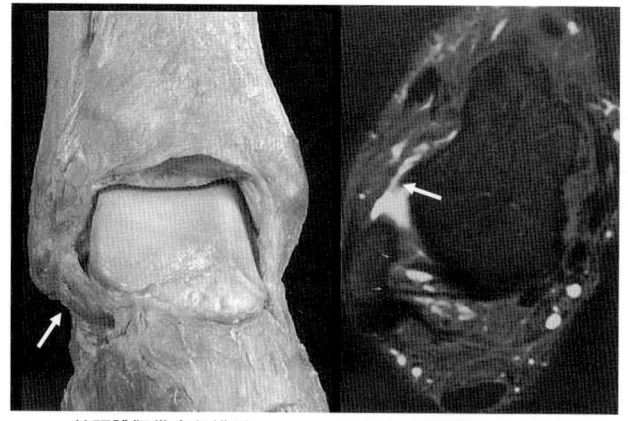

前距腓靱帯走行模型　　MRI像

図3. 足関節前距腓靱帯損傷

表1. スポーツ外傷の応急処置法

（RICEの処置）

R　est　　　　　（安静）

I　ce　　　　　（冷却）

C　ompression　（圧迫）

E　levation　　（高挙）

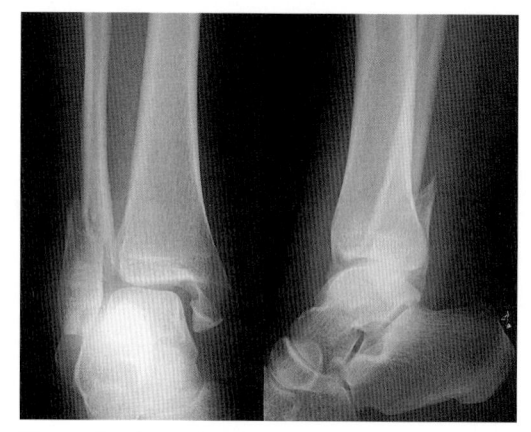

図4. 足関節脱臼骨折

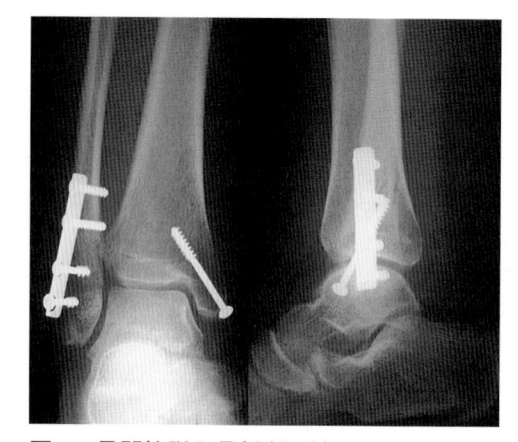

図5. 足関節脱臼骨折（術後）

は手術的治療を行うこともある。陳旧例となり異常可動性が強くみられ，不安定性が強い場合，靱帯再建術を行う。

II. 足関節脱臼骨折・足関節部の骨折

　捻挫より，さらに強い外力が加わった際に発生する。受傷時，ボキッという骨折音が生じ，足関節部の腫脹，変形，運動障害が認められる。
　単純X線検査にて容易に診断が可能である（図4）。骨折部に転位がある場合や，脱臼を伴う場合は手術的治療を行う（図5）。

III. 足関節部 Impingement exostosis

　フットボーラーズアンクルと呼ばれることもある。ジャンプやダッシュで足関節に過度の背屈運動が加わり，脛骨下端と距骨頸部が衝突するために骨軟骨損傷が生じ，同部に反応性の増殖性骨変化が生じるために起こるといわれている。足関節捻

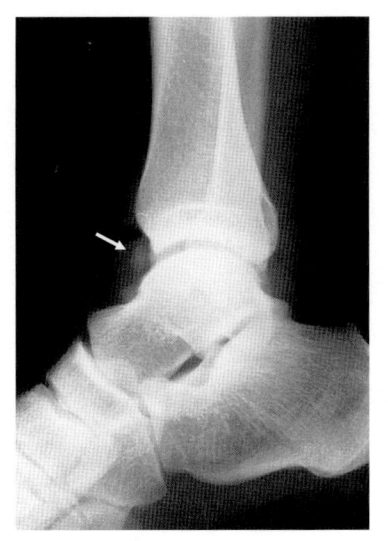

図6. 足関節前面における impingement exostosis

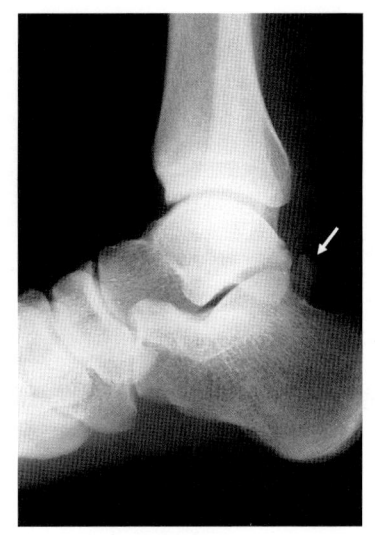

図7. 足関節後面における有痛性三角骨障害

挫による足関節の不安定性も原因のひとつといわれている。

競技年数や運動レベルが高いほど頻度も高くみられるが，必ず痛みが生じるものではない。

足関節前面やや内側に圧痛と同部に骨折隆起を認め，運動量が多くなると疼痛が増強する。

単純X線検査では，脛骨前下端と距骨頚部背側に骨棘形成がみられる（図6）。

練習，試合前のストレッチ運動やテーピング固定を行い，終了後にはアイシングを行うことが必要である。疼痛が強い時には消炎鎮痛剤の内服，局所注射を行い，それでも症状が軽快しない場合は，手術的に骨棘切除を行うこともある。

IV. 有痛性三角骨障害

骨端核の遺残によるものや，距骨後突起の骨折によるものとされている。

足関節内後方に疼痛があり，足関節底屈時に痛みが増強する。ときに，底屈制限がみられることもある。

単純X線検査で距骨後方に三角骨が認められる（図7）。

治療法としては，impingement exostosis と同様な保存的治療を行うが，可動域制限が強くなったり，疼痛障害がとれない場合は手術療法を行う。

V. アキレス腱断裂

ジャンプやダッシュ時，急激にアキレス腱に負担が加わった際に起こる。以前より，アキレス腱周囲炎があった選手にみられることもある。

断裂時に，アキレス腱部にボールがぶつかったような感覚やバチッという断裂音

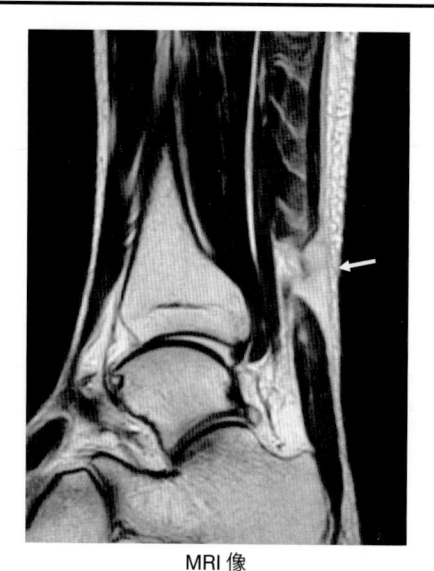

MRI 像
図8. アキレス腱断裂

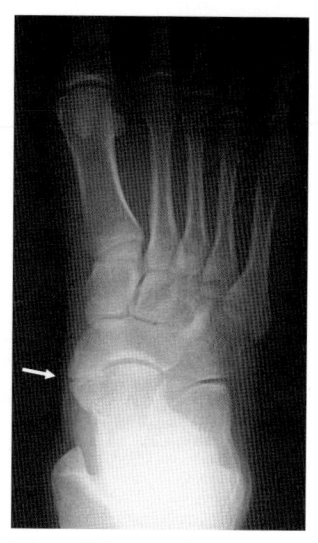

図9. 外脛骨障害

が聞こえる。受傷直後に走行困難となり，アキレス腱部に圧痛，陥凹を認める。Thompson test 陽性となり，腓腹筋を握っても足関節が底屈しなくなる。

MRI 検査では断裂部がはっきり認められる(図8)。

受傷後の処置としては，荷重歩行を禁止として，尖足位にて副子固定を行う。

保存的治療を行うこともあるが，もとの競技レベルに早期復帰を希望する場合は手術的に腱縫合術を行う。

VI. 有痛性外脛骨障害

成長期に多くみられ，足部内側舟状骨に骨膨隆と同部に圧痛がみられる。運動すると疼痛が増強する。扁平足が合併することが多い。

X 線検査で，舟状骨内側に外脛骨と呼ばれる過剰骨が認められる(図9)。外脛骨があれば必ず疼痛があるわけではない。

治療法としては，まず全体の運動量を減らし，急性期には消炎鎮痛剤を投与し，局所注射を行うこともある。足底挿板を使用し，疼痛がおさまれば徐々にトレーニングを開始する。長期間にわたり痛みがとれない場合は，手術を行うこともある。

VII. 母趾種子骨障害

母趾種子骨障害を起こす疾患として，分裂種子骨，疲労骨折，骨壊死などがある。

母趾球部に圧痛があり，母趾背屈強制時に痛みが増強する。特にランニング，ジャンプの蹴り出し時に痛みが発生する。

単純 X 線検査で種子骨に骨折線を認めるが(図10)，これだけでは分裂種子骨か疲労骨折かを鑑別することが困難であり，骨シンチグラフィーや MRI 検査を必要とする。

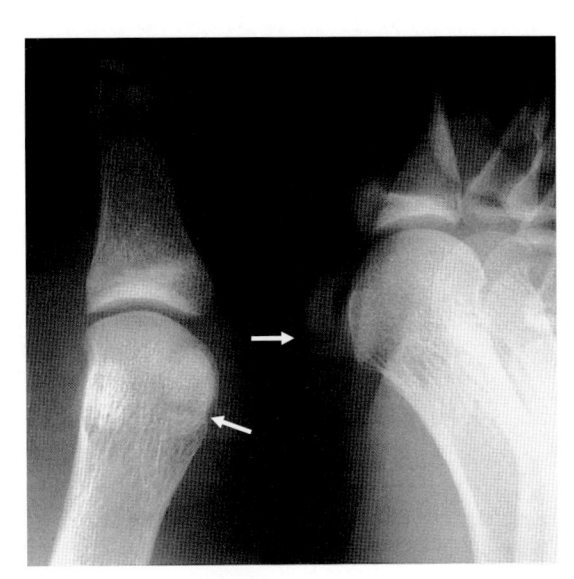

図10. 母趾種子骨障害

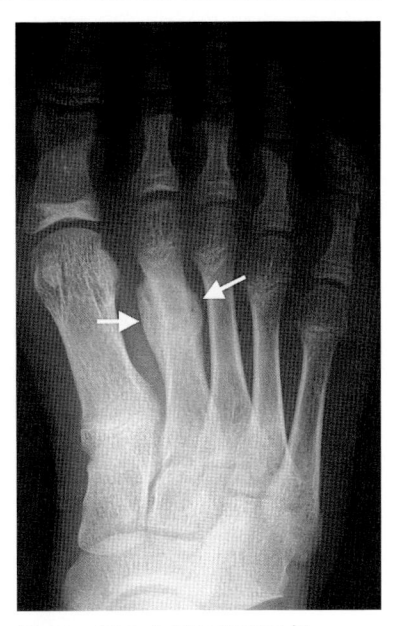

図11. 第2中足骨疲労骨折

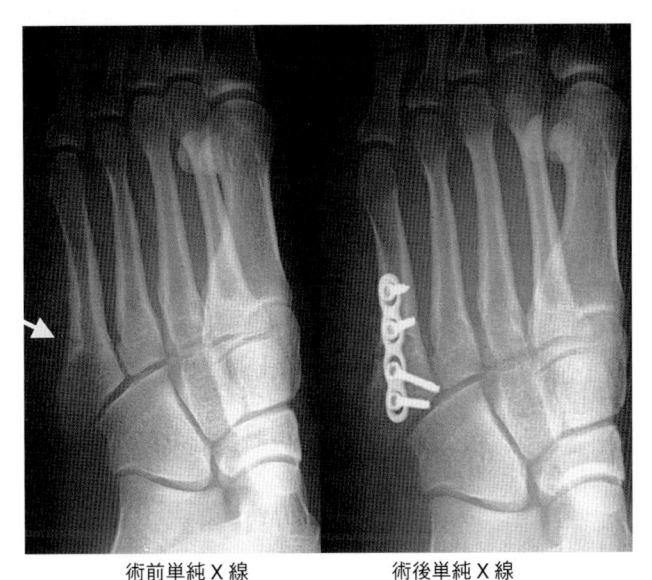

術前単純X線　　術後単純X線

図12. 第5中足骨疲労骨折（Jones骨折）
骨移植，プレート固定行う。

　治療法としてはランニングを中止し，シューズの靴底を軟かいものに変更し，種子骨の部分にパッドを加える。再発を繰り返したり，長時間痛みがとれない場合は種子骨摘出術を行う。

Ⅷ. 足・足関節部の疲労骨折

　サッカーにおいて足，足関節部における疲労骨折の多くは中足骨に発生する。第

5中足骨に発生するJones骨折は，Jリーガーにも多く発生しており，難治性である．中足骨以外にも足関節内果部，舟状骨，距骨，踵骨などにも発生する．

単純X線検査では，初期には異常を認めないが，発症後1週間過ぎ頃より，少しずつ骨変化が認められ，その後明瞭な仮骨が出現する(図11)．疲労骨折の初期の発見や，舟状骨や距骨などの単純X線では読影しにくい部位の発見には，骨シンチグラフィーやCTスキャン，MRI検査などが有用である．

中足骨の疲労骨折のほとんどは，運動を中止すれば1〜2カ月で治癒するが，第5中足骨に発生するJones骨折は難治性で再発も多くみられ，偽関節になる場合もあるので骨髄腔内スクリューで骨折部を止める手術や骨移植，プレートを用いた固定法を行うことがある(図12)．

（関　　純）

参考文献

1) 栗山節郎：足関節の impingement exostosis. 症例によるスポーツ外傷・障害の実際. 臨床スポーツ医学, 4(臨増)：324-326, 1987.
2) 佐野精司：有痛性外脛骨. 症例によるスポーツ外傷・障害の実際. 臨床スポーツ医学, 4(臨増)：364-365, 1987.
3) 有馬　享：母趾種子骨障害. 症例によるスポーツ外傷・障害の実際. 臨床スポーツ医学, 4(臨増)：366-369, 1987.

Chapter 10-1

内科的疾患の管理
―貧血・消化器疾患・肝炎

　わが国のサッカーは，代表チームがFIFAワールドカップに出る実力をもってきた。このような状況でサッカー選手は毎日激しい練習を行い，ときには海外の厳しい環境へ入り込んでいかなければならない。日頃から自分自身の健康状態を知り，少しでも弱いところがないよう自己管理をしなくてはトップにとどまれない。筆者は選手の健康管理を行っており，ときには合宿，試合さらに海外遠征に帯同している。このような場で，内科的疾患について指導や治療を行ってきた。

　ここでは，実際の現場で経験したことを中心に，内科的疾患のうち貧血，消化器疾患，肝炎について選手やコーチ，メディカルスタッフが知っておくべき知識について述べたい。

I．貧　血

1．スポーツ選手の貧血の実態

　スポーツ選手の持久力には血液中の赤血球の量が重要である。赤血球は，肺で取込んだ酸素を筋肉などに運ぶ。この酸素運搬能力を司る赤血球の指標は，血液ヘモグロビン値（Hb値）である。貧血とは，血液中の赤血球が少なくなった状態（Hb値が低下した状態）をいい，スポーツ選手では持久力が不足する。スポーツ選手では，男子14 g/dl 以下，女子12 g/dl 以下が貧血と診断されることが多い。一般人よりも厳しい基準であるが，強いスポーツを行うには十分なHb値が要求されるからである。

　まず，運動選手にどのくらいの貧血者がいるかをみた。

　坂本静男らは，国体選手のメディカルチェックを行った。このうち，大学生選手の貧血者の割合を紹介すると，男子85名中18.8％（図1），女子56名中17.9％（図2）が軽度の貧血であり，さらにそれぞれ2.4％，1.8％はHb値で13 g/dl 未満，12 g/dl 未満の強い貧血であった。後者では，パフォーマンスを発揮するために貧血の治療が必要であろう。両者を合わせると男子選手の21.2％，女子選手の19.7％が貧血であった。

　筆者が経験した某体育大学生約2,000名の健康診断では，男子で1.2％（Hb値13 g/dl 以下），女子では2.5％（Hb値11 g/dl 以下）の強い貧血者がいた。さらに，高度

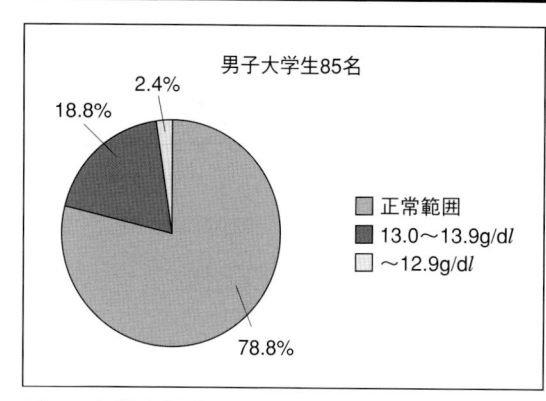

図1. 大学生選手の貧血者の割合（男子） 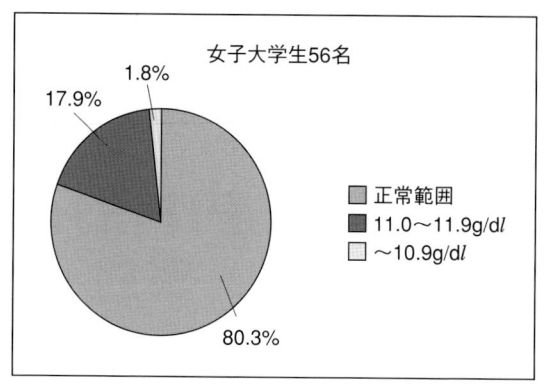　　図2. 大学生選手の貧血者の割合（女子）

の貧血者は男子0.1%（Hb値10 g/dl以下），女子1.0%（同）であり，これらの者はスポーツを続けるために治療を要した。一方，別の体育大学運動部の競技クラブ構成員男子460名中10名(2.2%)，女子で76名中4名(5.3%)が治療を必要とする貧血者であった（貧血の基準は男子12 g/dl以下，女子10 g/dl以下）。この大学で治療が必要な貧血者は，毎年3～14名発生していた。なかにはラグビー部のレギュラーウイング選手でHb値7 g/dl台を示し，前半はプレーできるが後半は交代させられる選手がいた。このように，選手には貧血傾向の者が男女ともに約20%はいる。さらに，現実に貧血症状を示して治療を要した選手は，男女とも約2%程度である。

一方，運動選手ではないが，どれぐらいの貧血予備軍がいるのかを女子大学生の中で示した資料がある。ここでは，ヘモグロビン値12 g/dl以下の鉄欠乏性貧血は7名(6.7%)に対して，正常者は82名(80.1%)であった。しかし，この正常者の中にも血液をつくるための鉄分が少ないもの（Hb値12 g/dl以上であるが，体内の鉄の貯蔵量を示すフェリチン値12 ng/ml以下）が16名(15.2%)いた。この数値は，ちょうど国体女子選手の貧血者の割合に似ている。すなわち，もしこれらの学生が国体選手と同じような厳しい練習をすれば，貧血になる可能性を示している。この調査では食事摂取の調査も行ったが，貧血者群と正常者群に，食物中の鉄摂取量の差はなかった。

2．貧血の症状

一般的な貧血の症状は動悸，息切れ，めまい，胸痛，頭が痛い，早く疲れやすいなどである。運動選手の場合でも貧血が強い場合は同じような症状を示す。しかし，練習でより強い負荷をかける運動選手の軽度～中等度（血液Hb値男子14 g/dl以下，女子12 g/dl以下）の貧血の場合は，違った症状を示すことがある。軽い練習や日常生活ではなんら問題を示さないが，追い込む練習や試合が続く時，試合の後半，強い相手と行う時に，スタミナがなくなり，早くバテてしまうとか，目にみえてパフォーマンスが落ちてきた時には，貧血の可能性を考えなくてはならない。このような時には，スポーツに関心のあるドクターに相談するべきである。

3．赤血球の産生

　赤血球は，鉄を含んだヘムという色素とグロビンという蛋白質からできている。赤血球は，ヘムとグロビンが腎臓から産生されているエリスロポエチンの指令によって，大きな骨の中心部にある骨髄でつくられる。赤血球の寿命は約120日であり，多く壊されると骨髄は生産を増やして，貧血にならないようにする。この時には，体内に十分量の鉄と蛋白質がなければならない。一方，長い期間酸素の不足が続くと，腎臓でのエリスロポエチンの産生が増加し，これが骨髄を刺激して，赤血球数を増加させる。高地でトレーニングする利点は赤血球を多くすることにある。

4．赤血球の働き

　赤血球は，その中に含まれるヘモグロビンによって酸素の運搬を行う。ヘモグロビンは酸素と結合して，これを肺から筋肉などの組織に運搬し，そこで酸素を放すことにより組織に酸素を供給する。そのために貧血になると，酸素運搬役の赤血球が足りなく，運動による酸素の要求に追いつけず，スタミナ不足になる。

5．赤血球を表す検査値

　赤血球の検査は，血液検査(貧血検査ともいう)で行う。その数値は赤血球数，ヘモグロビン値(血色素量またはHb値)，ヘマトクリット値(Ht値)で表される。潜在的な貧血の検査である貯蔵鉄の指標は血液中のフェリチン値である。赤血球は血液 $1\mu l$ 中にある数で示され，正常人では，およそ男子で500万$/\mu l$，女子で450万$/\mu l$ である。Hb値は，血液100 ml(1 dl)中のグラム数で表される。正常値はおよそ男子で16 g/dl，女子で14 g/dl である。Ht値は血液中に赤血球の占める容積で，正常値はおよそ男子で45％，女子で42％である。フェリチン値の正常値は男子 20 ng/dl 以上，女子 5 ng/dl 以上である。赤血球の状態を細かくみるために，平均赤血球容積(MCV)(平均正常値 $90\mu m^3$)，平均赤血球ヘモグロビン量(MCH)(平均正常値30 pg)，平均赤血球ヘモグロビン濃度(MCHC)(平均正常値32 g/dl)の指数が用いられる。

　これらは，健康診断の時に返されるデータ表に書かれているので，運動選手やコーチは必ずみておく必要がある。貧血の時には，赤血球数，Hb値，Ht値のいずれも減少するが，貧血の性質によって指数の減り方が異なる。鉄欠乏性貧血では，MCV，MCHがともに小さくなり，小球性低色素性貧血といわれ，赤血球が小さくて，ヘモグロビン量も少ない。

6．貧血の種類

　貧血には，①蛋白質，鉄，ビタミンB_{12}，葉酸などの材料の不足，②赤血球の寿命の短縮(溶血または出血)，③骨髄の機能の低下(再生不良性貧血など)の3つの場合がある。

　運動選手にみられる貧血の多くは，鉄が不足することにより赤血球の生産が追いつかなくなる鉄欠乏性貧血である。運動選手は多量の汗をかくために，この中から失われる鉄の量が多い。汗1l中の鉄分は0.5 mg/lといわれているから，通常はさ

ほどの量にはならないが，真夏の昼間の試合では $2l \sim 3l$ も汗が失われる。この時，計算上は $1 \sim 1.5\,mg$ の鉄分喪失になる。これは，1日に胃腸から吸収される鉄量の約半分に相当する。体内の貯蔵鉄が十分にあれば活発な産生が起こり，赤血球を補給するが，少ない時には材料不足から貧血となる。この時，口から食物やサプリメントで鉄分を補強しないと鉄欠乏性貧血になる。ときには強いストレスがかかる胃腸から出血が起こることや，長い距離を走ることによる血液の破壊（溶血）があるともいわれる。

7．体内の鉄の動き

体の中には約 $5\,g$ の鉄があり，そのうちの約 $3\,g$ がヘモグロビンとして使われている。その他に約 $1.2\,g$ が，肝臓や脾臓に貯蔵鉄として蓄えられている。必要に応じて骨髄に運ばれて，新しい赤血球の産生に利用される。赤血球がつくられるために1日に利用される鉄の量は約 $20\,mg$ である。多くは貯蔵された鉄が使われ，食物からの鉄の吸収は1日約 $3\,mg$ にすぎない。鉄は食物中に含まれ，胃液中の塩酸（胃酸）の作用で吸収可能なかたちになり，十二指腸および空腸で吸収される。一方，壊された赤血球から取出された鉄は便から排出され，1日の鉄の排泄量は $1 \sim 3\,mg$ である。

8．赤血球の寿命と処理

血流中の赤血球の寿命は約120日で，主に肝臓および脾臓で破壊される。

9．貧血の治療

サッカー選手で貧血と診断された時には，パフォーマンスをあげるために直ちに治療をする。放っておいてよいことはない。

何よりも大事なのは，貧血にならないように予防することである。運動選手の貧血は，多くが鉄欠乏性貧血であるから，鉄を含む食品を十分食べておく。鉄分は植物性食品（ほうれん草，春菊，小松菜などの青い野菜，ごまや大豆などの豆製品）と動物性食品（肉，魚，貝類）に多く含まれている。ふだんからこれらの食品を食べるように意識しておく。また，食品中の鉄分吸収にはビタミンCを同時にとることが必要である。練習がきつい時には食欲がなくなり，お茶漬けなどをかろうじて入れるようなことがあり，よい食品を十分にとれない。海外遠征では，衛生上から生野菜を避けなければならないことがあり，鉄分が不足する。このように，鉄分が十分に補給できない時には，鉄の補助食品やビタミン剤をサプリメントとして補給する必要がある。

一方，鉄分を十分にとっているにも関わらず貧血が改善されない時には，蛋白質の摂取不足であることが多い。もちろん蛋白質は赤血球をつくるだけでなく，筋肉の補給に使われるのであるから，強い練習期や試合期には通常よりさらに余分の蛋白質を補給する必要がある。

貧血が強い時には，治療をしなければならない。一般的には鉄剤の内服が行われる。鉄は，お茶とともに服用すると吸収が悪いと嫌がる医師がいる。しかし，お腹

がすいている時に鉄剤を服用すると，副作用の嘔気，腹痛などが強くみられるので，吸収は悪くとも毎食後に服用する方が副作用が少ない。鉄剤は，ビタミンCを同時に内服すると吸収がよくなる。

鉄剤の副作用が強い時には，注射にて補給する。投与量(mg)は〔(15−Hb値)×体重×3〕で計算し，1回40 mgであるから，体重70 kgでHb値10 mg/dlの時には約25回注射をする。

II．消化器疾患

1．海外遠征で起こった細菌性下痢症

日本を代表するあるチームが，南アジアの大都市にて行われた約1カ月の大会に参加した。ホテルは，超一流で衛生状態はよいと自慢していた。選手には生水を飲んではいけない，生野菜は一切食べてはいけない，自分でむいた以外の果物はだめと指示した。選手は十分に注意をしており，ミネラルウォーターでさえ栓を自分自身で開けたもの以外は飲まないほど徹底していた。医師は，細菌性の下痢を考え，予防的に抗生物質を毎日1錠朝食後に投与した。これだけの注意を行ったにも関わらず，選手は次々に細菌性下痢症状を起こしていた。横浜にある海外勤務健康管理センターでは，海外での細菌性下痢症を予防にするために，

① 生水は飲まない。ミネラルウォーターか煮沸水を飲用する。水割りの氷も安全な水からつくる
② なるべく自分で調理する。調理人にまかせる場合，衛生教育と健康管理(健康診断など)に気を配る
③ 刺身は不可。口に入れるものはすべて加熱調理 (自分で皮をむいた果物だけは生でOK)
④ 調理したらすぐ食べる
⑤ 用便後，帰宅後，調理前，食前の手洗いを励行すること

といっている。

また，アメリカ疾病予防センターでは，次のように注意している（細菌性下痢の予防に関するものに限る）。

① 手を石けんと水で頻回に洗うこと
② 足は乾燥して清潔に，はだしで歩かない
③ 屋台で買ったものは食べない
④ 氷を入れた飲み物は飲まない
⑤ 飲む水はミネラルウォーターか沸かしたもの
⑥ ミルク製品は飲まない
⑦ 泳がない
⑧ 蒸して調理し，手でむき，最後に残ったものは捨てる

東南アジアに遠征したチームに発生した集団食中毒がある。東南アジア到着直後に数名が下痢と腹痛を訴えたので，生水と氷はやめさせた。その一方で，選手が栄

養不足にならないように日本食や中華料理を外食した。ところが，帰国直前に食中毒が発生した。遠征の最終国は開国してまもないミャンマーで，帰国4日前の14時に，現地日本人会から食料が差し入れられた。夕方4時からの試合を終了して帰宅。22時から夕食，翌朝からほぼ全員が食中毒にかかってしまった。そこで抗生物質(ST合剤)内服，重症者には点滴投与を行った。原因としては，差し入れ保存された食料，飲料水，果物などすべての要素が考えられた。

2004年，アテネオリンピックアジア最終予選が中近東のカタールで行われた。最終戦の前に細菌性下痢症によりチーム構成が壊されたことは，記憶に新しい。

このように，海外遠征にいくと細菌性の下痢症(細菌性胃腸炎)に罹り，十分に実力を発揮できないことがある。

2．消化器系統とは

消化器系統とは口から始まり食道，胃，十二指腸，小腸(空腸，回腸)，大腸を通って肛門までをいう。食物を消化して吸収する役割をもっている。また今回は除いてあるが，肝臓，胆嚢，膵臓も消化器系統に含む。消化器系統は，運動していない時に活発に働いている。消化器系統を働かせているのは副交感神経系統である。副交感神経からはアセチルコリンが分泌され，これが消化器系統を刺激する。副交感神経は，交感神経とは反対に働く。運動する時には交感神経が主体となり，アドレナリンなどの交感神経系統のホルモンが活発に分泌されている。これらのホルモンは消化器の働きを抑える。すなわち，活発に運動するような時には，交感神経系ホルモンが働き，代謝を更新させ，エネルギーをつくり，酸素を多く取入れている。一方，ゆっくりしている時や，寝ているような時には副交感神経系の働きが主体で，エネルギーを貯蔵するように働いているのである。

3．消化器系にみられる症状

消化器系統の症状は，嘔気，嘔吐，胸焼け，げっぷ，食欲不振，腹痛，下痢，便秘，下血などである。運動と関係している消化器系統の疾患(病気)の種類を挙げると，逆流性食道炎，胃炎，胃・十二指腸潰瘍，過敏性腸症候群，下血，食中毒などが挙げられる。ここでは，運動に関係する重要な問題を取り上げる。

4．過敏性腸症候群

過敏性大腸症候群は約70％の人が罹患するといわれており，消化器疾患の中では最も多い。スポーツ現場でも多くみられる。この病気の症状は，腹痛を伴う下痢，または便秘である。選手はふだん何もないが，試合を前にして緊張のあまりトイレに駆け込むようなことがよく起こる。

過敏性腸症候群の選手は，腹痛・下痢を起こすような食物をよく知っておいて，避けることが大切である。このような食物を試合の前には決してとらないことである。精神科的なアプローチが効果的なことも多いが，薬物療法はよく効く。腸の運動抑制剤であるロペラミドを使って試合の緊張感からくる腹痛・下痢を抑えることは有効である。

5. 便秘

　従来の日本人の食事には食物繊維が多く含まれていたから，運動選手にそれほど多くは認められなかった。しかし，最近はファーストフードの店で軟らかい物を食べ，さらに野菜をほとんどとらないようになってきたので，便秘の相談を受けることも多くなってきた。

　便秘を予防するためには野菜を多くとること，きちんとした排便習慣をつけることが大切である。食事をとると，お腹がごろごろすることを経験した人は多いであろう。これを胃結腸反射という。空腹時間が長いほどこの反射が大きく起こる。朝食後に排便する人が多いのはこのためである。海外遠征や外食が多い時には繊維が少なくなり，時差の狂いから便秘になることが多い。このような時には繊維を含むタブレットを服用する。ときには，下剤を試合の時間に合わせて使用することも必要である。

6. 下痢

　下痢とは便の回数が多くなり，水分量が増えるために便の形がなくなることをいい，多くの場合は腹痛を伴う。急に起こる下痢は感染（細菌・ウイルス），毒素および薬剤が原因であるが，多くは感染性の下痢である。

　海外は別にして，日本では夏には細菌性の下痢が多いが，冬に起こるのは，ノロウイルスによる下痢症が多い。これらの下痢は，不衛生と思われる食物をとった数時間後から始まる。嘔気，嘔吐，腹痛，下痢を伴い，ときには熱が出ることもある。

　食べた食物内に含まれていた病原菌から毒素が発生して症状が起こる。体内に細菌が存在する時間は短いので，多くの場合抗生物質の投与は必要ない。症状は，体から毒素が抜けるまでの間に治るので，それを期待して治療する。ただし，赤痢などの細菌性の下痢には抗生物質の必要な時もある。細菌性の下痢には，まず最初にニューキノロン系の抗生物質を3日間内服する。

　最初の症状が終わり，食物を経口摂取することができるようになれば便と同じ固さのものをとる。すなわち，便がまったく形をなさない初期には水分のみ，それも塩分を含めたミネラルを含んだものである。簡単な方法としては，いわゆるスポーツドリンクをできる限り多く飲むことである。早く治すのには点滴で水分とミネラルを補給する方が早い。水様便の中に少し便の固まりが混じるようになれば，お粥やうどんなどをとる。この時，脂肪分は含まない。鍋焼きうどんなどの海老のてんぷらや，卵が含まれているものは勧められない。さらに，便が固形となり，形状を残すようになってきたら，軟らかいご飯を食べる。しかし，この時点も鳥のから揚げやハンバーグなどはもってのほかである。はっきりと便の形ができた時に，はじめて普通のご飯を食べる。この間は，栄養摂取不足から体重が数kg減ることが多い。したがって，トップレベルの選手に対しては，早期より炭水化物を多く含んだ固形の食物を摂取させた方がよい場合もある。

III．肝　炎

1．肝炎とスポーツ界の関わり

　サッカー選手が肝炎に罹り，選手生命が脅かされることがある。過去に日本のサッカー界が肝炎に脅かされた新聞記事を拾ってみた。

　①「天才襲った直前の病魔」：1968年のメキシコ夏季五輪，ここで彼が演出した日本サッカー界の"歴史"は今も語り継がれている。当時24歳のエースFWは7ゴールで得点王のタイトルを手にし，銅メダル獲得の立役者となる。脂の乗り切った69年W杯メキシコ大会予選の時，メキシコ五輪銅メダルの余勢をかって臨んだ大黒柱は負傷ではなく，肝炎に倒れた。エースを失った日本代表は予選最下位で敗退した。

　②「新生全日本"攻撃"サッカーW杯予選，北朝鮮の壁に挑む」：点取り屋で主将の選手(三菱)が肝炎で入院した。

　③「某選手晴れ舞台，肝炎で辞退」：ユニバーシアード大会で代表に選ばれたが，帰国の飛行機の中で，突然，体に異変が起きた。顔や手が黄ばみ，機内食がのどを通らない。黄疸が襲った。A型肝炎。いくべき所はグラウンドではなく，病院だった。1カ月，病室の窓に四角く切り取られた空をながめて暮らした。1991年の晩春，横浜市内の病院の8人部屋のベッドで，その選手は首を振り続けた。

　④　一方，サッカーではないが有名な出来事に，プロレスの有名選手が肝炎を患った後，肝移植を望んだこともある。

　「プロレス全日本某選手，肝炎治療のため入院，一時は引退も決意」：肝炎のため今年7月2日から8月にかけて6週間の入院治療を行った。8月20日からのサマーアクション・シリーズで復活したが，無理がたたり，11月3日に再入院となった。「選手生活を続ける自信がない」と引退をほのめかした。彼の友人は「そういうことは病気が治ってから考えればいい」と慰留した。

2．肝炎を発見されるきっかけ＝偶然

　肝臓は「沈黙の臓器」といわれている。肝炎の症状は皮膚の色が黄色くなること(黄疸)や，疲労が抜けなくなるなどである。このような症状が出た時に医師を訪ねて血液検査を受けると，肝炎と診断される。しかし，現在ではサッカー選手がこうして診断されることは稀である。現在，肝炎が発見されるきっかけは，メディカルチェックで肝機能検査(AST/ALT)が異常値を示した時か，肝炎ウイルスが陽性であるといわれることが多い。肝臓が「沈黙の臓器」といわれるゆえんである。

3．肝炎の型とウイルス

　肝炎は病気の形から急性肝炎(急に黄疸や強い疲労が起こる)，慢性肝炎(ほとんど自覚することなく，たまたま血液検査で発見される6カ月以上続く肝炎)とに分けられる。さらに進行すると，肝硬変(肝臓病の末期として発見される)，肝臓癌になる。また肝炎は，原因によっても分けられる。ウイルス性肝炎，薬剤性肝炎，アルコール性肝炎や脂肪肝などである。

ウイルス性肝炎はA型肝炎ウイルス(HAV)が原因のA型ウイルス性肝炎, B型肝炎ウイルス(HBV)のB型ウイルス性肝炎, C型肝炎ウイルス(HCV)のC型ウイルス性肝炎, D型肝炎ウイルス(HDV)のD型ウイルス性肝炎, E型肝炎ウイルス(HEV)のE型ウイルス性肝炎, G型肝炎ウイルス(HGV)のG型ウイルス性肝炎に分けられる。現在, 発見される肝炎の多くは, 偶然発見される肝炎ウイルス陽性者で, 本人は病気を自覚していない。今回は, これらのウイルス性肝炎ウイルスのうち, HAV, HBV, HCVが原因の肝炎と, その対処法について述べる。

日本は世界の中で中等度に肝炎ウイルスに侵されている国のひとつである。HBVは全人口の3.0%, HCVは2.2%がウイルスの保菌者である。すなわち, 100人のサッカー部員がいれば約5人はBまたはCのいずれかの肝炎ウイルスをもっていることになる。

HAVは患者の便に排出されて, 汚染された食品を食べることから感染する。HBVとHCVは血液や性交渉により感染する。ちなみに, HEVはHAVと同じように感染するが, HDV, HGVはHBV, HCVと同様にして感染する。

4. A型肝炎

A型肝炎ウイルスが口から入って感染する(経口感染)。感染者の便中に排泄されたA型肝炎ウイルスが水や食べ物, 貝類, 魚類などに付着して口から入る。貝類にはウイルスが多量に蓄積して, カキやハマグリなどを生食すると感染することがある。わが国を含め, 先進国では肝炎の流行は稀であるが, 開発途上国にはA型肝炎の流行地が存在する。下水道が完備されず, 飲み水に細菌が入りやすいなどの衛生状態が悪いことが原因と考えられる。ウイルスが体の中に入って15〜45日でカゼのような症状に続いて, だるさ(全身倦怠感), 黄色い尿(褐色尿), 白目の部分や皮膚が黄色くなり(黄疸)急性肝炎が疑われる。血液検査を行うと, AST, ALT, LDH, ビリルビンなどが上昇しており, 急性肝炎と診断される。多くは入院して治療できるが, その頃には症状が軽くなり約1カ月で退院できる。0.1%の感染者は劇症肝炎になり, 生命に危険を生じることもあるが, 慢性肝炎になることはない。子供や青年には強い症状が起こる。ウイルスが体内に入っても肝炎を起こさないことがある(不顕性感染)。一度感染すると, 肝炎を起こしても(顕性感染)または不顕性感染であっても抗体を獲得する。抗体をもっている人は二度とA型肝炎にはならない。大人になるほど抗体をもっていることが多い。

5. B型肝炎

B型肝炎ウイルスは体液(血液, 精液, 腟液, 唾液)などを通して感染し, A型肝炎とは違い経口感染ではない。B型肝炎ウイルスが体の中に入ってから30〜180日で病気がA型肝炎と同じような急性肝炎として発現する。一時的な感染症状(全身倦怠感, 嘔気, 黄疸, 肝機能障害)を起こし, 多くは入院治療が必要であるが約3カ月間で完全に治癒する。その後, 血中に抗HBs抗体が発現する。このために同じ人がB型肝炎に再度感染することはない。1%の感染者は劇症肝炎になり, 生命に危険を生じる。A型肝炎と違って, 約5%は慢性肝炎に移行するので注意深い観察

が必要である。

B型肝炎の自然経過：

B型肝炎の特別な形に慢性肝炎がある。前述のような急性肝炎から移行する慢性肝炎もあるが，B型慢性肝炎の多くはHBVが母親から出産前後に感染する垂直感染である。その後，HBV感染が長く続くことで問題を発生する。B型肝炎ウイルスをもっている人を保菌者という。多くの若い保菌者は無症状であり，20歳ぐらいまで肝炎とならず，無症候性保菌者という。この時期は，肝機能検査のみの健康診断ではHBVを発見できない。献血をした時や，なんらかの理由によりHBV検査を行って発見される。無症候性保菌者は20歳前後で一時的に肝炎になることがある。この時，肝機能検査異常が生じ，病気を指摘されることがある。これらの多くはその後おさまるが，一部は進行して慢性肝炎から肝硬変へと進む。

6．C型肝炎

C型肝炎もB型と同じように血液，性交渉感染により体液(血液，精液，腟液，唾液)などを通して感染する。B型と違って母親からの垂直感染は少ない。最近では，非合法的な麻薬の回し注射や，刺青などで感染するケースが多い。

C型肝炎ウイルスは，B型肝炎ウイルスと同じくC型肝炎ウイルスが体の中に入ってから15〜160日で急性肝炎として発現する。C型肝炎は，一時的な感染症状(全身倦怠感，嘔気，黄疸，肝機能障害)後に慢性肝炎に移行することが3/4ぐらいある。肝炎がC型肝炎ウイルスによると判断されたら，注意深く観察する必要がある。

C型肝炎の自然経過：

輸血をした後に感染したC型肝炎の経過をみると，急性肝炎の症状はほとんど起こさない。当初はC型肝炎ウイルスに対する抗体(抗HCV抗体)が陽性を示すだけである。数年後から肝機能障害(AST/ALTの上昇)が指摘され，慢性肝炎と診断される。この時点で治療しなければ，20〜30年で約半数は肝硬変に進行する。

7．肝炎ワクチンと予防

現在ワクチンが開発されているのはHAV，HBVである。

A型肝炎ウイルスワクチンは2回打つ必要がある。ワクチンは4週間目から効果を発揮するが，2回目のワクチンを6カ月〜1年以内に打つ。衛生状態の悪い海外に試合にいく選手は，HAVに対するワクチンを打っておくことが望ましい。1999年のナイジェリアで行われたワールドユース大会に参加した選手には，ワクチンを接種した。海外遠征は急に決まることが多く，このような時にはワクチンは期待できない。A型肝炎に罹りそうな食品を食べたら，免疫グロブリンが効果を示すので専門医に相談するべきである。

B型肝炎にもワクチンが開発されている。感染する危険性の高い選手はワクチン接種を受けるべきである。一緒に生活している同僚の選手にHBV感染者がいる時や，HBV感染率の高い海外遠征(東南アジア，南アジア，極東，アフリカ諸国)にいく可能性のある選手には，予防的にワクチンを接種しておくべきである。某大学で

は保菌者がいたことが判明し，残りの選手全員にワクチンを接種した例もある。

　ワクチンは，最初と接種後1カ月さらに6カ月後の計3回受ける。HBVは血液を通して感染することがわかっているために，垂直感染の予防法が確立している。HBV陽性の母親から生まれた子供に，出産後できるだけ早くにHBVに対するワクチンを打つことで発症を防ぐことができる。

　また，HBVは血液を通して感染するので，当然のことながらHBV患者からの輸血を受けてはならし，また保菌者が出血した時の血液を扱う時に手袋をつけるなど（一般には保菌者がわからないから，すべての血液を扱う時）で感染を防げる。また，非特定の相手とのコンドームを使用しない性交渉は行わない。これらを標準予防策という。

　HCVに対するワクチンは開発されていないため，HBVのようなワクチンによる予防法はできない。しかし，HCVは血液を介して感染することがわかっているので，HBVに対するのと同じ一般的な予防法を行えば感染しない。すなわち，HCV患者からの輸血は受けない，クラブ員同士での剃刀や，歯ブラシを共有しないことである。すべての選手を検査していることは稀であるから，別項10-3（222頁）で述べる感染症に対する標準的予防策を全員がとるべきである。

〈荒川正一〉

Chapter 10-2
内科的疾患の管理
—気管支喘息・花粉症

I. 気管支喘息

1. 病態

　気管支喘息は発作性の喘鳴，咳と痰，呼吸困難などが不定期に反復する疾患である。発作は特に夜間から早朝にかけて生じ，自然にあるいは治療によって軽快する。わが国における有病率は，1990年代には小児で3.86～9.3％，成人で2.9～4.15％といわれる[1]。

　病態については，1960年代から喘息は気道の可逆的収縮の反復および軽度の刺激で症状を起こす気道過敏性が重要視されてきた。1990年代からは，好酸球，Tリンパ球，肥満細胞などの炎症細胞による気道の慢性炎症のために気道過敏性が生じ，そこに抗原など種々の刺激が加わって急性炎症が起こり，発作に至ると考えられている。気道の炎症が放置されると気道壁は肥厚し，気道リモデリングと呼ばれる非可逆的な変化が起こって難治性になる[2,3]。そのため気管支喘息の治療の根本は，気道の炎症を抑制することに重点が移ってきた。これは以前の治療が，収縮した気管支を拡張させることが主であったのに比べると大きな変化といえる。

　気管支喘息の発症原因で最も重要なのはアトピー素因とアレルゲンであり，小児喘息では71.8％が典型的なアトピー型，4.8％が感染型，21.6％がその両者による混合型であった。一方，成人喘息ではアトピー型30.2％，感染型（多くがウイルス感染に基づく）37.1％，混合型30.1％と病型に差がみられなかった[4]。小児期に発症した喘息は思春期になると多くは緩解ないしは治癒状態となるが，高齢者の喘息は慢性閉塞性呼吸器疾患の合併により病像が複雑化してくる[5]。

　サッカーなどのスポーツに際しては，運動誘発性喘息にも注意が必要である。特に学童の場合，体育が義務であったり，遊びでも運動強度の強いものがあったりして，運動による気道の狭窄が誘発されやすい。運動負荷試験によって負荷後5～10分で$FEV_{1.0}$の急激な低下が生じ，運動後1時間で負荷前のレベルに戻るのが典型的な反応である[6]。季節では，空気が冷たく乾燥している冬に起こりやすく，なかでも喘息のコントロール不良例，重症例，鼻閉塞による口呼吸例に多い。その病態としては，換気量の増大による気道の冷却と水分の喪失に伴う浸透圧の上昇，冷却に続く温度の再上昇，気道への刺激によるマスト細胞の活性化などの説が挙げられて

いる[6]。

　スポーツの外傷・障害に対しては，酸性非ステロイド性抗炎症薬（以下NSAID）が投与されることが多い。この薬剤は，成人喘息の約10％において激しい喘息発作を起こすといわれている。これがアスピリン喘息で，NSAIDを服用して初めて症状が出現する。そのため，服用した経験がない喘息患者では本症か否かが不明なので，アスピリン喘息の半数は潜在患者といわれている。アスピリン，インドメタシンをはじめとするNSAIDのほかに本症を起こす可能性がある主なものは，コハク酸エステル型副腎皮質ステロイド薬，食用の黄色・赤色着色剤，防腐剤などで，ほかに環境内の化学物質，サリチル酸を含んだ柑橘類などの果物や野菜なども誘発物質として疑われている。本症は高率に鼻茸や慢性副鼻腔炎，嗅覚障害を伴っている点が特徴的である。しかし，これらの鼻疾患はアスピリン喘息以外でもみられるので確定診断はできないが，慢性的に鼻症状のある喘息患者は本症を伴っているものとして扱う方が無難である[7]。アスピリン喘息の発作は注意することによって避けられるだけに，常に留意する必要がある。

2．治　療

　わが国の喘息予防・管理ガイドライン（以下ガイドライン）が1998年に発表され，2003年に改訂された[5]。ガイドラインでは，喘息は発作の頻度および程度，ピークフロー測定値（$FEV_{1.0}$）によって，ステップ1〜4，すなわち軽症間欠型（小児では間欠型），軽症持続型，中等症持続型，重症持続型の4段階（表1）に分類されている。これによって重症度に応じた長期管理方針が示されているので一覧表にまとめた（表2）。ピークフロー測定値は喘息の自己管理上重要であり，5歳以上になると測定可能で，服薬を続けている中等症以上の患者では特に必要とされる。ピークフローは強制呼気時の中枢気道の流速を測定するもので，1日2〜4回，坐位または立位で測定するのがよい。家庭で測定できる種々の機種が市販されている[5)8)]。

表1．喘息重症度の分類（成人）[5]

重症度	ステップ1 軽症間欠型	ステップ2 軽症持続型	ステップ3 中等症持続型	ステップ4 重症持続型
症状の特徴	・症状が週1回未満 ・症状は軽度で短い ・夜間症状は月に1〜2回	・症状は週1回以上，しかし毎日ではない ・日常生活や睡眠が妨げられることがある：月1回以上 ・夜間症状が月2回以上	・症状が毎日ある ・短時間作用性吸入β_2刺激薬頓用がほとんど毎日必要 ・日常生活や睡眠が妨げられる：週1回以上 ・夜間症状が週1回以上	・治療下でもしばしば増悪 ・症状が毎日 ・日常生活に制限 ・しばしば夜間症状
PEF $FEV_{1.0}$	予測値の80％以上 変動20％未満，あるいはPEF自己最良値の80％以上	予測値の80％以上 変動20〜30％，あるいはPEF自己最良値の80％以上	予測値の60〜80％ 変動30％以上，あるいはPEF自己最良値の60〜80％	予測値の60％未満 変動30％以上，あるいはPEF自己最良値の60％未満

PEF：peak expiratory flow，$FEV_{1.0}$：forced expiratory volume in 1.0 sec，ステップ1〜4：治療前の臨床所見による重症度。いずれか1つが認められればそのステップを考慮する。その他の詳細は省略。

表2. 喘息の長期管理における重症度別使用薬物一覧(文献5)を改変)

	ステップ1	ステップ2	ステップ3	ステップ4
吸入ステロイド薬	△最低用量	▲低用量	●中用量	●高用量
テオフィリン徐放性製剤	△	▲	■	★
ロイコトリエン拮抗薬	△	▲	■	★
DSCG	△	▲		
抗アレルギー薬※	△	◆		
長時間作用性β_2刺激薬*		▼	■	★
Th2サイトカイン阻害薬			○	○
経口ステロイド薬				☆

白印:使用を考慮,黒印:連用,DSCG:クロモグリク酸ナトリウム
※:ロイコトリエン拮抗薬とDSCGを除く
*:吸入/貼付/経口
△:喘息症状がやや多い時(例えば月に1〜2回),血中・喀痰中に好酸球増加のある時は,△のうちいずれか1つの投与を考慮
●:連用
▲:▲のうちのいずれかを連用もしくは併用
◆:アトピー型に▲のうちのいずれかと併用
▼:夜間症状,持続する気道閉塞に吸入ステロイド薬と併用
■:■のうちのいずれかあるいは複数を吸入ステロイド薬と併用
★:★のうちの複数を吸入ステロイド薬と併用
☆:●★でコントロール不良の場合に追加
○:併用を考慮

(喘息予防・管理ガイドライン2003[5],82頁を薬剤別一覧表にまとめた)

　喘息治療の目標は,その時の発作を改善することではなく,種々の抗喘息薬の継続的な使用により気道狭窄の出現を予防し,正常に近い肺機能を保ち,健常人と同じような日常生活を維持することである[9]。気道リモデリングと喘息死を回避することが予後の上からも重要である。長期管理はステップに応じて治療を開始し,コントロールの状況によってステップアップ,ステップダウンを行っていく。

　気管支喘息の治療が気道の慢性炎症を抑制することを重視する方向に変わって,吸入ステロイド薬が第一選択薬になってきた。定量噴霧器を用いたベクロメタゾンの吸入から,操作性がよく効果が強いフルチカゾン,ブデソニドのドライパウダー吸入に変わりつつある(表3)。欧米では一般的な吸入ステロイド薬による治療も,わが国では普及が速やかとはいえない点が問題である[10]。吸入ステロイド薬中心の治療によって,喘息発作入院率が明らかに減少し[11],この治療の普及によって喘息死亡率が低下したこと[12]が報告されている。2001年には気管支喘息による死亡率は人口10万人対3.2%と減少しているが[5],いまだに年間4,000人弱の死亡者がいる。喘息の本態は気道の慢性炎症であり,それを早期から吸入ステロイド薬で改善することが予後をよくすることを,喘息を扱う臨床医すべてが認識することが望まれる。世界アンチドーピング規定,国際基準の2004年禁止リスト[12]には,糖質コルチコイドの経口または直腸内投与,静脈および筋肉注射による全身的使用が掲載されている。一方,吸入ステロイド薬は経口・経鼻ともに使用可能であるが,申告が必

表3. 気管支喘息長期管理薬

分類		特徴	注意点
吸入ステロイド薬	下記の3剤に共通	・慢性気道炎症を改善 ・通常量では全身への影響は非常に少ない ・長期連用可能	・噴霧された薬剤が口腔，咽頭に多く付着し，吸収されて全身へ ・吸入後必ず含嗽が必要
	ベクロメタゾン	・加圧式ガスによる定量噴霧	・効果的な吸入が困難，しかし，スペーサーの使用で改善
	フルチカゾン ブデソニド	・自己の吸気でドライパウダー吸入 ・効果が強く，吸入も容易	
β_2刺激薬	長時間作用性[1]	・気管支拡張作用，気道分泌液排出 ・テープ型（貼付）は1日1回で，高齢者や小児にも適応	・副作用は動悸，頻脈，不整脈，振戦など ・1日3～4回まで ・吸入ステロイドとの併用がよい
テオフィリン薬	徐放性製剤	・気管支拡張作用	・副作用は悪心，嘔吐，頻脈，不整脈，痙攣など
抗アレルギー薬	メディエーター遊離抑制薬[2]	・アトピー型喘息が対象	・効果判定は4～6週間の投与後 ・トラニラストで膀胱炎様症状
	第二世代ヒスタミンH_1拮抗薬[3]	・アトピー型喘息が対象 ・咳喘息，喘息の咳に有効	・オキサトミドで錐体外路症状 ・咳には効果発現までに2週間の投与
	ロイコトリエン拮抗薬[4]	・運動誘発性喘息に有効 ・内服後早期から呼吸機能を改善	・効果判定は2～4週間の投与後
	トロンボキサンA_2阻害・拮抗薬[5]	・気道過敏性を抑制 ・線毛機能を改善 ・非アトピー型にも有効	・効果判定は2～4週間の投与後 ・血小板凝集能抑制で出血傾向
	Th2サイトカイン阻害薬[6]	・気道炎症を改善 ・好酸球浸潤を抑制	

[1] 吸入薬：サルメテロール，貼付薬：ツロブテロール，経口薬：ツロブテロール，ホルモテロール，プロカテロール，クレンブテロール，マブテロール
[2] クロモグリク酸ナトリウム（吸入），トラニラスト，アンレキサノクス，レピリナスト，イブジラスト，ペミロラスト，タザノラスト
[3] ケトチフェン，アゼラスチン，オキサトミド（小児のみ），メキタジン，エピナスチン
[4] プランルカスト，ザフィルルカスト，モンテルカスト
[5] オザグレル，セラトロダスト
[6] スプラタスト

（注記のないものはいずれも経口薬）

要である。
　β_2刺激薬については，副作用を減少させるためにβ_2選択性を高め，長時間作用するように改良が加えられ，現在はテープ型も発売されている。長時間作用型β_2刺激薬は12時間以上効果が持続し，連用しても効果が低下しない利点があるので[10]，長期管理薬として用いられる。発作時には短時間作用性β_2刺激薬の吸入が副作用も

表4. 気管支喘息発作治療薬

分類		特徴	注意点
ステロイド薬	経口投与 経静脈投与	・急速な悪化時，中等度以上の発作時に1週間以内の使用（副腎皮質機能不全起こらず）	・効果発現までに4時間 ・コハク酸エステル型はアスピリン喘息には使えず，リン酸エステル型を使用
β_2刺激薬	短時間作用性[1]（吸入）	・気管支拡張作用 ・発作時反復吸入可能	・スペーサー，ネブライザーでの使用は効果的 ・エピネフリンとの併用不可
	エピネフリン（皮下注）	・気管支拡張作用 ・20～30分毎に反復可能	・1回0.1～0.3 mlを皮下注 ・虚血性心疾患，閉塞隅角緑内障，甲状腺機能亢進症では禁忌，高血圧では要注意 ・他のβ_2刺激薬の併用不可
テオフィリン薬	経静脈投与	・気管支拡張作用	・頻脈，不整脈，痙攣，意識障害に注意 ・血中濃度は個人差大 ・できるだけ血中濃度を測定 ・できるだけ点滴静注
副交感神経遮断薬	抗コリン薬[2]（吸入）	・気管支拡張作用は弱い ・気道収縮を改善 ・肺気腫合併例に有効	・緑内障，前立腺肥大症では禁忌

[1]イソプレナリン，オルシプレナリン，トリメトキノール，サルブタモール，プロカテロール，フェノテロール
[2]イプラトロピウム，オキシトロピウム，チオトロピウム

少なく，有効性が期待できるが，正しく吸入することが必要である（表4）。β_2刺激薬はドーピングの対象薬物として禁止されている。しかし，喘息および運動誘発性喘息の予防および治療に限って，ホルモテロール，サルブタモール，サルメテロール，テルブタリンの4種の吸入が認められているが，書面による競技前の申告が必要である[13]。

テオフィリン薬は，徐放製剤が発売されてから喘息症状を持続的に抑制するために広く使用されるようになった。最近は，抗炎症作用も報告されている[5]。この薬剤の投与法はわが国と欧米の喘息治療で大きく異なる点である。欧米では発作時の治療にこの薬剤の静注は，ガイドラインにも記載されていない[10]。副作用や投与法の難しさに比べて，効果が疑問視されているためと思われる。

抗アレルギー薬の多くは長期投与によって軽症のアトピー型喘息の発作をコントロールするのが目的である。このうち，ロイコトリエン拮抗薬は全ステップにおいて使用され，運動誘発性喘息の予防にも有効とされる[6]。また，運動誘発負荷試験後[14]，解熱鎮痛薬（ピラゾロン誘導体，NSAID）負荷試験後[15]の気道収縮を有意に抑制する。

ステロイド薬の全身投与の適応は気管支拡張薬の無効例，中等度以上の発作，重症喘息の既往などである[5]。ヒドロコルチゾン，メチルプレドニゾロンの静注または点滴静注を行うが，アスピリン喘息の既往がある時や投与中に症状が増悪する時は，アスピリン喘息を疑ってリン酸エステル型のデキサメタゾンあるいはベタメタ

ゾンに変更する。

3. 予 防

多くの喘息に関係しているアトピー素因の予防方法はないが，原因としてはアトピー型では吸入アレルゲン，なかでもヒョウヒダニが最も重要である。そのほか真菌ではアルテルナリア，ペットではネコの毛が比較的多い。第一に原因となるアレルゲンを確定し，それらを減らすことが非常に重要である。そのほかNSAID，食品添加物，職業性感作物質などが原因になるほか，受動喫煙，能動喫煙，屋外および室内の大気汚染，ウイルス呼吸器感染症，食事，飲酒，運動，過換気，気象変化，強い情動負荷などによって増悪する[5]。そのため冷気，特に冬の乾燥した時期の運動を避け，ゆったりした生活をすることなどが勧められる。ただし，スポーツの中でも水泳は乾燥した空気を吸うことが少ないためか発作を起こしにくい。アトピー型喘息ではダニの除去が重要で，床はできれば毎日，寝具はシーツを外して直接両面に週1回，いずれも1 m^2 につき20秒間，掃除機をかけることが望ましい[5]。

II. 花 粉 症

1. 病 態

アレルギー性鼻炎，アレルギー性結膜炎のうち原因が風媒花の空中飛散花粉によるものを花粉症という。花粉にはそれぞれ飛散季節があるので，症状は季節性であるが，特に鼻ではダニによる通年性アレルギーを合併していることも少なくないので，その時は年間を通じて症状があることが多い。スギ花粉（ヒノキも含める）によるものは1970年代後半から急に患者が増加し，発症者は次第に若年化している。2001年現在，スギ花粉症の有病率は東海の28.7％から九州の12.8％に対し，スギの樹木が少ない北海道4.8％，沖縄2.7％と報告されている[16]。このように花粉の飛散には地域性があるので，その地域の状況を把握する必要がある。早春からのスギ，ハンノキ，それらに続くヒノキ花粉が春のアレルギーを引き起こす。晩春から初夏にかけてカモガヤ，オオアワガエリをはじめとするイネ科花粉が，晩夏から秋にかけてブタクサ，ヨモギなどのキク科花粉が飛散する（図1）。

花粉症は典型的な即時型アレルギーで，鼻粘膜や結膜のマスト細胞表面のIgE抗体に抗原が結合した結果，細胞内からヒスタミンが放出され，ロイコトリエンなどの化学伝達物質が産生される。ヒスタミンが三叉神経を刺激して反射性に副交感神経中枢の興奮を起こして，くしゃみ，水様性鼻汁，眼のかゆみ，流涙，血管に作用して鼻閉塞，鼻粘膜や結膜の充血，浮腫を引き起こす。ケモカインなど種々の物質によって好酸球などが組織に浸潤し，特に好酸球で産生されるロイコトリエンが遅発相反応として鼻閉塞をもたらす[16]。一方，結膜における遅発相反応は明らかではない[17]。

2. 治 療

鼻の花粉症に対する治療には，① 季節前から開始する治療，② 発症後になって開

植物名	地域	1月	2月	3月	4月	5月	6月	7月	8月	9月	10月	11月	12月
ハンノキ属	北海道				▓	▓							
	関東	▓	▓	▓	▓	▓							
	関西	▓	▓	▓	▓								
	九州	▓	▓	▓	▓								
スギ	北海道				▓	▓							
	関東		▓	▓	▓								
	関西		▓	▓	▓								
	九州		▓	▓	▓								
ヒノキ科	北海道					▓	▓						
	関東			▓	▓	▓							
	関西			▓	▓	▓							
	九州			▓	▓								
シラカンバ	北海道				▓	▓	▓						
	関東												
	関西												
	九州												
イネ科	北海道					▓	▓	▓	▓	▓			
	関東				▓	▓	▓	▓	▓	▓	▓		
	関西				▓	▓	▓	▓	▓	▓	▓		
	九州				▓	▓	▓	▓	▓	▓	▓		
ブタクサ属	北海道									▓			
	関東								▓	▓	▓	▓	
	関西								▓	▓	▓		
	九州								▓	▓	▓		
ヨモギ属	北海道								▓	▓			
	関東								▓	▓	▓		
	関西								▓	▓	▓		
	九州								▓	▓	▓	▓	
カナムグラ	北海道												
	関東								▓	▓	▓		
	関西									▓	▓		
	九州									▓	▓		

図1. 主な花粉症原因植物の開花期[16]

図は日本の4地域(北海道・市立札幌病院,関東・国立相模原病院,関西・日赤和歌山医療センター,九州・国立療養所南福岡病院)における発症をきたす花粉飛散の期間を示した。一般に春の植物の開花は南から始まる。マツの花粉も地域により晩春に多数飛散するが,マツ花粉症はごく少数のため割愛した。秋に飛散するイネ花粉は起因抗原としての意義が低い。
(西間三馨,奥田 稔ほか監修:厚生省花粉症研究班,日本列島空中調査データ集,協和企画,東京,2000年より)(北海道・市立札幌病院のデータは1993年,他3地域は1997年より作成)

始する治療(以上内服および点鼻),③減感作療法,④手術療法がある。眼の花粉症に対しては,発症してからでも点眼が最も簡便で,有効である。

季節前治療は,花粉の飛散開始予測日の2週間ほど前から,主に抗アレルギー薬の内服,ときには点鼻を開始する方法である。それでも花粉飛散が多い年には発症を免れないことが多く,吸入ステロイド薬の点鼻などを追加するのがよい。発症し

てからの治療は吸入ステロイド薬が最も有効であるが，抗アレルギー薬の併用も行われる。それでもコントロールできない時は，第一世代ヒスタミン H_1 拮抗薬とベタメタゾンの合剤あるいはステロイド薬単独の経口投与で短期間の併用を行う。第一世代ヒスタミン H_1 拮抗薬を含む薬は眠気が起こりやすいので，車社会の今日，処方できない時も多い。

眼の症状に対しては，抗アレルギー薬ないしは第二世代ヒスタミン H_1 拮抗薬の点眼は副作用が非常に少ない点からも勧められる。pH によっては多少の刺激感があるが，新しい製剤はこの点でも改良されている。これで効果が少ない時は，ステロイドとしては作用の弱いフルオロメトロン（0.02％または0.1％）を点眼する。0.02％の方ならばステロイドレスポンダーでない限り緑内障になる可能性は少ない[17]。

鼻の場合は，薬物療法のほかに手術療法がある。保存療法では改善されない頑固な鼻閉塞に対して，下鼻甲介粘膜下固有層の電気凝固法，レーザーによる焼灼術，トリクロール酢酸塗布による焼灼術，鼻腔通気度の改善をはかる鼻腔整復術などが行われる。いずれにしても，本来の鼻粘膜の防御機構を損なうような手術はできるだけ避けるべきである。

花粉症の治療薬剤の特徴と注意点を表5に掲げた。吸入ステロイド薬は長期の連用でも全身的副作用は問題にならないので，花粉症のような限られた期間の使用には適している。ドーピングに関しては喘息のところで述べた。

抗アレルギー薬は季節前治療でよく使われ，効果発現までに1～2週間を要し，効果も比較的弱い。第一世代ヒスタミン H_1 拮抗薬は副作用として眠気をきたすことが多いが，小児ではこの副作用が少ない。第二世代になると副作用は著しく改善されたが，効果は多少の改善にとどまっている。ロイコトリエン拮抗薬は即時相と遅発相の鼻腔抵抗を改善するため，他の薬剤よりも鼻閉塞に有効である[16]。

点鼻用血管収縮薬は α_1 刺激薬で，速やかに鼻腔の血管を収縮させて鼻閉塞を改善する。1日3～4回以上で1～2週間以上連用すると効果の減弱，反跳性腫脹，薬物性鼻炎をきたすが，花粉飛散期間だけの間欠的使用，あるいは1日1回程度の頓用にとどめるならば大きな問題はない。

減感作療法は1910年頃から行われている治療で，唯一の根本的治療といえる。スギの場合，最近抗原が標準化されて精製された抗原が市販されているため，以前よりも高い有効性が期待できる。短所は症状がない期間にも定期的な注射が必要なことと，アナフィラキシーショックが皆無ではないことである。

3．予 防

原因抗原の回避が予防策になる。花粉の飛散は室内では著しく少なく，また，花粉防止用マスクは80～90％の花粉をとらえるので[18]，この季節は窓を開けないようにして，外出時にはマスクや眼鏡の使用が勧められる。スギ花粉は晴天で風の強い時に飛散が多いので，この時は不必要な外出は避けたい。いったん鼻粘膜が腫脹すると鼻閉塞は軽快しにくいので，できるだけ花粉が少ない環境にいるように努める。表面が毛羽立つような生地の服装は避け，帰宅時は，外で衣服や髪に付着した花粉をよく払ってから室内に入るようにするのがよい。

表5. アレルギー性鼻炎・アレルギー性結膜炎(花粉症)治療薬

分類		特徴	注意点
鼻用ステロイド薬	下記の3剤に共通	・局所抗炎症効果が強い ・約1〜2日で効果出現 ・全身的副作用ほとんどなし	・副作用は軽度の鼻内刺激感 ・耐性菌の上気道感染症では禁忌
	ベクロメタゾン	・ガスによる定量噴霧 ・粉末製剤は少量で効果あり	
	フルニソリド	・液による定量噴霧	
	フルチカゾン	・作用は持続性、1日2回	
点眼ステロイド薬	フルオロメトロン	・眼圧上昇が少ない	・0.02%は眼科医以外でも使用可能 ・0.1%は眼科医に限る。緑内障、感染誘発に注意
抗ヒスタミン薬	第一世代ヒスタミンH₁拮抗薬[1]	・即効性あり ・抗コリン作用が強い	・眠気、口渇が多い ・飲酒、中枢神経抑制薬で作用増強 ・車の運転、危険作業は要注意 ・緑内障、前立腺肥大症では禁忌
抗アレルギー薬	メディエーター遊離抑制薬[2]	・予防的治療、維持療法 ・抗コリン作用は弱い	・鼻に対しては花粉飛散予測日の2週間前から投与
	第二世代ヒスタミンH₁拮抗薬[3]	・予防的治療、維持療法	・鼻に対しては花粉飛散予測日の2週間前から投与
	ロイコトリエン拮抗薬[4]	・即時相、遅発相の鼻粘膜腫脹を抑制 ・短期間で鼻閉を改善	・エリスロマイシン、イトラコナゾールとの相互作用がある
	トロンボキサンA₂拮抗薬[5]	・好酸球浸潤を抑制 ・鼻閉を改善	・血小板凝集能を抑制、出血に注意
	Th2サイトカイン阻害薬[6]	・IgEの産生を抑制	
α₁刺激薬	点鼻薬[7]	・粘膜の充血、うっ血除去 ・鼻閉に即効性	・2歳以下は禁忌 ・2週間以上の連用で鼻粘膜反跳性腫脹
経口ステロイド薬	ステロイドと第一世代ヒスタミンH₁拮抗薬の合剤	・効果が強い ・即効性がある	・眠気、口渇が出現しやすい ・車の運転、危険作業は要注意 ・頓用または1〜2週間の使用にとどめる
	経口ステロイド薬	・効果が強い	・頓用または1〜2週間の使用にとどめる

[1] ジフェンヒドラミン、クレマスチン、クロルフェニラミン、ほか
[2] クロモグリク酸ナトリウム(点鼻、点眼)、トラニラスト(経口、点眼)、アンレキサノクス(経口、点鼻、点眼)、ペミロラスト(経口、点眼)、イブジラスト(点眼)、アシタザノラスト(点眼)
[3] ケトチフェン(経口、点鼻、点眼)、アゼラスチン、オキサトミド(成人のみ)、メキタジン、フェキソフェナジン、エメダスチン、エピナスチン、エバスチン、セチリジン、ベポタスチン、オロパタジン、ロラタジン、レボカバスチン(点鼻、点眼)
[4] プランルカスト
[5] ラマトロバン
[6] スプラタスト
[7] ナファゾリン、トラマゾリン、テトラヒドロゾリン、オキシメタゾリン(いずれも点鼻)

(注記のないものはいずれも経口薬)

スポーツを行っている時は，風にあたる上，呼吸数も増加して，鼻腔や眼に入る花粉も多くなるので，抗アレルギー薬の内服・点眼，吸入ステロイド薬の鼻内噴霧，鼻閉塞に対して血管収縮薬の点鼻などあらかじめ必要な治療を行っておくことが望ましい。

(野村公寿)

文　献

1) 関根健太郎，秋山一男：喘息の疫学—わが国での実態とその背景—. Medical Practice, 18：755-759, 2001.
2) 東　憲孝，谷口正実，秋山一男：気管支喘息. 内科, 87：427-431, 2001.
3) 棟方　充：気管支喘息—病態の解明と治療の進歩. 内科, 90：593-599, 2002.
4) 秋山一男，高橋　清：厚生省国立病院治療共同研究・国立療養所中央研究班研究報告書. 我が国の気管支喘息の実態調査—小児喘息及び成人喘息—(班長：秋山一男，高橋　清), p.66, 1998.
5) 厚生省免疫・アレルギー研究班：喘息予防・管理ガイドライン 2003. 改訂第2版, 牧野荘平ほか監修, 協和企画通信, 東京, 2003.
6) 海老澤元宏，田知本寛，池松かおり，他：運動誘発性喘息. 内科, 90：680-682, 2002.
7) 榊原博樹，姫野一成，内山康裕：Aspirin 喘息の管理. 内科, 90：670-675, 2002.
8) 秋山一男：ピークフローメーターによる自己管理. 日医雑誌, 125：1554-1558, 2001.
9) 田村　弦：喘息の長期管理. 内科, 87：487-490, 2001.
10) 近藤哲理：気管支喘息の重症度と治療戦略. 内科 87：1057-1060, 2001.
11) Ishihara K, Hasegawa T, Nishimura T, et al：Increased use of inhaled corticosteroids and reduced hospitalizations in adult asthmatics：11 years experience in a Japanese hospital. Respirology, 3：193-197, 1998.
12) Campbell MJ, Cogman GR, Holgate ST, et al：Age specific trends in asthma mortality in England and Wales, 1983-95：Results of an observational study. BMJ, 314：1439-1441, 1997.
13) http//www.wada-ama.org/en：The world anti-doping code, The 2004 prohibited list, International standard. Nov. 2003.
14) Leff JA, Busse WB, Pearlman D, et al：Montelukast, a leukotriene receptor antagonist, for the treatment of mild asthma and exercise-induced bronchoconstriction. N Eng J Med, 339：147-152, 1998.
15) Yamamoto H, Nagata M, Kumamitsu K, et al：Inhibition of analgesic-induced asthma by leukotriene receptor antagonist ONO-1078. Am J Respir Crit Care Med, 150：254-257, 1994.
16) 鼻アレルギー診療ガイドライン作成委員会：鼻アレルギー診療ガイドライン—通年性鼻炎と花粉症—2002年版, 馬場廣太郎, 他編. ライフサイエンス, 東京, 2002.
17) 内尾栄一：アレルギー性結膜炎. 薬局, 53：494-499, 2002.
18) 野村公寿：スギ花粉症の予防と治療—耳鼻咽喉科医の立場から—. 薬局, 49：471-479, 1998.

Chapter 10-3
内科的疾患の管理
—感染症：サッカーと感染症予防

I．はじめに：感染症とスポーツ（サッカー）

　スポーツに関係する感染症としては，創傷に伴う二次的感染症の発生が最もあり得るものであるが，創傷感染については第9章で述べられており，本章では省略する。

　ここでは，あらかじめの感染症予防，すなわちサッカー選手などにおける予防接種の必要性，および人と人が接触で注意すべき血液媒介性の感染症の存在にも注意を払う必要性について述べる。ことにB，C型肝炎に加えて近年のHIV感染の動向は，わが国においても残念ながら無視することできない。血液媒介性疾患の感染を防ぐためには，選手，監督，トレーナーはじめ，すべての関係者に「標準予防対策法 Standard Precautions」の概念を知っていただきたい。

II．予防接種

　予防接種は，個人があらかじめ特定の感染症に罹らないように，あるいは重症になることを防ごうとするために行われるだけではなく，ある疾患が社会全体に広がることを防ぎ，さらにはやがてその病気を人類から追放しようとするもの（例えばポリオ），次の世代の人々の健康を守ろうとするもの（例えば風疹）など，予防しようとする疾患によってその目的には多少の違いがあるが，スポーツ選手の場合は，その多くは個人の感染症予防が最大の目的になろう。

　わが国では小児の時には基本的に接種すべく予防接種（定期接種）が定められているが，これを受けないまま大きくなり，疾患にもかからず，免疫がない感受性者（その疾患に対して感染をする可能性がある者）となっている成人は少なからずいる。予防接種は必ずしも小児のみが受けるものではなく，これをし損ねている人，免疫を獲得していない人は，年齢に関わらず感受性者（感染の可能性あり）と考えて予防対策を行う必要がある。過剰に副反応を心配するあまり（その多くは，痛い，腫れる程度のことを恐れている），予防接種を受けていないスポーツ選手が，肝心な時に感染症に罹患し，十分な力を発揮できない，あるいは試合などに出られないといった例や，さらには他の者に感染を及ぼしたといった例は少なからず見受けられ

る。本来予防可能な感染症については，あらかじめきちんと予防しておくべきである。また，けがをする割合の高さ，国内外の移動の多さなどから，一般の人と異なり，追加しておいた方がよい予防接種もある。以下，わが国で通常行うワクチンおよびそれに関連してサッカーなどをプレーする選手たちに対して特に注意しておくべき予防接種について述べる。

1．予防接種の対象疾患と対象年齢

わが国で行われる予防接種は，法律（予防接種法）によって対象疾患と接種期間が定められている定期接種と，本人あるいは保護者によって自主的に接種を受ける任意接種がある。これらの対象疾患と対象年齢などについて，図1に示してある（http：//www.idsc.nih.go.jp/vaccine/vaccine-j.html）。

接種対象年齢から外れた者は，予防接種の対象とならないという誤解が一部にあるが，対象年齢は国として法律の規定によって行う予防接種としての対象年齢であ

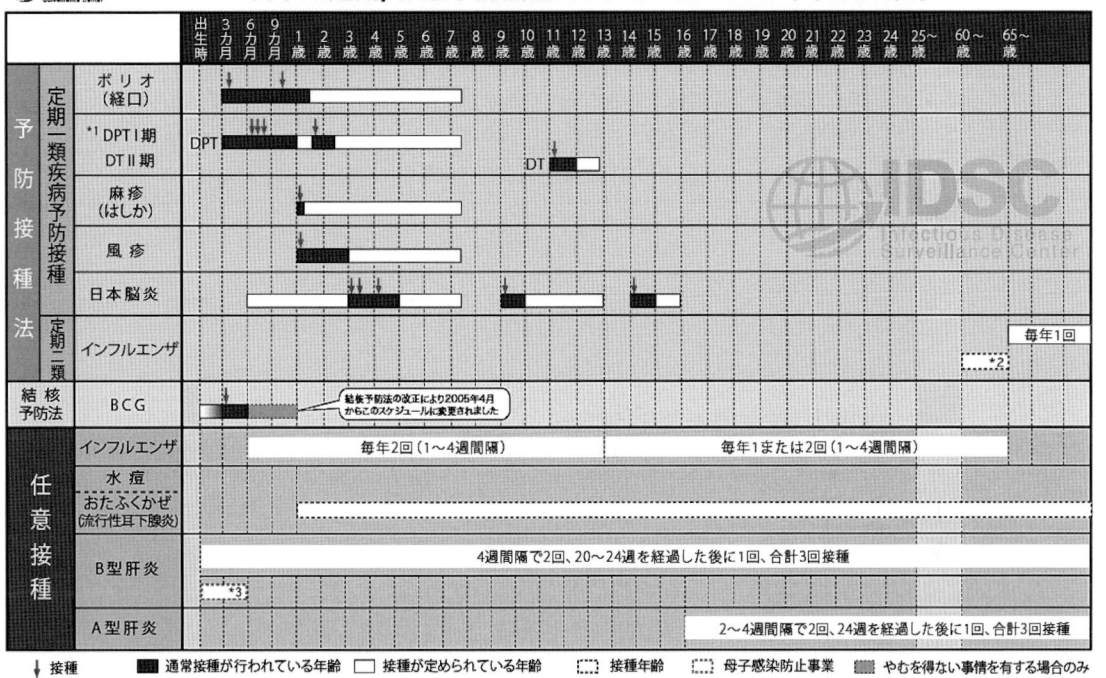

図1．日本の定期/任意予防接種スケジュール2005年（4月以降）
[*1] D：ジフテリア，P：百日咳，T：破傷風を表す。
[*2] 60歳以上65歳未満の者であって一定の心臓，腎臓もしくは呼吸器の機能またはヒト免疫不全ウイルスによる免疫の機能の障害を有するもの。
[*3] 妊娠中に検査を行い，HBs抗原陽性（HBe抗原陽性，陰性の両方とも）の母親からの出生児は，出生後できるだけ早期および，生後2カ月にHB免疫グロブリン（HBIG）を接種，ただし，HBe抗原陰性の母親から生まれた児の場合は2回目のHBIGを省略してもよい。さらに生後2，3，5カ月にHBワクチンを接種する。生後6カ月後にHBs抗原および抗体検査を行い，必要に応じて任意の追加接種を行う（健康保険適用）。

表1. 接種不適当者と接種要注意者

- 接種不適当者とは，接種を受けることが適当でない者を指し，これらの者には接種を行ってはならない。
- 接種要注意者とは，接種の判断を行うに際し，注意を要する者を指し，この場合，接種を受ける者の健康状態および体質を勘案し，注意して接種しなければならない。
- 接種不適当者および接種要注意者は，予診を行うことにより把握する。

1．接種を受けることが適当でない者（接種不適当者）
 1）明らかな発熱を呈している者
 2）重篤な急性疾患に罹っていることが明らかな者
 3）当該疾病に関わる予防接種の接種液の成分によって，アナフィラキシーを呈したことが明らかな者
 4）急性灰白髄炎（ポリオ），麻疹および風疹に関わる予防接種の対象者にあっては，妊娠していることが明らかな者
 5）その他，予防接種を行うことが不適当な状態にある者

2．接種の判断を行うに際し，注意を要する者（接種要注意者）
 1）心臓血管系疾患，腎臓疾患，肝臓疾患，血液疾患および発育障害などの基礎疾患を有することが明らかな者
 2）前回の予防接種で2日以内に発熱のみられた者，または全身性発疹などのアレルギーを疑う症状を呈したことがある者
 3）過去に痙攣の既往のある者
 4）過去に免疫不全の診断がなされている者
 5）接種しようとする接種液の成分に対して，アレルギーを呈するおそれのある者
 6）BCGについては，過去に結核患者との長期の接触がある者，その他の結核感染の疑いのある者

り，感染の可能性がある感受性者であれば，そのほとんどは医学的に予防接種の対象者となり，任意接種として行うことが可能である。

2．接種不適当者と要注意者

予防接種は，健康的弱者であればなおのこと予防接種が必要な場合もあり，また注意深く行うことによって接種可能な場合が実際には多い。現在ではかつてのような「禁忌」ではなく，接種不適当者と接種要注意者とし，慎重な判断によって接種が可能な場合があることを明確にしている（表1）。ただし，一般的なことから外れた特殊な状況についての判断は，専門医あるいは接種対象者の健康状態をよく熟知している医師によって行われるべきである。そのためには，最初に相談を受けた接種医が安易に予防接種不可という判断を下すことなく，より専門的な医師に意見を求めるということも感染症から人々を守るという観点から必要である。

3．わが国における主なワクチン

a．定期接種ワクチン

1）BCG

平成15年度より小中学生でのツベルクリン反応およびBCG接種の廃止が決定された。一方，乳児期でのBCGの必要性は世界的なコンセンサスの得られている

ところであり，平成17年4月より定期のBCGについては，原則として生後3～6カ月までに行い，BCG接種にあたってツベルクリン反応は行わない方針に切り替えられた。年長者については，BCG未接種であってもその効果は小児より低くなるため，通常BCG接種は行わない。定期検診などによる早期発見が重要である。

2) ポリオ

アメリカ大陸全体，わが国を含むアジアの多くの国々とオーストラリア・ニュージーランド・南太平洋諸国が含まれるWHO 西太平洋地域(Western Pacific Region：WPR)，ヨーロッパ地域においてはポリオ根絶宣言がなされている。しかし，まだ世界ではインドあるいはアフリカ地域を中心として1,000例前後の患者発生がみられるので，世界中でポリオワクチンは続けられている。

現在，わが国において昭和50年代前半に出生した年齢層のポリオ抗体保有率は，低いことが認められている。この年齢層および，これまでにポリオのワクチン接種を受けずに大きくなっている者については，任意接種ではあるが，なにかの折に接種を受けておいた方がよい。接種にあたり多くの場合は，一般の医療機関では接種ができないので，予防接種外来をもつ医療機関か保健所，医師会，自治体などに任意接種としてのポリオワクチン接種が可能かどうか，問い合わせをされたい。

3) ジフテリア・百日咳・破傷風(DPT)三種混合

基本的な接種方法は，生後3カ月頃より3～8週間間隔で3回，3回目終了から12～18カ月後に追加を1回行い，第1期終了とする。基礎的な免疫を保つためには，多少の間隔が規定からずれても合計4回(1期3回プラス追加1回)のDPTを接種しておく。ジフテリア・百日咳(DT)の追加接種は11～12歳に2期接種として行われるが，小児期にDPT未接種あるいは不完全な接種のままで大きくなっている場合には，任意接種ではあるが，小児と同様のスケジュールで基礎的なワクチン接種を行った方がよい。その詳細は，予防接種外来を有している医療機関に問い合わせるとよい。いずれも現在では発症が少なくなってきた疾患であるが，免疫のない場合には常に感染発症の危険性がある。

特に破傷風については，外傷の機会の多いサッカー選手の場合には，DPTのシリーズを小児期に終えている者であっても，5～10年に1回の追加接種(任意接種)を考慮すべきである。

4) 麻　疹

麻疹は，小児のみならず免疫がなければ大人でも感染の可能性がある。いったん発病すれば高熱が続くだけではなく，肺炎・脳炎などの合併症発生の危険が高く，死に至ることがある重症感染症としての認識が必要である。小児に関しては，1歳を過ぎたらなるべく早く麻疹ワクチンの接種をすることが現在最も重要である。

また麻疹ワクチンをしないまま大きくなり，麻疹罹患歴が不明な者には，任意接種ではあるがワクチン接種を受けることが本人にとっての利益となる。最近，高校生の全国競技大会の最中に選手が麻疹を発症し，さらに他校の選手に感染を拡大させ，彼らが帰郷後，地元で麻疹を拡がらせたという事例がある。また，わが国で開催されたスポーツ大会で，外国から来た選手がわが国で感染を受け発症，選手の間で感染が拡がった事例などもある。運動選手ではないが，若い母親が小児より感染

を受け，麻疹脳炎で死亡した例などもあり，**麻疹予防は重要である**。

5）風　疹

ワクチンを受ける者の風疹予防および，妊婦が風疹に感染することによる先天性風疹症候群(先天性心疾患，視力障害，聴力障害など)の発生予防が大きな目的である。妊娠する女性ばかりではなく，これに感染させる可能性のある男性にもワクチン接種を行わないと，風疹対策，すなわち先天性風疹症候群の絶滅はできない。

現在，思春期にある年齢層での風疹抗体保有率の低下が明らかにされており，免疫をもたないまま成人になった時の風疹感染に伴う先天性風疹症候群発生の可能性が危惧されている。定期接種の対象を外れた年齢(生後90カ月以上)であっても，風疹未罹患あるいは未ワクチン接種者，特に女性に対しては任意接種となるが，妊娠に注意しながらワクチンを接種しておくことが強く勧められる。また，そのパートナーとなる男性も，風疹ワクチン接種は自分の配偶者と子どもを守るために，接種を受けておくことが勧められる。

運動選手の場合，競技中の感染発症も考え合わせれば，**麻疹と同様，重要な予防接種**であるといえる。

6）日本脳炎

わが国における日本脳炎の患者発生状況は，このところ年間一桁程度にとどまっているが，発病した場合に根本的な治療法がないこと，死亡率・後遺症率が高いこと，患者発生は著減したがウイルス保有動物であるブタにおける日本脳炎ウイルスの侵淫状況はわが国では依然高いこと，周辺国には患者発生が多くみられることなどより，日本脳炎ワクチンはわが国ではまだ必要なワクチンとみなされる。

生後6～90カ月が1期3回の接種対象となっているが，標準的には3歳頃から1～4週間間隔で2回，約1年後に追加接種1回を行い，基礎免疫として1期終了，小学4年頃に第2期追加1回，中学2～3年頃に第3期追加1回が行われる。

接種を受けないまま大きくなっている場合，小児と同様のスケジュールで少なくとも基礎免疫(3回)の接種が勧められる。特に北海道・東北出身の選手で，各地での競技の可能性のある者(北海道は現在でも，東北地方の一部は最近まで，日本脳炎の小児への接種を行っていない)，および本疾患が多い東南アジア方面へ遠征の機会が多い運動選手については，その接種歴を確認する必要があろう。実際の接種にあたっては，これまでの接種回数などを考慮する必要があり，予防接種外来のある医療機関などへの相談が勧められる。

b．定期接種以外のワクチン(任意接種)

1）おたふくかぜ(ムンプス)

免疫がなければ大人でも感染の可能性がある。おたふくかぜワクチンは，海外ではMMR混合ワクチンとして採用している国が増加しつつあるが，わが国ではおたふくかぜワクチンによる急性髄膜炎の発生頻度の高さからMMRワクチンが中止となり，単独ワクチンとして任意接種で行われている。ムンプスは比較的軽症なウイルス性疾患であるが，無菌性髄膜炎，聴力障害，睾丸炎などの合併症の存在が知られている。ムンプス罹患による不快感の軽減や学校や幼稚園保育園を欠席しないですむこと，合併症発生の予防などの観点からワクチン接種のメリットは高いと考え

られる。一方，ワクチン接種による髄膜炎発生の割合も高く（メーカーなどによりその成績にはばらつきがあるが，およそ1,000～35,000接種あたり1件），接種にあたりその必要性と副反応発生に関する十分な説明が必要である。

サッカー選手にとって必須とはいえないが，国内では各地でみられる疾患であり，大きくなった者での発症も少なくなく，成人での発症は重症感を伴うという点では，考慮すべきワクチンのひとつである。

2）水痘

免疫がなければ大人でも感染の可能性がある。海外において，水痘ワクチンを小児の定期的ワクチンとして導入する国が増加しつつある。水痘は本質的には軽症疾患であるが，ムンプスと同様，罹患による不快感の軽減や学校や幼稚園保育園あるいは成人であれば勤務先を欠席しないですむこと，などにワクチン接種のメリットがある。ただし，ワクチン接種者の10～20％が後に水痘感染により軽症水痘に罹患することも知られており，接種にあたりきちんとした説明を要する。

サッカー選手にとって必須とはいえないが，ムンプス同様国内では各地でみられる疾患であり，大きくなった者での発症も少なくない，という点では，考慮すべきワクチンのひとつである。

3）インフルエンザ

インフルエンザワクチンは，A型のH3N2とH1N1およびB型の3種のインフルエンザウイルスが現在世界で共通した流行株となっているので，原則としてインフルエンザワクチンはこの3種類の混合ワクチンとなっている。インフルエンザは，ことに高齢者において肺炎などを合併して死に至る可能性が高い疾患として重要である。わが国では，65歳以上の高齢者（および60歳以上で特定基礎疾患を有するもの）について定期接種として行われるようになっている。小児を含む上記以外の年齢層に対しては任意接種の扱いとなる。

インフルエンザの罹患は若年者にとっては，合併症，致死率という点では，高齢者あるいは幼児などに比較し問題点は少ない。しかし罹患による発熱，回復までにおよそ1週間前後を要するという点では，サッカー選手にとって冬のシーズンには必要なワクチンであると思われる。

4）B型肝炎ワクチン

B型肝炎は，血液による感染のほか，周産期母児感染によるキャリアー化が最大の問題となる。母児感染予防のため，世界的には全新生児に対する出産直後からのB型肝炎ワクチン接種（合計3回）が，広くすすめられている。わが国では，HBe抗原陽性の母親より出産した新生児へのHBガンマグロブリンとHBワクチン接種（3回）がHB肝炎母子感染予防事業として行われていたが，1995（昭和平成7）年からHBs抗原陽性の母親から出生した児もガンマグロブリンおよびワクチン接種の対象となっている。本法導入後，わが国におけるHBs抗原キャリアー率は激減している。

運動選手，特に接触プレーが多いサッカー選手などにとって，血液の接触は避けられない。頻度は少ないと考えられるものの，無用の感染を防ぐためにはこれらの**運動選手にとっては必須のワクチンである**といえる。

4．接種の実際にあたり

接種方法などに疑問があった場合には，予防接種を得意の分野とするものに遠慮なく問い合わせをすべきである。また以下の資料は，予防接種の実施にあたり参考資料となるので勧められる。

国立感染症研究所感染症情報センター（http：//www.idsc.nih.go.jp/vaccine/vaccine-j.html）では，予防接種に関する最新情報を提供しているので，参考にしていただければ幸いである。

III．血液・体液接触による感染

血液・体液から感染する代表的感染症として，HIV，B型肝炎（HB），C型肝炎（HC）が挙げられる。競技中におけるこれらの感染については，これまでのところそのリスクは極めて低いものと考えられている。しかし，この中でHB感染についてはワクチンにより予防が可能であり，特に外傷・出血の機会および接触プレーの多いサッカーを含む運動選手，およびこれを管理するトレーナーなど周辺の人々には，HBワクチンは効果の高い予防可能な方法として考慮すべきものと考えられる。

運動選手のHIV，HB，HC感染については，あらかじめスクリーニングなどを行い，チェックをしておくことは必要ないといわれるが，不用意な感染を避けるためには，**運動選手，トレーナーなどの周辺にいる者に対して，血液および血液を含んだものに対する適切な取扱いに関する教育（標準予防法についての啓発）**を行っておく必要がある。これらの血液・体液由来感染と運動選手についてのガイドラインが，近年米国において発達してきている。

筆者の手元にある資料から，その概要を以下のように紹介する（American Academy of Pediatrics, Committee on Sports Medicine and Fitness. Human immunodeficiency virus and other blood-borne viral pathogen in the athletic setting. Pediatrics. 1999；104：1400-1403. R-BOOK 2003．日本版：小児感染症の手引き，監修：岡部信彦，日本小児医事出版社，2004；10．より）。

HIV，HB，HCに感染している運動選手は，すべての競技への参加が許されるべきである。そして医師は感染選手の秘密事項に関する権利を尊重しなくてはならない。これは他の競技者，競技プログラム担当者に，感染状況を明らかにすべきではないということを含んでいる。また，運動選手は競技に参加することを理由に，これらの血液由来感染性疾患の病原に関する検査を受ける必要はない。

感染が明らかになっている選手に対しては，HIV，HB，HCは他の競技者への感染リスクは極めて小さいことを積極的に医師によって伝えられるべきである。しかし，その他の競技者および感染者自身の血液由来感染病原への曝露の可能性を低下させるためには，感染が明らかになっている選手は，比較的リスクの少ない競技を選択することが望ましい。特にレスリング，ボクシングは血液で汚染された創傷部からの感染の可能性が最も高いスポーツのひとつであるとみなされる。

競技プログラムに携わる医師，スタッフは，競技者，コーチ，トレーナー，用具担当者など血液に接触する可能性のあるすべてに対して，職業的危険性として，HB

ワクチン接種を強力に勧めるべきである。そして，すべての選手は可能な限りワクチン接種を受けるべきである。またコーチ，トレーナーは，施設における血液由来感染予防と初期救急治療に関する研修を受けるべきである。さらに，コーチおよび運動選手の健康を担当するスタッフは，選手に対して性行動，筋肉増強剤を含む不法薬物使用時の注射針の共用などを通じてHIVおよびその他の病原の感染リスクが高まることなどを，十分に教育すべきである。

切創，擦過傷，創傷その他皮膚の損傷部位がある場合には，選手は競技の前後に閉鎖性の包帯などで損傷部位を被覆しなくてはいけない。また，この包帯を行う者は受傷した者から自分へ，あるいは自分から受傷した者への感染を防ぐため，自分に創傷部があれば，そこも被覆しておく必要がある。

用具，包帯類，ユニフォーム，その他血液や体液などで明らかに汚染したものへの接触を防ぐため，これらを取扱う時は使い捨ての手袋をつけるべきである。手袋を除去した後は，手袋をしていたとしても，直ちに石けんと水，あるいはアルコールなどの消毒薬での手洗いを行わなくてはいけない(標準予防策の考え方の徹底)。

選手には競技前あるいは競技中にも，けががあった場合には速やかに報告することを伝えておく。出血をした選手は速やかに競技から外し，止血を行う。創傷部は石けんと水で清浄にする。石けん，水がなければ，皮膚消毒剤を使用する。創傷部は，競技中に外れることのないようしっかりと包帯で被覆する。出血がないような小さなけが，擦過傷についてはゲームを中断する必要はないが，休憩時間中などを利用し清浄にし，被覆する。休み時間中などに，選手の道具，着衣などに血液がついていることに気づいたら，それらは清浄し，消毒する。あるいはユニフォームなどは取り換える。

競技用具や競技エリアが血液で汚染している場合には，血液がみえなくなるまで清掃し，塩素系消毒剤あるいは家庭用漂白剤のような適切な消毒剤で，その部を消毒する。汚染した用具などは，同じく適切な消毒剤で処理をする。汚染エリアは，使い捨ての布などで速やかに拭き取り，乾燥させる。

救急治療は，手袋などがなくても当然遅れることなく行わなくてはならないが，これを行う者は，たとえ手袋など適切に防護するものを見出せなかった場合でも，臨時にタオルなどを使用して防護する必要がある。アンビューなどの蘇生バッグ，エアウエイは競技場には常に備えておくべきであり，mouse to mouseのような処置は，これらが用意されていない時にのみ行うべきである。

そして，用具担当者，洗濯担当者，その他スタッフについても，これらの血液で汚染したもの適切な取扱いについて教育を受けさせなければいけない。

IV. 標準的予防策 Standard Precautions

標準的予防策は，血液，すべての体液，汗以外の分泌物，排泄物(体液，分泌物，排泄物の状態が目にみえる程度の血液汚染の有無に関わらず)を取り扱う時に以前用いられていた全般的予防策(Universal Precautions)を拡大し，健常でない皮膚や粘膜を処置する時などもこれに含まれることになっている。既往歴や診察から，HIV，

HB，HCおよびその他の血液媒介性病原体の感染を，すべて拾い出すことは不可能なので，この方法の導入により，医療施設で働く人々がHIV，HB，HCやその他の病原体で汚染されている体液などから不用意に感染する危険性を減らすために行うものである。この考え方は医療施設のみならず，血液に接する可能性のあるところでは共通の考え方として，導入することが必要であると考えられてきている。**学校保健室における標準的予防策，競技施設における標準的予防策**などといえよう。

標準的予防策は以下の項目であるが，ことに手袋の装着，手洗いの重要性が強調されている。

手洗いは，手袋の着用の有無に関わらず，血液や血液で汚染された体液，分泌物，排泄物，その他汚染された物に接触した後は必須である。

血液，血液で汚染された体液，分泌物，排泄物およびこれらの液で汚染された物品に触れる時には，手袋(清潔，非滅菌でよい)をつけるべきである。使用後は直ちに手袋を外し，他の汚染されていない物や周囲の物に触れる前や，他の患者の処置をする前に手洗いをすべきである。

マスク，ゴーグル，フェイスシールドなどは，血液や血液で汚染された体液，分泌物，排泄物が飛び散るような処置をしたり，これらを吸入するような処置を行う時には，目，鼻，口の粘膜を守るために装着すべきである。

患者を処置する器具類は，皮膚や粘膜が汚染に曝露されたり，衣類を汚染させないように注意して取扱うべきである。使用済みのリネン類は汚染されていると考え，皮膚や粘膜が汚染に曝露されたり，衣類を汚染させないように注意して取扱い，運ぶべきである。

針やメスの替え刃類，その他，鋭利な道具や器具を使用したり，洗浄したり，廃棄する時は，けがをしないようにして血液媒介感染病源体への曝露を避けるべきである。

これらの考え方の徹底が，スポーツ活動，特に競技者の健康管理，大会を主催しようとする者にとっても感染対策上必要なことと考える。サッカーも例外ではない。

〔岡部信彦〕

参考文献

1) 予防接種ガイドライン等検討委員会：予防接種ガイドライン(改訂)．予防接種リサーチセンター，2005．
2) 岡部信彦，多屋馨子監：予防接種に関するQ&A集2004(改訂版)．細菌製剤協会，p 9, 2004.

Chapter 10-4
内科的疾患の管理
―循環器疾患

　2002年にフランスで行われたFIFAコンフェデレーションカップは，全世界のテレビで観戦している人たちにとってショッキングであった。カメルーン対コロンビア戦で，カメルーン代表MFマルクビビアン・フォエ選手(28歳)が試合中に倒れ，死亡した。その死因の詳細は不明であるが，心臓発作がその原因と考えられている。この出来事をきっかけとして，世界中のサッカー愛好家の中で，心臓疾患への関心が高まってきている。

　本章では，若年者のサッカー選手の心臓疾患の代表的なもの，高齢者のサッカー選手の心臓疾患の代表的なものについてそれぞれ述べてみたい。

I. 比較的若年者のサッカー選手の場合

　高齢者のサッカー選手の病気が加齢に伴う虚血性心疾患による心臓発作が多いのに対し，若年者の場合には不整脈による心臓発作が多く認められる。まずここでは，若年者のサッカー選手が罹患することが予想されるいくつかの病気とその対応について論じてみたい。

1. 肺動脈血栓塞栓症

　2000年の日韓合同のワールドカップの日本代表を選ぶ直前に，T選手が肺動脈血栓塞栓症(いわゆるエコノミー症候群)に罹り，惜しくも日本代表の選考からもれたことは記憶に新しい。この肺動脈血栓塞栓症という病気は，体静脈系，特に下肢の深部静脈で形成された血栓が血流に乗って肺に到着し，肺動脈を閉塞する疾患である。

　本症は，臨床的に急性と慢性に分類される。急性は，発症後短時間のうちに致死的になりうる。肺動脈とは，身体から心臓に戻ってきた静脈血を肺に送り，肺の毛細血管で酸素を供給し，動脈血化させるための通路である。この通路（肺動脈）が血栓によって遮断されると静脈血は肺へ輸送されず，酸素化ができなくなる。この現象が急激に起こると死亡に至る場合もある。では，なぜこの現象(肺動脈血栓塞栓症)がエコノミー症候群といわれるようになったのであろう。ご承知のように飛行機での長距離旅行では，狭い客席に長時間じっとしていなければならない。特に，

窓際の客席に座っている乗客はトイレにいくのもままならないため，水分をとるのを制限している乗客もいると聞く。このように長時間動くことをせず，しかも水分摂取を制限していた乗客が目的地に到着し動き始めた際に急に息苦しさを訴えることがある。運が悪ければ死亡することもある。このように，長時間動けず，水分摂取を制限している状態では血液はドロドロになり血液の粘性がたかまり，下肢の深部静脈に血栓を作りやすい状態となってしまう。深部静脈にできた血栓が下肢を動かす動作とともに深部静脈より血栓が剥がれて，肺動脈につまってしまう。特にビジネスクラスに比べ，乗客席が狭いエコノミークラスの乗客にこのような症状を生じる人が多かったので，エコノミー症候群という呼び名がついた。しかしながら，実際にはビジネスクラスに乗っていたらエコノミー症候群にならないかというと，そんなことはない。現に，前述の選手もビジネスクラスに乗っていたのである。

　海外遠征など長期間飛行機に乗ったままの状態が続く選手は，ぜひ水分の補給とよく足を動かすことが肝心である。足の指でグーをつくったり広げたりする運動をしたり，つま先立ちを繰り返したり，ふくらはぎを揉むような運動をすることは深部静脈血栓症を予防できる方法である。機内でできる足の運動として，日本航空のホームページ(http://www.jal.co.jp/safety)にイラスト入りで紹介されている。

　<ワンポイントアドバイス>
① 水分をとるということは，アルコールをたくさんとることではない。アルコールには，利尿作用(おしっこが出やすくなる反応)があるため尿として水分が放出され，かえって脱水という状態をつくることがあるためである。
② 年齢が40歳以上で持病に糖尿病，高脂血症があり，小太りの人は十分に水分をとることが必要である。また，最近下肢にけがをした選手も注意するにこしたことはない。

2．心室性不整脈による突然死

　2003年11月，高円宮殿下(47歳)がスポーツをなされている際に突然倒れ，お亡くなりになった記事が新聞紙上に掲載された。その原因として心室細動という不整脈が原因である由が新聞に掲載されていた。47歳という通常では死亡する可能性が低い年齢での突然死は，日本中の人たちにショックを与えた。では，突然死の原因とされていた心室細動とはどのような病気であろうか。

　心室細動とは，心室内で無秩序に電気的興奮が起こるため，有効な心筋の収縮ができなくなり，血行動態が虚脱し死にいたる重篤な状態と定義されている。すなわち，心臓という臓器はリズミカルに収縮し，有効な血液を排出していかなければならないのに，それができなくなった状態が心室細動であり，特徴的な心電図所見を呈する。この際に最も問題になる臓器が脳であり，5分以上脳に十分な血液がいかない状況をつくると脳死という状態になる可能性が極めて高い。では，この心室細動という病気が起こる原因は何かということになる。いままでリズミカルに拍動していた心臓が，突然暴れ出すような心臓の動きをする(心室細動になる)ためにはその原因を考えなければならない。原因として次のようなことが挙げられる。

　50歳以上の男性であればまず，急性心筋梗塞をはじめとする虚血性心疾患を考え

なければならない．また，30歳以下の場合には遺伝的な要因を含む疾患（主に不整脈を起こさせる）を考えるのが一般的である．まず，若年者における心室細動になりえる病気について述べる．高齢者の虚血性心疾患については本章の後半部分で論じたい．

3．QT 延長症候群

QT 延長症候群は，心電図上で特徴的な QT 間隔の延長と多形性心室頻拍をきたす症候群で，先天性 QT 延長症候群と二次性（後天性）QT 延長症候群に分けられる．

QT 延長症候群では最初の遺伝子異常が報告されてから数年が経過し，各遺伝子異常と臨床的特徴や治療がわかりつつある．

a．先天性 QT 延長症候群

聾を伴わず常染色体優性遺伝を示す Romano-Ward 症候群（RW）と，聾を伴う常染色体劣性遺伝を示す Jervell and Lange-Nielsen 症候群（JLN）に分けられる．明らかな家族歴を呈さない好発例も認められる．いずれも心筋イオンチャネルの異常であり，これらの遺伝子異常により心室筋活動電位の再分極過程が延長する．

先天性 QT 延長症候群では，多くは突然死などの家族歴を有し，失神，めまいなどの症状と心電図で特徴的な QT 間隔の延長を示す．発生率は RW 症候群で1万人に1人程度，JLN 症候群で100万人に1〜6人程度と推定されている．失神は突然起こり，心室細動に移行し突然死の原因になりえる．遺伝子異常の違いにより失神の誘引が異なり，主に運動や情動に関連した際に起こるものや，逆に睡眠時や安静時に起こるタイプも存在する．失神発作の発生頻度は，小児期から少年期に多い．男性では，成長につれて自然に発作回数の減少が認められることが多いが，女性では各年齢層を通じて発作の出現がみられる．無治療では，失神発作の既往のある人は初回の失神発作の後，1年目の死亡率は20％を超え，さらに10年では50％にも及ぶ．ただし，β遮断薬などの交感神経遮断薬療法を行った場合，5年死亡率は3〜4％とされる．

b．後天性 QT 延長症候群

薬剤や電解質異常など後天的な要因が加わった時，QT 延長をきたし，心室頻拍を生じるものである．原因として以下の薬剤を挙げるが，単一要因だけでなく複数の要因が重なることが多い．特に薬剤性に起こる状況として，①薬剤が中毒量（高用量や排泄，代謝の低下），②肝臓での薬剤の代謝阻害による薬剤濃度の増加，③薬剤に対する感受性の増大，④先天性 QT 延長症候群と同様な遺伝子異常の存在などがある．

c．QT 延長をきたす原因

① 向精神薬：抗うつ薬（イミプラミン），ハロペリドール，セニンドール，フェノチアジン，クロルプロマジンなど
② 抗アレルギー薬：テルフェナジン，アステミゾールなど
③ 抗生物質：エリスロマイシン，マクロライド系抗生剤
④ 消化器薬：シサプリド，シメチジン，ラニチジンなど

薬剤のほかに基礎疾患として低カリウム血症が挙げられる．特に酷い嘔吐，下痢

を起こした後に QT 延長を起こす場合がある。

　　＜ワンポイントアドバイス＞

　では，QT が延長したらなぜ心室頻拍，心室細動という生命に危険を及ぼすような不整脈が起こりやすいか，という理由については以下のようなことが考えられている。すなわち，心臓の電気的な興奮には受攻期といって，この期間に電気的な信号がくると不整脈が起こりやすい時期が存在する。この時期は T 波の後半部分に存在している。QT が延長していることよってこの受攻期が延長し，ささいな不整脈でも重篤な不整脈を起こす原因になる。

d．Brugada 症候群

　臨床的特徴として，中年男性に多く，突然死の家族歴を有することが多い。心室細動の発作は夜間にみられ，いわゆるポックリ病といわれてきた夜間の突然死の多くが含まれると考えられる。通常，基礎疾患は認めず，安静時心電図で特徴的な ST 上昇を認める。図1に Brugada 症候群の心電図を示す。この心電図に認めるように右脚ブロックの心電図を呈し，V_1〜V_2誘導で特徴的な ST 上昇を認める。

　症状の有無に関わらず，健常成人の 0.05〜0.6％に Brugada 症候群様の心電図変化を認める。失神などの自覚症状を有する Brugada 症候群では高率に再発をきたし，植え込み型除細動器による治療を行わなければ予後不良である。現に，図1で示した症例に電気的生理学的検査を行い，心室細動の誘発を行った。図2に示す通りペーシングの後，心室細動に移行している。この症例は失神の既往があり，植え込み型除細動器の適応となっている。このような症例においては，コンタクトがあるサッカーなどのスポーツは禁忌である。一方，無症候性 Brugada 症候群では，数年

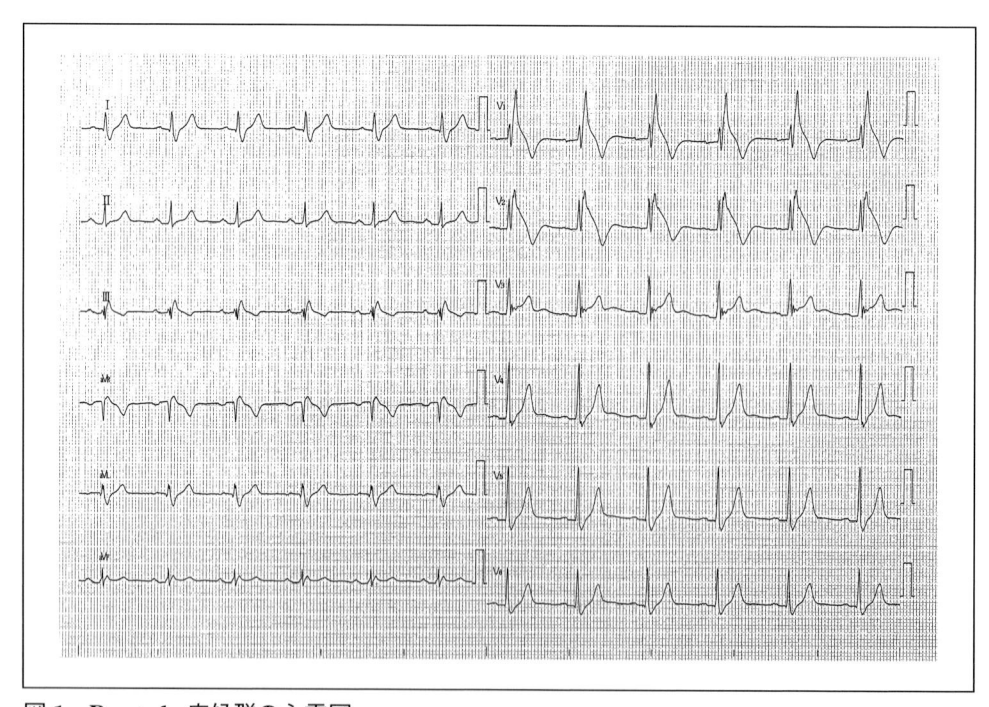

図1．Brugada 症候群の心電図
右脚ブロックに特徴的な V_1-V_2 誘導での ST 上昇を認める。

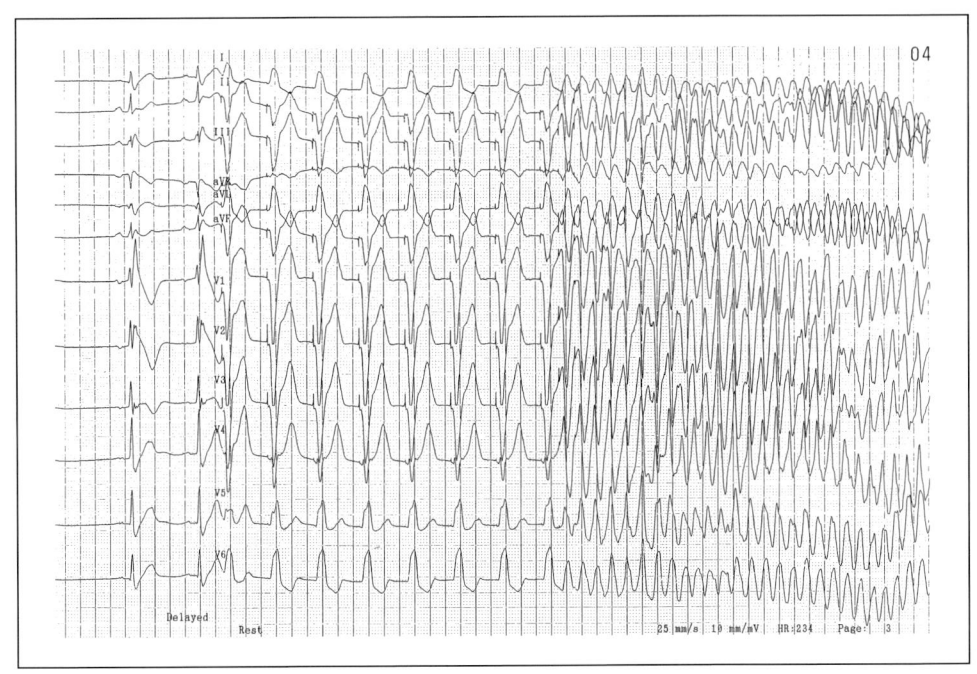

図 2. 図 1 の症例に心室細動の誘発を行った心電図
ペーシングの後に心室細動を起こしている。

の経過では予後良好とする意見と予後不良とする異なる意見がある。

　安静時心電図では特徴的な右脚ブロック，V_1～V_3のST上昇を認める．ST上昇の程度は日内変動，日差変動を認め，特に心室細動発作前後ではST上昇が著明な場合が多い．治療法としては経験的にⅠ型抗不整脈薬，β遮断薬，アミオダロンが用いられていたが，いずれの薬剤も予後不良で，植え込み型除細動器が必要である．

　　＜ワンポイントアドバイス＞
　QT延長症候群は，主に若い女性に多く認められる疾患群であり，Brugada症候群は主に中年男性が多く罹患する症候群である．いずれも心筋細胞の膜電位の異常によると考えられているが，その機序は不明である．失神などの自覚症状を呈するBrugada症候群の患者は，植え込み型除細動器の適応である．

4．肥大型心筋症

　原因不明の心筋症のうち，心筋肥大を呈するタイプを肥大型心筋症という．この疾患も突然死の原因となり得る．症状は，動悸，労作時呼吸困難，胸痛，胸部圧迫感，失神発作などである．進行すれば心不全症状を呈したり，突然死に至ることもある．自覚症状がなくとも心電図は，しばしば肥大型心筋症の発見のきっかけになる．左室肥大，R波の減高，異常Q波，非特異的ST-T変化などさまざまな所見を呈する．図3に肥大型心筋症の症例の心電図を示す．左室肥大と陰性T波が特徴的である．しかし，このような心電図は高血圧の症例にも認められ，肥大型心筋症に特徴的な心電図とはいえない．ポイントは説明のつかない心電図をみたら，本症を疑うことである．心電図検査を行い，サッカーの練習中に上述の症状（動悸，胸痛，

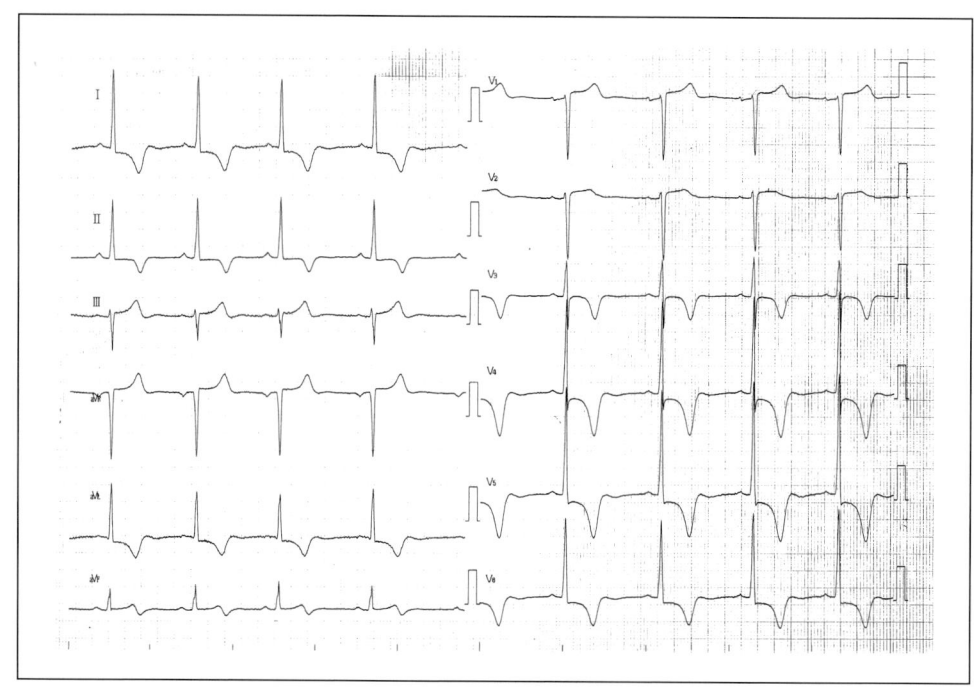

図 3. 肥大型心筋症の心電図
左室肥大と(1. aV_L, $V_{3\sim6}$誘導の)T 波の陰転化を認める。

息切れなど)を認めるなら精査する必要がある。また，家族歴を聴取することは重要なことであり，以下の因子を満たすものは注意を要する．
① 濃厚な家族歴を有し，若年者急死の家族歴があるもの
② 若年発症の肥大型心筋症
③ 運動中に呼吸困難や失神を訴えるもの

このような症状，または所見を認める選手においては循環器専門医に相談し，今後のスポーツの停止を考慮するべきである．

II. 高齢者のサッカー選手の場合

近年，高齢者になってもサッカーを楽しむ人たちが増えてきている．ただし，スポーツ(サッカー)をやっているから自分は健康であるという認識は危険である．サッカーを楽しむ体力があるという事実と，健康であるという事実は同じようでいて同じでないことが多々ある．年齢が上がるにつれて動脈硬化は進行していく．事実，人間は血管とともに老いる，といわれている．赤ちゃんの頃は弾性に富んだ血管も 60 歳を超える頃にはタイヤのゴムのように硬くなってくる．加齢という動脈硬化の因子が加わった際に一番問題になるのは，狭心症，心筋梗塞などの虚血性心疾患の合併である．これは心臓を養う冠動脈という血管が狭くなったり閉塞したりすることによって起こる疾患である．比較的若年者が主に不整脈によって突然死を起こすのに対し，高齢者においては虚血性心疾患によって命を落とす確率が非常に高い．これを防ぐためには，日頃から自分の健康についてのチェックが必要である．

1．虚血性心疾患（狭心症・急性心筋梗塞）

　狭心症は，運動時の胸痛発作を主症状とする疾患である．原因は，心筋を栄養する血管（冠動脈）が狭窄を呈し，必要十分な血液を心筋に供給できないために起こる．もちろん，冠動脈に狭窄を呈する原因として一番多いのは動脈硬化である．

　胸痛は，運動時の一過性の心筋酸素消費量の増大を意味している．安静時においては冠動脈が狭窄し，十分な血液を心筋に供給できなくても，心筋の酸素消費量が少なければ胸痛は生じない．しかしながら，運動に伴って心臓の動きが速くなると，心筋の酸素消費量も増大する．この際には，狭窄した冠動脈では必要十分な血液を心筋に供給できない状態になる．この場合に人は胸痛を感じることになる．重要なことは，同じ強度の運動を行うことにより，同様の胸痛を自覚することである．再現性のある胸痛は，狭心症の可能性が高い．次に急性心筋梗塞であるが，この疾患は一般人においても突然死を起こす可能性が高い．もちろん，サッカー愛好家においても一般人と同様に，突然死を起こす可能性が高いことはいうまでもない．急性心筋梗塞の発作は，突然起こる場合と予兆がある場合とがある．突然起こる急性心筋梗塞を予防することは困難であるが，虚血性心疾患のリスクファクターである高血圧，糖尿病，高脂血症などを予防または治療することによって，発作をある程度回避することは可能である．

　また，暑い日のサッカーの試合に際しては十分な水分補給を行い，脱水状態になることを防ぐことは重要である．喫煙は心筋梗塞の原因となるばかりでなく，肺疾患などに罹患する可能性が高く，絶対にやめるべきである．このように，ふだんから急性心筋梗塞にならないような予防対策が大切になる．次に，急性心筋梗塞を患い幸いにも生存できた患者さんからの話を聞くと，発作が起こる前に何となく胸が重い，左肩が張るような感じがするなどの前駆症状ともいえる自覚症状が存在することがある．高齢者のサッカーの試合に際しては，試合前の十分な問診が重要である．各チームにアンケートを送り，体調の悪い人には注意を勧告したり，場合によっては試合に出ることを見合わせるような配慮も必要となってくる．ささいな徴候を見逃すことなく，十分な注意を払うことは高齢者の試合の際には大切なポイントとなってくる．

III．不整脈を認めた時は？

　前述した疾患は，突然死を起こす可能性が高く十分な注意が必要であるが，一般的には不整脈を主訴に病院を訪れる選手がほとんどである．また，運動選手の不整脈は徐脈性不整脈がほとんどである．これは，長期間身体的鍛錬を続けた人の多くに，徐脈性不整脈が認められることによる．しかしながら，運動の強さや継続時間によって適応の反応はさまざまであるとともに，個人間にも適応の反応にも差異がある．このため，徐脈性不整脈にも種類，程度のばらつきが生じることになる．なかには通常病的とされる不整脈を観察することもあり，検診や臨床などで不必要な運動制限を指示されたり，逆に疾患を見逃されたりする不幸な混乱を招いている．まずは，器質的心疾患があるかないかの鑑別が大切である．しかし，この鑑別は専

門医の判断にゆだねるとして，一般的な徴候を見逃さないようにすることが現場においては重要なことである。選手の健康管理として練習や試合の際に動悸，息切れ，眼前暗黒感などの自覚があることは，不整脈の出現を示唆する大きな徴候といえる。その際には，自分の脈拍を測る習慣をつけることが重要なことである。左または右の前腕の橈骨動脈を体側の指3本でおさえ，脈拍を数えるという方法が一般的である。

次に動悸，息切れなどの自覚症状は運動を続けることによって増悪していくのか，それとも消失していくのかを詳しく聴取する。長期間身体的鍛錬を続けたことによる徐脈性不整脈は，運動することによって消失する場合がある。運動によって消失する不整脈については，おおむね心配がいらないと考えられる。

運動中に動悸を感じたり眼前暗黒感を感じるような選手は，心臓専門医の診断を仰ぐことをお勧めする。

IV. サッカー中止を勧告すべき不整脈

失神あるいは失神前兆がある場合は，原因が同定され治療されるまで，競技スポーツ（サッカー）は禁忌とする。

次の不整脈を有する選手は原則サッカーを禁忌とする。

① 上室性頻拍による失神，失神前兆，動悸がある場合
② 非持続性あるいは持続的心室頻拍発作（無症状の8～10連発の非持続性単形性心室頻拍を除く）の最後の発作から6カ月間
③ 心室細動，粗動
④ 失神・失神の前兆，易疲労感，心室不整脈のある Wenckebach 型第2度房室ブロックや Mobitz 型第2度房室ブロック，後天性または先天性完全房室ブロック
⑤ 先天性 QT 延長症候群

サッカーの練習，または試合を中止させるか否かの判断に明確な線引きをすることは困難である。失神または失神の前兆などの自覚症状，器質的心疾患，不整脈の重症度が判断を下す重要なポイントとなる。

（芝田貴裕）

Chapter 11 発育期サッカー選手の外傷・障害の予防

1993年Jリーグが開幕して以来，プロサッカー選手を目指す子供たちが増え，小学生年代から競技スポーツとしてプレーすることが一般的になりつつある．Jリーグの各チームも少年期からの選手育成を義務づけられており，その指導法も専門化し体系化されてきている．すなわち，サッカーを楽しむだけでなく，競技力を向上させることが目的とされ，小学校高学年を飛躍のために重要な時期（ゴールデンエイジ）と位置づけている．このような環境の中で，選手の障害の予防は，チームの中でも大きな問題としてとらえられ始めている．本章では，成長期サッカー選手特有のスポーツ障害の病態と診断，治療，予防について述べる．

I．現場における安全確保

1．成熟度の把握

成長期のスポーツ選手の指導にあたり，最も重要な点はその選手個人の身体の成熟度を把握することである．身長や体重を積極的に記録すべきである．これらは，日々のコンディションの把握にも役立つ．これをもとに身長成長速度曲線（図1）を描くことにより，個々の子供の発育段階を評価することができる．指導者は，その子供がどの発育区分にいるかを見極めておく必要がある．そしてその子供の成熟度に応じて適切な運動量と運動内容を提供することが障害の予防につながる．例えば，パワー系のトレーニングをどのくらい負荷するかは，個々の選手で異なってもよいと考える．また，当日のコンディションを簡単にチェックし，コンディションの悪い子供には基本的に無理をさせるべきではない．外傷も障害もこの年代では，早期に休ませれば回復が早いことを認識すべきである．また中学生年代でも，シーズンの節目にはメディカルチェックを行い，成長度の確認と障害の有無を評価すべきである．

2．練習環境

練習のスケジュールも重要である．平日は授業後がトレーニングの時間となるので，帰宅が深夜になり，十分な休養がとれないで疲労が蓄積する選手が多い．特に，遠距離を通学している選手は食事の時間が遅くなり，栄養面での問題も生じやす

(cm/年)
9 — PHA 標準化成長速度曲線

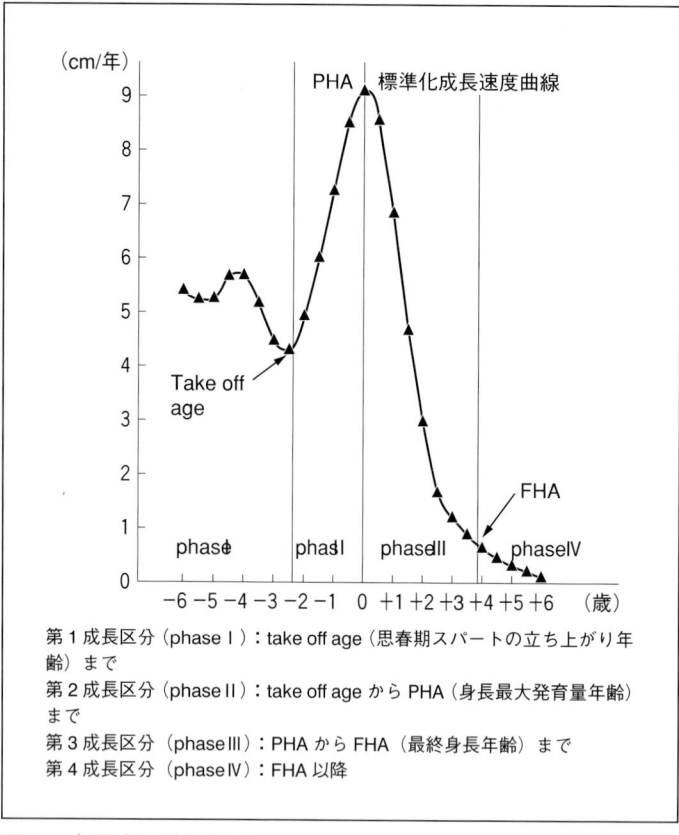

図1. 身長成長速度曲線

第1成長区分（phase I）：take off age（思春期スパートの立ち上がり年齢）まで
第2成長区分（phase II）：take off age から PHA（身長最大発育量年齢）まで
第3成長区分（phase III）：PHA から FHA（最終身長年齢）まで
第4成長区分（phase IV）：FHA 以降

い。成長期の障害の予防には，規則正しい生活と十分な休養と栄養補給が重要なのはいうまでもない。この点を改善すべく，指導者は対策を立てる必要がある。

　グランドのサーフェスや，シューズなども障害の発生と重要な関係がある。特に，中学や高校のグランドは一般的に整備が行き届かず，でこぼこで硬いというのが普通である。このような環境では，シューズは固定式のスパイクとランニングシューズを分けて使うべきである。つまり，フィジカルトレーニングでは極力ランニングシューズを使用し，ボールトレーニングでスパイクを履くといったようにする。また，アライメント異常や扁平足のある選手は，インソールを使用すべきである。市販のものもあるが，各自の足形に合わせて作製しておくと，障害の予防になる。

II．成長期サッカー選手のメディカルチェック

　先にも述べたように，競技選手として成長期の子供たちを指導する場合には，1年に1回はメディカルチェックを施行すべきである。その内容は内科的メディカルチェック，整形外科的メディカルチェック，体力テストに分けられる。

1．内科的メディカルチェック

　心電図検査，血液検査，尿検査などが中心である。突然死の防止のために，心電

図検査はぜひスポーツドクターである循環器専門医がチェックするのが望ましい。疑わしいものは必ず負荷心電図や，ホルター心電図，超音波検査などで再検査する。血液検査では貧血などのスクリーニングに有効である。われわれのデータでも，男子小中高生のチームの202名のうち19例(9.4%)に鉄欠乏性の貧血が認められた。これらは，食事指導で容易に改善でき，障害の予防やパフォーマンスの向上に役立つ。尿検査でも運動性の蛋白尿が検出される場合があるが，この中にネフローゼ症候群などの疾患が隠れていることもあり，注意を要する。

2．整形外科的メディカルチェック

身長，体重測定，アライメント，関節可動域，関節弛緩性，腰痛の有無，骨端部の圧痛チェックなどである。レントゲン検査は，症状のある箇所に対し最低限の枚数で撮影する。また，超音波検査やMRIなどの利用も検討すべきである。実際の結果については，4の項目で紹介する。

3．体力テスト

成長期のスポーツ選手に対する体力テストに何が必要かは議論が多く，本項では省略する。一般的に，中学生年代から飛躍的に上昇する有酸素運動能力を評価するためにクーパー走やインターバル走を，また神経系の発達をみるためにサイドステップやコーディネーションテスト，などがふさわしいと考えられている。

4．実際の結果

1997年4月から1999年3月まで，某Jリーグプロサッカーチームの下部組織に所属した男子小中高生延べ285名のメディカルチェックを両親の同意のもとに施行した。その結果を参考のために述べる。

a．心電図検査

2名が異常を指摘され，負荷心電図とホルター心電図で精査した。心室性期外収縮と診断され，両親の同意を得たうえクラブ活動を継続している。

b．血液尿検査

同意の得られた202名に対し行った。19名(9.4%)に貧血が，また蛋白尿が5例に認められた。

c．整形外科的検査

触診とレントゲン検査から足関節周囲の副骨が，非常に高い割合で存在することが明らかになった。Os trigonum (24.7%)，Os subfibulare (10.2%)，Os supranavicular (9.5%)，Os subtibiale (2.4%)，これに伴い足関節の impingement exostosis が 15.6% にも認められた。その他 Osgood-Schlatter 病(8.1%)，Sinding-Larsen-Johansson 病(1.4%)などの膝進展機構障害などの成長期特有の骨軟骨障害が多く認められた(図2)。これらの注意すべき疾患について，それぞれをX線所見，MR所見から紹介する。

1）Osgood-Schlatter病(以下，オスグッド病)

発育過程にある脛骨粗面部に生じる骨端症であり，予後は比較的良好であるが，

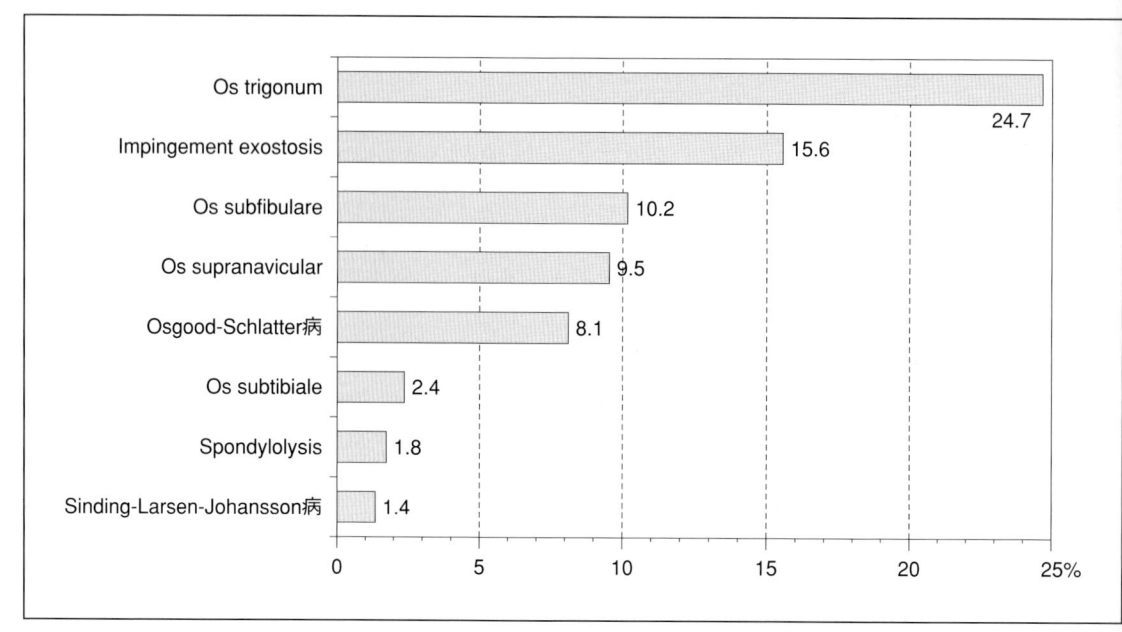

図2. X線所見

サッカー選手の育成上重要な時期に発症し(男子の骨年齢12歳前後)，選手としての到達度に大きな影響を及ぼしている．診断は脛骨粗面部の圧痛・突出にて容易であるが，MRIにて脛骨粗面部の発育段階と病期を把握した方がよい[1]．

MRIでオスグッド病の発症期をみると，脛骨粗面の発育段階がapophyseal stageに二次骨化中心に損傷が起こり，これによって骨端症が引き起こされている[1,2]（図3）．われわれの症例では，病期が進行期までにスポーツ活動の休止を含めた安静保存療法を施行することによって，21膝中19膝がossicleを形成せずに，画像上の治癒期に移行できた．これらの練習復帰までの期間は平均3.8週であった（図4）．これに対し終末期まで進行し，ossicleを形成してしまうと，痛みは長期に及び，スポーツ復帰後も違和感が残存することもある．つまり，オスグッド病を後遺症なく治療し，比較的早期に復帰させるためには，早期発見し，画像上進行期までに練習の休止を中心とした保存療法をとらせる必要がある．

その他練習前後の大腿四頭筋のストレッチング，アイスマッサージ，オスグッドバンドの装着，NSAIDSの塗布や服用，などの保存療法がある[3,4]．Ossicleが遺残し，その周囲での炎症による痛みが長期間残存する例には，手術による切除が考慮される[5,6]．

2）Sinding-Larsen-Johansson病（以下，SLJ病）

発育期のスポーツ選手に生じる，膝蓋骨下極の骨分離像と痛みは，オスグッド病と同じ膝進展機構のメカニズムによるものと考えられているが，オスグッド病と比較して頻度も少なく，数週間の安静で臨床症状も，画像上も治癒することがほとんどであるため，スポーツ活動の継続に関して問題となることは少ない．膝蓋靱帯炎（Jumper's knee），Sleeve fractureとの鑑別が問題になるが，MRIやX線所見でこれらが否定的で，膝蓋骨下極軟骨部が骨化するstageであれば，ほぼ確実である．

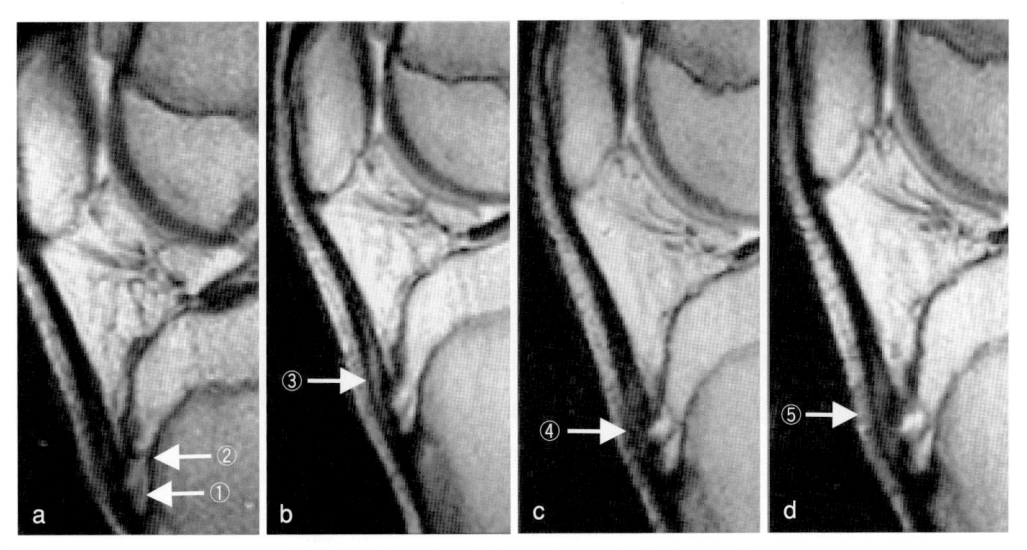

図3. Osgood-Schlatter病発症例(Sagittal T2 weighted MR image)
a：apophyseal stage：①二次骨化中心に亀裂が認められる。②は脛骨近位骨化中心との間の軟骨ブリッジ
b：epiphyseal stage：③膝蓋靱帯内に高信号領域出現し，亀裂は明瞭になっている。
c：④脛骨粗面の前方部が剥離し，近位上方へ牽引されている像を示している。
d：⑤膝蓋靱帯の付着部が肥厚し，ossicleが形成された。

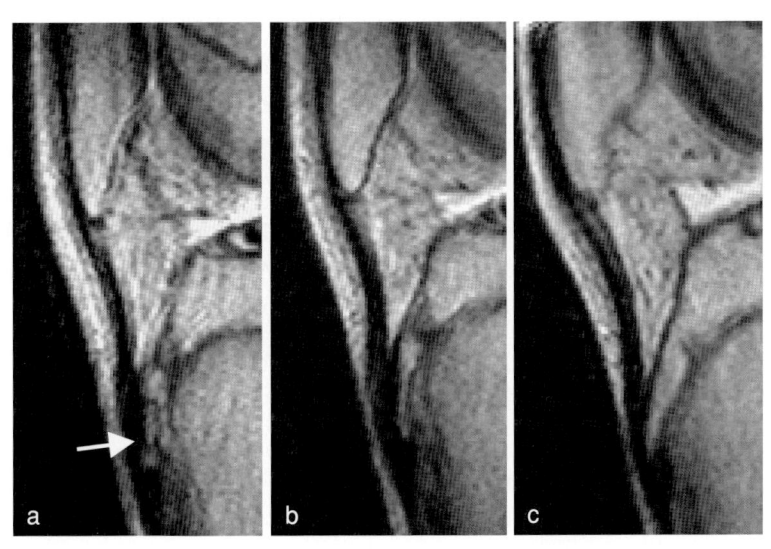

図4. 治癒期に移行できたOsgood-Schlatter病(Sagittal T2 weighted MR image)
a：apophyseal stage：二次骨化中心に亀裂が認められる。病期は進行期。
b：8週後亀裂は修復され症状も消失した。病期は治癒期。
c：12週後，発育段階はepiphyseal stage。

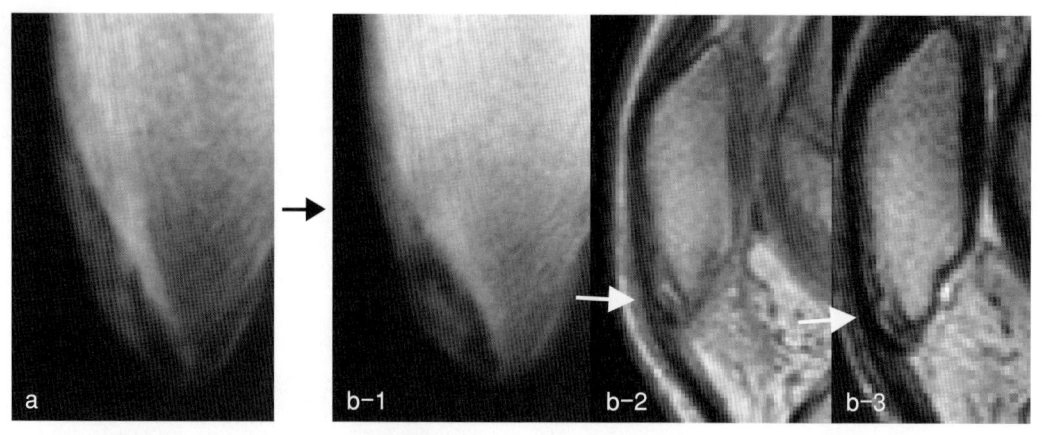

図 5. Sinding-Larsen-Johansson 病発症例
 a：無症状時 X 線所見。膝蓋骨下極の軟骨部が骨化過程にある。
b 1：1 カ月後の発症時 X 線所見。骨化していた一部が分離像を呈した。
b 2：発症時 MRT1 強調画像。
b 3：発症時 MRT2 強調画像。X 線上の分離部は膝蓋骨下極内の骨軟骨病変として描出された。

　病因に関しては，1921 年 Sinding-Larsen[7]が periostitis あるいは epiphysitis として 2 例を報告して以来，あまりまとまった報告はされていない。1978 年に Medlar[8]が，膝蓋靱帯の traction tendinitis が本態であり，下極の骨分離像は腱の剥離した部分での石灰化であると報告した。これに対し 1990 年 Ogden[9]はその著書の中で膝蓋骨下極の副骨化核と主骨化核の間の軟骨部が力学的にも弱く，この部分が direct または indirect な外傷を受け発症するのではないかと述べている。

　われわれの症例の MRI でも，膝蓋骨の骨化形態の亜型の中で生じてきたと考えられるものが存在する（図 5）。つまり，膝蓋骨が下極に副骨化核を形成する時期は，SLJ 病を発症する危険期であり，その年齢は骨年齢で 10～11 歳前後で，オスグッド病より約 1 年若い年代である。この時期の overuse に注意を要する。

3）Os trigonum（三角骨）

　三角骨の発生に関しては諸説あるが，距骨外側後突起の副骨化核の癒合不全説，距骨後突起骨折の偽関節説などが主である[10)11]。われわれのメディカルチェックの結果からは，三角骨が形成される時期は，距骨外側後突起部分の副骨化核の認められる stage で，平均骨年齢 11.3 歳であった。この stage に足関節底屈で同部位に痛みがあり，ボールが蹴れないと訴えた症例の MR 所見では，副骨化核と距骨体部との間に軟骨ブリッジが介在している像がとらえられている（図 6）。この時期は，力学的にもこのブリッジの部分が弱く，微小骨折を起こしやすいと Ogden もその著書で述べている[9]。副骨化核が，距骨と癒合せずに三角骨を形成したものは全体の 24.7％であり，一般人における頻度を報告した鶴田[11]の 12.7％と比較して，サッカー選手が三角骨をもつ頻度は高い。

　有痛性三角骨の発症は，サッカー選手の場合足関節底屈を強制され急性に発症する場合と，内がえし底屈捻挫を繰り返し慢性に発症する場合とがあり，成長期に特異的なものではない。むしろ，コンタクトプレーが強くなる 18 歳以降の方が多い

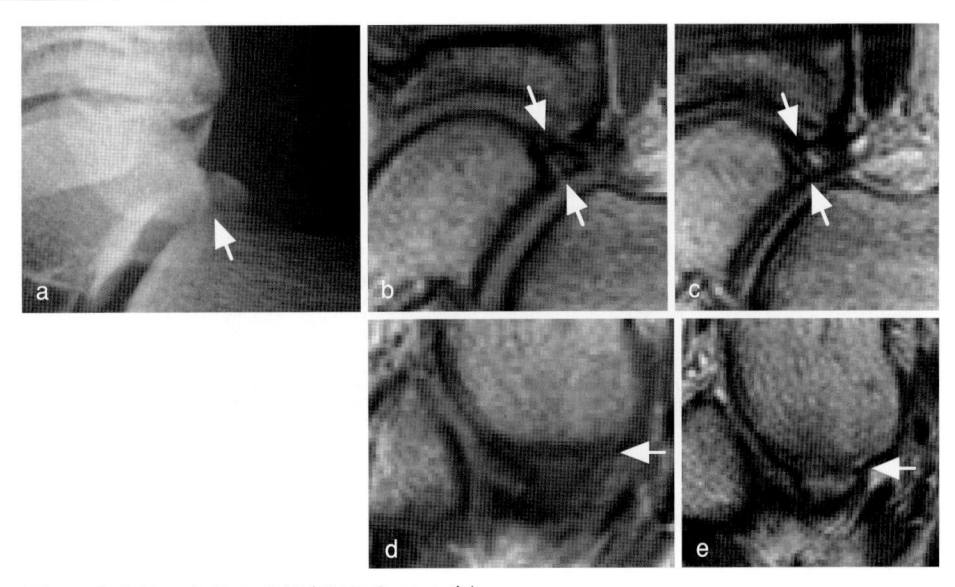

図6. 有痛性三角骨の症例（発症時13.4歳）
a：X線所見
b：MRT1強調画像 sagittal view
c：MRT2強調画像 sagittal view
d：MRT1強調画像 axial view
e：MRT2強調画像 axial view
三角骨と距骨体部は軟骨ブリッジを介して連続している。

と思われる。その原因として，三角骨の変性や炎症，癒合三角骨の骨折，踵骨後関節面との変形性関節症，三角骨距骨間の偽関節変形，長母趾屈筋腱の腱炎や部分断裂などがある。X線検査やMRI検査，局麻ブロックなどでその原因を診断し，まずは保存療法が選択される。底屈制限のテーピングが有効である。三角骨に痛みの原因があり，長期間インステップキックが蹴れない場合，摘出術を考慮する必要がある[12)13)]。予防としては，成長期に三角骨を発生させないようにすることが一番であり，距骨が外側後突起に副骨化核を形成する骨年齢11～13歳におけるメディカルチェックの徹底と，インステップキックやジャンプで足関節後方に痛みのある選手の早期診断が必要である。

4）Os subfibulare

腓骨外果先端に認められる過剰骨である。われわれの症例でも33例58足（10.2％）にみられた（図7）。鶴田の報告[11)]では2.1％であるので，これもサッカー選手に比較的多いと考えられる。外果骨折との鑑別を要するが容易でないことが多い。成因に関しては捻挫などの外傷で，副骨化核の癒合が障害され，Os subfibulareとして残存するという説を含めて諸説ある[11)]。無症状のことも多いが徐々に不安定性および疼痛を増して手術を要することもある。小学生の足関節捻挫を軽症として簡単に処理しないように注意している。

5）Os subtibiale

脛骨内果直下の副骨は鶴田の報告[11)]で，0.9％と比較的稀である。われわれの症例

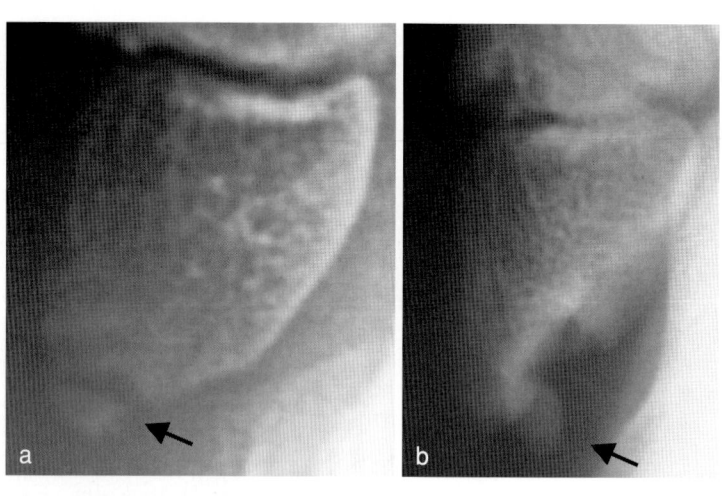

図7. 腓骨外果の副骨化核の症例
a：X線所見
b：Os subfibulare

では10例14足(2.5%)であった．成因としては，内果骨端核先端部に出現した副骨化核の癒合不全，三角靱帯内の異所性骨化などの説がある[11)14)]．これらの大部分は無症状である場合が多いが，急性または慢性の外傷によって痛みが生じることがある．われわれの症例で内果前丘先端部の痛みが出現し，治療を要した2例は，いずれも副骨化核を認めtraction apophysitisと考えられた[15)]．経過を追ったMRIでは，副骨化核が徐々に明瞭になって成長する過程はとらえられたが，骨端軟骨にavulsionなどの明らかな異常所見は画像上認められなかった(図8)．確定診断には骨シンチなどが有効である．

6) その他の障害

距舟関節での舟状骨背側縁の骨棘や分離像は，サッカー選手のキックにおける骨変化としてよくみられるが，この本態も副骨化核の癒合障害と考えられており，分離して遺残したものはOs supranavicularと呼ばれる[11)14)]．われわれの症例では9.5%に認められ，鶴田の報告[11)](1.0%)を大きく上回った．ほとんどが成長期に形成され無症状であるが，打撲やミスキックによって地面を蹴り，足関節底屈が強制された際に症状が発現する．

踵骨骨端線部の疼痛はSever病と呼ばれ，X線像で骨端核の不整，分節像を呈するが，異常所見として明確にとらえるのは困難である．スポーツを完全に休止するほどの難治例は稀であるが，ストレッチングの指導やヒールカップ，足底板の処方が必要な場合もある．

III．予防および早期診断について

以上のように成長期サッカー選手に多い障害は骨軟骨障害であり，その発生危険時期は骨端に副骨化核が認められ骨化が進行中の時期である．これらの骨化時期は，各個人で差があるのは当然だが，骨年齢でみるとある程度年齢が予測できる．

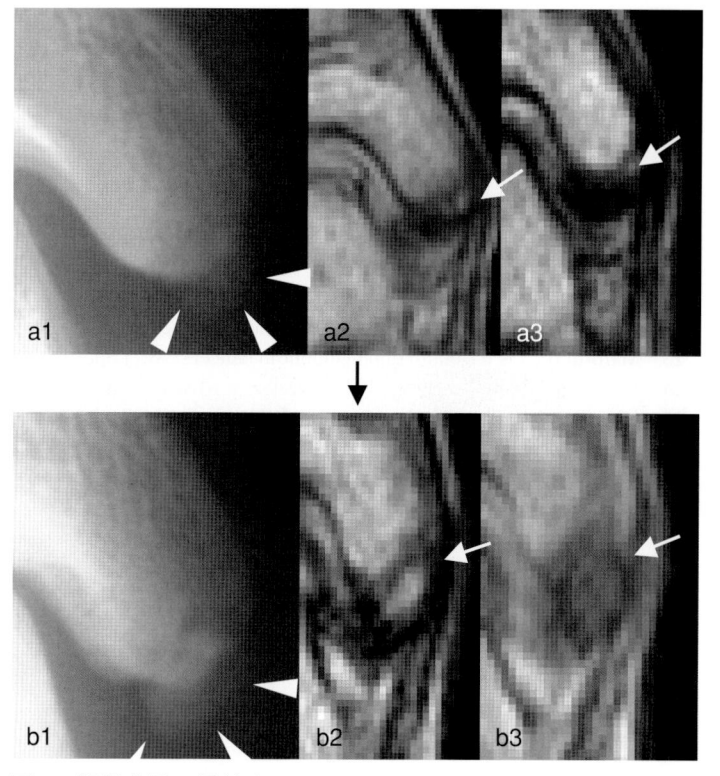

図8 脛骨内果の骨端症

a1：発症時10.5歳のX線所見。副骨化核が認められる(apophyseal stage)。
a2：発症時MRT1強調画像 coronal view。
a3：発症時MRT2強調画像 coronal view。副骨化核が描出された。
b1：3カ月後のX線所見。副骨化核が成長している。
b2：3カ月後のMRT1強調画像 coronal view。副骨化核が成長し，脛骨遠位骨化中心と軟骨組織を介して連続している。
b3：3カ月後のMRT2強調画像 coronal view。

例えばオスグッド病は，骨年齢11〜12歳代の選手が要注意時期である。この時期は，身長成長速度曲線の growth spurt 期にあたる。すなわち，身長の記録から危険時期をある程度予測することができる。この時期の連続した試合出場の制限や，極度の overuse に注意することが，障害の予防や早期発見につながると考えている。

〔平野　篤・白石　稔〕

参考文献

1) 平野　篤，他：発育期スポーツ選手における脛骨粗面のMRI所見とOsgood-Schlatter病の発症過程．整スポ会誌，18：27-33，1998.
2) Ogden JA：Osgood-Schlatter's disease and tibial tuberosity development. Clin Orthp, 116：180-189, 1976.
3) 古賀良生：成長期の膝の障害—Osgood-Schlatter病を中心として—．臨床スポーツ医学，3：886-892, 1986.
4) 平野　篤，他：オスグッド病のリハビリテーション．臨床スポーツ医学，16：307-313, 1999.
5) Mital MA et al：The so-called unresolved Osgood-Schlatter lesion. J Bone Joint Surg, 62A：732-

739, 1980.
6) Flowers MJ, et al：Tibial Tuberosity Excision for Symptomatic Osgood-Schlatter Disease. J Pediatr Orthop, 15：292-297, 1995.
7) Sinding-Larsen MF：A Hitherto UnKnown Affection of the Patella in Children. Acta Radiol, 1：171-173, 1921.
8) Medlar RC：Sinding-Larsen-Johansson disease. Its etiology and natural history. J Bone Joint Surg, 60A：1113-1116, 1978.
9) Ogden JA：Skeletal Injury in the Child. W. B. SAUNDERS Company, 1990.
10) 田渕健一, 他：有痛性三角骨. 臨床スポーツ医学, 8(臨時増刊号)：273-277, 1991.
11) 鶴田登代志, 他：足部過剰骨のX線学的研究. 日整会誌, 55：357-370, 1981.
12) Hedrick MR：Posterior Ankle Impingement. Foot & Ankle, 15：2-8, 1994.
13) Marotta JJ：Os trigonum impingement in dancers. Am J Sports Med, 20：533-536, 1992.
14) 田島　宝：少年サッカークラブ員の足・足関節変化. 整形・災害外科, 24：1611-1618, 1981.
15) Ishii T, et al：Traction Apophysitis of the Medial Malleolus. J Bone Joint Surg, 76B：802-806, 1994.

Chapter 12 海外遠征時のメディカルサポート

I．時差対策

　4時間以上の時差がある地域へジェット機で移動すると，時差ぼけ(jet lag syndrome)が起こる．時差ぼけのメカニズムについては，まだ不明な点もあるが約24時間周期で規則正しいリズム(サーカディアンリズム)を刻んでいる生体内時計が，到着した現地の生活時間にすぐに同調できないことが原因とされている．例えば，日本を午前11時に出発して，ロンドンに到着した時，生体内時計では午前0時で眠っている時間であるのに，遠征先の現地時間は午後3時で，まさに活動している時間であるということである．急激に生じた時差に生体は，すぐに順応することができない．そのため，生体内時計が，現地時間に同期するまで時差ぼけと呼ばれる特有の症状が続く．症状としては，睡眠・覚醒障害，集中力の低下，見当識障害，頭重感，食欲不振，胃腸障害，興奮状態やうつ状態である．このなかで一番問題になるのが睡眠・覚醒障害である．時差は東西の移動で生じる．東への移動であれば現地到着後に睡眠時間の短縮，中途覚醒，REM睡眠の減少，睡眠潜時の延長がみられ，西への飛行であればREM睡眠の延長や睡眠潜時の短縮がみられる[1]．このため東への移動では，西への移動に比べて睡眠の質が低下する．南北への飛行では時差の影響はみられない．

　時差がスポーツ選手に及ぼす影響について，1976年のモントリオールオリンピック大会参加のため，時差が+10時間ある東回りの遠征を想定して，国内で昼夜を逆転させて生活する実験が行われた．この結果，体温は5日目から同期が始まり，8日目でほぼ完全に同期した．握力，垂直とび，反応時間も体温の同期とともに実験開始前の強さに回復した．この実験により，時差に対して生体の諸機能が現地時間に同期をはじめるのは，現地到着後4日〜5日目であり，同期が完成するのは8日目頃であることが想定された．これによって，時差が8〜10時間の地域に遠征した時の時差ぼけが回復するまでのトレーニングスケジュールが作成された(表1)[2]．

　一方，時差の影響には個人差がみられる．そのために海外遠征で個人個人の時差の影響を具体的に把握することが必要である．これまでに調査された方法としては，体温，反応時間，心拍数，心理テスト，尿中のアドレナリンやノルアドレナリン量の測定などがあり，生体リズムが同調するまでの期間が報告されている．この

表1. 時差が8～10時間ある時のトレーニング計画

1. リズム乱れ期：到着してから3日間は、生体リズムと現地のリズムがあっていないので激しいトレーニングは行わない
2. 同期開始期：4～5日間で現地のリズムに同期適応していく。トレーニング強度を強め、練習や試合が可能になる
3. 同期進行期：6日～7日間は同期がさらに進行し、試合や競技ができるようになる
4. 同期完了期：8日目以降で現地時間に生体時間が同期する

なかでは起床時の体温や心拍数(脈拍数)測定が簡便であり、継続してできる有効な手段である。例えば、現地での体温を日本での体温と比較することで生体リズムが同調しているかどうかを知ることができる。

海外遠征の時差対策は、日本を出発する2～3日前から現地時間に生活スケジュールを1～2時間シフトさせ、現地到着後は生体リズムの同調因子をうまく利用しながら現地時間で生活を送る。生体リズムのもっとも強力な同調因子は太陽光などの2,500ルックス以上の光である。日本時間の朝(午前4時から8時)の時間帯に光を浴びると生体内時計が進む[3]。

II. 衛生環境のチェック

海外遠征でよく起こる病気は下痢とカゼである。このどちらにかかってもコンディションを崩すことになる。限られた期間の海外遠征では、いったん崩れた体調を遠征期間中に回復することは大変である。下痢は、気候、風土、食事、疲労、ストレスなどが原因になるものと細菌感染が原因になるものがある。海外遠征では、生水は飲まない、生野菜やカットされたフルーツは食べない、氷を飲み物に入れないなどの飲料水への注意が重要である。カゼは、疲労、睡眠不足、食事のバランスが悪い(ビタミン不足)、屋内と屋外の温度差が大きいなどが原因である。暑い国では、屋内と屋外の温度差に気をつけなくてはならない。乗り物やホテルは冷房がきいており、外から帰ってくると寒いと感じることが多い。このような理由で、遠征先の衛生環境は可能な限り、事前にチェックするとよい。特に初めて遠征する国であればなおさらである。実際に遠征に帯同するスタッフと競技団体のスタッフで宿泊するホテルの部屋や食堂、厨房、食事の内容、飲料水のチェック、ホテルおよび練習場や試合会場周辺の環境をチェックする。ミネラルウォーターについては日本に持ち帰って水質検査を行い、日本の水道法の基準にあっているかどうかを調べ、日本の水道法の基準に合格したミネラルウォーターのみ使用する。

III. 気候のチェック

暑い気候の地域へ海外遠征をすることがある。日本は四季があるため、真冬からいきなり真夏の地域へ遠征することになる。国際大会であれば暑い環境であるからといっても、大会に参加しなければならない。

暑熱環境で開催される国際大会参加が決定したら，① 大会開催地の気候の調査，② 同じような高温環境でのトレーニング合宿，③ 暑さに強い選手と弱い選手の調査（水分補給計画を立てる資料づくり）を行う．暑熱馴化するまでの期間については個人差が大きい．筆者らが調査した日本代表女子サッカー選手の場合，暑熱馴化するまで2〜5日間，平均3日間必要であった[4]．個人競技であれば，個々の馴化の程度によって練習計画を立てるが，チームスポーツの場合は，全員が暑さに慣れた5日目より通常の練習を行うように練習計画を立てる．暑熱環境では水分の補給が重要である．すでにPittsらは，運動中の水分喪失量が飲水量を超えることはなく，水分摂取の重要性を報告している．高温環境下でも水分を適切に補給し，体重減少を2.0％以下に抑えると，運動能力を低下させない．競技によって異なるが，練習では30分に1回は水分補給を行い，特に暑い時は15分に1回水分補給するように練習計画を立てる．

IV．医療体制のチェック

　海外遠征が決定したら，速やかに遠征先の医療事情を調査する．チームドクターが帯同する場合は，重症の外傷や疾病の発生した場合の搬送病院を調査し，チームドクターが帯同しない場合は遠征先での医療機関を手配しておくことが必要である．医療機関の選定にあたっては，日本大使館，現地の商社や日本人会に連絡をとり，病院を推薦してもらうとよい．また，大会等で救急時の搬送病院が決まっている場合は，その病院の情報を提供してもらう．事前チェックで現地を訪れた時に病院を訪問し，医療スタッフと会って，施設の見学や遠征時の対応について事前に相談しておくとよい．チームドクターが帯同する場合は，チームドクターが対応できる範囲で選手やスタッフのケアを行う．そのために，医薬品や医療器材を準備する．サッカー協会がチームを海外に派遣する時の携行医薬品，医療器材リストを**表2**に示す．

V．予防接種

　毎月世界のどこかで国際大会が開催されている．国際大会で訪れる国々の気候，風土，衛生環境，医療事情は異なり，日本ではみられない病気があったり，流行している病気があったりする．海外遠征が決定し，遠征先がわかった段階でまず入国に際して予防接種が必要か，流行している病気があるのかを調査しなければならない．国際大会であれば，主催する国際サッカー連盟（FIFA）より事前に各国に通知される．必要に応じて予防接種や感染症の予防対策を行う．

1．問題となる感染症と予防対策
a．A型肝炎
　40歳以下の人は，A型肝炎の抗体を持っていない人が多い．アジア，アフリカ，中近東，中南米にいく時は，A型肝炎ワクチンの接種を受けた方がよい．

表2. 海外遠征に必要な医薬品と医療器材

I. 医薬品
1. 経口薬：非ステロイド系消炎鎮痛剤，鎮痙剤，鎮咳剤，去痰剤，下剤，消化性潰瘍用剤，健胃消化剤，整腸剤，抗生物質製剤，合成抗菌剤，抗アレルギー剤，催眠鎮静剤，止瀉剤
2. 点眼剤
3. 外用剤：消炎鎮痛剤，鎮痒剤，寄生性皮膚疾患用剤，抗生物質製剤，副腎皮質ホルモン製剤，外皮用殺菌消毒剤
4. 注射剤：抗生物質製剤，副腎皮質ホルモン製剤，局所麻酔剤，血液代用剤，鎮痙剤，ビタミン剤，糖類剤

II. 器材類
1. 注射シリンジ，注射針，点滴セット
2. 縫合セット
3. 包帯，三角巾，ギプスシーネ，アルフェンスシーネ，サージカルテープ
4. 血圧計，聴診器，体温計，駆血帯，舌圧子，ペンライト，ピンセット，ハサミ
5. 脱脂綿，滅菌綿球，滅菌ガーゼ，アルコール綿

b. B型肝炎

B型肝炎は基本的には血液，性行為，不潔な針などを介して感染する。東アジア，東南アジア，アフリカにいく時に，医療関係者は予防接種を受けた方がよい。

c. 破傷風

1968年から日本で予防接種が開始された。そのため，30歳以上の人は免疫を持っていない可能性が高いので基礎免疫のための予防接種を受ける。4～8週間隔で2回接種が必要である。WHOは基礎免疫の予防接種を受けた人でも10年間隔で追加接種をすすめている。最近10年間で予防接種を受けていない人は遠征前に追加接種を受けた方がよい。

d. 黄 熱

黄熱は，WHOが定めた国際保健規定により流行している国に入国する時に予防接種が義務づけられているただひとつの国際伝染病である。現在，黄熱が流行しているのは，アフリカと中南米の赤道をはさんだ南北緯度15度以内の国々である。これらの国では，入国時に接種証明書（イエローカード）が要求される。

e. 狂犬病

狂犬病のない国の方が珍しい。海外遠征で都市に滞在する場合には問題ないが，農村や森林地帯に滞在し，動物と接触する可能性がある場合には予防ワクチンの接種を行う。ただし，初回，2週後，6カ月後と3回接種が必要なので，狂犬病のある地域へ海外遠征を行う場合は，6カ月前には計画を立てておかねばならない。

f. コレラ

予防接種の効果が約50％であるため，WHOはコレラワクチンの接種をすすめていない。コレラにかかった時は，早期に適切な輸液を行うことが大切である。

g. マラリア

マラリアの流行地域へ遠征する場合には，十分な予防対策が必要である。マラリ

ア原虫を媒介するハマダラ蚊に刺されないようにすることが重要である．夜間の外出は控え，長袖の着用，忌避剤の塗布，蚊取り線香や蚊帳を準備する．予防のために抗マラリア薬を服用する方法もある．現在，日本では塩酸メフロキン(メファキン)が使用できる．

h．性行為感染症とHIV感染症

HIVの感染経路は性交渉，血液を介したもの(輸血，血液製剤の使用，注射器の回し打ち)，母子感染の3つである．海外遠征で問題になるのは，性交渉とけがや病気の時の輸血である．選手にはHIVとAIDSについて，病気の内容，感染経路などを理解させておくことが大切である．また，遠征先の医療事情を事前に調査し，万が一現地で手術や輸血などの治療を受けなければならない時の移送病院を決めておかねばならない．

予防接種は，保健所や大きな病院で受けることができるが，黄熱の予防接種は，日本検疫衛生協会(東京，横浜)と検疫所(小樽，仙台，成田空港，東京，横浜，新潟，名古屋，大阪，関西空港，神戸，広島，福岡，鹿児島，那覇)でしか受けることができない．また検疫所では他の予防接種も受けることができるのでわからないときは事前に相談するとよい．

〔河野照茂〕

参考文献

1) 佐々木三男：睡眠覚醒障害の臨床―睡眠覚醒スケジュール障害(時差ぼけ)の時間生物学的研究―．慈恵医大誌, 104：501-524, 1989.
2) 横堀　栄，他：10時間時差による人の日内リズムの乱れとその同期化に関する研究．体協スポーツ科学研究報告, Ⅶ：31-40, 1975.
3) 大越裕文，他：時差と生体リズム．Heart View, 1(3)：379-384, 1997.
4) 河野照茂，他：高温環境がサッカー選手に与える影響．臨床スポーツ医学, 16(10)：1193-1196, 1999.

Chapter 13 帯同ドクターの役割

I. 日本代表チーム帯同について

　サッカーではいろいろな年代で日本代表チームが編成され，それぞれが合宿，大会への参加をしている．日本サッカー協会スポーツ医学委員会では，それらすべてにドクターを帯同させ，選手の健康管理，外傷，障害の治療，予防などを行っている．日本サッカー協会は1970年12月の第6回アジア大会において，はじめてチームドクターを帯同させた．当初は，海外での試合やフル代表に限りチームドクターが帯同していたが，現在では選手の健康管理，傷害の処置や予防，コンディションの管理，ドーピングコントロールなど医学的な面でのサポートの必要性が以前より増してきたことから，すべてのカテゴリーにおいてすべての合宿，試合にチームドクターが帯同している．帯同ドクターの役割は，選手の健康管理，コンディショニング，ドーピングコントロール対策など，その守備範囲は多岐にわたる．
　本稿では帯同ドクターの役割，留意点について述べる．

1．メディカルチームの確立

　各年代の代表チームにより，メディカルスタッフの構成は異なるが，基本的にはドクター1名とアスレチックトレーナー数名（日本代表には3名，U-23代表には2名，U-20代表には1名ないし2名，その他の代表には1名）で構成される．ときにより，栄養士が帯同することもある．帯同ドクターは，これらのメディカルスタッフをまとめチームとして選手の健康管理を行わなければならない．

2．薬品・器材の準備

　日本サッカー協会スポーツ医学委員会は，必要な薬品・器材を選定し，それぞれの合宿に備えるようにしている．薬品・器材の内容は表1に示すとおりであり，それらの量は合宿の日数により決定している．準備する薬品器材は2個のジュラルミンのケースに入れ，チームとともに移動している（図1）．薬品，器材の管理は，薬局と契約を結び，薬剤師に管理を委託している．

表1. 携行薬品・医療器具

経口薬	消炎鎮痛剤	ボルタレン（25） ロキソニン（60） バファリン		縫合セット	メス（使い捨て） 持針器 ST アドソン有鉤 ST 摂子（15 cm） 摂子（23 cm） モスキートペアン 外科剪刀 眼科剪刀 扁平鉤		
	消炎酵素剤	ダーゼン（10）					
	筋弛緩剤	テルネリン					
	抗プラスミン剤	トランサミン（250）					
	鎮咳剤	アストミン					
	気道粘液溶解剤	ビソルボン					
	抗アレルギー剤	セルテクト		滅菌手袋	ドクターハンド（7.5）		
	睡眠剤	ハルシオン（0.25）		滅菌シーツ	穴あきドレープ		
	鎮静剤	セルシン（2）		滅菌ガーゼ	ケーパイン	5×5 cm 7.5×7.5 cm	
	止瀉剤	フェロベリン ロペミン		縫合テープ	ステリストリップ	6×38 mm 12×50 mm	
	便秘薬	プルセニド		縫合糸	針付きナイロン	3〜0 4〜0 5〜0	
	消化剤	エクセラーゼ					
	抗潰瘍剤	コランチル顆粒 ガスター（10）		消毒薬	ヘキザックアルコール イソジン液 10%　250 ml オキシドール　500 ml 脱脂綿 滅菌綿球		
	鎮痙剤	ブスコパン					
	抗生剤	バナン サワシリン クラビット					
口内薬	トローチ	オラドール			滅菌綿棒	メンティップ	
坐剤	消炎鎮痛剤	レクトス（50）			アルコール綿	ウェブコルアルコールプレップ	
点眼薬	抗生剤	クラビット点眼薬			スプレー	ノベクタンスプレー カナマイシンスプレー	
	抗アレルギー剤	ザジテン点眼薬					
外用剤	うがい薬	イソジンガーグル　30 ml		バンドエイド	カットバン	S	
	消炎剤	フェルデン軟膏 モビラート軟膏			カットバン	M	
					カットバン	1.9×7.5 cm	
	ステロイド剤	リンデロン VG 軟膏　5 g			スピール膏		
	抗ヒスタミン剤	レスタミン軟膏		粘着テープ	サージカルテープ	マイクロポア	
	抗生剤	ゲンタシン軟膏		装具類	エバーステップ	左 LL 右 LL	
	貼付剤	ソフラチュール					
	抗真菌剤	フロリード D			膝 ACL 用装具	ゲルテックス ACL（L） ゲルテックス ACL（LL）	
	口内炎	デキサルチン軟膏			腰装具	マックスベルト（L） マックスベルト（LL）	
	シップ剤	モーラス					
注射薬	ステロイド剤	リンデロン注 4 mg/cc			ハンサポール		
	抗生剤	リンコシン注　600 mg/v			弾性包帯	エラスコット　3号 エラスコット　4号 エラスコット　7号	
	局所麻酔剤	1%カルボカイン　10 ml 2%E キシロカイン　20 ml					
	点滴等	CEZ 注-MC　1 g 強力ミノファーゲン　20 ml ビタメジン 20%ブドウ糖 ラクテック　500 ml ビタミン C　2 g/10 ml プリンペラン注 ホスミシン　2 g ブスコパン注			ギプスシーネ	スコッチキャスト　15×30 cm スコッチキャスト　20×45 cm	
					三角巾		
					アルフェンスシーネ	指用	
				診療器具	血圧計 聴診器 体温計 駆血帯 舌圧子 ペンライト ハサミ 滅菌タッパ 廃棄物入れ 処方箋 自動対外式除細動器		
医療材料	注射シリンジ	5 cc 10 cc 20 cc					
	注射針	18G 23G 25G 23G 翼状針					
	点滴セット						
	エクステンションチューブ						
	三方活栓						

図1. 薬品・器材を入れている
　　　ジュラルミンケース

3．メディカルチェックの実施

　合宿初日の集合時，参加選手のけがの具合，コンディションをチェックし，監督に問題のある選手について報告する．これはあらかじめ集合前に，チームドクターからある程度の情報を得た上で，トレーニング，試合に参加可能かどうかをチェックするもので故障個所のみについて診察する．

　また，シーズン開始前のメディカルチェックとしては，メディカルチェックの項に述べた整形外科的なチェック，眼科・歯科の検査を行っている．詳細はメディカルチェックの項(Chapter 6-2)に譲る．

4．情報収集

　選手選考に際し，合宿あるいは試合に選手が十分なパフォーマンスが発揮できる状態にあるかどうかを判断し，監督に伝えなくてはならない．

　日本代表選手は全員Jリーグのチームに所属しており，選手の健康管理は各チームドクターが行っている．もし選手がけがをして治療中であれば，その状態を確認し，次の合宿あるいは試合でプレー可能な状態であるか否かをドクター間で協議し判断する．トレーナーもトレーナー間で情報の交換をして，ドクター，トレーナー，選手自身と連絡をとり，その選手の状態を総合的に判断し，ドクターが監督にその状態を伝え，最終的には監督がその選手を召集するかどうかを決定する．代表チームの監督によっては，代表チームのドクターが実際にその選手を診察し，判断を下すように指示される場合もある．

　ドクター間の情報交換にはサッカーヘルスメイトを用いている．これには選手の家族歴，スポーツ歴，既往歴，メディカルチェックの結果，検査データ，レントゲン所見，フィジカルなデータ，現病歴などが記載されている．それを常に選手が持っていて，外傷，障害，疾病があればそのつど選手をみたドクターに記入してもらっており，いわば選手のカルテといえるものである．

　サッカーヘルスメイトだけでは緊急の情報交換はできず，合宿直前の外傷，障害

図 2. 練習中の心拍数の記録

が発生した場合には，緊急にドクター間で連絡をとらなくてはならないこともある．実際にはこうしたケースの方が多く，各クラブのチームドクターとの密接な情報交換が非常に重要である．

U-20 以下のカテゴリーでは，Jリーグに所属していない選手もいる．こういう場合でも問題のある選手がいれば，その選手の所属チーム，学校の監督，コーチ，トレーナーなどと連絡をとり，その選手の状態を事前に確認しておくことが重要である．

5．コンディションの管理

合宿中において，選手のコンディションの状態を把握し，良いコンディションを維持させるようにしなければならない．コンディションの評価には，体重測定を毎朝，朝食前に行い記録している．これは簡単な方法であるが，データを積み重ねていくと，体重の変動とコンディションはよく相関することがわかる．毎朝，選手も自分の体重を確認し，客観的にコンディションを把握することができる．

また，練習中の心拍数の変化を記録している(図 2)．これで疲労の程度や，トレーニングを十分やってきたかどうかがある程度判断ができる．練習前にハート・レートモニターを胸に巻き，心拍数は腕時計様の記録機に記録される．トレーニングが終わると，記録機は読み取り用の機械にセットしコンピュータ処理し，トレーニング中の心拍数の変化を分析する．フィジカルチェック時に計測した最大心拍数とトレーニング中の心拍数を比較することにより，選手のコンディショニングがあ

る程度把握できる。

　コンディションの維持には，栄養サポートを欠かすことはできない。合宿するホテルのメニューをチェックし，ホテルの調理担当責任者と食事についての検討を行う。実際にホテルに入る前に，おおよそのメニューのチェックをしておく方が望ましい。また，ビタミン剤などの補助食品のコントロールを行う。食事はビュッフェスタイルで，各自自分で考えて栄養補給をする。食事指導は，代表クラスになって初めてやっても修正できないため，ユース年代から食事に関する指導を行っている。

　サッカーの大会は世界中で行われており，それぞれの環境に対する対策を講じなければならない。今までの例をあげると，1997年FIFA U-17世界選手権は2,580mのエクアドルで行われた。この時は，日本で高地のシュミレーションを行い，さらに事前合宿をエクアドルで行い，その時に血液検査，コンディションのチェックを行い，高度馴化のための必要な期間についての指針を作成した。そして，本大会では高度馴化は順調に行われ，高山病の症状をだす選手はなく大会に望むことができた。1996年アトランタオリンピックでは気温が高く，水分摂取を十分するよう注意を払った。1999年FIFAワールドユース選手権はナイジェリアで行われたが，伝染病対策として黄熱病，肝炎，破傷風などの予防接種に加え，マラリアの予防薬の投与を行った。また衛生面，食材の確保が問題となった大会であった。その他のあまり衛生状態のよくない国で行われる大会に先立って，地元のミネラルウォーターを取寄せ，飲料水に適しているかどうかの検査を行い，不適当なものは使わないようにしている。

6．傷害・疾病の治療とリハビリ

　合宿や試合中にけがをした場合には速やかに，病院に連れて行きレントゲン，MRIなどの検査を行い，さらにトレーニングや試合を続けられるか否かを判断し，不可能であれば所属チームに返さなくてはいけない。治療に長期を要する場合は原則として，所属チームのチームドクターと連絡をとり，所属チームに返し治療を行っている。合宿中に復帰できそうな傷害に対しては，投薬，理学療法，物理療法などを組合せ選手の治療を行う。試合中の大きなけがは意外に少なく，かぜ，熱発，下痢など内科的な問題の方がよく起こる。2002年のワールドカップの年には代表候補選手の中で，腹膜炎，肺動脈塞栓症，虫垂炎などの内科的重症なケースもあり，専門医と連絡をとり，治療状況，復帰までの期間などの情報を得て監督に伝えなくてはならない。

　故障をもって合宿に参加している選手もあり，彼らに対しては別メニューのトレーニングを行う。別メニューのトレーニングプログラム，実施はアスレチックトレーナーが担当している。さらに，回復してチーム練習に参加できる前の段階になると，フィジカルコーチのもとでトレーニングを行い，問題なければチームのトレーニングに合流する。別メニューの調整の必要があるかどうか，チームトレーニングに返す時期の判断は，帯同ドクターがトレーナーやコーチと相談しながら決定する。

1日の選手の状態，治療した内容，別メニューで調整した選手などについては，日報として毎日記録する。またサッカーヘルスメイトにも，傷害のある選手に関しては，症状，検査の内容，治療内容などを記入し，所属チームのチームドクターに合宿期間中の状況がわかるようにしておかなければならない。合宿終了時には，問題のあった選手に関して，所属チームのチームドクターに直接状況を連絡しておく必要がある。

7．ドーピング対策

FIFAの主催する国際試合では，ドーピング検査が必ず行われている。Jリーグでもドーピング検査が行われており，国体でも2003年からドーピング検査が導入され，ドクターのドーピングに対する知識は必須のものとなってきている。

FIFAで禁止されている薬物は興奮剤，麻薬性鎮痛薬，蛋白同化ステロイド，β遮断薬，利尿剤，ペプチドホルモンがある。サッカー選手で問題になるのは，テストステロン，スタノゾールなどの蛋白同化ホルモンとエフェドリンなどの興奮剤である。最近は，海外の選手によるナンドロロンの使用が問題になっている。市販のカゼ薬にはエフェドリンが含まれていることが多く，使用に際しては注意が必要である。またソルトレイクオリンピックで問題になったエリスロポエチンも2002年ワールドカップワークショップにおいて大きな問題として取り上げられ，ワールドカップで初めて採血を行った。

こちらで準備する薬剤は禁止薬物は入れていないが，選手自身が常用している薬やサプリメントのチェックも必要である。特にチームのトレーナーから渡されて服用しているサプリメントやビタミン剤，漢方薬には注意が必要である。選手自身が禁止薬物と知らずに服用していることがあり注意を要する。2002年のワールドカップに参加した選手で調べてみると23人中16人が何らかのサプリメントを使用していた。

ドーピング検査は試合終了後，各チームから2人抽選で選ばれ，ドクターは尿が

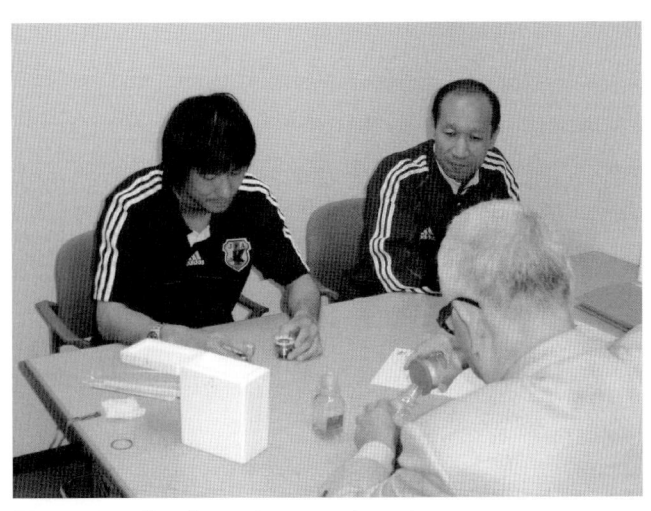

図3．ドーピングコントロール室にて

出てサンプリングが終わるまで選手と付き合わなければならない（図3）。FIFAは試合の時だけでなく，練習中に抜き打ちでドーピング検査を行うこともある。

8．コーチングスタッフとの関係

　監督，コーチとのコミュニケーションは常に密にとらなくてはならない。監督により，コミュニケーションのとり方には違いがあるが，選手の状態をできるだけ正確に伝える必要がある。トレーナーと選手のコンディションについて協議し，問題があればなるべく早く適切なタイミングで監督，コーチに伝えなければならない。選手の状態については，最終的にはドクターの責任で監督に報告する。

9．帯同ドクターの1日

　1日のスケジュールは状況により多少異なるが，トレーニング期の平均的な1日を紹介する。

　朝食：食事会場の食事をひと通りチェックする。選手の食事状態をみて，コンディションに問題のありそうな選手や体重の変動の大きな選手に対しては，状態を尋ねる。

　午前中にトレーニングのある場合，トレーニング出発の45分前からメディカルルームで，トレーナーがテーピングをするので，同席しその日の選手のコンディションのチェックをする。けがを持った選手のチェックもトレーニング前に行い，状況をコーチ，監督に報告する。

　トレーニング中はグランドでトレーニングをみて，けがした選手がでれば，速やかに対処する。リハビリ中の選手がいれば，そのトレーニングのチェックを行う。カテゴリーにより，スタッフの構成は異なり，水や氷の準備を帯同ドクターが行うこともある。

　トレーニング後，けがのある選手の処置，チェックを行う。

　昼食：朝食と同様

　午後のトレーニング出発前45分にメディカルルームを開け，選手のチェックを行う。リハビリ過程にある選手のトレーニングの方法をトレーナー，コーチと相談し，監督に報告。トレーニング中はピッチに立ち，選手の観察，トレーニングの助けを行うこともある。

　夕食後：夕食後メディカルルームを開け，トレーナーは選手のマッサージ，ケアを行うので，ドクターは同席し，選手のけがのチェックを行い，トレーナーと相談し，治療法を決定する。夜の選手の治療が終わったら，その日の選手の状態をトレーナーとミーティングを行い，問題のある選手の評価をまとめる。ときにコーチとも相談し，復帰可能かどうか，練習メニューの内容を検討することもある。

おわりに

　帯同ドクターの役割は，チームスタッフの構成，監督の考え方により多少異なってくるが，正確な医学的判断を下し，適切な処置をすることが求められるのはいうまでもない。選手，チームスタッフと良好なコミュニケーションをとり，また選手

の所属チーム，チームドクターとも緊密な関係を築くことが大切である。

（森川嗣夫）

II．ユース年代の代表チーム帯同について

　1995・1996 年に U-16 代表に帯同をしてから約 10 年間，U-20・U-17 代表を中心に，帯同の経験をして来た。これらの経験をもとに，トップレベルの帯同ドクターとは異なる役割が求められるユース年代の帯同ドクターの役割について述べる。
　日本代表チームドクターの具体的な業務に関しては，前項で記載されているため重複しないように，ユース年代において特に注意すべき点を中心とする。

1．チームスタッフ：帯同医師の立場

　チームスタッフは，監督，コーチ，ゴールキーパーコーチ，ドクター，トレーナー，主務(サッカー協会より)，ときにエクイップメント(用具管理)と試合分析係の者が加わり，スタッフは 6 名から 8 名である。このメンバーで，国内や海外の合宿に数日から何週間も朝から夜寝るまで(ときには，スタッフ全員同じ部屋でのザコ寝もある)ずっと一緒にいることになる。当然であるが，お互い打ち解けることは非常に重要であるが，お互いの仕事の役割をしっかり果たすことが信頼を得る上で大切である。

a．スタッフの一員としての帯同ドクター

　当然のことながら，サッカーチームに医師として帯同するわけであり，サッカーをプレーするために行くわけではない。若い世代といえどもプロの監督，コーチが長い時間をかけて十分計画・準備して合宿が行われるのである。我々が学生時代に行っていたサッカー合宿のイメージを捨てきれずに，選手と一緒に練習後にサッカーが出来ると考えたり，レクリエーション的な気持ちがあったりすると，間違いなくチーム内で浮いてしまう。

b．ユース年代の代表監督という職の理解

　監督は，結果を含めてチーム内のすべての責任を負う義務があり，日本，世界が注目する舞台での仕事である。勝っても負けても監督は注目され，時には責任も生じてくるであろう。代表監督というのは医師でいえば，世界的に有名な国際学会で，これまでの業績を評価されて invitive speaker として招待されるようなものではないかと考えている。この発表準備を何人かのスタッフで行っているときに，一人だけ医局内での研究報告レベルの意識のものがいてはならない。チーム帯同の時に，旅行気分や思い出作りの気持ちがすこしでもあったりすると，他のスタッフ，監督との間に大きな意識のズレが生じる。帯同ドクターは，ユース年代といえども，日本代表と名のつく監督の責任の重さを共有しなければならない。

c．仕事の分担

　帯同は，あくまでも医師としての帯同である。チームを応援する気持ちが強くなってしまい，監督やコーチにチーム戦術について意見を述べたり，選手に技術指導や戦術についての話をしたりすることは，明らかに帯同医師の役割を逸脱してい

る．サッカーが好きで，かつプレーを理解していなければ帯同ドクターは務まらないが，ドクターの役割は，あくまで選手の気持ちを理解し，コンディション，けがによるプレーの可否の判断に限るべきである．サッカーの話をしたい時は，夜，消灯後にトレーナーと雑談するくらいにしておくべきである．

2．監督とのコミュニケーション

　最高責任者である監督がどのような考え，意見を持っているかを理解することが大切である．

　選手のけがを監督へ報告すること一つとってみても，さまざまなケースがある．報告内容として，怪我の状況，無理してプレーをしたときのリスク，休んだときのメリット，復帰までの期間など，すべての情報が求められ場合や，プレーができるか，できないかの判断のみが求められる場合など，さまざまである．状況に応じて監督がどのような情報を求めているかを理解することが重要であり，監督との付き合いが短いと難しいことでもある．

3．メディカルスタッフチーム：トレーナーとの協力

　ユース年代でのメディカルチームはトレーナー1人，ドクター1人である．この2名で，合宿期間中の選手のけが，体調管理，健康管理，時には悩み相談まで行う．けが人だけの手当てを行えばよいわけではなく，選手がいかに良いコンディションを維持できるかを常に検討していかなければならない．体調を良い状態に保つことは，集中力を維持し，最終的にはけがの予防につながるからである．2人ですべてこれらのことをマネージメントしていかなければならないので，トレーナーと良いコミュニケーションをとり，役割分担を明確にし，お互いに助け合っていくことが大切である．

　病院の中では医師はコメディカルの人たちとコミュニケーションをとりつつ，指示を出す責任者であると考えられがちであるが，合宿では，医師とトレーナーはそれぞれの仕事を対等に行うエキスパートであり，お互いがチームの仕事を分担して行うチームの一員であると考えなければならない．トレーナーは，筋の疲労やtightnessのチェック，外傷・障害をおった選手患者におけるプレー復帰の最終段階のトレーニングやチェックなど，選手に対して医師の持っている情報と異なる有用な情報を非常にたくさん持っている場合が多い．いろいろな情報を交換し合い，最終結論を出すべきである．

4．選手とのコミュニケーションのとり方

　時間をかけて選手とコミュニケーションをとりながら，選手の性格を観察することは大切である．選手の中には，ちょっとした症状でもメディカルスタッフに報告してくれて，"大丈夫だからガンバレ"の一言がほしい選手もいれば，痛くてどうにもならなくなるまで報告に来ない選手もいる．これらに対応するためには，時間をかけて選手を観察し，性格を知り合うことが良いと考える．

　繰り返すが，医師としてチームに帯同しているので，決して選手とファンという

立場にはなってはいけない．医師が特定の選手のファンだったり，特別視したりすることは，医師としての冷静なジャッジに影響を及ぼす可能性があるだけでなく，他の選手からの信頼を失う．選手とコミュニケーションをとることは大切であるが，ある一定の距離を保つことも必要と考える．

5．医学的判断

合宿中の練習時のけがについては，その時の手当てやプレー続行の判断は，比較的時間もあるので，さほど問題にはならないが，試合中，時間がない時に，どのようなことに注意し，また判断すべきかについて述べる．このようなことに，マニュアルや教科書があるわけではないので，筆者自身の経験からの私見を述べる．

a．試合中に選手が倒れた！その時あなたは？

① どんな小さなけがの場合でも倒れたら，直ちにピッチサイドに駆け寄り声をかけるか，できれば選手に駆け寄る．
② 試合を見ていて，よほどの外傷でないとき以外は，自分で選手が立ち上がるのを待ち，ベンチからむやみに立ち上がらない．

監督によって，①を好む場合と②を好む場合がある．

①の考え方は，"けがに対してできるだけ早く適切な対処，処置を行い，試合に戻すのがメディカルスタッフの仕事である"ということである．一方，②の考え方は，"ピッチ内は戦場であり，ファイティング・スピリッツが大切である．軽度のけがで，いちいち大丈夫かと回りが心配しすぎることは，戦いの場の中で選手のファイティング・スピリッツを持続させるという意味においては好ましくない．本当に戦えなくなって初めてメディカルスタッフが手を差し伸べれば良い"ということである．

①，②の考え方のどちらも十分理解できるし，また，どちらが正しいとか，間違っているとはいえない．

帯同している医師の考えも含め，監督とのコミュニケーションにより統一した見解を得ておくことが大切である．

b．けが人が出てピッチ内に入る時

1）試合中ピッチ内でのけがの判断

試合中，ピッチ内での診察は，できるだけ早く診察，判断するという当たり前のことのみで，何か特別なことはない．ピッチ内での診察，チェックのプロトコールとしてイングランドサッカー協会からのプロトコールを紹介する（表2）．私自身が指標にしているプロトコールである．

2）水

暑い時，トレーナーと2名でフィールド内に入る時には，どちらかがけが人に直行し，もう一人は周りの選手に水を渡しながら向かうという役割を決める．水のボトルをたくさん持ってピッチ内に入り，できるだけ多くの選手に水を飲ませるように努める．しかも，状況によって勝っているときは，なるだけゆっくりピッチ内から出るように心がけ，選手にできるだけ水を飲む時間を与える必要があるかもしれない．

表2. けがの評価，On the field

1．S：See injury occur
　　けがが生じた場面を見る

2．A：Ask player question about the injury
　　どこが痛いのか？　どのように痛いのか？　けががどのような状況で受傷したか受傷機序を聞く．打撲，捻挫，徐々に痛くなった，攣った，など

3．L：Look at injury
　　けがの局所を見る：足関節を見る時は，必ずソックスを下ろして，見ることが大切である（足関節周囲の外傷の時は，まず靴を脱がさずに視診が可能なことが多い）．この時に，まだ患部を動かしてはいけない．大きな腫れや変形など大きなケガを示す所見があるかどうかの注意が必要．

4．T：Touch-palpate the injured part
　　けがの局所を触診する．

5．A：Active movements form player
　　自動運動のチェック

6．P：Passive movements by therapist
　　他動運動のチェック

7．S：Strength-players movements resisted by therapist
　　抵抗力：選手の自動運動に対し抵抗を与えてチェックする．

（イングランドサッカー協会より）

3）ベンチへの伝達

けがした選手に対する判断をベンチ（監督）に伝える．プレー可能，プレー不可，考え中，の3つのうち，現在，どの状態かを直ちに伝えることが大切である．無線があれば，無線で伝えることが良い．マル○（プレー可能），バツ×（プレー不可）のジェスチャーでベンチに伝える方法もあるが，真っ先にマルのサインを出して，モタモタ時間稼ぎをしていると，審判に選手がイエローカードをもらいかねないので，無線がない場合には，マル・バツ以外のサインを申し合わせて出すことも必要かもしれない．国際大会では審判は日本語がわからないことが多いため，無線での連絡が望ましいと考える．

4）選手をピッチへ出す時

選手をピッチ外へ出す時は，できるだけゴールラインを避けて，タッチライン側に出してもらうように，担架の人に要請する．理由としては，選手が再度ピッチ内に入る時は，主審はゴールラインから選手が入るのを許可せず，タッチラインから入るように指導されるので，ゴールライン側に選手を出された場合は，再度試合に戻る時にタッチラインまで走らなければならないためである．もちろん主審がゴールライン側に選手を出すように指示している場合には従わなければならない．

5）選手交代が不可な状態でのけが発生時の対処

選手交代3名の公式試合時に，3人目の選手交代をした後に，けが人が出た場合には，どのような対処をしたらよいか？　たとえけが人が出ても，交代枠が残っていないために，けがをした選手をピッチ外に出すことはできても，交代させることはできない．頭部打撲や骨折など，重傷の場合は直ちにピッチ外に出し，処置が必要であるが，重症ではなく足を引きずって歩くことはできるが，走れない状況の時

には，ピッチ外に出てしまうより，動けなくてもピッチ内の特定の位置に立っていたほうが，戦略的に良い場合があるといわれる。従って，このような状況下においては，どのように対処するかを，事前に監督と話し合っておくほうがよい。

c．試合の見方・メモ

　試合中は，つい試合の動向に気がいってしまいがちとなる。注意点としては，試合前には，けがや障害の既往のある選手がウォーミングアップで，痛がっていないか，患部をかばっていないかをチェックし，同時に試合中もチェックする。選手が倒れた場合や，相手選手と接触した場合には，しばらくの間，その選手を注目し，動き，プレーを確認する。時間があれば，これらの選手名をメモに記載する。FIFAの大会では，F-MARC（けがの調査）の一環として，試合中のけがについての報告を試合直後に提出することが求められるため，このメモが重要となる。また，試合後にけがの重症度のチェックや確認においても役立つため，このメモは有用と考える。試合を応援することは大切であるが，試合に熱中し過ぎるのは気をつけるべきである。

6．体調管理

　合宿中は，選手の体調管理も大切な仕事である。海外での長期間滞在の時に，ホテルでの過ごし方，練習・試合時の水分摂取のとり方，食事・栄養のとり方，風邪の予防など非常にたくさんのことに関しての注意が必要になる。

　ユース年代ということもあり，以前は一つ一つ口うるさく注意してきたが，選手の将来性を考え，これらのことを他人からいわれなくても自分でできる，セルフコントロールできる選手を若い世代で育てる必要性を痛感し，トレーニング合宿などでは，一度注意事項を話すか，もしくは掲示板に記載したら，あとは自主性に任せる。体重減少，体調不良，脱水などを注意深くみながら，自己管理の必要性を教育したほうが良いのではないかと考えるようにしている。

　主観的ではあるが，16歳，17歳位からプロ意識をしっかり持っている選手もいれば，19歳，20歳になっても，子供が遊びでサッカーをやっている感覚（プレーのことを言っているのではなく，職業に対する意識に関して）の選手もいる。本人の性格にもよるが，将来，少しでも長く一流のサッカー選手としてプレーしてほしいということを考えると，健康・体調に対する自己管理を習得させることは重要な課題であると思う。

7．クラブドクターとの連絡

　16歳，17歳の選手で，Jリーグクラブのチーム等に所属している場合は，チームドクターが管理しているので，けがの報告・経過に関しては問題がない場合が多い。しかし，中学，高校のチームに所属している選手においては，決まった担当医師の連絡先がなく，合宿中にけがをした場合に，チームに帰ってから近医でスポーツ復帰の許可の判断をもらうことがほとんどである。したがって，実際に競技復帰・けが以前のパフォーマンスまでの回復経過を，どのように効率よくトレーニングしていくかが重要な問題となる。この部分のコミュニケーションが，いまひとつ

不備な状態のままであることは反省すべき点である。しかし，19歳，20歳の選手では，ほとんどがJリーグクラブのチームに所属しており，クラブのチームドクターの先生とできるだけコミュニケーションをとるように心がけている。

8．ドーピング

現時点でU16，U17の世代では，まったくドーピングの知識はないといっても過言ではない。もちろん選手には，合宿ごとにドーピングの講義，注意を行っている。問題となるのは，合宿から帰ってからであり，選手の保護者の中には，ドーピング禁止薬物とは特別なホルモン剤のことだけを意味していると理解し，ほかにも多くのドーピング禁止薬物があることを知らない場合があり，注意しなければならない。対処方法として，何らかの薬やサプリメントを飲む時には，独自で判断せず，いつでも必ず連絡するように直接選手本人に指導している。

おわりに

若い世代の日本代表選手たちが，アジアおよび世界の国際大会に挑戦するにあたり，帯同医師としての仕事と心がまえについて，これまでの経験をもとに述べた。

この世代の帯同ドクターには，トップの代表チームの帯同ドクターとは異なる点があり，その意味で帯同ドクター自身も成長しなければならないと考えている。これは帯同ドクターとして得がたい経験であり，これまで行動を共にしたくさんの監督，コーチ，トレーナー，サッカー協会主務，エキップの人達，また，多くの先輩ドクターの助言に対して心より感謝する次第である。

（加藤晴康）

Chapter 14 アスレティックトレーナーの役割

　1993年，日本にプロサッカーリーグが発足してから，はや10年が経過した。プロ化に伴いプレーヤーの技術や個人戦術，またプロ選手としての意識は急速にレベルアップした。

　選手に続き，指導者，サポートスタッフ，環境面においても年々レベルアップがはかられている。日本代表チーム（以下，代表チーム）もプロ化の恩恵を受け，1998年には念願のワールドカップ初出場を果たした。

　2002年にはアジア・オセアニア大陸で初めて開催された日韓ワールドカップにて，初勝ち点をあげ，決勝トーナメント進出を果たしたことは記憶に新しいところである（図1）。

　プロクラブチームに遅れること数年，代表チームでも専任のアスレティックトレーナー（以下，AT）を配置してクラブと同等のサポートを行っている。

　しかし，代表チームとクラブとでは目標設定，活動環境，選手，スタッフなどいろいろな面で大きな違いがある。

　まず，代表チームのATが理解しておかなければならないのは，「**代表チームは単体のチームでありながら，そこで活動している選手の帰属はクラブにある**」という

図1．2002年ワールドカップメンバー

ことである。

　選手はクラブと契約を結ぶことで，Jリーグで決められた契約書(統一契約書)において拘束されることになり，医学的にも下記のように，いろいろな面での義務が生じる(Jリーグ規約より抜粋)。

- 第1条　誠実義務
  選手は，プロ選手として自己のすべての能力を最大限にクラブに提供するため，常に最善の健康状態の保持および運動能力の維持・向上に努めなければならない。
- 第2条　履行義務
  ―クラブの指定する医学的検診，注射，予防処置，および治療処置への参加。
  ―協会，リーグ等の指定するドーピングテストの受検。
- 第3条　禁止事項
  ―国際サッカー連盟(FIFA)が定める禁止物質の使用。
- 第7条　疾病及び傷害
  選手は疾病または傷害に際しては速やかにクラブに通知し，クラブの指示に従わなければならない。
- 第9条　クラブによる契約解除
  疾病または傷害によりサッカー選手としての運動能力を永久的に喪失したとき。
  クラブの秩序風紀を著しく乱したとき。
  ※書面で通知することにより直ちに解除することができる。

　このように，クラブでの試合で常に健全な状態で最高のパフォーマンスを発揮するために多くの項目が記されている。

　代表チームのATはこれらの原則的なことを理解した上で，代表チームの一スタッフとして選手と向かい合い，活動するのである。

　しかしながら，代表チームのスタッフである以上，**第一に優先されるべきことは，選手が代表チームでの試合で最高のパフォーマンスを発揮することであり，クラブでの活動を考慮しすぎることには，注意を払わなければならない。**

　ここではクラブでのAT活動ではなく，代表チーム(選抜型チーム)でのAT活動について解説する。

I. 日本代表チームアスレティックトレーナー

　1960年代(東京オリンピック，メキシコオリンピック時)より始まった，代表チームへのトレーナー(当時マッサーという呼称も使用されていたが，1996年よりアスレティックトレーナーで統一)の帯同は(財)日本サッカー協会のスポーツ医学委員会(当時は医事委員会)で選出，決定されている。

　1980年代後半までは1人体制であったが，1990年代に入りJリーグ開幕とともに複数人体制が定着した。1997年にアジア最終予選を勝ち抜き，悲願のワールドカッ

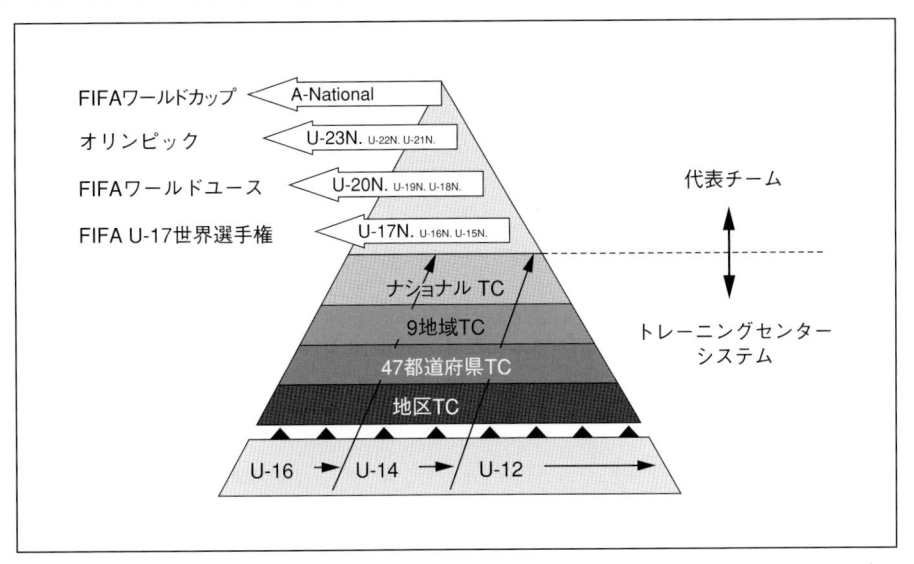

図2. トレセン制度システム

プ(1998年フランス大会)出場を果たし，1998年より(財)日本サッカー協会でもATの専任化が開始され現在に至っている。

2001年には，契約(100〜150日/年)ATが1名，さらに2003年にもう1名が契約を結び，2004年1月現在で専任ATが1名，契約ATが2名，総勢3名のATが活動を行っている。

(財)日本サッカー協会では，1970年代後半よりユース年代の強化・育成を目的に開始したトレセンシステムの上に強化チームとして4つのカテゴリーを設けている(図2)。

FIFAワールドカップを目指すA代表チーム，オリンピックを目指すU-21〜23代表チーム，FIFAワールドユース選手権を目指すU-18〜20代表チーム，FIFA U-17世界選手権を目指すU-15〜17代表チームである。

また，この他にも12歳以上のそれぞれの年代での活動が単発的に行われている。

1998年までは原則的に16歳以下のチームへのATの帯同は行われていなかったが，1999年には15〜16歳の代表チームにもATの帯同が行われるようになった。

2001年には3名の(財)日本サッカー協会AT以外で代表チームに帯同するATも各カテゴリーでグループ化され一貫性のあるサポートが行えるようになっている。

スポーツ医学委員会では，1996年に(財)日本体育協会公認アスレティックトレーナー(以下日体協公認AT)制度が発足してからは，原則的に代表チーム帯同のATは日体協公認AT資格を有することを義務づけている。

さらにA代表，オリンピックチームへの帯同ATには日体協公認ATの他に何らかの医療資格を有している者を選出している(表1)。

現在のA代表チームでのAT帯同人数の目安は，選手8人/1名の割合で帯同を行っている。これは，Jリーグクラブでプロ契約選手26〜30名に対して平均3〜4名のATが活動を行っている人数に準じている。

表1. 2004年(財)日本サッカー協会帯同アスレティックトレーナーの現状

カテゴリー	帯同人数	グループ人数	有資格
A	3	5	体協公認AT, 鍼灸マッサージ
U-21〜23	2〜3	3	体協公認AT, 鍼灸マッサージ
U-18〜20	1〜2	2	体協公認AT, 理学療法士
U-15〜17	1	2	体協公認AT, 理学療法士, NATA-ATC
その他	1	4〜5	体協公認AT
女子A	1	3	体協公認AT, 鍼灸マッサージ, NATA-ATC
女子U-19	1	2	体協公認AT, 鍼灸マッサージ, NATA-ATC

　代表チームでのAT業務は大きく2つに分かれる。1つは，監督の指示に従ってコンディショニングサポートを行うことであり，もう1つはドクターの指示に従ってメディカルサポートを行うことである。

　筆者が帯同した1999〜2002年の代表チームでの活動を中心に，ATの役割を解説する。

1．メディカルスタッフとして

　代表チームのATは，Jリーグのクラブ同様にメディカルスタッフの一員として位置づけられている。

　メディカルスタッフの役割は，まずチームスタッフとして，他のスタッフ〔テクニカル，マネージメント（総務・主務），メディア（広報），エクィップメント，その他のスタッフ〕とともにチーム運営・管理を行い，その上で監督・チームドクターの指示のもとコンディショニング，メディカルサポートを行う（図3）。

　代表チームや選抜チームは，「一定の目標に向かい限られた短い時間の中で活動を行う」という大きな特徴をもっている。クラブチームのように年間を通じての日常的な活動ではないため，原則的にチーム内でリハビリを行う選手（いわゆるメディカルグループが管理する対象選手）は非常に少ない。

　代表チームの活動中に長期離脱が予想される選手は，所属クラブへ戻りリハビリを行うこととなる。そのため代表チームでのATの業務は，コーチングスタッフとともに行うコンディショニングが大きな役割のひとつとなる。

　選手は，セルフコンディショニングにより，プレーヤーとしてのベストコンディションの維持に努めているが，二次的なコンディショニングとして，メディカルスタッフのケアや，その他の専門スタッフからのサポートを受けることができる（図4）。

2．ドクターとの関係

　代表チームに限らず，ATにとってドクターとの関係は非常に重要である。

図3. 代表チームのスタッフ

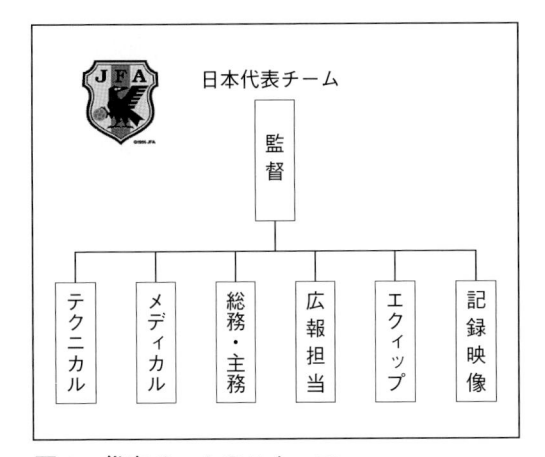

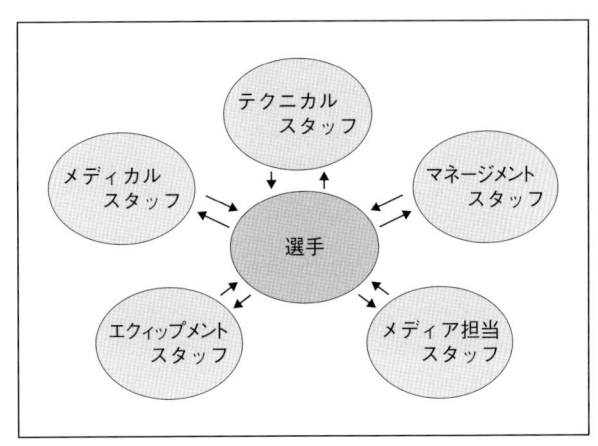

図4. 選手とスタッフ

　代表チームATのメディカルサポートは，まずドクターの診察が行われ，その結果や治療方針に従って進められていく．ドクターの常駐が困難なクラブチームでは，ドクターとの連携により，日常的な判断はATに任される場合もある．
　ドクターとともに行うメディカルサポートを下記に挙げる．

a．健康管理全般
　代表チームの活動中の選手・スタッフの健康管理全般，ドクターのサポート業務，傷害に対するファーストエイド，治療，リハビリテーションなどを行う．

b．メディカルチェック
　　　　（詳細は第6章「サッカー選手に対するメディカルチェック」，73頁を参照）

① シーズン前のメディカルチェック
　プレシーズン期に活動が行われる場合は，Jリーグ規定のメディカルチェック項目を含めた整形外科，内科的なチェックを行う．また眼科（視力検査，矯正視力のチェック，眼底・眼圧検査など），歯科（虫歯やその他のチェックなどを行い，後日治療が終了されたことを確認する）なども合わせて行う（図5）．

② 活動初日のメディカルチェック
　代表チームの活動初日には，主に整形外科的なメディカルチェックを実施して，活動中の治療方針，コンディショニング方針を決定する．

c．メディカルルームの管理
　ドクターとともに管理を行う．代表チームでは遠征時の宿泊がホテルとなるため，ツインルーム二部屋を使用する．
　代表チームでは通称メディカルルームとしているが，一方をドクタールーム兼治療用ルーム（ドクターの診察，傷害の治療，物療などを行う）とし，もう一方をコンディショニングルーム（テーピング，マッサージ，ストレッチ，補強エクササイズなどトレーニング前後のコンディショニングを行う）として使用する（図6）．
　活動時のメディカル用品は，治療用の移動式ベッド4台，物療機器（超音波治療器2台，低周波治療機2台，レーザー治療機1台，ホットパック2台，冷却治療器2

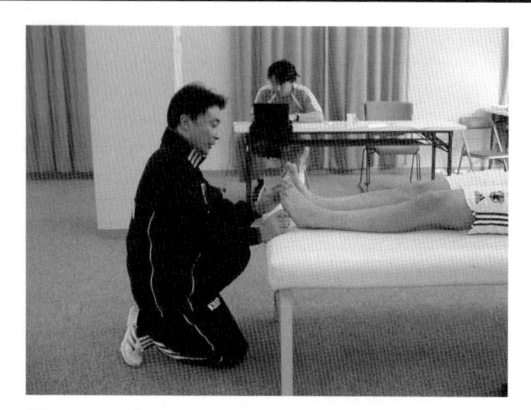

図 5. メディカルチェック
メディカルチェック中の月坂和宏ドクター，加藤晴康ドクター。

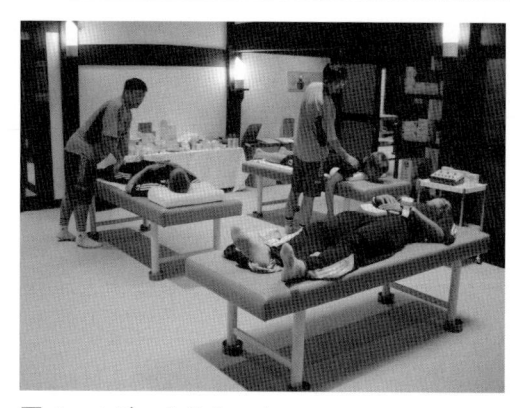

図 6. メディカルルーム
治療中の並木磨去光 AT，三木裕昭 AT。

台）（図 7），コンディショニング用品（ストレッチボード，たけふみ，バランスボール，バランスボード，ゴムチューブ）などを準備する。この他にピッチレベルでのリハビリ用品としてマーカー，コーン，ラダー，なわとび，メディシンボールなども準備している。

ドクターは内服薬，点滴などが入ったドクター専用の大型ジュラルミン（約 2 週間分の薬品が収納されている）を準備して治療を行っている。

メディカルルームについての選手への意識づけは，トレーニング前後のコンディショニング（トレーニング前の準備，トレーニング後のケア）を中心とし，トレーニング前は，いわゆる病院のような雰囲気にはならないように心がけている。

トレーニング後は，特に傷害の治療，疲労回復のためのマッサージ，ストレッチなど行うためリラックスできるような雰囲気づくりを優先させているが，メディカルスタッフの業務，選手自身のコンディショニングも集中して行えるようにテレ

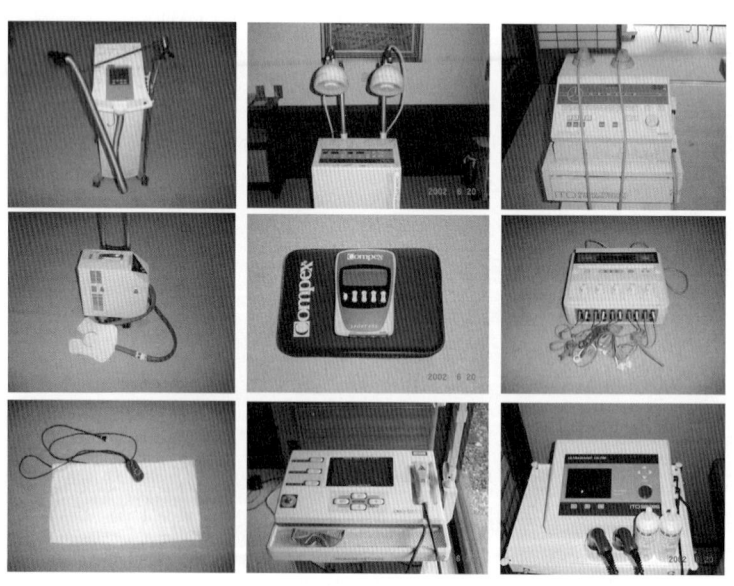

図 7. 物療機器

ビ，携帯電話，飲食，雑誌の持ち込みなどは禁止している。

選手は，トレーニング時間以外の1日のほとんどをホテルで過ごすことになり，生活リズムを意識させるためにも，メディカルルームの開設時間を決めて時間内に積極的に利用するように働きかけている。メディカルルームの開設時間の例を下記に挙げる。

＜例：午後練習1回のケース＞
08：00～09：00　　朝食
11：00～12：00　　メディカルルームオープン（ケア・コンディショニング）
12：00～12：30　　昼食
15：45～16：30　　メディカルルームオープン（トレーニング準備）
16：30　　　　　　ホテル出発
17：00～18：30　　トレーニング
19：45～20：30　　夕食
21：30～23：30　　メディカルルームオープン（ケア・コンディショニング）
　　※食事については決められた時間内に食べ始める設定。

d．活動記録

ドクターとともに日常の治療・リハビリ記録，コンディショニング記録を残し，代表選手所属クラブとの連絡時に活用する。

e．食事・栄養について（詳細は第20章「サッカー選手の栄養管理」，323頁を参照）

ドクター，管理栄養士とともに食事について管理を行う。

選手にとって日々の食事は，エネルギー補給，疲労回復，体づくり，メンタル面にとって非常に重要である。そのため，スタッフは食事内容だけでなく，盛り付け，テーブルの配置，会場の雰囲気などまで考慮して，選手がゆったりと時間をかけて食事ができるように準備を行う。

1999～2001年，ワールドカップチームの立ち上げ当初は，管理栄養士をおかず，ドクターとATのみで対応した。管理栄養士のサポートはワールドカップ約1年前からであったが，この頃にはチームの方針は徹底され，管理栄養士もメディカルスタッフの一員として非常に機能した。

2002年ワールドカップ期間中の食事管理は疲労回復を目的とした内容であったが，スタッフ・選手とも非常に楽しみな時間となり，チームに大きな成果をもたらす原動力となった（図8）。

サプリメントに関しては，原則的には3回の食事からしっかりと栄養を摂ることを基本とし，多くのサプリメントの使用は避けている。通常，メディカルルームに用意してあるサプリメントはビタミンB，C，鉄，カルシウム，アミノ酸，デキストリンの5種類のみである。

Jリーグ，海外のクラブに所属する代表選手たちは，日頃より個人的に使用しているサプリメントを持参しているが，代表チーム活動中に使用を許可しているサプリメントは，所属クラブのドクターが使用を許可しているもののみとしている。

ワールドカップでの経験から，管理栄養士は独立した活動になりがちであるが，

図 8. 食事風景

メディカルスタッフの一員として活動することが望ましいと考えられる。

f．その他

ドクター，AT は傷害が発生した場合，まず医学的所見により試合出場やトレーニング参加の可否を判断するが，合わせてチームの方針（監督方針）を考慮して選手に伝えなければならない。

メディカルスタッフはテクニカルスタッフ，選手に対して一貫性のある判断を行わなければならない。筋肉系の傷害などは常に慎重な判断が要求される。

選手，監督，日本サッカー協会，クラブに対して，臨床所見だけでなく客観的な検査所見も必要となるので，その手配や準備も重要な業務となる。

試合時の傷害発生時，メディカルスタッフには選手のプレーの可否について一瞬の判断が要求される。当然のことながら，グラウンドにはベッドも検査機器もなく，その限られた時間内で適切なジャッジを行わなければならないメディカルスタッフの任務は非常に重要である。また，試合時のルールについての熟知も忘れてはならない。

内科的疾患についても，どこまで予防策をとるか，症状が発症した場合の判断など教科書的には解決できない問題に数多く遭遇するのが現場の実態である。

代表チームの帯同ドクターは，AT 同様スポーツ医学委員会で選出されている。各カテゴリーともチーフドクターが 1 名，その他 1～2 名のドクターがグループを組んで活動を行う。

AT は少なくとも決められた 1 名がすべての活動に帯同している場合が多いが，ドクターは年間の活動の1/2～1/3 の帯同にとどまるため，**チーム内の一貫性を保つためにも，ドクターと AT，メディカルスタッフ内のコミュニケーションは極めて重要である。**

3．コーチとの関係

コーチとの関係は，ドクターとの関係と同等の重要性をもつ。

前にも述べたように，基本的にはメディカルグループの管理対象となる選手は非常に少ないため，テクニカルスタッフのサポート業務として，ピッチ上から疲労回復などを目的としたコンディショニングや傷害予防のためのエクササイズ（傷害予

防を行うことはパフォーマンスの安定化を図る第一歩とも考えられる)を行うことが大きな業務となる。

a．コンディショニング

① 疲労度(コンディション)の評価

代表チーム活動前より代表選手所属チームのスタッフより外傷，スポーツ障害，コンディションなどの情報を入手する。一方での公式試合出場時間などを調査して，おおまかな疲労度を評価する。

活動初日には，同一強度のランニングトレーニングを行うことで，心拍をハートレイトモニターで評価し，コンディションの指標として活用している。

② 疲労回復

疲労回復の手段として試合後，トレーニング後にはチームとして，徹底したストレッチングを行う。また，風呂やジャグジー，サウナ，プールなどを利用して選手自身が積極的に疲労回復をはかれるような環境づくりを行う。

試合翌日のリカバリートレーニングも疲労回復を目的にATが行う場合もある(図9)。

③ 傷害(疾病)予防

個人の傷害既往歴より，個人別の補強エクササイズのメニューを作成してトレーニング前後に行う。チームに対してはトレーニング後にスポーツ障害の多発する筋肉や部位の徹底したストレッチを行う(図10)。

④ 環境対策(詳細は第15章「特殊環境対策」，282頁を参照)

活動事前に遠征先，大会開催地の環境を十分に調査し，監督・ドクターと協議のうえ，選手のパフォーマンスへの影響が最低限となるようにコンディショニングを行う。

ⅰ) 時　差

選手に時差がパフォーマンスに与える影響を理解させて，大会開催地との時差より出発前の生活方法(睡眠・食事のタイミングなど)，移動時の注意事項(睡眠・食

図9．リカバリートレーニング

事のタイミング，エコノミー症候群予防など），現地到着後の生活方法（睡眠・食事のタイミング，軽運動の実施など）をアドバイスする。またテクニカルスタッフとともに時差調整トレーニングなどを行う。

ドクターは睡眠導入剤などを利用してコンディショニングを行う場合もある。

ⅱ) 暑熱対策

選手に暑熱環境下がパフォーマンスに与える影響などを理解させる。

第一に目的地に入る前に順化を目的としたアドバイス（汗腺の刺激，水分補給の習慣化など）を行う。次に目的地までの移動時のアドバイス（水分補給など），目的地到着後のアドバイス（軽運動，水分補給，クールダウン時の工夫）を行う。

実際の試合時にはこまめな水分補給が行えないため，試合開始の3〜4時間前より少量の水分補給を徹底させる。また試合中の水分補給のタイミング，補給場所（ベンチ前での補給がより冷えた水分を補給できる）なども指導する。

移動時，目的地到着後にも十分な水分補給が重要となるため，到着時の空港，ホテル到着後の水分確保も忘れてはならない。

劣悪な環境下，試合時の発汗量が極端に多い選手などには，ドクターと相談の上サプリメントを使用する場合もある。

ⅲ) その他

高地や劣悪な衛生環境下での大会時などは事前に十分な調査を行い，パフォーマンスへの悪影響が極力軽減できるような方策を考える。

ドクターは風土病などを調査して，予防接種が必要であれば活動に合わせて施行する。

スタッフは，選手に過剰な不安を与えることで，余計な精神的ストレスをかけてしまうことを考慮しなければならない。劣悪な衛生環境下での食事の制限方法などについては十分な注意が必要である。

いろいろな面で環境に馴化させることは重要であるが，あまりにも多くの制限を行い，「箱入り選手」にしてしまうことは，長い目で見ると好ましい方法とは考えにくく，育成年代についての指導には考慮するべきである。

図10. ストレッチ

図11. フィジカルチェック

b．体力測定
（詳細は第4章「サッカーに必要な体力・コンディションの評価法」，32頁を参照）

代表チームでは，プレシーズンの活動時にメディカルチェックと合わせてフィジカルチェックを実施している。

チームにフィジカルコーチがいる場合は，フィジカルコーチとの連携によって実施する。

代表チームでは，2000〜2002年の3年間で，持久性テスト，筋力テスト，スピードテスト，ジャンプパワーテストの4種目を実施した（図11）。

4．その他のスタッフとの関係

メディカルスタッフである前に，チームスタッフであることの重要性は前にも触れたが，カテゴリーによってスタッフの人数には大きな差がある。

2002年ワールドカップ時のスタッフは21名，2003年ワールドユース時には9名であったが，いずれにしても多くのスタッフとともにチーム運営に関わらなければならない。それぞれのスタッフとの関係について解説する。

a．マネージメントスタッフ（総務・主務）

マネージメントスタッフは監督の要望により，チームの統括をはかる。

マネージメントスタッフとATは，準備前に監督からの要望による日程詳細などを確認して，環境対策を含めて選手への負担が極力軽減できるような準備を行う。

マネージメントスタッフは，事前に宿泊先ホテルの選手宿泊部屋，メディカルルーム，エクィップメントルーム，リラックスルーム，食事会場，付帯施設などのチェックを行う。

ATは現地到着後，メディカルルーム，食事会場，ホテル付帯施設（フィットネスジム，プール，大浴場，サウナ，ジャクジー）などをチェックする。

このほか活動時には，傷害・疾病の発症がつきものだが，病院の予約，搬送，リハビリ施設の確保などもマネージメントスタッフとの協力により行っている。

育成年代のチームでは予算に限界があるため，チームとしてより良く機能するた

めに重要事項の優先順位を考慮して活動を行う。

海外遠征時には，事前にマネージメントスタッフに日程詳細を確認して，環境対策も含め選手への負担が軽減できるような対策を考える。

b．メディア(広報)担当スタッフ

メディア(広報)担当スタッフとは，リハビリトレーニング時についてのメディアコントロール，リハビリ選手のメディア対応などについて協議する。

ドクターは，メディアに対してリハビリ選手の状況報告を行うこともある。

c．エクィップメントスタッフ

エクィップメントスタッフとATは，トレーニング用品，メディカル用品，リハビリ用品などの輸送について協議する。

活動中は試合時・トレーニング時に必要な用具の確認，水分などを準備する。試合時には，エクィップメントスタッフとATは，試合会場に先乗りしてドレッシングルームを設営する。

サッカーシューズや足部に問題が発生した場合は，シューズメーカーを含めた三者協議を行う場合もある。

5．アスレティックトレーナー間のコミュニケーション

A代表チーム，オリンピックチームでは活動ごとに複数のATが帯同する。

複数のATで活動を行う場合はリーダーを決め，ドクター，コーチとの連絡窓口を統一して業務を行う。もちろん，ドクターを含めメディカルスタッフ全員が同じコンセプトとの下，同じベクトルで業務を行うことが理想的である。

2002年のワールドカップ時には3名のATで活動を行ったが，まず監督よりチームのコンセプトが提示され，次にドクターを中心としたメディカルスタッフのコンセプトを明確にし，さらにそれぞれのATの役割を明確にして責任のある業務を行えるように心がけた。

ATはテクニカルスタッフと比べ，選手と1対1の関係で業務を行うことが多いため，つい1人の選手に入り込んだ業務になりがちである。チームトレーナーとして活動する場合パーソナルトレーナーとは違い，常にチーム全体を把握する視点が必要である。

状況に応じて1対1の関係を優先させなければならない時もあるが，常に全体と個人をみるバランスが重要となる。

クラブでの活動と比べると，代表チームでの活動では全体を掌握する眼がさらに重要になると考えられる(図12)。

II．各カテゴリーでのアスレティックトレーナー業務

代表チーム各カテゴリーのATは，それぞれのカテゴリーの代表選手たちが最終的にA代表に選考されることを想定して，その年代に合ったサポートを行っている。

育成年代の代表チームの目標は，アジア予選を突破して世界大会への出場権を得

	活動時	試合時	活動外
早川	1. 業務全般管理 2. ピッチでのサポート	1. チームとの行動 2. 試合時のベンチ入 3. W-upサポート	1. 情報収集 2. 合宿準備・整理 3. 雑務
並木	1. トリートメント 2. リハビリテーション	1. 試合準備(先乗り) 2. ベンチサポート 3. 水分管理	1. 合宿準備・整理
三木	1. 食事管理 2. 施設,環境の管理	1. 食事管理 2. ドレッシングルーム管理 3. ファーストエイド	

JFA Information — Japan Football Association
A代表チームでのアスレティックトレーナーの役割分担

図12. アスレティックトレーナーの役割分担表

ること,そして世界大会への出場で選手,スタッフともに世界基準を肌で感じること,その時点での課題点を抽出して,さらにレベルアップをはかることとされている。

ATのサポートは各代表チーム監督のコンセプトを基本として,2年間のサイクルで開催される世界大会を軸に準備期,アジア予選期(予選準備期,予選大会期),世界大会期(世界大会準備期,本大会期)と大きく3つの期分けで,目的にあったサポートを行っている。

育成年代のATは教育的な立場でコンディショニングやリハビリの指導が行える人材が必要となる。疲労回復を目的としたマッサージは行わず,コンディショニングの基本となるセルフチェック・ケアの指導を軸にして活動を行っている。

また,この年代の代表選手は将来の「日本を背負う選手」としてメディアに注目されがちであるが,スタッフは選手たちが自分の立場をはき違えないようにいろいろな角度から常に監視することも大切な業務となる。

◇準備期(図13):松田直樹 AT
1) チームコンセプトに基づいたチームづくりのサポート
2) メディカルチェック
3) フィジカルチェック
4) チームスタッフとの関わり方についての指導(メディカル部門についての考え方)
5) コンディショニングについての原則論(セルフチェック,セルフケアの指導)
6) 基礎体力づくり指導(育成期のスポーツ傷害予防指導)

図 13. U15〜17 松田直樹 AT

図 14. コンディショントレーニングを行う 山崎亨 AT

　　7）疲労回復についての指導(ストレッチング，ジャグジー，プールの活用)
　　8）傷害時の処置およびリハビリテーション
◇**予選期**(図14)：山崎亨 AT
　　1）チームコンセプトの徹底
　　2）セルフチェック，セルフケアの徹底
　　3）メディカルチェック
　　4）フィジカルチェック
　　5）基礎体力づくり(スポーツ傷害予防)→チーム単位
　　6）スポーツ傷害についての指導→スポーツ傷害予防→選手単位
　　7）栄養指導(日常的なものではなく，代表チームの活動中に必要な知識の指導)
　　8）海外遠征時についてのコンディショニング指導(環境対策など)
　　9）集中開催大会期のコンディショニング指導
　　10）疲労回復についての指導(ストレッチング，ジャグジー，プールの活用)
　　11）傷害時の処置およびリハビリテーション
◇**世界大会期**(図15)：山本晃永 AT
　　1）チームコンセプトの再徹底
　　2）セルフチェック，セルフケアの管理
　　3）メディカルチェック
　　4）フィジカルチェック
　　5）基礎体力づくり(スポーツ傷害予防)→チーム単位
　　6）スポーツ傷害についての指導→スポーツ傷害予防→選手単位
　　7）海外遠征時についてのコンディショニング指導(環境対策など)
　　8）集中開催大会期のコンディショニング指導
　　9）疲労回復についての指導(ストレッチング，ジャグジー，プールの活用)
　　10）傷害時の処置およびリハビリテーション

図 15. 試合時の山本晃永 AT（右端）

図 16　2001 年アジアオセアニアチャンピオン

III. まとめ

　代表チームでの AT の役割について解説した。
　AT の活動を行う上で，専門知識，専門技術の習得などは当然重要であるが，どんな活動環境であってもチームスタッフの 1 人であることを「第一」として，監督，テクニカルスタッフ，ドクター，選手とのバランスを考えて，AT としての能力を最大限に発揮することである（図 16）。
　日本サッカーもプロ化 10 年を過ぎて社会的にも十分に認知されてきているが，その一方で「サッカーの商業化」は世界的にみても急速に進んでいる。
　代表チームや J クラブ，選手の周囲にはいろいろな面での営利が自然発生する。
　AT は，サッカーに関わる人間として「高度な一般常識と健全な価値観」をもって「的確な判断と実行力」で活動を行わなければならない。

（早川直樹）

Chapter 15 特殊環境対策

I. 暑熱対策

　四季のある日本では，夏は高温多湿であり，もともとウインタースポーツであるサッカーのプレーには適していない。しかしながら，日本の学校制度では，1カ月以上の夏休みがあり，この期間は合宿を行ったり，大会があったりで，サッカー活動が盛んになる時期である。そこで暑さの中でサッカーを行うためには，熱中症の予防と暑さ対策が必要となる。また，暑い気候の地域へ海外遠征をする機会は多い。特に日本には四季があるため，真冬からいきなり真夏の地域へ遠征することがある。特に国際大会であれば暑熱環境で大会に参加しなければならない。本章では，①高温環境でのスポーツ活動の生理的影響，②暑さ対策，③暑さになれるためのトレーニング方法，について述べる。

1. 暑さが生体に及ぼす影響

　体温は視床下部にある体温調節中枢で熱産生と熱放散のバランスをコントロールすることによって，ほぼ一定に保たれている。スポーツ活動によって体温は上昇するが，環境温が5～30℃の範囲であれば，環境温度に影響されず運動強度に比例して体温は上昇する。これは，運動に必要なエネルギー供給をするために起こる生理的変化である。しかしながら，気温が30℃を超える高温環境では，運動によって生じた熱が放散されないためうつ熱状態になり，熱中症の原因となる。高温環境では，深部体温を一定にするために熱放散が活発になる。熱放散の方法は，輻射，伝導，対流，蒸発があるが，高温環境下では，熱放散は発汗に依存する，すなわち蒸発の割合が高くなり，全熱放散量の90%になる。発汗量が増加するために，適切な水分補給を行わないと脱水が起こる。脱水が生体に与える影響としては，脱水で体重が2%減少すると強い口渇感，3%で血液濃縮，4%で運動抑制，5%で水負債が起こる。すなわち，脱水で体重が2%以上減少すると運動能力に影響が現れる。

2. 熱中症

　熱中症は，熱けいれん，熱疲労，熱射病に分けられる。正しい手当てをしなければ生命の危険が起こることがあるので，熱中症に対する正しい知識と応急処置を身

表1. 熱中症

熱けいれん
- 暑いところで3時間以上スポーツ活動をした時に起こる
- 多量の発汗と水分だけ摂取
- ナトリウム欠乏
- けいれんが起こる
- 食塩水の摂取や点滴が必要

熱疲労
- 循環不全が原因
- 多量の発汗のあと,脈が早くなり,皮膚蒼白,血圧低下が起こる
- 体温上昇はない
- 涼しいところで頭部を低く寝かせ,水分を補給する

熱射病
- 体温上昇により中枢神経障害を起こす
- 体温は40℃以上,発汗停止
- 頭痛,めまい,嘔吐,重症になれば運動障害,意識不明を起こす
- 応急処置として全身を冷やし,ただちに病院へ移送する

に付けておくことが重要である(表1)。

熱けいれんは,3時間以上気温の高いところでスポーツをした時に起こる。多量の汗をかいたあとに水分だけ補給した時に起こる。原因はナトリウム(塩分)が足りなくなったためである。塩分の濃度が低下するために,筋肉がけいれんを起こす。治療としては,けいれんの程度が軽ければ,塩分を含んだ飲料水を飲めばよくなるが,けいれんがひどい時は病院で生理食塩水の点滴を受ける。

熱疲労は,サッカーで多量に汗をかいたあとに起こる。多量の発汗のために脱水状態が起こり,循環する血液量が不足するため発症する。血液量が不足するため下肢に血液が停滞し,脳に血液が届かない状態になるためである。血圧が低下し,脈が速くなる。顔面蒼白でめまい,倦怠感,吐き気,嘔吐が起こる。熱疲労のポイントは,多量に汗をかき,体温上昇がないことである。風通しのよい,涼しい場所で横にして休ませ,衣類,靴下,ベルトなどの体を締め付けるものはゆるませ,水分を十分に与える。

熱射病になると,重症の場合は生命の危険がある。熱射病を疑う時は,救急車を呼び総合病院に送る。少し休ませて様子をみようと考えてはいけない。熱射病のポイントは,汗をかいていない,体を触ると暑い(体温が上昇している)ことである。熱の放散ができずに体内に熱がこもり,急激な体温上昇を引き起こし,脳の体温調節中枢に傷害が起こる(表1)。

熱中症は予防が最も大切である。暑さに慣れるために,5日間かけて徐々に練習量を増やしていく。練習前に選手のコンディションを聞くことが必要である。睡眠が足りているか,下痢などお腹をこわしていないかなどである。暑い時間帯を避け,朝や夕方の涼しい時間帯に練習を行うようにする。水分補給も重要であり,練習前から水分を摂取させるとよい。

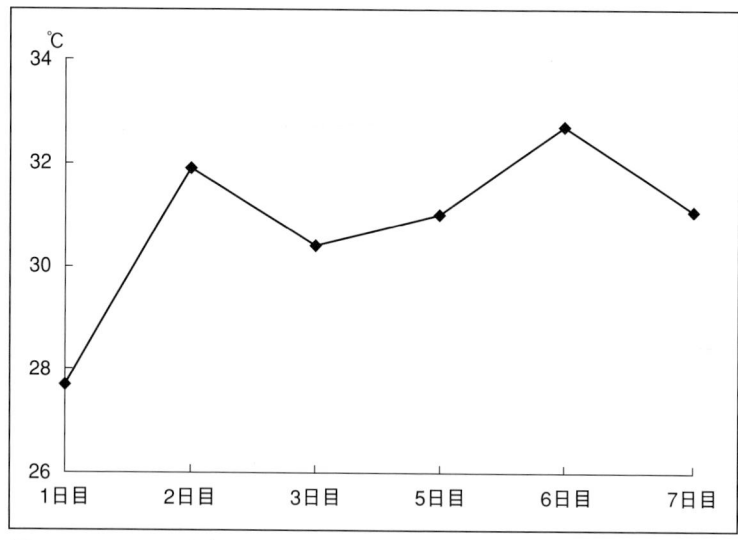

図1. WBGTの変化

表2. 熱中症予防のための運動指針

WBGT 31℃以上	運動は原則中止（特別の場合以外は運動中止）
WBGT 28〜31℃	厳重警戒（激しい運動は中止，体力の低い者，暑さになれていない者は運動中止）
WBGT 25〜27℃	警戒（積極的に休息と水分を補給）
WBGT 21〜24℃	注意（積極的に水分を補給）
WBGT 20℃以下	ほぼ安全（適宜水分補給が必要）

WBGT（湿球黒球温度）
屋外　WBGT＝0.7×湿球温度＋0.2×黒球温度＋0.1×乾球温度
室内　WBGT＝0.7×湿球温度＋0.3×黒球温度

（財）日本体育協会　熱中症予防ハンドブックより

3．暑さ対策

　サッカーで行った暑さ対策の例を挙げる。マレーシアのクアラルンプールに7日間滞在し，高温環境でトレーニングを行った。この間のWBGT（Wet Bulb Globe Temperature：湿球黒球温度）は，最低27.7℃，最高32.7℃で，平均30.7℃である。4日間はWBGTが31℃を超えた（図1）。WBGTが31℃以上とは，熱中症予防のための指針で，スポーツ活動が原則中止となるような厳しい環境である（表2）。7日間のトレーニングのスケジュールは，3日練習，1日休養，3日練習であった。選手のコンディションを知るため，起床時の体重，試合での体重減少と水分摂取量を調査した。図2に合宿中の全選手の平均体重の変化を示す。3日目で0.7 kg減少し，1日休養すると回復し，7日目に1.0 kg減少した。同じチームでも高温環境でない時は，起床時体重の減少はみられないので，今回の体重減少は暑さの影響と考えた。この結果より，高温環境では，2日間トレーニングを行った後に1日の休養をとることが必要である。次に，試合前後の体重の変化と水分摂取量を調査した。1試合目はWBGTが31.9℃，2試合目は31.0℃であった。1試合目は体重が平均1.55 kg，2.7%

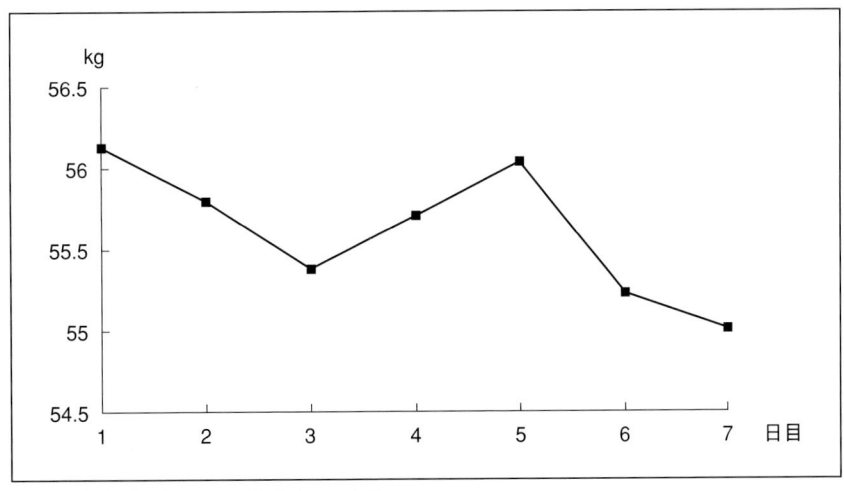

図2. 高温環境での平均体重の変化

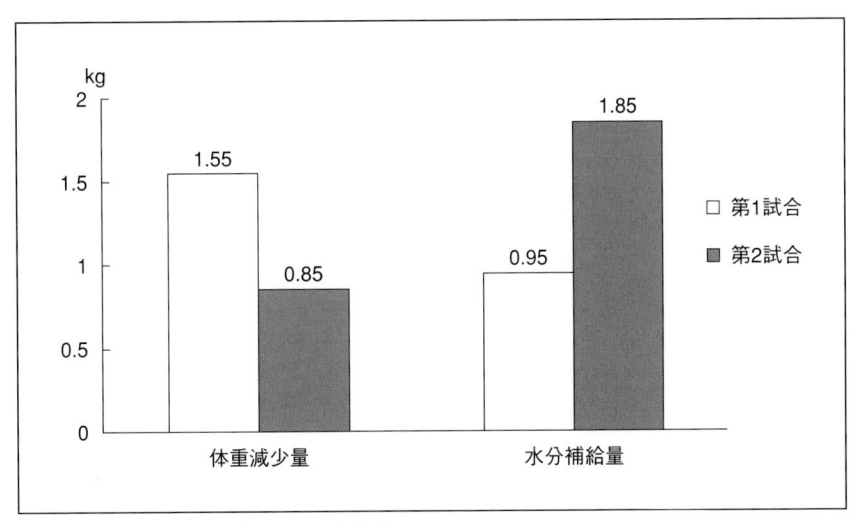

図3. 試合での体重減少と水分補給量

の減少，平均の水分摂取量は0.95 l であった。2試合目は試合前に2回，試合中は15分おきに水分摂取を行った。その結果，水分摂取量は1.85 l と増加し，体重減少は平均0.85 kg, 1.5%であり，体重減少を2%以内に抑えることができた(図3)。Pittsは，運動中の水分喪失量が飲水量を超えないこと，水分摂取が体温上昇を抑えることより，運動中の水分摂取が重要であることを報告した。今回の調査でも高温環境下で水分を十分補給することで2.0%以下に体重減少を抑えることができ，運動能力を低下させないことがわかった。高温環境での練習では30分に1回は水分補給を行い，特に暑い時は15分に1回水分補給するように練習計画を立てることが重要である。

4. 暑さになれるためのトレーニング計画

暑い環境でトレーニングを行うと，暑さになれてくる。この理由として，皮膚の

血流の増加，発汗の閾値の低下，発汗の効率的分配，発汗量の増大（汗腺機能の向上），汗の塩分の減少が起こるためである。高温環境で開催される国際大会参加が決定したら，① 大会開催地の気候の調査，② 同じような高温環境でのトレーニング合宿，③ 暑さに強い選手と弱い選手の調査（水分補給計画を立てる資料づくり），④ トレーニング合宿で得られたデータより，大会参加の準備を行う。暑熱馴化するまでの期間については個人差が大きく，今回のサッカー選手では，2～5日，平均2.8日であった。個人競技であれば，ここの馴化の程度によって練習計画を立てれば問題ないが，チームスポーツの場合は，全員が暑さになれた5日目より通常の練習を開始するような練習計画を立てる必要がある。

II．高地対策

　スポーツ選手が高地でトレーニングを行う場合に2つの目的がある。1つは高地での大会参加のため，もう1つは高地トレーニングのためである。サッカーでは高地での大会参加のための準備が必要となる。すなわち，高山病を起こさないで，早く高地馴化することが必要である。ここでは，最初に高地環境が及ぼす生理的変化，次に高地馴化について述べる。

1．高地環境が及ぼす生理的変化

　一般的に1,500 m以上を高地と呼んでいる。高地における低圧低酸素環境が中枢神経系に影響を及ぼし，頭痛，感情の不安定の出現，疲労のため眠気は感じるが，熟睡できないため睡眠不足が起こる。判断力・記憶力の低下が起こる。運動神経系では神経・筋接合部に影響が現れ，運動失調やけいれんが起こることがある。呼吸系では，低酸素刺激により呼吸が促進され，換気量が増大する。換気の増大によりCO_2の排出が増加し，呼吸性アルカローシスを起こすことがある。循環系では交感神経系が興奮しているため，心拍数が増加する。血液では造血機能が刺激され，エリスロポエチンの働きにより赤血球数が増加し，ヘモグロビンも増加する。高地ではヘモグロビンの酸素解離曲線が右方に移動し，低酸素下でも組織に酸素を供給しやすくなる。消化器系では食欲不振，悪心，嘔吐，下痢がみられる。水の代謝では，過呼吸による水分の肺からの喪失，嘔吐・下痢などによる消化管からの水分喪失のため体液の浸透圧が上昇する。その結果，視床下部の浸透圧受容器が刺激され，抗利尿ホルモンが分泌されるため，尿量が減少する。

2．高山病

　高地では低圧低酸素環境のため，体内の各組織が酸素供給不足となり，急性の高山病を起こすことがある。急性高山病の症状は，頭痛，睡眠障害，消化器症状（食欲不振，腹痛，下痢），呼吸器症状（咳），倦怠感，運動失調，尿量の減少である。これらの症状は，単独で起こるというよりはいくつかの症状が重なり合って起こるのが特徴である。軽症の高山病では，休養と水分補給を十分に行えばよいが，重症になると高度の低いところまで下ろさなければならない。

3．高地での大会参加
a．高地滞在が短期間の場合
　高地での試合が1試合のみ，あるいは数時間で競技が終了する場合は，高地の影響が出ない到着6〜12時間の間に行えばよい．ただし，この間水分は摂取してよいが，食事はとらない．

b．高地滞在が長期間の場合
　高地到着後は，高山病を起こさないように徐々にトレーニング強度を上げていく．第1日目は散歩程度とし，2日目よりジョギングを開始する．トレーニング時間は約1時間程度とする．脱水を起こしやすいので十分に水分摂取する．食欲不振，消化機能が低下するので消化のよいもの，食欲が出るような料理の工夫が必要である．4日目までの練習強度，時間を増やしていき，通常のトレーニングができるように準備する．高地馴化にかかる時間は個人差がある．そのため，高地での大会参加が決定したら，高地でのトレーニングを選手に経験させ，個人個人の高地馴化にかかる時間を調べておくことが必要である．

　U-17日本代表チームが，エクアドルの首都キト（標高2,850 m）で開催された世界大会に参加した．大会の5ヵ月前に同じ場所で合宿を行ったが，選手22名中，高山病で練習に参加できなかった選手が3名，別メニューで練習を行った選手が1名，症状はあるが普通に練習に参加できた選手が11名，高山病の症状がまったくみられなかった選手が7名と，高地に対して個人差がみられた．高山病にかかった選手がコンディションを回復するまでの期間は最も長い選手で7日間だった．高地の影響を受けやすい選手に対しては，高地でのトレーニング回数が多いほど高山病になりにくく，馴化が早くなるので大会までになるべく多く高地でのトレーニングを行う機会をつくる．最近では低圧低酸素室をもつ施設が増えてきたので，大会に参加する高地と同じ条件を設定し，トレーニングを行うことが可能になってきた．高山病は高地到着3日以内に発症するので，高地の影響を受けにくい選手では，4日目より通常の練習を開始し，早ければ6日目か7日目に試合を行うことが可能になる．

III．時差対策

　海外遠征で時差の対策は重要である．日本からヨーロッパあるいは北米，南米へ海外遠征する機会は多い．飛行機による移動であるが，例えば，アメリカへの遠征であれば東京を午後3時に出発して，約9時間の飛行でサンフランシスコに午前7時に到着する．この時の日本時間は深夜12時である．ヨーロッパへの遠征であれば，東京を午前11時に出発して約13時間でロンドンに午後3時に到着する．このとき日本時間は深夜12時である．このように飛行機で長距離を急速に移動すると日本時間と現地時間に大きなずれが生じる．これが時差である．

1．時差ぼけ
　4時間以上の時差がある地域へジェット機で移動すると，時差ぼけ（jet lag syn-

drome)が起こる。時差ぼけのメカニズムについては，まだ不明な点もあるが約24時間周期で規則正しいリズム（サーカディアンリズム）を刻んでいる生体内時計が，到着した現地の生活時間にすぐに同調できないことが原因とされている。わかりやすくいえば，日本からロンドンに到着した時，生体内時計では深夜の12時で睡眠の時間であるのに，遠征先の現地時間は午後3時で活動している時間であるということである。

急激に生じた時差に，生体はすぐに順応することができない。生体時計が現地時間に同期するまでに時差ぼけと呼ばれる特有の症状が続く。症状としては，睡眠・覚醒障害，集中力の低下，見当識障害，頭重感，食欲不振，胃腸障害，興奮状態やうつ状態である。この中で一番問題になるのが，睡眠・覚醒障害である。東への移動であれば，現地到着後に睡眠時間の短縮，中途覚醒，REM睡眠の減少，睡眠潜時の延長がみられ，西への飛行であればREM睡眠の延長や睡眠潜時の短縮がみられる。このため東への移動では，西への移動に比べて睡眠の質が低下する。南北への飛行では睡眠の変化はまったくみられない。

2．時差対策の研究

時差がスポーツ選手に及ぼす影響については，これまでに多くの研究がある。1974年のテヘラン（−6時間の時差）で開催されたアジア大会に参加した選手での調査では，起床時の気分，睡眠状況，食欲，体のコンディションが到着後1週間は悪い状態であり，その後回復した。体力テストでは，握力が3日目に最低となり，9日目に回復した。次に，1976年のモントリオールオリンピック大会参加のため，時差が＋10時間ある東回りの遠征を想定して，国内で昼夜逆転の生活を送る実験が行われた。体温の変化をみると，図4のように5日目から同期が始まり，8日目でほぼ完全に同期した。体力面でも，握力，垂直とび，反応時間が体温の同期とともに安定した。この実験により，10時間の時差に対して生体の諸機能が現地時間に同期をはじめるのは，現地到着後4〜5日目であり，同期が完成するのは8日目頃であることがわかった。この結果，時差が8〜10時間の地域に遠征した時の時差ぼけが回復するまでのスケジュールが明らかになった。

（1）リズム乱れ期：到着してから3日間は生体リズムと現地のリズムがあっていないので激しいトレーニングは行わない。
（2）同期開始期：4〜5日間で現地のリズムに同期適応していく。トレーニング強度を強め，練習や試合が可能になる。
（3）同期進行期：6〜7日間は同期がさらに進行し，試合や競技ができるようになる。
（4）同期完了期：8日目以降で現地時間に生体時間が同期する。

3．競技選手の時差対策

時差の影響を強く受ける選手とそうでない選手があり，個人差があることを知っておく必要がある。そのために，海外遠征で選手のコンディションを具体的に把握することが必要である。これまでに調べられた方法としては，体温，反応時間，心

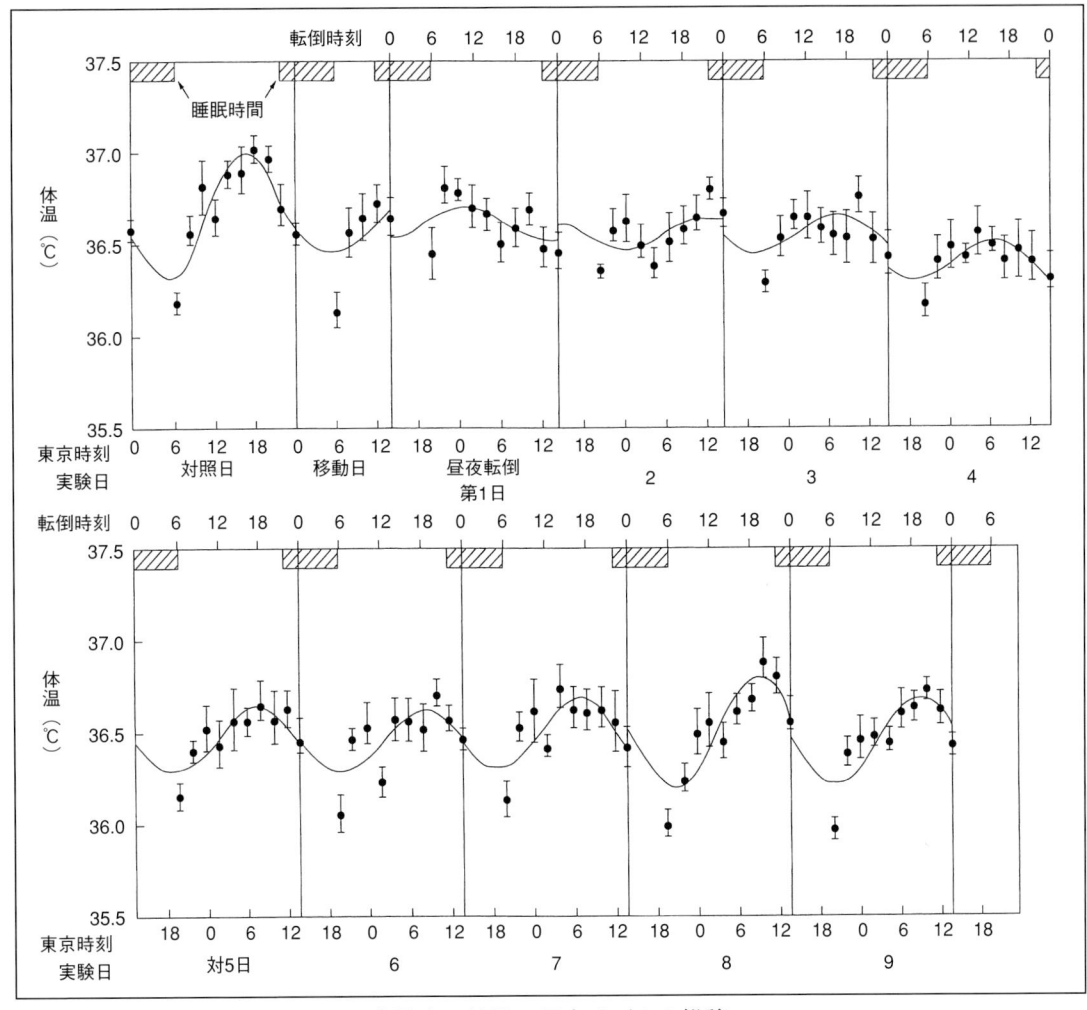

図4. 昼夜転倒シミュレーション実験中の体温の日内リズムの推移

(万木良平, 1975より)

拍数, 心理テスト, 尿中のアドレナリンやノルアドレナリン量などがあり, 生体リズムが同調するまでの期間が報告されている。このなかでは体温や心拍数(脈拍数)の測定は簡便であり, 継続してできる有効な手段である。例えば, 体温は午前4～6時に最低となり, 午後4時から8時で最高となるように日内変動している。そこで起床時の体温を毎日記録することにより, 日本にいる時の起床時の体温と比較することにより生体リズムが同調しているかどうかを知ることができる。

一般的な海外遠征は, 1～3週間である。この場合にはできるだけ早く現地時間に同調させることが大切になる。日本を出発する2～3日前から現地時間に生活スケジュールを1～2時間シフトさせ, 現地到着後は生体リズムの同調因子をうまく利用しながら現地時間で生活を送るようにする。生体リズムの最も強力な同調因子は太陽光などの2,500ルクス以上の光である。具体的には, 日本時間の朝(午前4時から8時)に光を浴びると生体時計は進み, 夕方(午後4時から日没)浴びると弱い

ながら生体時計は遅れる。ヨーロッパなど東への移動であれば，到着直後は昼頃（日本時間の朝）から太陽を浴びはじめ，徐々に時間を進めて朝方に浴びるようにすると生体時計が現地時間に早く同期する。社会的因子も同調に効果があることから積極的に屋外に出たり，人と会ったりすることも有効な手段である。

〔河野照茂〕

Chapter 16 ドーピングコントロール

　スポーツ選手は常に強くなりたい，勝ちたい，記録を出したいと考えている。そのために毎日のように厳しいトレーニングに励み，技術や体力の向上を目指している。一方，すべてのスポーツは，競技者を公正，公平に競技させるために一定の規則を定めている。しかし，競技者の一部は，規則違反を起こす場合がある。ドーピングはこれらの規則違反の一つで，薬物などの不正な手段を用いて勝利や記録を出そうとすることをいう。近年，ドーピングはすべての国際スポーツ連盟および関係する国で常に問題になってきている。国際サッカー連盟(FIFA)は，FIFAの国際大会の試合結果に競技者の運動能力が公正に反映することを保証するためにドーピングを禁止し，ドーピングコントロールを実施している。ドーピングコントロールの目的は，① スポーツの倫理を保護し，守ること，② 選手の健康と精神の高潔を守ること，③ すべての競技者が機会均等であることを保証することである。

I．ドーピングの歴史とドーピングコントロールの開始

　ドーピングという言葉は，南アフリカの原住民カフィール族がドープという強い酒を飲んで志気を高めたことが始まりとされている。ドーピングの歴史は古く，古代ローマの二輪馬車競技で馬に特別な飲み物(蜂蜜からつくられた)を与えて走らせたことが始めとされている。近代になって医学や薬学の進歩とともに種々の薬物がドーピングとしてスポーツ選手に使用されてきた。このような状況の中で，1886年に初めてのドーピングによる自転車選手の死亡事故が起こり，以後スポーツ選手の死亡事故がみられるようになった。1960年代になってローマオリンピックやツールドフランスで自転車選手の死亡事故が続発したため，国際オリンピック委員会(IOC)ではドーピングを禁止することを決議し，1968年のグルノーブル冬季オリンピック，メキシコ夏季オリンピックからドーピングコントロールを開始した。FIFAは，IOCよりも2年早く1966年のワールドカップ・ロンドン大会よりドーピングコントロールを開始した。そして，現在ではFIFAの主催する国際大会でドーピングコントロールを行っている。また，ヨーロッパや南米のプロサッカーリーグでは，年間を通したドーピングコントロールが実施されている。わが国では，1995年よりJリーグでドーピングコントロールを開始した。

II. ドーピングが選手に及ぼす影響

　ドーピングでは主として薬物が使用される。一般的に薬物は，人や動物が病気になった時の治療薬である。薬物には治療効果を上げる主作用と，治療とは別の効果で人や動物にとって好ましくない副作用がある。病気の治療に対しては，薬物の効果が有効であると考えられた時に初めて使用される。スポーツ選手が薬物を使用し，勝利や記録の向上を目指したのがドーピングである。しかしながら，これらの薬物を使用した時に薬物の副作用がスポーツ選手の健康にとって重大な問題となる。ドーピングとして薬物を使用した時，その副作用のために健康を阻害したり，病気になったり，最悪の場合には死を招くこともある。

III. ドーピング禁止物質

　2005年よりFIFAは，WADA(世界アンチドーピング機構)の禁止物質をFIFAの禁止物質とすると決定した。ここではWADAの2005年禁止リストを以下に述べる。このリストは毎年更新されるので，常に最新のリストを知っておく必要がある。

1. 常に禁止される物質と方法(競技会検査および競技外検査)
(1) 蛋白同化剤
　蛋白同化ホルモンは，現在ドーピングとして最も問題になっている薬物である。男性ホルモンの成分のひとつで，筋肉増強作用がある。この薬物は長期間にわたって使用されるために副作用が問題になる。副作用として肝障害，肝癌，性ホルモン異常による女性の男性化，男性の女性化，骨端線の早期閉鎖などが起こる。

> ＊テストステロン：尿中のT/ET比が4以上の時は，この比率が生理的なものなのか，外因性(体内で自然につくられない物質)のテストステロンや蛋白同化ホルモンを摂取したかを判断するために追跡調査が行われる。以前に行われた検査結果を調査し，場合によっては検査から3カ月以内に再度検査が行われる(T：テストステロン，ET：エピテストステロン)。

(2) ホルモンと関連物質
① エリスロポエチン：血液ドーピングと同様に全身持久力を増強するために使用される。
② 成長ホルモン：蛋白同化剤の代用として使用される。
③ ゴナドトロピン類(LH，hCG)：蛋白同化剤の代用として使用される。
④ インスリン：蛋白同化剤の代用として使用される。
⑤ コルチコトロピン類

(3) β_2作用剤
　喘息，運動誘発性喘息，気管支収縮の予防や治療のためにフォルモテロール，サルブタモール，サルメテロール，テルブタリンの吸入を使用する場合には，治療目的の適応措置(TUE)の略式申請が必要になる。

(4) 抗エストロゲン作用を有する物質
男性ホルモン濃度の維持のために使用される製剤である。
(5) 利尿剤と隠蔽剤
利尿薬はドーピング禁止物質の尿中濃度を低下させ検査を逃れるために用いられる。隠蔽剤は，禁止物質の尿への排泄を低下させたり，ドーピング検査の尿検体の禁止物質を隠蔽したりする製剤のことである。T/ET を下げるエピテストステロン，禁止物質の尿排泄を抑えるプロベネシド，一時的にヘモグロビン濃度を下げる血漿増量剤である。

禁止方法としては，次の通りである。
(1) 酸素運搬能の強化
① 血液ドーピング
持久力を高めるために行われる。選手自身の血液を保存しておき，試合直前に輸血して赤血球数や血液量を増やし酸素運搬能力を高める。輸血時の感染，循環系への過負荷などが起こる。
② 酸素の摂取，運搬，輸送を促進する製剤。
(2) 化学的および物理的な不正操作
化学的・物理的操作とは，ドーピングコントロールで使用する尿サンプルの信頼性と正当性をくつがえそうとする試みである。
(3) 遺伝子ドーピング

2．競技会検査で禁止対象となる物質と方法
(1) 興 奮 剤
興奮剤は，中枢神経を刺激して敏捷性を高め，疲労感を軽減したり，競争心を高めるために使用される。大脳に作用する精神運動興奮剤，交感神経に作用する交感神経作動性アミン，その他の中枢神経興奮剤が該当する。これらの薬物の中にはわれわれの日常生活に深い関わりのあるものがある。それは風邪薬に含まれているエフェドリンなどの交感神経作動性アミンである。この薬物については後述する。
(2) 麻薬性鎮痛薬
強力な鎮痛作用があり，多幸感を生ずることにより心身の苦痛を軽減するために，また闘争心を高めるために使用する。わが国では麻薬取締法があり，法的に規制されている薬物である。
(3) カンナビノイド類
大麻(マリファナ，ハッシシ)は禁止される。わが国では大麻取締法があり，法的に規制されている薬物である。
(4) 糖質コルチコイド
糖質コルチコイドの経口的使用，経直腸使用，静脈内使用はすべて禁止される。これらの使用に当たっては，治療目的使用の適応措置(TUE)が必要となる。

上記以外の使用経路については，治療目的使用の適応措置(TUE)の略式申請が必

要となる。皮膚外用剤は禁止されない。

IV．注意が必要な薬物

(1) 風邪薬

普段何気なく使っている薬物にも，ドーピング禁止物質が含まれている場合がある。その代表的なものが風邪薬（総合感冒薬）である。市販の風邪薬にはたいてい鎮咳剤としてエフェドリンやその仲間の薬物が含まれている。この薬物は，先に述べたように興奮剤の一種である。また，漢方薬の中にも興奮剤が含まれているものがある。麻黄に含まれるエフェドリンが禁止薬物のためである。仮にこのような薬物が含まれていることを知らずに服用した場合でも，ドーピング検査では陽性と判定される。

(2) カフェイン飲料

従来カフェインは禁止物質であったが，2004年より禁止物質のリストから除外された。

V．ドーピングコントロールの実際

サッカーのJリーグで行われているドーピングコントロールの実際について，①対象試合，②対象選手，③試合当日のドーピングコントロールの手順，④尿サンプルの作成，⑤検査機関の順で述べる。

(1) 対象試合

Jリーグの試合は基本的に水曜日と土曜日に行われるが，その日の試合の中から原則として1試合を無作為に選ぶ。

(2) 対象選手

試合ごとに登録された16名の選手から2名を抽選で選ぶ。1チーム2名で，両チーム合わせて4名がドーピングコントロールの対象選手となる。

(3) 試合当日のドーピングコントロールの手順

試合開始まで：チームドクターは，選手が試合の72時間前までに使用した薬物を書式に記入して提出する。

ハーフタイム：ドーピングコントロール対象選手の抽選を行う。マッチコミショナー，両チームの代表者が立ち合い，ドーピングコントロールコーディネーターが，16名の選手の背番号の番号札の中から無作為に各チーム2枚選び，それを封筒に入れ封印する。

後半30分：マッチコミショナー，両チームの代表者が立ち合い，ドーピングコントロールコーディネーターが番号札の入った封筒を開封する。この時点で，この試合でのドーピングコントロールの対象選手が決定する。ドーピングコントロール室へ出頭する際に必要な召喚状を記入し，両チームの代表者に渡し，選手に通告する。

試合終了後：ドーピングコントロールの対象となった選手は試合終了後，グラウ

ンドから直接ドーピングコントロール室に出向く。選手は尿サンプルを提出するまではドーピングコントロール室にとどまらなければならない。

(4) 尿サンプルの作成

ドーピング検査は尿サンプルで行われる。選手は尿サンプル作成のために採尿し，提出しなければならない。ドーピングコントロール室に入った選手は，尿意を催すまで待機する。尿意を感じたら，採尿カップを選び，トイレで排尿する。得られた尿が75 ml以上であればAサンプル，Bサンプルの2種類の尿サンプルを作成する。

(5) 検査機関

ドーピングの検査は，国際オリンピック委員会公認の検査機関で行われる。日本では三菱化学ビーシーエルが実施する。

VI. ドーピングコントロールを受ける選手に対しての注意

ドーピングコントロールの対象選手に選ばれた場合，これを拒否することはできない。もし検査を拒否すると，ドーピング陽性と同等の扱いとなる。いったんドーピングコントロール室に入ると検査が終了するまでは部屋から出ることができない。飲み物はドーピングコントロール室内に準備されたものを飲んだり，選手の責任で持ち込んだ飲物や食事を取ることができる。このような状況で対象となった選手は，尿サンプルを提出するまでなるべく快適に過ごすようにした方がよい。すなわち，試合で汗にぬれたユニホームを脱いでシャワーを浴び，着替えをチーム関係者にドーピングコントロールルームに届けてもらい着替える。試合中に発汗で喪失した量の水分を補給する。

ドーピングコントロール室に用意してある飲み物は，冷蔵庫に入っているため冷えている場合が多い。一度に大量に飲むと胃腸障害を起こしてコンディションを崩すこともあるので注意が必要である。1回に飲む量は200～300 ml程度とし，時間をかけて徐々に摂取するように気をつける。検査が終了するまでの時間，すなわち採尿までの時間は通常は1～2時間であるが，試合当日の天候や試合の状況，個人差などにより3時間以上かかる場合もある。ドーピング検査の対象となった時は，ドーピングコントロール室でゆったり過ごせるような準備をしておくことも大切である。

VII. ドーピング陽性となった場合

検査機関ではまずAサンプルを検査する。Aサンプルで禁止薬物が検出されると，次にBサンプルを検査する。Bサンプルの検査で陽性になると，その選手のドーピング陽性が確定する。ドーピングを行った選手とその所属団体に対しては処罰が行われる。

VIII. 選手をドーピングから守る

　スポーツ界からドーピングをなくすことがすべてのスポーツ関係者の願いである。そして選手をドーピングから守らなければならない。そのためには，① アンチドーピングの意識をすべてのスポーツ関係者がもつ，② 選手は成分の明らかでない薬物（サプリメントも含む）は服用しない，③ チームドクターはドーピング禁止薬物について正確な知識をもち，正しい薬物投与を行うことである。

〔河野照茂〕

Chapter 17 大会の医事運営
ワールドカップの医事運営を参考にして

　日本サッカー協会(以下，JFA)の基本規程では，協会主催の競技会の医事運営はスポーツ医学委員会の管轄事項となっている。

　この項では，今後わが国内で開催されることが予想される大きな国際競技会の医事運営のあり方について，JFAのスポーツ医学委員会が責任をもって担当した2002年ワールドカップ大会における医事運営を参考にしながら説明する。

I．医事運営の構築

　サッカー競技において，ワールドカップを初めとして，男女，各年代の世界選手権を主催するのは国際サッカー連盟(以下，FIFA)である。この点がオリンピックと違うところである。もう1つ，そして最も大きく違う点は，オリンピックは1都市で開催するのに対し，ワールドカップは開催国の全国各地で開催される，ということである。しかも，期間も1カ月と長く，人の動きも激しい。担当しなければならない部門が多岐にわたるので，多くの関係者が相互に連携しなければならない。関係省庁との密接な連絡も不可欠である。

　医事運営全体像の構築も，各開催地(以下，ベニュー)の医療機関と連絡を取り合って構築しなければならない。これを円滑に行うために，ワールドカップ大会のときは日本側の実行組織であるワールドカップ日本組織委員会(以下，JAWOC)の業務のうち，医事運営に関する部分をJFAのスポーツ医学委員会がJAWOCから委託を受け，医事運営組織を構成した。JAWOCの事務担当者はそれに基づいて実務を行った。

　医事管理について問題点，疑問点はそのつど，FIFAの医事責任者と連絡を取り合い，先方の方針を確認しながらJAWOCの担当者を通して各開催地自治体担当者などに指示をした。

II．医事運営の必要事項

　ワールドカップ大会における医事運営は大変多岐にわたる。
　すなわち，①FIFA本部における医事，②各ベニューにおけるFIFAスタッフ・

チーム・レフェリーに対する医事，③ 試合会場(以下スタジアムとし，観客席や通路のみならずスタジアムへのアクセスエリアを含む構内全体を意味する)内における医事，④ FIFA が主体となって行うドーピングコントロールをサポートするための日本側としての体制づくり，⑤ ワールドカップ公式期間中における，公認キャンプ地でのチームに対する医事，⑥ レフェリーに対する医事，⑦ メディアに対する医事，の7項目である。

それに基づいて JAWOC は医事運営の組織を図1のように構築した。

以下，医事運営の準備と活動の内容を項目ごとに述べる。

1．大会本部における医事運営

FIFA 主催の大会に限らず，ある一定期間にわたって行われる大会では必ず本部が設置される。2002年，FIFA ワールドカップでは都内のホテルに本部が置かれることとなった。

本部では FIFA のメディカルオフィスと日本側のメディカルオペレーションセンター，およびその隣室に医務室(クリニック)を設置した。JAWOC のメディカルオフィサーは JFA スポーツ医学委員長が勤め，常駐することとした。同時にスポーツ医学委員会のメンバーがメディカルスーパーバイザーとして1名ずつ，一定期間のローテーションで勤務することとした。事務，連絡業務の担当スタッフは3名とした。このメディカルオフィサー，およびスーパーバイザーはクリニックにおける日常診療を担当すると同時に，ベニューやキャンプ地で生じた医事運営上の問題点，疑問点の問い合わせに応じた。

本部のクリニックは FIFA の職員が来日する5月25日から正式にオープンし，診療受け付け時間は午前9時から12時まで，午後は2時から6時までとした。

クリニックには自動式体外徐細動器(以下，AED)を含めた救急蘇生処置の器具一式や通常の診療器具，および内服・外用の薬剤をそろえた。

FIFA のメディカルオフィスには診療機能はなく，FIFA のスポーツ医学委員が連日，試合ごとのドーピングコントロール業務の準備と試合中の外傷報告の整理を行い，FIFA スタッフや役員に患者が出た時にのみ必要に応じてクリニックに案内してくるシステムとした。

また，毎日両方のドクター同士が直接会い，患者の案内のみならず，医事全般にわたる問題が生じた時も容易に意見の統一ができるようにした。日本側のメディカルオペレーションセンターと FIFA のメディカルスタッフとが密接な連携をとることは不可欠である。

本部のクリニックの協力病院として都内の大学病院に依頼し，その大学病院でも1名，ドクターを固定で指名し，精密検査や入院治療が必要となった場合の全科の窓口となってもらった。本部と病院との連絡は，メディカルオフィサーあるいはメディカルスーパーバイザーが先方のドクターと連絡をとり，事務スタッフが案内するシステムとした。医療費の支払い方法に関しては後述する。

17. 大会の医事運営　299

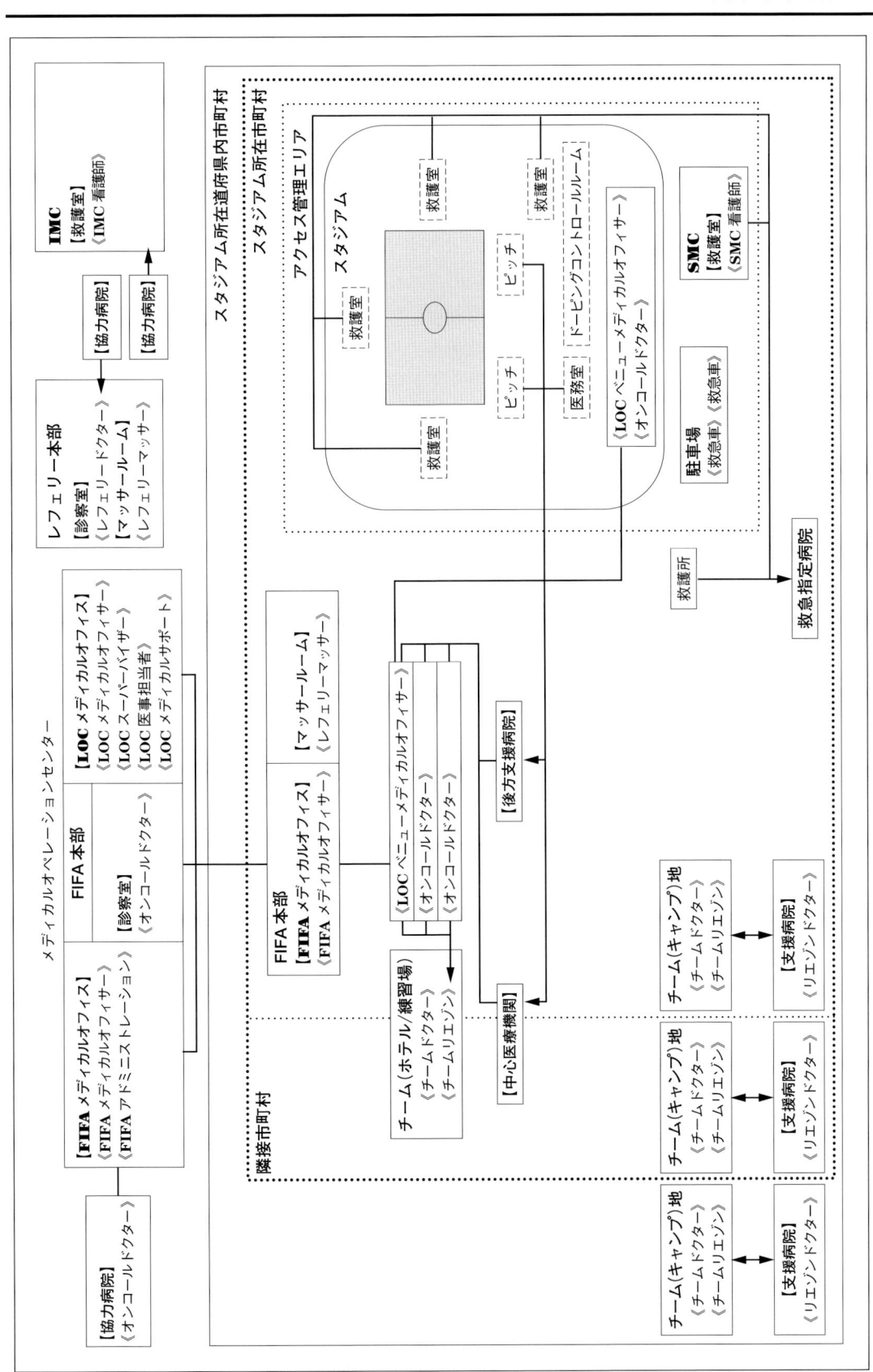

図1. 医事業務系統図

2．各ベニューにおける選手・役員および観客に対する医事運営

これに関しては当初から，各ベニューの近くにある大学病院に中心医療機関としての協力を依頼するのがよいと考えた．まず，各ベニューにある10の大学医学部にスポーツ医学委員長名で依頼をした結果，各大学病院の協力が得られることとなった．各大学病院から受け入れの回答を得た後は各ベニューにおいて責任ドクターを指名してもらい，そのドクターを中心にして協力体制づくりをした．

最終的には，JAWOCの事務総長より各大学病院長，およびその後方支援病院長に要望事項を含めた正式な依頼状が出された．

まず，各ベニューでは医事責任者(以下，ベニューメディカルオフィサー)として1名とそれ以外にチームドクターあるいはFIFAドクターからの要請に応じて後方支援病院への連絡をする役目を担うオンコールドクター(以下，ベニューオンコールドクター)を2名指名してもらった．ただし，横浜ベニューだけは，FIFA役員が横浜市内のホテルに滞在せず，東京の本部から試合の時だけスタジアムにいく，というシステムだったのでオンコールドクターは1名とした．

この3名のドクターが決定された後，このドクターたちを中心としてスタジアム内の医療体制に必要な医療スタッフの確保をしてもらい，さらに各自治体関係者，消防の救急隊，および警察などと連携しつつ，同時に関連病院，救急指定病院のネットワークをつくり，救急医療体制を構築した．

a．ベニューにおけるFIFA役員・スタッフに対する医事運営

各ベニューのFIFA役員宿泊ホテル内には医務室は設置せず，簡単な医療器具と医薬品を常備するのみとした．そしてFIFAスポーツ医学委員のドクター(毎試合必ずドーピングコントロールコーディネーターとしてベニューのホテルには滞在している)，あるいはFIFAスタッフについている日本側スタッフからの要請があった時に各ベニューメディカルオフィサーか，オンコールドクターが対応することにした．

b．ベニューにおけるチームに対する医事運営

各国の選手，役員の医事管理については，それぞれのチームドクターが責任をもつことが原則である．過去の大会であれば，チームは48時間前までに試合開催地に入ることが義務づけられていたが，今回は前日の午後4時までに入ればよい，と決められた．従って，ベニューで医事対応を求められることもさほど多くはないであろうことが予測された．しかし，けがや病気に対する治療や詳しい検査が必要な場合も当然生じてくるので，その場合はチーム付きのスタッフからオンコールドクターに連絡をしてもらい，その内容により中心医療機関か後方支援病院で対応することとした．ベニューでの公式練習会場におけるけがに対する対応策も立てておかなければならないので，練習中にもチームリエゾンとして日本人スタッフを付け，その者を連絡係としてオンコールドクターとの連絡法，救急車の依頼手順，最も近い病院の確保，などを決めた．

c．試合当日のスタジアムにおける医事運営

スタジアムにおける医事運営は，以下の通りである．

まずピッチに直結する場所に選手，役員を診るための医務室を設置し，ここには

医師2名(外科系1名,内科系1名),看護師1名を派遣し,さらに必要な医薬品とAED,心肺蘇生器を含む医療器具セットを配置した。

この医務室の機能は役員などの疾患,外傷に対しては直接日本側のスタッフが対応し,一方,選手のけがに対しては必要に応じてチームドクターの治療の介助にあたる,というものである。医務室で対応しきれない場合の受け入れ先病院は,先述した各ベニューの中心医療機関である大学病院,あるいはその中心的関連病院とし,医務室用に待機している救急車で搬送できる体制とした。

また観客に対する救護対策として観客席を4ブロックに分け,各ブロックに救護室を1カ所設置し,それぞれに医師2名(外科系1名,内科系1名),看護師1名,および事務員1名を配置した。ただし,埼玉会場のみはスタジアムの設計上,5カ所に設置した。各救護室にはAED1台と簡単な心肺蘇生装置を1セット,計4セット(埼玉では5セット)と医薬品類を準備した。

ここで問題になるのは観客の病気やけがをどこまで診るのか,ということを統一しておかなければならないことである。まず,救急救命は絶対に必要であると考える。次いでごく軽い症状の病気やけが,例えば風邪症状,頭痛など簡単な投薬で済むような症状,あるいは打撲,すり傷など消毒処置で済むようなけがに対しては対応するが,縫合や点滴などのような治療,あるいはより詳しい検査が必要な症状を訴える場合は救急隊が指定しておいた救急指定病院に送る,ということにした。あくまで診療所とは異なる機能とする必要がある。

なお,AEDはわが国での競技会では初めて常備することになったので,各ベニューの救護室ドクターを対象として機器使用法の講習会を事前に行った。

これらのことは2001年6月のFIFAコンフェデレーションズカップで行った横浜,新潟,茨城の3会場での医事運営の経験をもとにして,9月30日にJFAの会議室における全10ベニューのメディカルオフィサーと10名のドーピングコントロールコーディネーター(後述)との合同会議を開催した際に見解を統一した。また,準備する医務室,救護室に備える薬品や医療機材も各ベニューのメディカルオフィサーからの意見により,適宜追加あるいは削除した。

観客への救急対策でもう1つ問題になるのは,集団災害に対する対応である。過去のFIFAワールドカップアメリカ大会,フランス大会の医療体制を検証したが,いずれの大会の事後報告でも集団災害は決してスタジアム内では起こらず,むしろフーリガンが中心となってその周囲の市街地で暴動が生じていることは明らかであった。従って集団災害に対する対策としては,まずスタジアムの周辺,および市街地における治安維持,あるいはいったんことが生じた場合に備えての医療体制づくりの方に力を入れるべきであると考える。もちろん,スタジアム内で集団災害が絶対起こらないとはいえないので,万が一の場合に備えてスタジアム内に救急指令本部を設置し,そこからすべてに指令が発せられるシステムとした。また,スタジアム内では救急医数名に待機してもらい,外傷の重症度を判断するトリアージの役割を担ってもらうことにした。

JAWOCでは,救命救急専門のドクターからアドバイスをもらい,その結果,多数の救命救急ドクターがスタジアム内のどこか1カ所に待機していても,スタジアム

の構造上，いざという時には移動に無理があるであろうということで，トリアージのために少数名待機してもらうか，医務室の医師の中に救命救急のドクターを含めるかのいずれかの方法をとるようにした。どちらの方法をとるかは各会場における救急体制の枠組みの中で調整をしてもらうこととした。

　ピッチでは，けがをした選手をピッチ外に運び出す担当として，各チームにピッチドクター1名と担架隊員3名を配置し，各チームのベンチ脇に待機させた。ドクターを加えた4名で担架を運ぶシステムにした。ピッチドクターの配置・選任はすべて各ベニューメディカルオフィサーに依頼した。

3．ドーピングコントロールについて

　FIFAワールドカップに限らず，現在大きな大会では毎試合必ずドーピング検査が行われる。FIFAワールドカップでは1966年のイングランド大会から始められ，オリンピックより古い歴史と実績をもっている。過去の大会ではFIFAのスポーツ医学委員会のドクターがドーピングコントロールコーディネーターとなり，開催国のドクターは介助的役割であったが，今回は日本側のドクターもドーピングコントロールコーディネーターとなることがFIFAとの事前の話し合いで決まった。

　FIFAより，ドーピングコントロールコーディネーターは各会場で1名固定とし，しかもベニューの近くにいる人を選任してほしい，という意向が伝えられてきた。そこで日本側からのドーピングコントロールコーディネーターをベニュー毎に1名を選出することとした。10ベニューすべてにサッカーのドーピングコントロール業務に精通しているドクターがいるのではなかったので，本大会の10ベニューにおけるドーピングコントロールコーディネーターを改めて選任することとした。10名のコーディネーターの選任は，サッカー競技における実質的な責任者であるJリーグのドーピングコントロール委員長が行った。10名のコーディネーターを選任した後，全コーディネーターに対し，ドーピングの実際の手順・手技についてのワークショップを開催した。その後，各ドクターには1年間をかけてJリーグのドーピングコントロールに参加し，手順になれてもらった。JリーグのドーピングレギュレーションはFIFAのそれと同じであるので実際の時に困ることはないのである。

　また，2002年2月28日，東京で行われた決勝大会出場32カ国に対するワークショップにおいて，今回の大会から血液ドーピング検査の導入が決まった。従来からFIFAでは血液検査の導入を検討していたが，直前に行われたソルトレイクシティーでの冬季オリンピックでダーボポエチンの使用例が発見されたことが実現化のひとつのきっかけになったのは事実である。従って，そのための準備（採血用器具のセットなど）もしなければならなくなった。

　FIFAとしては，最も重要な大会に最初に導入することになったため，絶対に手続き，手技，その他で問題が生じないよう非常に気を遣った。事実，大会直前の5月28日，ソウルで開かれたFIFAのスポーツ医学委員会では，採血上の注意，サンプルの保存法などが主な話題であった（その後FIFAは，この血液サンプリングによるテストを中止した）。各国チームが入国してきた後は，アンアナウンスドの競技外ドーピングも行われるので，国内のドーピングコーディネーターの役割は重要であ

る。

　次にドーピングの設備についてであるが，各スタジアムのドーピングコントロールルームはFIFAからの規格に基づいて設計されなければならないことになっているので，その確認をしなければならない。ドーピング業務のJAWOCにおける担当部門は競技部と企画調整部であったが，設備に関する確認作業は日本協会の責任の下に行った。今後の大会では，これらの設備を使用すれば大きな問題にはならないであろう。

4．キャンプ地におけるチームに対する医事運営

　チームに対する医事運営は，先に述べた各ベニュー滞在中におけるものと，もう1つキャンプ地における医事サポートとの2つがある。

　チームに対する医事運営の中でキャンプ地における医事サポートが一番重要である。数多くある公認キャンプ地に，どのチームがいつ来るかがまったくわからないことが多い。

　2002年2月28日のワークショップの時には，キャンプ地のチーム担当責任医師（以下，リエゾンドクター）と受け入れの支援病院を示す予定であったが，この時までにすべてのチームのキャンプ地が決まってはいなかった。JAWOCの医事担当者としては，各国キャンプ地が容易に決まらないであろうことは予想していたので，全キャンプ候補地にはチームが来るか否かに関わらず，早急にキャンプ地のリエゾンドクターを決めてほしいこと，および十分な医療設備を有する医療施設を決めてほしい旨を2001年7月に通知した。

　必要条件として，まず外国チームに対してはチーム，あるいはドクターの要望に可及的速やかに対応してもらいたいこと，チームドクターが自ら処置を行うことを希望した場合にはそのドクターの責任のもとで行う処置を許可してもらいたいこと（治療器具の使用も含めて），そして対応できる診療科は全科そろっていること，などを考慮に入れて医療施設を選定しておいてほしいことを連絡した。

　キャンプ地が決まった後には再度，JAWOCからはキャンプ地自治体の医療部門担当者にまたリエゾンドクターにはJFAスポーツ医学委員長名で依頼状を出すとともに具体的事例を挙げ，対応の注意点を伝えた。

　選手の健康管理，けがの治療に関してはチームドクターが全責任をもつことになっている点を理解してもらう必要がある。

5．レフェリーに対する医事運営

　レフェリーの試合ごとのスケジュールは大会ごとに変わる。今回のワールドカップでFIFAから示されたレフェリーの滞在スケジュールでは，日本と韓国の2つの担当グループに分け，日本担当グループは1カ所にレフェリーセンターを設置し，合宿形式をとり，毎日ミーティングやフィジカルトレーニングを行う方式をとる，ということであった。そして毎試合，試合前日開催地に入り，試合終了後の当日の夜，または次の日に再びセンターに戻る，というスケジュールとなった。フェリーセンターの場所が千葉県木更津市に決まったのは2001年のコンフェデレーション

ズカップの後であった。センターにはドクターが専任で1名，トレーナーがマッサー役として3名，全期間同一メンバーに常駐してもらいたい，というのがFIFAからの要求であった。この要求そのものは1年以上も前からわかっていたため，事前の大会であったコンフェデレーションズカップの時にすでにその点を考慮に入れ，ドクターとトレーナーを人選しておき，本大会でも同じメンバーで対応した。

　レフェリーは基本的には健康な人たちである。従って，医事運営にはさほど気を遣わなかったが，医療体制としては他の部署と同様，医務室を設置し医薬品も準備した。また，緊急事態の対応のためにホテル内のクリニック以外にも，近くの外科系病院，内科系病院に支援してもらえるよう依頼をしておいた。

　各ベニューでの前泊，または後泊時には特別な医事管理は必要とされなかったが，体調管理のためのケアとしてマッサージをするためのトレーナーを配置した。

6．メディアに対する医事運営

　メディアに対する医事運営は重要である。多くのメディアが集まるからである。本部となる国際メディアセンター（以下，IMC）における医事と試合当日のスタジアムにおけるメディアセンター（以下，SMC）における医事とがある。

　IMCには世界各国から何千人もの報道関係者が来るので，これらの人たちに対する健康管理も重要な仕事である。

　IMCで活動する報道陣に対する医事運営の件に関して，JAWOCはメディアセンター内に救護室を設置し，看護師のみで対応し，そのオープン時間も朝9時から夕方6時までで，それ以後は後方支援病院を受診してもらう，という基本方針で臨むこととした。ドクターは駐在しないので，そろえる医薬品もドクターの指示がいらない一般市販薬とした。常に駐在しているのは看護師で，時間帯により1名，または2名とした。近接の協力病院を指定し，委託を受け入れてもらい，時間外および緊急時の対応を依頼した。

　また，SMCにおいても同様に看護師のみで対応した。キックオフの時間に合わせてその5〜8時間前から看護師を2名，時間をずらせて待機してもらった。医薬品などIMCと同じとし，ごく簡単な救護所としての機能にとどめた。

Ⅲ．外国人医師の医療行為と薬品の持ち込みについて

　チームに対する医事サポートで大きな問題となるのは，外国人医師として国内で医療行為ができるのか，という点と長期滞在するために大量に持ち込まれる医薬品の持ち込み許可をどうするか，ということである。

　まず，外国人医師の医療行為についてであるが，日本の医師法では医療行為ができるのは日本の医師免許を有する者に限られていることになっている。

　しかし，過去のオリンピック開催時などをみてもわかるように各国のチームドクターは自国の選手の治療をしている。厚生労働省医政局医事課にJAWOCから問い合わせ，各国のチームドクターは，国内キャンプ地のドクター，あるいは各ベニューの責任ドクターと協同で治療にあたってもらう形をとることにした。チームドク

ターについては医師免許証のコピーの提出を求めた。

次に，薬品の持ち込みの事前申請について述べる。

大きな国際試合では各国チームは早期から入国する。FIFA ワールドカップでは，優勝を狙う国では優に1カ月半以上は滞在するのである。その間にチームが必要とする医薬品は膨大なものとなる。各国が入国の際，大量の薬品のために税関で手間取っていては大きな問題となるので，事前に申請を出してもらい，厚生労働省のチェックを受けたという書類を入国の際に提示することによって，通関手続きを容易にしてもらうようにした。この件については，厚生労働省の医薬局監視指導・麻薬対策課に問い合わせ，全面的な協力がもらえた。その手続きとは以下の通りである。

まず，持ち込む可能性のある全薬品のリストを日本側の組織委員会に送ってもらい，それを厚生労働省でチェックする。その中に麻薬などの持ち込み禁止薬，あるいは一定量以上の向精神薬などが含まれているかどうかを調べ，該当薬があればさらに特定の人のための治療目的である，といった医学的必要理由書を再度送ってもらい，その上で最終許可書を各国に返送し，それを入国の際に提示させるようにした。再申請が必要な薬品が含まれていることを想定し，以上の手続きの必要時間を逆算して第1回目の申請書の提出期限を決定した。

また，日本だけでの開催であれば問題はないが，今回の FIFA ワールドカップのようにチームによっては韓国との間を何回か行き来する可能性がある場合は，この許可証は数回有効にしてもらう必要がある。しかも，日本への入国地がそれぞれチームによって違うので，各国の予定を確認の上，日本側のスタッフが入国の際，立ち会えるようにすることも必要である。

さらに，治療上の医薬品以外にも，いわゆる医薬部外品や治療器具の持ち込みについても届け出が必要である。われわれは，それらについては特に考慮していなかったが，医薬品の事前申請について相談した時にその件も厚生労働省から指摘されたため，その申請書類の雛型を作成し，ワークショップで提示した。

IV．事前のワークショップについて

ワールドカップでは事前に各国チームを集めてワークショップが開かれる。2002年2月26～29日の3日，決勝大会出場32カ国に対する FIFA 主催の説明会であるワークショップが開かれた。

28日の午前中には全体的な説明が行われ，FIFA のスポーツ医学委員会からは，① ドーピング検査を行うこと，また競技外ドーピング検査も行うこと，② 血液ドーピングの注意，③ 頭部外傷，特に脳震盪に対する競技上の注意，④ 試合ごとの外傷報告の義務，などに関する説明が行われた。午後は各部門に分かれ，午後2時から4時まで開かれた医事の専門部会では，開催国の国内の医療の受け入れ体制や入国時の注意，チームドクターが行う医療行為上の注意，医薬品，およびそれ以外の医療機器や医薬部外品の持ち込みに関する事前申請のシステムの説明などを行った。

各国のチームドクターから出た質問・希望の中で最も多かったのは，選手の治療

や検査の際に自分たちがどこまで関与できるか，ということであった。この点については先に各キャンプ地や開催地に通知を出してある旨を説明した。

医薬部外品はチームがまとめて大量に持ち込むとなると，やはり事前認可が必要になる。さもないと入国時に税関で問題になるからである。厚生労働省が示した医療部外品の例では，シャンプー，せっけん，歯磨きなどが対象となっていたので，これらについては各個人が持ち込む形にした。また，医療機器も主たるもののみ，例えば低周波治療気，温熱療法器などを申請してもらうこととした。

このワークショップの中で気が付いたことはFIFAのスポーツ医学委員長から，各国チームドクターに伝えられた忠告である。それは，各チームドクターはそれぞれ医療損害賠償責任保険に入っていると思われるが，その保険が自国外での医療行為にも適応されるのかどうか確認をするように，というものであった。日本のドクターでは，通常そこまでは考えずに当然支払い対象になるであろうと考えているか，あるいはまったくそこまで気が付かないかのどちらかであろう。

今後，海外遠征に帯同する医師はその点を確認するよう，注意を喚起すべきであることに気づかされた。

V．医療費の支払いについて

FIFAのスタッフ，役員，チーム関係者が国内の医療機関を受診した時の医療費の支払いは当然，前もって決めておかなければならない事項である。この件に関するFIFAの態度は以下の通りであった。

まず，FIFAスタッフ，役員がFIFA本部，開催地ホテル内，スタジアム内で医療行為を受けた場合の費用は日本側が負担する。その人たちの家族などについても同様である。一方，外部の医療機関にかかった場合は，そのつどFIFAに問い合わせ，FIFAが負担するか，個人が保険から支払うかを決めることとした。医療機関にはまずJAWOCの担当者が支払い，大会終了後，まとめて診療明細を記載した請求書を送り，FIFAから支払いがなされることとした。レフェリーに関しても同様である。

各国チームが国内の医療機関を受診した場合は，すべてチームが支払うことになっている。この際，各チームには日本人スタッフがついているので，そのスタッフが協力する。当日に支払えない場合には，そのチーム付きのスタッフがチームから治療費を徴収し，医療機関に支払うと同時に，その領収書をチームに渡すこととした。ここで問題になるのは，チームが負担する医療費の範囲はどこまで，ということである。キャンプ地にきたサポーターなどの分を負担するかどうかである。

この件については，チームが重要と考える人についてはチームが負担し，そうでなければ各人の自己負担とすることにした。

VI．医療スタッフに対する保険について

ここで，日本のドクター，看護師などの医療スタッフに対する保険についてふれたい。

スタジアム内医療施設のドクター，看護師，およびベニューのメディカルオフィサー，オンコールドクターが大会期間中に行った医療行為により，患者に何らかの損害が生じることは当然予想されることである．JAWOC ではこのような場合に備え，大会期間中に限った賠償責任保険に加入した．補償金額は1事故1億円を限度とし，総額3億円とした．

また，医療スタッフがその業務中（自宅を出てから帰宅するまで）に何らかの傷害を被った場合のための傷害保険にも加入した．

VII．今後の国際大会医事運営のあり方

国際大会の医事運営上の要点をまとめると以下のようになる．

各ベニューにおける中心医療機関を大学病院に依頼し，そこを中心として後方支援病院のネットワークをつくることは，医療サイドでは問題なく各大学の協力のもとでスムースに行えたと考える．ただし，10 のベニューのドクターの対応を担当部門毎に全国で統一することは必ずしも容易ではないので，お互いに密に連絡を取り合う必要がある．

また，キャンプ地が決まらないと各チーム担当のリエゾンドクターや後方支援病院のリストができないため，今後大きな，しかも全国レベルで行う国際競技大会では各国チームとの連絡の窓口を日本側で一本化するべきである．

医薬品，医薬部外品，および医療機器の持ち込みに関する事前申請の手続きの簡素化も必要である．FIFA ではワールドカップ開催国の政府が積極的に支援をし，その運営が順調に行われることを開催条件のひとつとしているので，より柔軟な対応が求められることとなる．また，外国のチームドクターに，期間限定・対象限定の医療行為の許可証を交付することも必要になると思われる．

さらに，このように大きな，そして国民的，いや世界的関心が高い行事になると，どうしても直接運営に関係しないさまざまな団体が，独自の判断で対応策などを作成し，行動することが多く，その結果現場における組織運営の統一性が保たれにくくなることが挙げられる．今後は，運営する組織委員会の責任と権限を広く，はっきりと知ってもらう必要がある．

さらに今回は問題にならなかったが，SARS などの感染症予防対策などについても，関係省庁と連絡をとることが必要である．

今回は，このような国家的行事をきっかけにしてベニュー，スタジアムなどの医事サポート体制（人員，医療器材の配置など）を充実させることができたが，これは今後開かれる競技会での医事運営の標準となるべきである．

今後も，種目に関係なくこのような充実した医事サポート体制が構築されることを期待する．

〔青木治人〕

Chapter 18 サッカーと視力
静止視力と動体視力

I. 中田選手の眼

　FIFA ワールドカップ試合中の中田(英)選手の眼の動きを追ったビデオをみたことがある。彼の眼は，他の選手以上に一瞬の休みもなく絶えずキョロキョロと動いて，視線(眼の向き，網膜の中心窩と瞳孔の中心を結ぶ線)を周囲に巡らせていた。彼のキラーパスの原点がここにある。本章では，サッカーに重要な眼の機能・視覚能力について考えてみたい。

II. 見るメカニズム

　眼のメカニズムは，しばしばカメラのそれにたとえられる。目標からの光は，カメラの自動焦点レンズに相当する眼の角膜と水晶体を通り，カメラのフィルムに相当する網膜に像を結ぶ。それを感覚細胞が感知し，そこからインパルスが視神経を通って脳に至り，目標の色や形が認識される。このたとえは大変分かりやすいのだが，カメラと眼には根本的な違いがある。カメラはフィルム面全体にピントが合うようにつくられているが，眼はそうではない。網膜の感覚細胞の配列分布の関係で，色や形がはっきりわかるのは視野の中心の5°～10°の範囲(中心視野という)だけである。従って，眼の見え方を写真にたとえると，はっきりしているのは画面の中央だけで，その他のほとんどの部分はボケた写真ということになる。片眼の視野は上下130°，左右160°の楕円形だが，その中で解像度の高い中心視野の範囲は極めて狭い。その他の広い範囲は周辺視野と呼ばれ，解像度は低いが光や動きを感知する能力が高い。有名な「マラドーナの5人抜き」は，この周辺視野の特徴を活かしたワザである。目標の認識は中心視野でないとできないので，周辺視野の範囲にある物をみようとする時には眼をすばやく動かして視線をそこに移動する作業が必要となる。

III. スポーツに必要な眼(視覚)とは

　人は周囲からの情報の大半を眼で通して得ており，「視覚能力は，その人の情報収集力を表す」といっても過言ではない。視覚には多くの視機能が含まれるが，そ

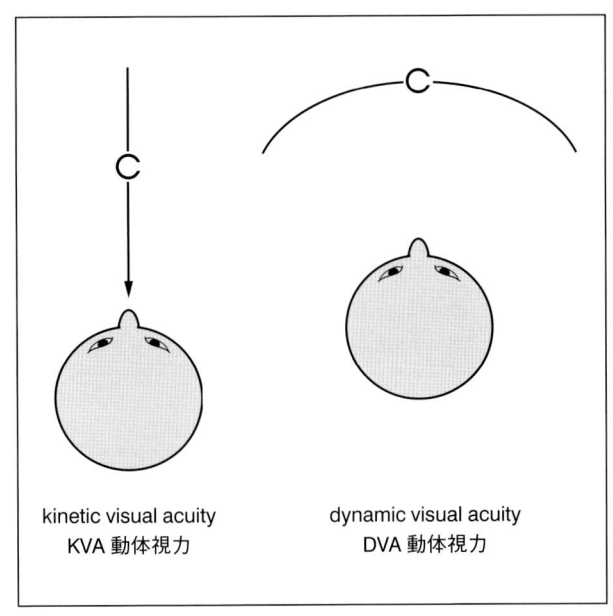

図1. 2つの動体視力

の中で最も基本的な能力である「静止視力」と，特に球技で大切な「動体視力」を中心に，その他の機能も含めて解説する。

1. 静止視力

　静止している目標にピントを合わせる能力で，一般に「視力検査」として測定されており，なじみ深い。小さい視標がみえるほどよい視力で，基本的にはランドルト環（C字型の視標）の切れ目がわかるかどうかを検査する（最小分離閾）。静止視力は，近視・遠視・乱視などの屈折異常や透光体（角膜・水晶体・硝子体）の異常（例えば白内障）があれば低下する。わが国では視力を1.0, 0.6のように小数視力で表すが，人の理論上の最高視力は2.0～2.5弱といわれている。マサイ族（アフリカ）の若者数人の静止視力を測定したことがあるが，彼らの視力は2.2で，ほぼ最高視力に近い値であった。静止視力が不足すると目標はぼんやりとしかみえないので，サッカー，テニス，野球のような球技では大変不利である。競技に必要な具体的な視力については，本章の「視力矯正」で取上げる。

2. 動体視力

　動いている目標をみる能力を動体視力といい，これには図1に示すように2種類ある。

a．KVA動体視力

　遠くから自分の方へ直線的に近づく目標をみる時の動体視力をkinetic visual acuity（KVA）と呼ぶ。近づく目標をみる時の視力（KVA動体視力）は，静止している目標をみる時の視力（前述の静止視力）より低下し，目標が時速30kmで近づく時のKVA動体視力は静止視力の60～70%程度，時速100kmでは静止視力の40～50%

表1. スポーツビジョンで分析する視機能

1.	静止視力(SVA)	静止している目標をみる時の視力
2.	KVA動体視力(KVA)	まっすぐ自分の方に近づく目標をみる時の視力
3.	DVA動体視力(DVA)	眼の前を横に移動する目標をみる能力
4.	コントラスト感度(CS)	白黒の微妙なコントラストを識別する能力
5.	眼球運動(OMS)	衝動性眼球運動による視線移動の能力
6.	深視力(DP)	距離の差を感じる能力
7.	瞬間視(VRT)	瞬間的に多くの情報を認知する能力
8.	眼と手の協応動作(E/H)	眼でとらえた目標にすばやく手で反応する能力

と，目標の接近速度が速くなるほど低下率は大きくなるが，この低下率には個人差がある。

b．DVA動体視力

眼の前を横に移動する目標をみる時の動体視力をdynamic visual acuity（DVA）といい，速く動く目標がみえるほど能力が高い。測定単位は，視標がスクリーン上を移動する1秒あたりの角度（°/sec），または，視標をスクリーンに投影している測定器内の鏡の1分あたりの回転数（rpm）で表している。DVA動体視力の優秀な選手は480°/sec（鏡の回転では40 rpm）の視標をみることができるが，これは，10 m離れたところを時速300 kmで通過する目標をみるのに相当する。眼球運動には，目標に視線を固定したまま目標の動きに合わせて眼を動かす「追従性（または滑性）眼球運動」と，目標から他の目標へ視線を飛ばす「跳躍性（または衝動性）眼球運動」がある。前者は目標を見続けることができるが速度は遅く，60°/secまでは可能だが，それ以上の速い目標は追従できない。それに対し，後者の速度は速く，600°/secが限度といわれているが，目標を識別する能力は前者より低い。DVA動体視力では，速い目標に対しては跳躍性眼球運動が主に使われ，遅い目標には追従性眼球運動が使われている。なお，KVA動体視力とDVA動体視力の間に相関はなく，まったく別の能力である。

c．その他の視機能

前述の静止視力と2つの動体視力以外にもスポーツに必要な視機能がある。スポーツビジョン研究会では**表1**に示す8項目で視覚能力を分析[1]している。

静止視力と2つの動体視力の他に，①コントラスト感度：白黒の微妙なコントラストを識別する能力，②眼球運動：跳躍性眼球運動の速さと正確さ，③深視力：距離の差を感じる能力，④瞬間視：一瞬のうちに多くの情報を得る能力，⑤眼の手の協応動作：眼でとらえた目標に直ちに手で反応する能力，の5つの視機能（合計8項目）である。

IV．トッププレーヤーは眼がいいか

今までに数多くのスポーツ選手の視覚能力の分析を行ってきた。上記8項目の検査成績を，各項目それぞれを5点満点とする5段階で評価し，8項目の合計点（40

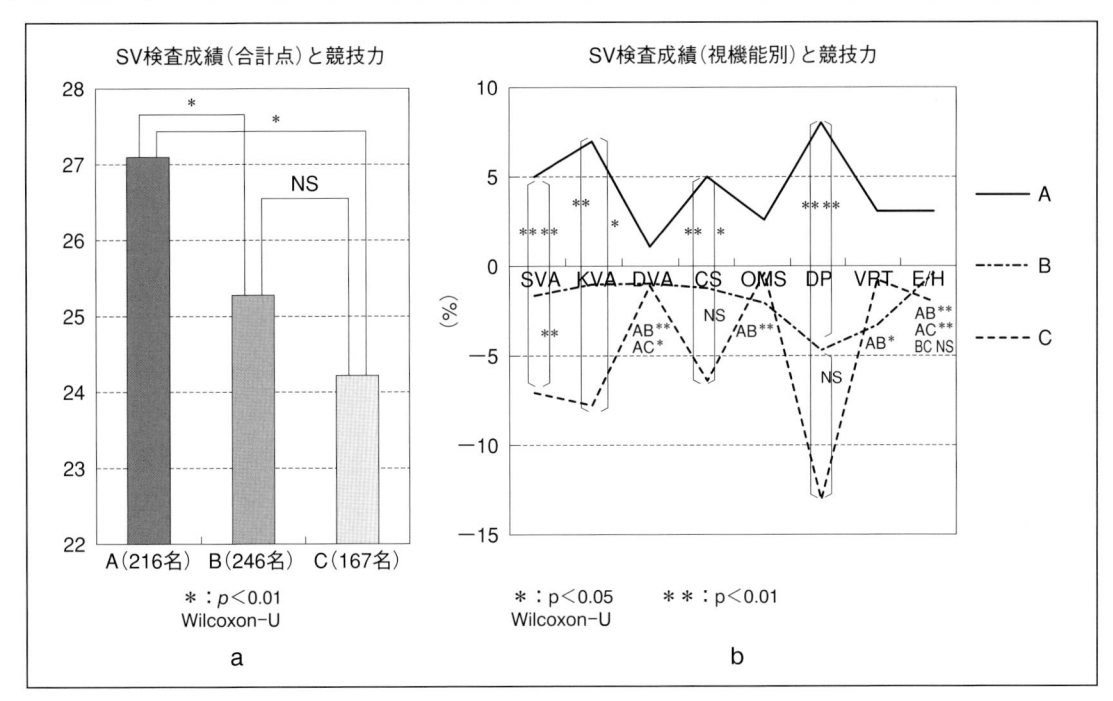

図2. 競技ランク別スポーツビジョン検査成績

点満点)で選手の総合的な視覚能力のレベルを，また，各項目毎の得点で視覚能力の特性を判定している．図2は球技を中心に，その他さまざまな競技を含めた約600名の競技ランク別の検査結果[2]である．競技ランクのAはレギュラースタメンとしてチーム内で信頼されている選手，Bは交代要員として使われることの多い選手，Cは公式戦の場合はベンチウォーマーになることの多い選手とした．合計点(図2a)で，AランクのA選手はBおよびCランクの選手より高い視覚能力レベルにあることがわかる．視機能別(図2b)でも，Aランクはすべての項目で優れており，特に，静止視力・DVA動体視力・コントラスト感度・深視力・眼と手の協応動作でAB，AC間に有意の差があり，また，KVA動体視力・眼球運動・瞬間視ではAランクと最下位ランクの間に有意の差が認められた．このように，Aランクの選手，すなわちトッププレーヤーは優秀な視覚能力をもっていた．言い換えると，トッププレーヤーは他の選手よりも優秀な情報収集力をもっているのである．私の経験では，スポーツ選手として一流になるには，合計点(40点満点)で30点以上が望ましいようである．

V．サッカーに必要な眼

　　サッカーは球技を代表する競技であり，サッカー選手の検査成績も図2の中に含まれている．広いピッチの上で，ボールや敵味方の選手が絶えず動き回って相互の位置が目まぐるしく変化するのが，サッカーが野球やテニスあるいは卓球などと大きく異なる点である．図3はJリーガー48名の検査結果[3]である．48名全員の平均とAランク選手(11名)とCランク選手(22名)を比較した．合計点(図3右)は，A：

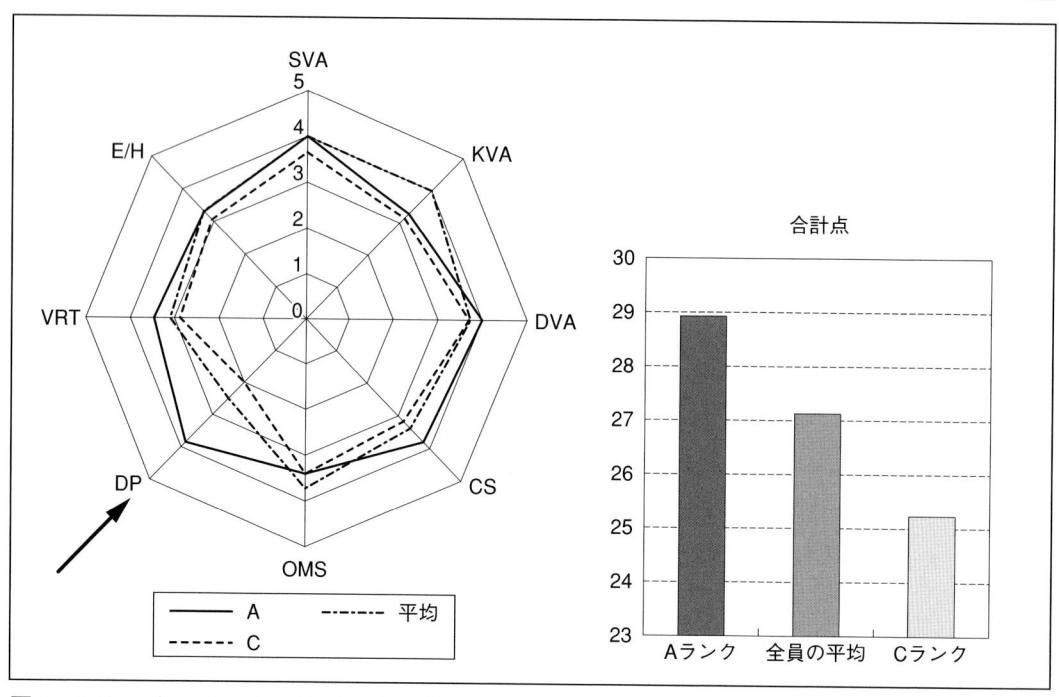

図3. Jリーガーのスポーツビジョン検査

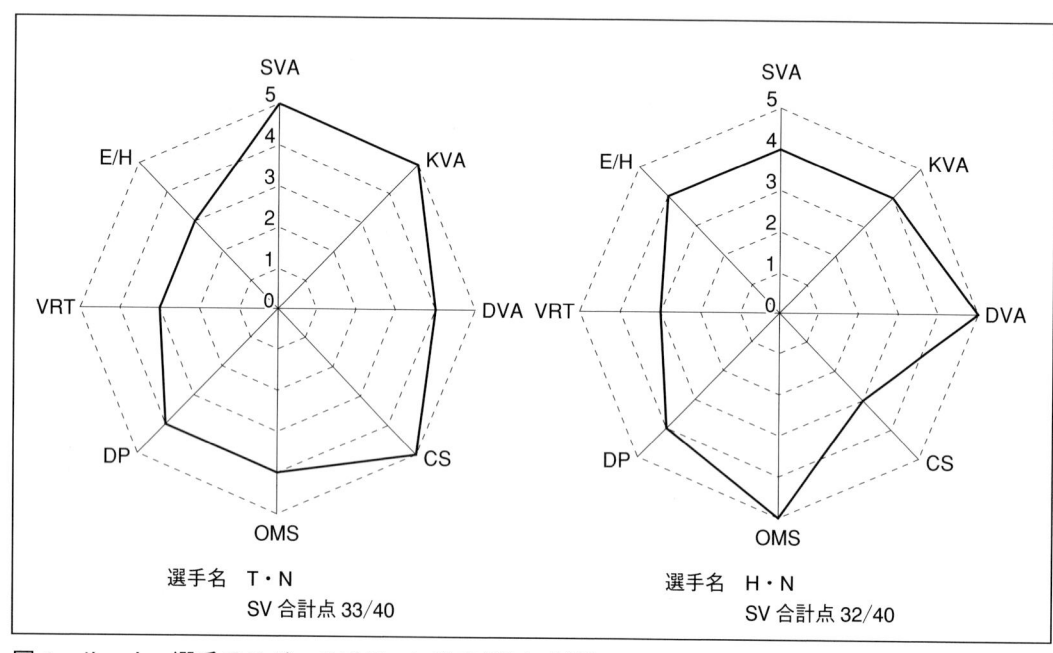

図4. サッカー選手のスポーツビジョン検査（個人成績）

28.9点，平均27.1点，C：25.2点であった．視機能別にみると，Aランクは8項目のうち静止視力とDVA動体視力を含めた6項目で優れており，Cランクはすべての項目で劣っていた．特徴的なことは，深視力（DP）に大きなランク間の差がみられたことで，サッカー，特にハイレベルのサッカーでは距離感のよさが競技力に影響す

ることがわかった。図4は日本を代表するサッカー選手2名の検査結果である。この2名に限らず多くのトップレベルの選手の合計点は30点以上で，しかもよい動体視力と深視力を有していた。

VI．視力矯正

よい視覚能力が優秀な競技力に対する必要条件であるならば，優秀な選手を育てるために，視覚能力を向上させる手段を考える必要がある。8つの視機能のうち，静止視力とコントラスト感度はトレーニングで向上させることはできない。また，静止視力はKVA動体視力，コントラスト感度および深視力と相関がある。従って，視覚能力向上の第一歩は，静止視力の不足に対する適正な視力矯正である。石垣の実験によると[4]，球技における最適矯正視力は両眼視力で1.2～1.5で，少なくとも0.7以上の視力が必要とされている。矯正方法には，メガネ，コンタクトレンズ，角膜矯正手術などがあるので簡単に説明する。

1．メガネ

最も簡単な方法だが，ポリカーボネート製のアイガード機能を有するメガネ以外はコンタクトスポーツには不向きである。ヘディングや相手選手との強い接触が避けられないサッカーでは，特別な場合を除きメガネの使用は許可されない。

2．コンタクトレンズ（以下，CL）

現在，スポーツにおける矯正方法の主力となっている。ヘディングその他の頭部に衝撃を受けたり，急に首を回したりすることが多いサッカーではハードCLよりもソフトCLの方が安定がよく，また，ゲーム中の脱落や異物（土やホコリ）の飛来を考えると使い捨てタイプが便利である。乱視があって乱視用CLを使用した場合に，装用中にレンズ軸がぶれて急にみえにくくなることがある。CLは医療用具なので定期的な眼科検診が必要である。

3．角膜矯正手術

手術によって角膜の曲率を変えて屈折異常（近視・遠視・乱視）を矯正する方法で，最近の主流はレーザーを使ったLASIK法である。角膜中央の上皮を弁状に剥離し，その下の角膜実質をレーザーで削り，その上に再び上皮弁をかぶせる方法で，かなりの矯正効果が期待できる。しかし，手術の適応年齢が20歳以上であること，術後しばらくの間ドライアイになりやすいこと，角膜上皮弁が衝撃を受けた時に，長期にわたって再剥離する可能性があることなどの問題があり，サッカー選手への適応は十分検討する必要がある。

VII．ビジュアルトレーニング

競技力向上を目的として行う視機能のトレーニングを「ビジュアルトレーニング」

という。静止視力とコントラスト感度以外の視機能については，トレーニング効果が報告されている。紙面の関係で，具体的な方法については[5〜9]，他を参考にしていただくことにするが，最近はDVDによる3D画像を使った方法や，バーチャルリアリティーを利用したトレーニングも考えられている。ここでは，ビジュアルトレーニングの基本的な考えを述べる。

1．方　法

　トレーニングの基本は負荷をかけることである。視機能に課する内容としては，動体視力や眼球運動については，ふだん経験する以上の速さで動く目標をみること，瞬間視のように認知力に依存する機能については，目標の量とみせる時間を変化させること，眼と手の協応動作では動作をスピードアップすること，などがある。ビジュアルトレーニングは，できれば毎日(少なくとも週3日以上)，しかも長期間続ける必要があり，効果発現には5〜6週間を要する。そのために楽しく飽きの来ないメニューを考えたい。

2．年　齢

　小・中・高の，いわゆるジュニア期にトレーニングすると効果が大きい。動体視力や眼球運動の能力には年齢が関係しており，学童期に急速に能力が上がり，15〜20歳がピークで，その後は年齢とともに下降する。従って，能力が発達する時期にトレーニングをするのが最も有効である。野球のイチロー少年に父親が課した，超速球を毎日打つトレーニングは，年齢的にも内容的にも合理的な方法であった。

3．トレーニング効果と競技力

　視機能のトレーニングは有効であるが，あくまでも視覚能力，すなわち情報収集力を高めるトレーニングなので，それだけでは競技力向上には直結しない。質・量ともに向上した情報をいかに有効に判断・思考に利用するか，さらに，その結果として脳から発せられた動作の指齢を忠実に実行できる筋力・体力をもっているか，などが次の課題となる。これらが達成されない限り，「みえるようになったが，競技力は変らない」状態にとどまる。中田選手の視覚能力は素晴らしいが，同時に彼は，それを生かす判断力と体力をもっているのである。

Ⅷ．スポーツビジョンの活用

　視覚能力には大きな個人差がある。スポーツビジョン検査によって選手に必要とされる視覚能力を判定することができる。一般に，検査は結果が有効に利用されてはじめて意味のあるものとなる。スポーツビジョン検査をサッカーに役立てる手段を考えてみよう。

1．スター選手の育成に役立てる

　視覚能力のピークは15〜20歳と，筋力に比べて若い年齢にピークがある。これ

はすなわち，選手として頭角を現す前に視覚能力レベルが決定されている可能性があるということである。ジュニア期にスポーツビジョン検査を行い，特に視覚能力の高い選手を見出し，重点的にハイレベルのサッカーを教えるのがスター選手育成の近道ではなかろうか。

2．多くのジュニア選手にビジュアルトレーニングを行う

視覚能力が年齢的なピークを迎える前に能力をできるだけ高めておくのが目的である。日本のサッカー全体のレベルアップにつながるはずである。実際に，クラブユース・サッカー連盟は子供たちの視覚能力に注目している[10]。

3．選手の視覚上の弱点をみつける

年齢に関係なく視覚能力の弱い点を検出し，それを改善する方法を考える。例えば，眼球運動やDVA動体視力の能力が低い時は，それを鍛えるとともに，眼を動かす時に顔も大きく動かして眼球運動の能力不足を動作で補ったり，戦術的に能力不足をカバーする方法を考えたりする。

おわりに

以上，サッカーに大切な視覚能力について述べた。われわれの生活空間は，最近，ますます狭くなって，子供たちが屋外を走り回って遊んでいる場面に会うことも少なくなった。自然の中で視覚能力を鍛える機会は減りつつある。子供の静止視力も年々低下し，全高校生の2/3近くは裸眼視力1.0未満となり，特に0.3以下の近視が増加している（文部科学省報告）。将来のわが国のサッカーのために，今のうちに手を打たなければと思う。

（真下一策）

スポーツビジョン検査*の問い合わせは，〒103-0013 東京都中央区日本橋人形町1-15-6，東京メガネ日本橋ビル内　スポーツビジョン研究会　Tel：03-3668-4729　Fax：03-3661-3782
*検査および評価・判定は無料

参考文献

1) 真下一策，他：新しいスポーツビジョン検査項目と基準値．臨床スポーツ医学，11：1203-1207，1994．
2) 真下一策，他：スポーツにおける視覚能力．日本臨床スポーツ医学会誌，6(4)：173，1998．
3) 真下一策：サッカー；スポーツビジョン（2版），pp47-48．ナップ，2002．
4) 石垣尚男，他：スポーツにおける適正な視力矯正の指針作製のための研究．第46回日本体育学会，1994．
5) A，サイダーマン（白山晰也監修）：トッププレーヤーの目．大修館書店，1991．
6) 石垣尚男：スポーツと眼．大修館書店，1992．
7) 小林俊文：サッカーのビジュアルトレーニング；スポーツビジョン（1版），pp116-121，ナップ，1997．
8) 石垣尚男：ビジュアルトレーニングの実際；スポーツビジョン（2版），pp89-114，ナップ，2002．
9) 石垣尚男，他：ビジュアルトレーニング；トレーニング・ジャーナル誌にて連載，ブックハウスHD，2002．
10) 高見澤純子：ユースサッカー選手の眼；スポーツビジョン（2版），pp154-161．ナップ，2002．

サッカー選手の歯科管理

I．はじめに―歯の悪い人はドロップアウトも

　日本におけるスポーツでの歯科への関心は，いまだにアメリカンフットボールやラグビーで用いられるマウスガードが中心で，歯の本来の管理については関心が低いように見受けられる。選手や指導者に歯科についての意識をどのように高めるか，われわれの大きな課題のひとつである。

　ここ数年，サッカー分野における歯科の検診を行い，トルシエ前監督をはじめとするいわゆる日本を代表する指導者やスタッフ，代表選手と直接話し，アンケートを収集することにより，興味深い知見を得た。それは，以下のようなことである。第1番目に，全身コンディショニングで良好な結果を示す選手は，口腔衛生面でも非常に良好な結果を示している。これは，サッカードクターセミナーで発表されている代表選手の帯同の報告などから選手の全身コンディションの情報を聞き，歯科分野と比較でき，同セミナーがいわゆるワークショップ的な役割を担ってくれていたことが大きい。その面においてサッカードクターセミナーは，情報の収集場所として重要な位置を占めているといえよう。第2に，口腔内の状況が不良な選手は，代表の座からはずれる者が多いことであった。

　口腔内の状況が不良であるかどうかの判断は，実際に口の中をみればわかるので説明がしやすい部分がある。口腔管理の面からみると全身の管理や生活の管理まで同じであると考える。ただ若くて，絶頂期にある間は気にしなくてもよいと考える選手もいるが，末永いサッカーとの付き合いにおいて，すべての面での管理と維持の意識をもって，選手自身のサッカー人生を悔いのないものにする必要があると思う。

　指導者，スタッフ，選手が歯の大切さを認識することで，選手がこれまで以上に活躍し，日本サッカーのより一層のレベルアップをはかることができると考える。

II．選手の意識調査―まだあまい意識

　当初，アンケート調査を行い，歯科での既往，メンテナンス，歯科情報などのレベルを調べ，これらの結果から推察できたことを述べる（「サッカー選手における顎

口腔系に対する意識調査」より）。

1．目　的
　運動能力などと顎口腔領域との関係について，さまざまな研究・報告がされるようになり，スポーツ選手などにその重要性が認識されるようになってきたと思われる。サッカー選手においても，個人や所属している団体で歯科検診を行ったり，必要な場合には，歯科治療を受けていると思われる。そこで，サッカー選手における顎口腔系の健康状態や，健康管理などに対する意識を把握する目的でアンケート調査を行った。

2．対象・方法
　サッカー全日本代表候補選手の中で，平成12年1月のキャンプに参加していた選手30名を対象として，口腔内の健康管理に対する意識などについてのアンケート調査を行った。

3．結　果
　（1）歯科での既往
　・試合や練習中に顎口腔系に外傷の経験を認めた者　10名
　・歯に疼痛を認めたことがある者　5名
　・かみ合わせが悪いと思う者　9名
　・歯や口の中が気になる　8名
　（2）メンテナンス
　・かかりつけの歯科医院がある者　3名
　・歯科治療中の者　15名
　・歯科の検診を受けている　19名
　・歯磨きは朝と夜の2回する　17名
　（3）歯科情報
　・マウスガードを知っている　27名
　・マウスガード装着したことがある　3名

4．考　察
　調査を行った選手では，約2/3の選手が歯科検診を受けており，頭部への外傷の多さに驚かされた。そのほかに，気になるところやかみ合わせにおいても多くの選手が悩みをもっていた。検診では，これらの処置については希望に沿うにはかなりの期間を要する選手もいたことから，最高のコンディションに近い状態での管理ができるように個別に対処すべきである。当然のことながら，外傷に関しては特に関心があるが，顎口腔系の健康に対しての関心は低いようである。ほとんどの選手が歯磨きを1日2回以上行っているので，歯磨きの回数では申し分ないにも関わらず，歯科治療を現在約半数の選手が受けていることなどから，現在の歯磨きの方法では，虫歯の予防，プラークコントロールという点では不十分であると思われた。

また，外傷経験を1/3の選手が認めているのに対して，マウスガードの装着経験はほとんどなく，ほとんど，防止策を行っていなかった。実際，マウスガードの装着に関しては，異物感や発音がしづらく敬遠されているようである。形態を修正することで，発音・呼吸・異物感は軽減されると報告されており，歯科医が密に選手と接することで，マウスガードの装着率は向上すると思われる。また，マウスガードの研究が進み，材質，装着感などが改良されている。特に，練習中では積極的に使用し，本番に備えた方がよいと考える。

　歯科治療に関しては，軽度な場合は数回の通院で終了できるが，重度な場合は長期が必要になる場合が多く，代表候補に選出される選手などは，通院時間を十分に確保するのが難しい。従って，サッカー選手の顎口腔系疾患に対しては，疾患の早期発見・早期治療ではなく，予防という点を中心とした顎口腔系の健康における認識や関心をより高めるよう啓蒙活動が必要である。

5．結　論

　歯磨きを1日2回以上行っている者がほとんどであるのに対し，歯科治療を現在半数の選手が受けていることなどから，現在の歯磨きの方法では不十分であると考える。また，外傷経験を1/3の選手が認めているのに対して，マウスガードの装着経験はほとんどなく，防止策を行っていない。サッカー選手の顎口腔系への意識はいまだ不十分であり，顎口腔系の健康における認識や関心を高めるよう啓蒙活動の必要性がある。

Ⅲ．検診結果の推移─世界ランキングアップとともに検診結果もアップ

　日本サッカー協会スポーツ医学委員会よりの指示で歯科検診を開始したので，その結果を述べる（「サッカー日本代表候補選手の口腔内状況についての調査」より）。

1．目　的

　サッカー選手の口腔内の状況に関する調査・報告から，歯科的サポートの確立が重要であると思われるが，現在行われているのは，予防や歯科治療ではなく歯科検診がほとんどである。しかも，1回のみの歯科検診では，その場で処置を行うわけではなく，治療については選手個人に任されることになり，歯科的サポートとしては不十分だと思われる。

　日本代表候補選手のメディカルチェックにおいて，口腔内状況の調査を継続して行ったので，継続的な歯科検診の有効性や必要と思われる歯科的サポートについて述べる。

2．対象および方法

　2002年2月のメディカルチェックに招集された選手42名を対象として，口腔内の診査を行った。

表1. 口腔内の診査結果

現在歯数	29.7 歯		
処置歯数	9.1 歯		
喪失歯数	0.4 歯		
未処置歯数	1.6 歯		
要観察歯数	0.4 歯		
清掃状態	良い：2名（4.8%）	少し汚れている：40名（95.2%）	
歯石沈着	なし：4名（9.5%）	少しあり：38名（90.5%）	
歯肉炎	なしor軽度：12名（28.6%）	中程度：30名（71.4%）	
咬耗	なし：17名（40.5%）	あり：25名（59.5%）	
歯列不正	なし：29名（69.0%）	あり：13名（31.0%）	
咬合不正	なし：23名（54.8%）	あり：19名（45.2%）	

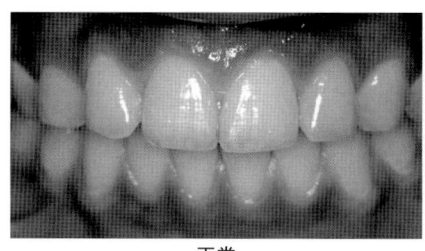

図1. 口腔の状態について

（正常／不良な充填物・腫れている歯肉）

3．結果と考察

歯科検診の項目と結果を表1に示す。選手の22名は歯の治療が必要であると思われた。歯科治療が必要な選手の歯科処置について，指導・警告などを行うなどの早急な解決策を考慮する必要がある。

しかし，以前に歯科検診を受けた選手において，その後の歯科受診の有無についてみると，回答した30名中13名が歯科を受診していた。一方，受診していない17名の中には，本来治療の必要のない選手も9名含まれており，歯科検診が選手の口腔内状況の改善に有効であると思われた。

しかし，清掃状態などの結果からみると，過去の報告と同様に口腔内は決して良好な状況であるとはいえず，日常の管理が不十分であり，代表合宿時やJリーグの各クラブなどでの歯科医師や歯科衛生士による歯磨き指導や口腔内における疾患の理解等の教育が必要であるといえる（図1）。

われわれは，トルシエ監督のもと，3年間歯科検診を行ってきたが，その結果から選手の要処置歯数別の3年間の推移（図2）をみると，複数の要処置歯数を認める選手は減少傾向にあるが，これは歯科の治療を受けて口腔内の状態が改善されたのか，状態の悪い選手がなんらかの理由で選出されなくなったのかは不明である。

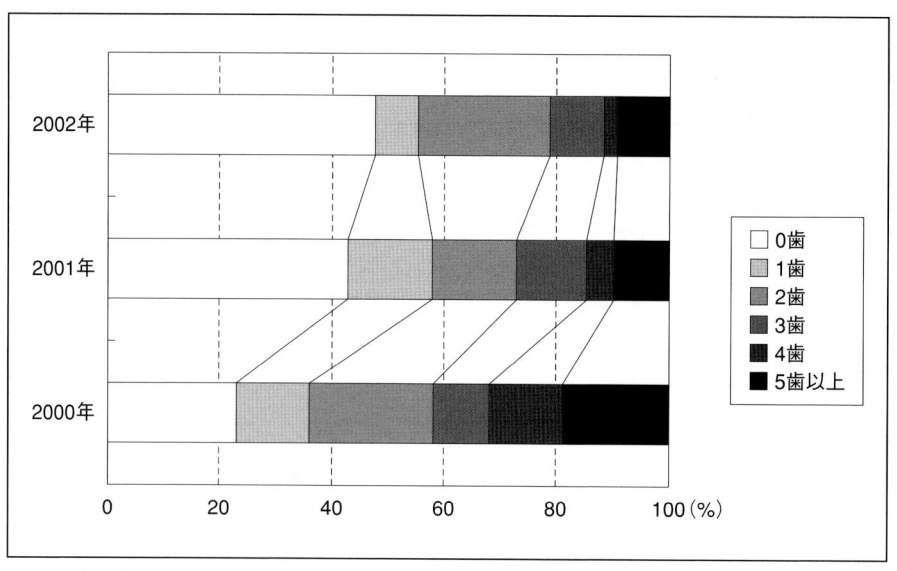

図2. 歯科検診3年間の推移

表2. ワールドカップに選出された選手との比較

	選出された選手	選出されなかった選手
現在歯数	29.6歯	29.7歯
処置歯数	8.2歯	9.8歯
喪失歯数	0.4歯	0.3歯
未処置歯数	1.3歯	2.0歯
DMF歯数	9.9歯	12.1歯

調査した選手をワールドカップに選出された者とそうでない者とで比較すると(表2)、選出された選手の方が歯の状態は良好な傾向にあると思われ、これらから口腔内の状態をある程度管理できている選手の方が、コンディショニングが良好あるいは安定しているのではないかとも考えられる。

以上から、選手が活躍するためにも良好な口腔内状況を得ることが必要であり、そのためには歯科的なサポートは不可欠であるが、実情はまだ不十分であり、定期的な調査、指導、啓蒙活動などが必要と思われる。

4. 結論

口腔内状況の改善には定期的な歯科検診と指導が有効であると思われる。そして口腔内状況が改善されていない選手には、指導・警告などのなんらかの措置の必要性を認めた。

また、選手に対して、専門家による歯磨き指導や歯科に関する教育の必要性を認めた。さらに、選手のコンディショニングに口腔内状況が関与している可能性が示唆されたことから、サッカー選手に対するより一層の歯科的サポートが必要であると考える。

Ⅳ. 緊急時のインフォメーション―先生！どのくらいの期間で治りますか

1. 遠征時の対応

遠征時は，選手のコンディションに細心の注意を払っているが選手の環境の変化，試合前のストレスによりそれが引き金となり，歯痛や出血などを起こすことがある。また，飛行機での移動による気圧の変動は，ある種の治療を行った歯では痛みを起こす可能性がある。このような場合の対処を国内と海外に分けて述べる。

a. 国 内

国内においては，遠征を行う場合は比較的簡単に開催地のそばで歯科医院がみつかる。現在，各都道府県の歯科医師会がインターネットでホームページを載せているので，近隣の歯科医院がすぐにわかるし，歯学部のある大学の病院では入院患者もあるので，24時間歯科医が常駐しており，夜間も診療が可能である(サーチエンジンで日本歯科医師会のホームページを調べるか，アドレスで http：//www.jda.or.jp を入力し，日本歯科医師会のホームページのトップでサイトリンクを選び，都道府県歯科医師会や歯科大学・歯学部から調べる)。また，休日に試合が開催されることが多いので，休日診療している施設を事前に調べておくとよい。その時には，以下のような要点で話をしてもらえればよい。

① いつから
② 痛みの部位(上の前歯，右上の奥歯など)
③ 痛みの種類(ずきずき，熱いもの，かんだ時など)

簡潔に伝え，迅速に対応してもらうために，スタッフに事前に上記の内容を控えておいてもらうと，歯科医の方も病状の把握がスムーズに行える。

b. 海 外

海外では歯科事情がかなり違ってくるので，事前に国内での検診を受けておいた方がよい。代表クラスの遠征の際は事前に検診を行い，トラブルが予想される部分をリストアップし，帯同ドクターに対応を連絡している。これまで，遠征前に検診が行われていたが，検診をして歯科に行くように指示しても1回で終わりとならないことも間々ある。遠征期間に治療がずれ込むこともあるし，国内シーズンの途中ではなかなか行けず，オフになってようやくいける選手も見受けられる。歯のトラブルの発生は予想されるとしても，いつ発症するかは選手のコンディションによることもあり，不確定な要素が多いので，検診は少なくとも遠征の1カ月から2カ月前がベストである。

2. プレー中のアクシデント

口腔の外傷は，コンタクトプレー時に相手プレーヤーの頭部，肘，足などさまざまな部位との接触により生じ，さまざまな様相を呈する。現場において診査器具の持込みができないので診断のつかない場合が多い。そのような場合でも，ある程度の目安などを示し，そのままプレーできるのかそれともトーナメントで次の試合でプレーは可能であるのか，といった情報はチームスタッフが最も気にするところである。そこでこの項ではプレー中に起こりうる歯の外傷について説明する。

(1) 歯の破折

歯の破折には以下の3種類があり，あとのものほど処置が困難となる。
① 歯冠破折：口の中にみえている部分が折れている。
② 歯冠歯根破折：骨の中に埋まっている部分も含んで折れている。
③ 歯根破折：骨の中で歯根が折れている。

歯の1部が折れた場合で出血のない場合は，1日の治療で終わるが，その他の場合少なくとも治療に2～3週はかかる。その間，応急処置的なことをしてオフシーズンまで治療を延ばせる場合もある。

(2) 歯の移動など

歯が折れずにひとつの歯だけ奥に入ってしまったとか，抜けてしまう場合などがある。一般的には次のように分類されている。
① 側方移動：1本の歯が口の奥の方に曲がってしまう。
② 亜脱臼：歯がぐらぐらする。
③ 提出：歯の長さが長くなったようにみえる。
④ 埋入：歯の長さが短くなったようにみえる。
⑤ 脱落：歯が向け落ちてしまった場合。

いずれの場合にしろ歯の固定が必要である。少なくとも数カ月を要する。脱落の場合は，抜けた歯の保存方法によっては再植（もう一度抜けた部分に入れて保存すること）が可能である。この場合，歯牙保存液（ネオ製薬工業株式会社製）や牛乳の中に保存して歯科医院にいくとよい。いずれにせよ歯の固定には口腔内に装置を入れたり，プラスチックを使用したりして，多少なりとも違和感は生じるがプレーは可能である。ただ，その期間に再び顔面に打撲があったりすると困るので，マウスガードを使用しておくべきである。

おわりに

サッカー選手に対する歯科の管理は，検診にとどまらず緊急時の対応なども考慮して行ってきた。これらのことは，これまでに培ったいろいろな工夫の結果でき上がってきたものである。しかしながら，まだ治療を必要とする選手もおり，それに伴うアドバイスも必要である。どんな戦略にも短期的なものと，中長期的な見通しが必要であり，短期的なものは十分なレベルに達しようとしてきている。ここで中長期に立ってみれば，若い世代に対しては，健康増進の意味においても口腔衛生の教育をやるべきであると考える。

（片山　直・村井宏隆）

Chapter 20 サッカー選手の栄養管理

I．サッカー選手と栄養

　栄養は，健康に生きるために必要な3つの役割，すなわち，身体活動のエネルギー源となること，からだづくりの材料となること，体調を調節することを担っている。

　サッカー選手の場合は，トレーニング，そしてゲームで最高のパフォーマンスを発揮することを目的とするため，日常の生活活動で使われるエネルギーと栄養素だけでは，賄うことができない。サッカー選手は，第1に，骨格筋のエネルギー源物質を蓄え，筋運動も脳の司令下にあるため，脳のエネルギー源も補給しておかなければならない。第2に，新陳代謝が亢進するため，身体合成のための材料をより多く摂取する必要がある。第3に，運動に伴う多段階の化学反応の補酵素として働き，さまざまなストレスにも対抗する微量栄養素も，不足がないようにしておく必要がある。微量栄養素は，また，汗とともに排泄されるため，その分も考慮して補給しなければならない。

　トレーニング量が多い選手ほど，速やかに疲労を回復して次のトレーニングや試合に備えるようにしなければ，やがて慢性的に疲労が蓄積してしまうのである。

　さて，選手の食事についてしばしばいわれるのは，「バランスのよい食事をしよう」ということである。しかし，競技力の向上を考える場合に，シーズンとしての通常練習期，強化練習期，筋力トレーニング重視期，試合前調整期，試合期などがあり，また，選手個人によって減量期，増量期，けがからの回復期などさまざまな目的があるため，これに応じて，理想的な栄養バランスは変化しなければならない。つまり，バランスのよい食事には基本型があるものの，状況に応じて応用を利かせなければならないのである。

　そして，選手は「栄養バランス」を食べるのではない。食事あるいは料理を食べるのであるから，理想的栄養バランスの食材を，いかにおいしく食べるかということも忘れてはならない。なぜならば，食事の一次機能は「健康に生きるために必要な栄養素を摂取すること」であるが，二次機能は「おいしく楽しくリラックスすること」だからである。トレーニング量が多くて疲れている選手ほど，食事に対して二次機能を強く求める傾向が認められるため，個人の食欲，嗜好や直観に任せていると，理想的栄養バランスから著しく逸脱してしまうことさえある。

そこで本章では，まず栄養の基本となる食事に含まれる5大栄養素，そしてその摂取量について，世代別も考慮して述べ，次に，最も大事な食事の揃え方について，実践的な方法を紹介する。その上で，何をいつ食べるかについて，トレーニング・ゲーム・回復をより効率的に行うための栄養学的戦略について，サプリメントの活用も含めて解説する。

II．サッカーと5大栄養素

高い競技力を保持するからだには，筋，脳，内臓に十分なエネルギー源を蓄えていること(エネルギー)，そのポジションに見合った筋肉や骨格をつくること(からだづくり)，トレーニング後や試合前の体調を整えること（コンディショニング）の3つが必要である。この3つには，5大栄養素がおおむね図1のように関係している。

エネルギーとなるのは，糖質，脂質，タンパク質の3種類である。通常の生活活動においては，糖質と脂質が約1：1の割合でエネルギーを生み出しているが，運動強度が高まるにつれて糖質の割合が高くなる。タンパク質は，糖質不足の時のように，いわゆる飢餓状態のエネルギー源であり，状況に応じて全体のエネルギーの3～15％を占めるといわれる。

からだづくりには，タンパク質が最も重要であり，ミネラルがその補助をしている。脂質も細胞膜や体脂肪組織を形成するので，からだづくりに関係する。

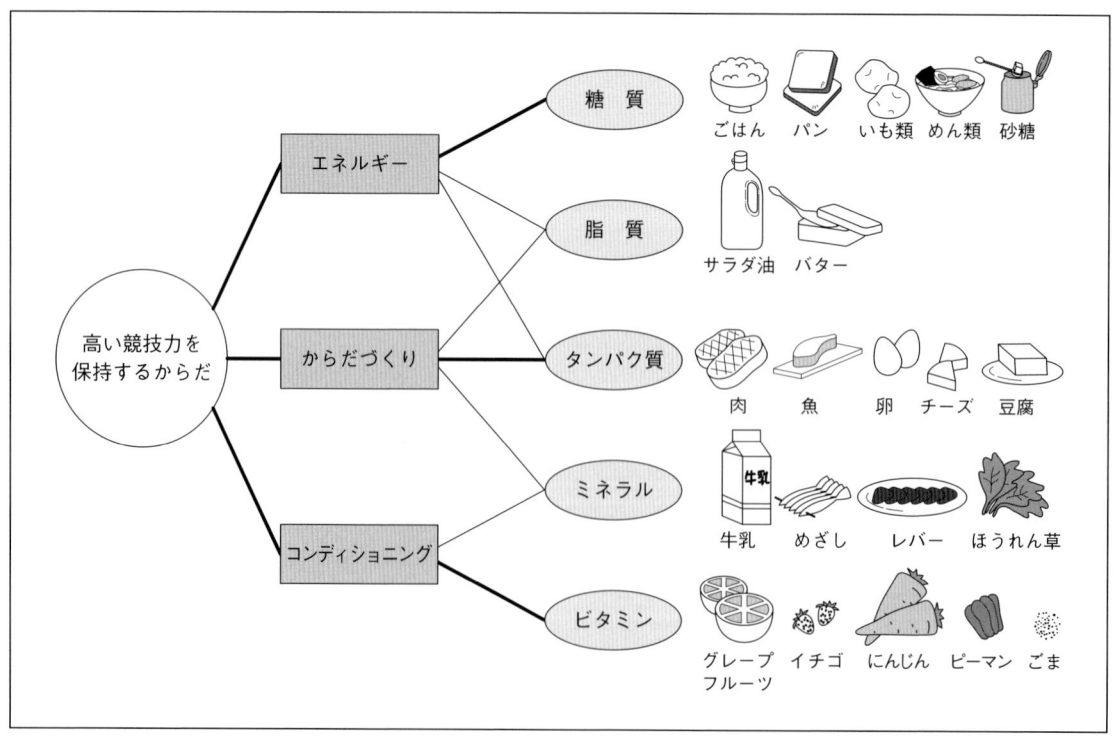

図1．スポーツと5大栄養素

コンディショニングは，生体内の化学反応を円滑に行うということ，ストレスやスポーツ障害を予防したり回復したりすることから，ビタミンとミネラルに代表される。

1．糖質（炭水化物）

糖質は，主食として食されるごはん，パン，めん類，いもなどの穀物デンプンおよび砂糖などの糖分に多く含まれる。食物繊維と合せて炭水化物と呼ばれる。

体内では，グリコーゲン（ブドウ糖の重合体）として，筋と肝臓に蓄積される。肝グリコーゲンは，脳の唯一のエネルギーとしてブドウ糖を供給し，運動中の骨格筋のエネルギーをも補充する。骨格筋1 kgあたりの平均グリコーゲン濃度は，約13 gであり，体重70 kgの成人では，筋は全体重の約40％を占めるので，グリコーゲン含量は約360 gとなる。糖質のエネルギーは1 gあたり4 kcalなので，骨格筋グリコーゲンのエネルギー量は，約1,440 kcalである。加えて，成人の肝臓は約90 g（360 kcal）のグリコーゲンを含むので，貯蔵糖質のエネルギー量は約1,800 kcalとなる。

運動において糖質は，強度の高い運動の主要エネルギーとなるので，筋グリコーゲンを確保するために，主食を3度の食事でしっかりと食べることが重要である。サッカーのように繰り返しスプリントを行うスポーツでは，筋グリコーゲン含量が低いプレイヤーは，十分なストックがあるプレイヤーに比べて，運動強度を維持して走ることができない。

糖分は即効性があるものの，多量に摂取すると急激な血糖値の上昇と，それに伴うインスリンの分泌による急激な血糖値の低下を招くので，運動までに時間のない時に少量を摂取する。例えば，運動の直前などは，主食を食べても消化吸収する時間がないが，糖分ならすぐにエネルギーになるので都合がよい。

2．脂質（脂肪）

脂質は，各種の油，バター，マヨネーズなどの調味料，肉・卵・乳製品などに含まれる。

脂質は，主として脂肪組織細胞に中性脂肪（トリグリセリド）として貯蔵され，有酸素運動でエネルギー源として消費される。加えて，ステロイドホルモンの材料になり，ボディコンタクトの際は衝撃を和らげるクッションになる。

脂質は，糖質の貯蔵に比べてはるかに豊富に存在し，エネルギー量も高い。例えば，男子の一流選手では体重の約10％が脂肪である。脂肪を完全に酸化すると，1 gあたり9 kcalのエネルギーを発生させるので，体重70 kgの選手では約60,000 kcalとなる。そのため，グリコーゲンとして蓄えたエネルギーは，脂肪として蓄えたエネルギーの3％にすぎない計算となる。

現在の日本選手は，脂質に関してやや過剰摂取気味である。スナック菓子，インスタント食品，あるいは洋風の料理に多く含まれるので，むしろ過剰摂取に注意しないと，体脂肪の増加を招き，逆にパフォーマンスレベルを低下させてしまう。

3．タンパク質

　タンパク質は，肉，魚，卵，乳製品と大豆製品(豆腐，納豆)に多く含まれる。エネルギーとしては，マラソンなどの長時間運動あるいは高強度のウエイトトレーニングにより，構成単位であるアミノ酸に分解され，これが酸化されてエネルギーを生み出すことが知られている。また，減量種目にみられるような極度の食事制限では，体内の糖質不足により血糖値を維持できなくなるので，筋タンパクを分解して得られるアミノ酸から糖新生を行い，脳のエネルギーを確保する。このように，タンパク質がエネルギー化されるのは，かなり栄養不足の状態であるので，糖質を多く含む食品を十分に食べておき，タンパク質はからだづくりのために摂取すると考えたい。

4．ミネラル

　ミネラルには多くの種類があるが，からだづくりとコンディショニングに重要であり，選手の食事で不足となりがちなものとしてはカルシウムと鉄がある。

　カルシウムは体内の99％が骨や歯の形成に用いられるが，残りの1％は筋の収縮や神経の伝達を調節している。運動をすると汗からの喪失が起こるため，食事からの摂取が不足すると，骨からカルシウムが溶け出して，筋や神経の調節に必要な分を補うため，骨が脆くなってスポーツ障害の原因となる。丈夫な骨をつくるため，特に成長期は乳製品，野菜，小魚をしっかり食べるようにする。

　鉄は，酸素の運搬に関わる血中のヘモグロビン，筋肉中のミオグロビンの構成成分であり，不足すると貧血になる。鉄を多く含むのは，レバー，赤身の肉や魚，貝，ほうれん草である。

5．ビタミン

　ビタミンにも多くの種類があるが，コンディショニングを考える上で重要なのはビタミンB群とCである。

　ビタミンB_1，B_2，B_6はそれぞれ糖質，脂質，タンパク質の代謝に関与するので，食事量が多くなれば，それだけ摂取量を増やさないと，エネルギー合成が円滑に進まないばかりか，体内に老廃物が蓄積する恐れがある。ビタミンCはコラーゲンの合成，ストレスの防止，抗酸化機能などさまざまな働きをもっている。いずれも水溶性ビタミンであるので，長時間体内に保持されないため，3食でしっかりと摂る必要がある。

　また，抗酸化機能は，脂溶性ビタミンであるβカロチン(ビタミンAの前駆体)とビタミンEにもあることがわかっている。これらのビタミンを豊富に含むのは，緑黄色野菜，柑橘系の果物，種実類である。

Ⅲ．基本的栄養バランス

　通常，練習期に必要なエネルギー量，各栄養素の量・割合を，基本的な栄養バランスとする。

1. エネルギー量

激しいトレーニングにより消費したエネルギーは，食事によって補給することが重要である。一方で，ピーク・パフォーマンスを得るために理想的な体重および体組成を獲得・維持することも求められる。そこで，消費エネルギー量と摂取エネルギー量を調節しなければならない。

消費エネルギーを正確に測定する方法として，二重標識水法があり，金ら（2003）は，韓国Kリーグに所属するサッカー選手の試合期の消費エネルギーを測定したところ，平均約4,000 kcalであったことを報告している。

今後，練習期やレベル別など，他のケースの消費エネルギーも測定されることが期待される。

一般的には運動の種類，強度，時間により，非運動者の1.5～2倍のエネルギー消費と概算し，摂取エネルギーはこれを満たすように設定する。消費と摂取の調節については，選手の体重および体組成を継続的に測定し，これらの推移により摂取エネルギーを加減するのが現場的かつ実際的であろう。また，Jリーグでは，より詳細なコンディションの把握法として，年に数回の血液検査を実施しているチームもある。

2. PFC比

エネルギーをつくる3大栄養素（Protein・Fat・Carbohydrate）の比率は，その頭文字をとってPFC比と呼ばれる。

欧米の食事はPFC比が20：40：40であるといわれるが，日本の食事は糖質が多いため，おおむね15：25～30：55～60であり，これは国内外のスポーツ栄養学者が推奨する比率にほぼ等しい。つまり，この比率で摂取エネルギーが消費エネルギーと釣り合っているならば，3大栄養素は十分量を摂取することができる。

3. ミネラル・ビタミン

カルシウムは，運動による汗からの損失が知られており，また，所要量の2倍量を摂取することにより，骨密度が高まることが報告されている。そこで，選手の場合は，汗からの損失および骨の発達を考慮して，所要量の2倍となる1,200 mgを摂取することがすすめられる。鉄は，選手の場合，代謝が高まることによる汗や便中への排泄も増加することが考えられるので，所要量の2～3倍に相当する20～30 mgの摂取がすすめられる。鉄については，「第六次改定日本人の栄養所要量」において，上限値が40 mgに設定されたので，これを超えないようにする。

ビタミンB_1は，所要量では1,000 kcalあたり0.4 mg必要とされているが，選手の場合は，その2倍あるいはそれ以上の摂取が必要であることが示唆されている（杉浦ら，2000）。ビタミンB_2については，競技力に関連した研究がほとんどみられないが，B_1とともに所要量の2～3倍を摂取しておくことがすすめられよう。ビタミンCも同様であり，所要量100 mgに対して，選手は200～300 mgを摂取する。いずれも水溶性ビタミンであり，過剰症の心配はないが，体内に滞留する時間は長くないため，3度の食事のつど，摂取するように心がけたい。

表1. アスリートの目標栄養摂取量

	男性	女性
エネルギー（kcal/日）	3,700	3,000
タンパク質（g/kg）	2	2
脂質（エネルギー比率，%）	25～30	25～30
カルシウム（mg）	1,200～1,300	1,200～1,300
鉄（mg）	20～25	20～25
ビタミンA（I.U.）	3,000～4,000	3,000～4,000
ビタミンB_1（mg）	2.0～3.0	2.0～3.0
ビタミンB_2（mg）	2.0～3.0	2.0～3.0
ビタミンC（mg）	200～300	200～300

表2. 栄養所要量

	男子 6～8歳			
身長（cm）		121.9		
体重（kg）		24.6		
生活活動強度	I（低い）	II（やや低い）	III（適度）	IV（高い）
エネルギー（kcal）	—	1,650	1,900	—
タンパク質（g）		60		
カルシウム（mg）		600		
鉄（mg）		9		
	男子 30～49歳			
身長（cm）		169.1		
体重（kg）		67.0		
生活活動強度	I（低い）	II（やや低い）	III（適度）	IV（高い）
エネルギー（kcal）	1,950	2,200	2,550	2,850
タンパク質（g）		70		
カルシウム（mg）		600		
鉄（mg）		10		

以上をまとめた，成人サッカー選手の目標摂取量を表1に示す．

4．ジュニア選手の栄養

子どもは，大人に向かって心もからだも発育・発達している段階にある．特に，からだの面では，新陳代謝が活発に行われ，体格の割には栄養所要量も高い．

表2は，選手ではなくスポーツをしていない人の栄養所要量を表す．小学校低学年の体位基準値は，男子の場合，6～8歳が身長121.9 cm，体重24.6 kg，その父親の年代である30～49歳は身長169.1 cm，67.0 kgであり，体重は大人の4割弱しかない．しかし，エネルギー所要量は，6～8歳の活発な子で1,900 kcalであり，30～49歳の座りがちな不活発な男性で1,950 kcalであり，ほとんど差がない．さらに，

からだをつくる材料となるタンパク質，カルシウム，鉄の所要量は，6〜8歳が各々60 g，600 mg，9 mgであり，30〜49歳が各々70 g，600 mg，10 mgという量なので，これらもほとんど差がない。

つまり，「一生懸命にサッカーの練習をしている子どもであれば，U-8であっても，お父さんよりたくさん食べてよいレベルにある」といえる。さらに，小学校高学年以上になれば，サッカーをしていなくても大人並み以上の所要量となるので，十分な食事量を確保しないと，健全な発育・発達に悪影響を及ぼしかねない。指導者も保護者も，まずこのことを意識しなければならない。

Ⅳ. 実際の食べ方

以上より定められた量の5大栄養素を，厳密に揃えて食べるには，栄養士が栄養価計算したメニューが必要である。しかし，各選手，あるいは各家庭でそれを実行することには限界がある。

逆に，厳密にいえば，スポーツ選手に必要な栄養量は個人個人によって決められなければならないし，食品の産地や生産方法により，同じ食品であっても栄養素量は異なってくる。

1．食事の基本は「栄養フルコース型」

そこで，大ざっぱではあるが，選手が自分で食事を考えるには「栄養フルコース型」という考え方を用いるとよい(図2)。

「栄養フルコース型」の食事は，主食・おかず・野菜・果物・乳製品の5つを毎食揃えるという考え方である。これにより，前項で紹介した5大栄養素がまんべんなく摂取できる。

主食には糖質が多く含まれるので，脳と筋肉のエネルギー源が確保できる。おかずと乳製品にはタンパク質，脂質，カルシウム，鉄が豊富に含まれるので，筋肉・骨格・血液などのからだづくりに貢献する。そして，野菜と果物で，ビタミン，ミネラル，食物繊維を摂取し，コンディションを整えるのである。男子A代表の合宿時のメニュー例を図3に示す。

2．スポーツのシーズンと食事内容

ここでは，通常練習期に加えて，からだをつくる筋トレ期，夏場に多い強化練習期，そして調整を含む試合期の4つに大別する。さらに，個人レベルでは減量期，増量期があったり，貧血やケガからの回復期がある。

このように，シーズン別に食事を考える場合にも，「栄養フルコース型」の食事が基本となる。

筋トレ期では，ウエイトトレーニングを重点的に行うので，栄養的にはタンパク質の摂取を心がけ，おかずと牛乳を多めにする。しかし，全体の運動量が通常練習期より少なくなる場合には，摂取エネルギーを制限しなければならないので，食材を脂肪の少ないものにしたり，調理や調味の油を減らす。具体的には，揚げものや

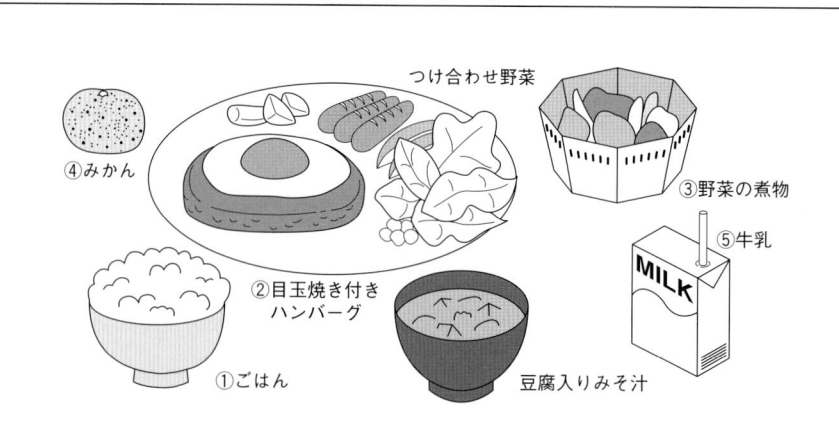

	①主食	②おかず	③野菜	④果物	⑤乳製品
主な役割	エネルギー源	からだづくりの材料	体調の調節	体調の調節	からだづくりの材料
主な栄養素	糖質	タンパク質 脂質 鉄	ビタミン ミネラル 食物繊維	ビタミンC 糖質 食物繊維	タンパク質 カルシウム
食品名	ごはん パン めん類 パスタ イモ エネルギーフーズ	肉 魚 卵 豆腐 プロテインパウダー 鉄補助食品	具の多いみそ汁 煮物 サラダ 野菜いため 野菜スープ ビタミン補助食品	果物各種 果汁100％ ジュース ビタミン補助食品	牛乳 ヨーグルト チーズ カルシウム補助食品

図2.「栄養フルコース型」の食事

炒めものを減らし，牛乳を低脂肪牛乳やスキムミルクに替えるとよい。

強化練習期は，食事量全体を増やす。しかし，夏場で食欲が低下することが多いので，午前と午後の練習の間の昼食はのどごしがよく消化のよいものにしたり，運動中の水分と糖分の摂取に気をつけて疲労を軽減する工夫が必要である。

試合期は，試合前の食事では，エネルギーとコンディショニングが大事なので，主食と果物をしっかりと摂ることを心がける（図4）。連日試合がある場合には，主食と果物中心の食事では体力が低下してくるので，試合後の食事で，おかずや牛乳を摂ることも考えなければならない。

V．サプリメントの活用

サプリメントは，食事では不足する栄養素を摂取するための栄養補助食品のことであり，タンパク質を補給するプロテインや，ビタミンおよびミネラルのタブレットなどがある。

【朝食】
主　食；パン3種，シリアル
おかず；ボイルハム，スクランブルエッグ，サーモンマリネ
野　菜；サラダ，温野菜，かぼちゃのスープ，トマトジュース
果　物；盛り合わせ
乳製品；低脂肪牛乳

【昼食】
主　食；ごはん，冷やしうどん
おかず；豚肉の冷しゃぶ，納豆，しらすおろし
野　菜；煮もの，サラダ，おひたし
果　物；盛り合わせ，100％オレンジジュース
乳製品；低脂肪牛乳

【夕食】
主　食；ごはん，明太子スパゲティ
おかず；グリルチキン，うなぎ蒲焼，納豆
野　菜；サラダ，温野菜，酢のもの，三平汁
果　物；盛り合わせ，100％グレープフルーツジュース
乳製品；低脂肪牛乳

図3．合宿期の食事

(明治製菓ザバススポーツ&ニュートリション・ラボ提供)

1．プロテイン

　プロテインパウダーは，牛乳タンパクのカゼイン，ホエイと，大豆タンパクなどを原料とし，目的によってそれぞれ単体あるいは配合されて製品化されている。パウダー状が主流であるが，ゼリードリンクやバー食品もみられる。筋トレ期や，食事でおかずを十分に食べられない場合などに，サプリメントとして用いる。しかし，吸収を速めるためペプチド状に分解したものなど，運動直後に飲むために，消化器官への負担を軽くするように設計されたものもある。

　喜多村ら（1997）は，高校女子バスケットボール選手の栄養調査を実施し，食事改善と1日2回のプロテイン摂取によりタンパク質摂取量を $1.3\,g/kg/day$ から $1.9\,g/kg/day$ に増加させた結果，除脂肪体重の増加により体重が増加し，相対的に体脂

図4. 試合前の食事

主　食；おにぎり
おかず；とり肉の照焼き，玉子焼
野　菜；いんげんのごま和え，プチトマト
果　物；グレープフルーツ，キウイフルーツ，バナナ
サプリメント；BCAA入りスポーツドリンク
　　　　　　　エネルギーゼリー

肪率の減少が認められたことを報告している。また，減量のために食事制限をする選手にも，プロテインの摂取は有効である。

2．ミネラル

　ミネラルの位置づけもサプリメントであり，カルシウム，鉄，および複合型のマルチミネラルがある。乳製品の摂取量が不足している場合はカルシウムを，貧血気味の選手は鉄を摂取することにより，パフォーマンスが改善される可能性がある。最近は，ミネラルの吸収を高める成分として，フラクトオリゴ糖を配合した製品がみられる。

3．ビタミン

　ビタミンの位置づけもサプリメントであり，ビタミンB群，Cの水溶性ビタミンと，脂溶性ビタミン(A，D，Eなど)も含んだマルチビタミンとがある。ビタミン摂取による競技力向上を検証した研究は多くみられるが，いまだ決め手になるようなものはない。しかし，すべての選手が，エネルギー消費に見合った広範囲の食品を含む食事をとっていると仮定するのも，正しいとはいえない。よって，水溶性ビタミンの摂取は第一に心がけたいものである。

4．分岐鎖アミノ酸

　タンパク質を構成するアミノ酸のうち，バリン，ロイシン，イソロイシンの3種類が分岐鎖アミノ酸(branched chain amino acids；BCAA)であり，特徴的なのは筋でエネルギーとなることである。一般に，持久的運動であっても瞬発的運動であっても，筋グリコーゲンが枯渇してくると，筋タンパクが分解され，エネルギー源として利用されることが知られている。このような場合のBCAA補給は，筋タンパクの分解とエネルギー化を抑える意味で有効である。

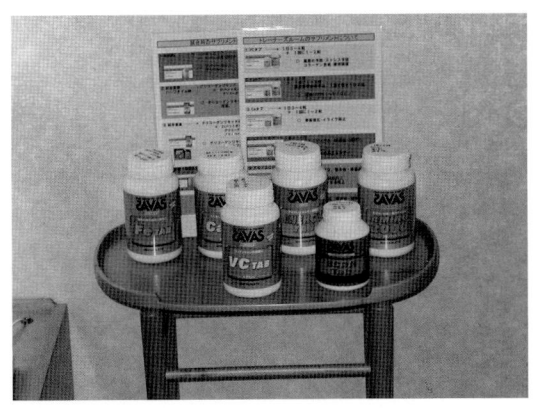

図5. サプリメント

5．サプリメントの考え方

　一般に，サプリメントは食事改善を十分にした上で，それでも不足する栄養素がみられる場合に使用するように指導される（図5）。しかし，現実は選手に十分な食事改善が望めない場合がほとんどである。例えば，自炊する選手であって，トレーニング時間が長く，アルバイトもしなければならないような状況では，十分な栄養が摂取できるような食事メニューを用意することができない。また，遠征でファミリーレストランやコンビニエンスストアを利用しなければならない場合，偏食やアレルギーがあって特定の食品が食べられない場合，減量のため摂取エネルギーを制限しているが，タンパク質・ミネラル・ビタミンは所要量以上に摂取しなければならない場合などである。しかし，試合は待ってくれない。常に理想の食事ができる一部のエリート選手を除けば，サプリメントを使用してまず栄養バランスを整え，コンディションを整えて，試合に臨むことも必要であろう。

　食事をいい加減にしてサプリメントに頼るというのは本末転倒であるが，自分の目的と食事内容をよく把握して，サプリメントを選んで使用するならば，選手にとってひとつの有効なスキルとなり得る。そして，そこから栄養の必要性を再認識して，食事改善に取組むということもあってよい。

　また，近年，海外のサプリメントにドーピング禁止薬物が混入していたために，ドーピング違反になった例があり，サプリメントの安全性が一層問われるようになってきた。日本では，2002年に日本アンチドーピング機構（JADA）が発足し，ドーピングの観点から安全と認めたサプリメントにJADAの公認マークを与えている。詳しくは，JADAのホームページ（http：//www.anti-doping.or.jp）に公認商品が掲載されているので参照されたい。

Ⅵ．大会に合わせた栄養摂取

　試合前の調整期には，持久的運動能力を高めたいという場合と，瞬発的運動能力を高めたいという場合において，各々特徴的に行われる栄養摂取法がある。

1. 持久的運動とグリコーゲンローディング

マラソンなどの持久的運動において，レース前に筋グリコーゲンを最大限に高める目的で行われる栄養摂取法である。基本は，目標とする試合の3日前から，食事中の糖質の割合を増やし，エネルギー比70％くらいの高糖質食に切り替えることによって，筋グリコーゲンの材料を確保していくものである。しかし，サッカーの場合には，Jリーグ初期のように，週に2回以上試合が行われる場合もあり，また学生レベルでは，連日，あるいは1日に2試合を戦うケースもあるので，一般的には試合の1日前から，あるいは次の試合に備えて高糖質食にするという方法でも，良好な結果が得られている。

2. 瞬発的運動とクレアチンローディング

サプリメントの一種であるクレアチンを摂取することにより，筋中のクレアチンリン酸濃度が上昇し，瞬発力（ATP-PCr系のパワー発揮能力）の高まることがわかっている（杉浦，1998）。クレアチンは食肉中に含まれる成分であり，日本では食品に分類されるので，決められた量を守って摂取すれば，副作用などはない。しかし，その効果により身体機能に負担がかかることも考えられる。使用にあたっては，まず日常の食生活を理想状態にし，水分補給を十分に行い，さらにウォーミングアップやクーリングダウンをおろそかにしないことが必要である。また，不純物のない純度の高い製品を選ぶこと，筋中濃度を最大にするためのローディング期（1日20gを4回に分けて6日間摂取）と，身体を慣らすためのメンテナンス期（1日5gを1週間以上）の用法・用量を守ることが重要である。

Ⅶ. 試合日の栄養

試合当日の食事および栄養補給は，パフォーマンスに大きく影響する。特に，試合前は「これまでのトレーニングの総仕上げの栄養」であり，試合後は蓄積した疲労からの「回復の栄養」と位置づけられる。糖質および脂質の項で述べたように，サッカーの試合でのエネルギー発揮の鍵を握るのは，筋グリコーゲン含量であり，筋グリコーゲンが枯渇すると，エネルギー源として糖質が利用できなくなるだけでなく，脂肪からのエネルギー産生能力も低下することにより，高いパワーも速いペースも維持できなくなる。

そこで，運動中に糖質を継続的に利用できるように，試合当日の栄養補給は，糖質の摂取を中心に研究されてきた。

1. 試合前の栄養摂取

試合前の食事に求められる役割は，
① 筋肉のエネルギー源としての筋グリコーゲンを貯えること
② 脳のエネルギー源としての肝グリコーゲンを貯えること（あるいは血中ブドウ糖濃度を維持すること）
③ 体調を整えること

④ 体温を上昇させ，やる気を起こすこと
　⑤ 空腹感をなくすこと
　⑥ 消化に時間のかかるものを避けること
　⑦ 腸内にガスが溜まるようなものを避けること
とまとめられる。
　①②は栄養素としては糖質であるが，⑤を満たすためには複合糖質(デンプン)が適している。③はビタミンB群，Cおよびミネラル類であるが，⑦より野菜は食物繊維が多いので避け，果物を選ぶ方がよい。④は糖質およびタンパク質であるが，タンパク質の中でも⑥を考慮すると，脂肪の多い食材や調理法は避ける。このように考えると，試合前の食事は，糖質主体の消化のよいもの(図4)とし，試合の3〜4時間前には食べ終わっているようにする。こうすれば食べたものは十分に消化され，運動前には血糖値やインスリンなどのホルモンレベルも正常になっているであろう。実際，運動4時間前に312g(1,248kcal)の糖質を摂取したところ，持久的運動パフォーマンスが15%向上したという報告もある。早朝の試合であっても，上記条件を満たした朝食を摂ってから臨むことが大事である。

2．試合直前の栄養摂取

　運動の30〜60分前に70〜75gのブドウ糖を摂取すると，インスリンの作用により運動直前に低血糖を誘発し(インスリンショックと呼ばれる)，結果的に疲労が早まる可能性があるという報告がある。そこで，この時間帯の糖質摂取は避け，試合の直前にブドウ糖タブレットやマルトデキストリン(デンプン分解物で，ブドウ糖の重合体)を主成分とするドリンクを摂取するのが望ましい。このようなタイミングであればインスリンショックの心配はない。

3．試合中(ハーフタイム)の栄養摂取

　持久的運動においては，運動中の糖質摂取により疲労に至る時間が延長され，仕事量が増加することがわかっている。運動中に休みなく糖質を摂取する必要はないが，いわゆる低血糖状態になって筋グリコーゲンが枯渇してしまってからでは手遅れである。
　しかし，サッカーの場合，FIFAのルールではピッチで補給できるのは原則として水であり，糖質を補給できるタイミングは，ハーフタイムだけである。
　そこで，Sugiura & Kobayashi(1998)は，自転車こぎ運動を用いてサッカーの運動時間と運動強度(最大酸素摂取量の75%)をシミュレートし，90分間の運動のハーフタイムに糖質50g(200kcal)を摂取することの有効性を，運動終了直後のウィンゲート・テストによって評価した。その結果，ハーフタイムに水あるいは果糖溶液を摂取した場合に比べて，マルトデキストリン溶液を摂取した場合の方が，90分運動後のスプリントパフォーマンスが向上すること(図6)，そして後半の運動中の生化学的パラメータおよび主観的運動強度(RPE)が良好に保たれることを見出した。ハーフタイムの栄養補給には，マルトデキストリンにビタミンB_1とクエン酸を配合したドリンクが最適であろう。

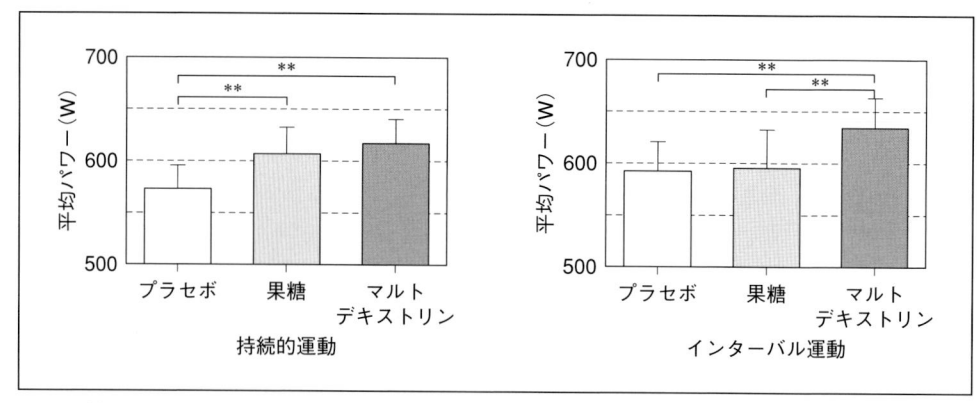

図6. 糖質補給が90分間の持久的運動終了後の40秒間全力発揮パワーに及ぼす影響
n=8，**：$p<0.01$

4．試合直後の栄養摂取

運動を中止すると，骨格筋ではグリコーゲン合成が始まる．このタイミングを利用して，計画的に糖質を摂取することは，回復を速めるのに重要である．

筋グリコーゲンの回復を速めるには，運動後2時間経過してからよりも運動直後にマルトデキストリンを摂取する方が有効であることが示されている．必要摂取量は体重1kgあたり0.7g以上であり，体重70kgの選手では50g（200kcal）以上を目安とする．ただし，この50gという摂取量で，筋グリコーゲンが完全に回復するわけではない．しかし，少なくともインスリン分泌を高め，身体を運動（分解あるいは異化）モードから回復（合成あるいは同化）モードに切り替えるには十分な量である．激しい運動の直後に糖質摂取を怠ると，からだは脳のエネルギーでもある糖質を得ようとして，筋肉や肝臓のタンパク質を分解し，アミノ酸から糖質をつくろうとするので，消耗は時間とともにさらに進行していくのである．

また，糖質とタンパク質を3：1の割合に処方したドリンクの摂取により，筋グリコーゲンの回復が糖質単独摂取よりも高まることも報告されている．これは，運動後の筋の材料を補給する上でも有効な方法である．

筆者らは，試合直後の栄養摂取として，ロッカールームに戻った時にマルトデキストリンとアミノ酸をすすめ，シャワーを浴びて落ち着いてからプロテインと糖質を配合したゼリーをすすめている．これらは，消化吸収に時間がかからず，現状で考えられる最適のものであるので，レベルの高い選手にすすめられるものであるが，ジュニアのチームであれば，果汁100％のオレンジジュースやアップルジュース，そして牛乳やヨーグルトドリンクなどを用いるとよい．

5．試合後の食事

連日のようにトレーニングと試合を行う選手は，筋グリコーゲンの回復のために，24時間以内に体重1kgあたり8g以上の糖質を摂取する必要があることが報告されている．日本人の平均的食生活では，糖質のエネルギー比が50～60％であるので，体重65～80kgの選手で24時間以内に約4,000kcalの食事をすることに相当す

このことは，前述した韓国 K リーグ選手の試合期の消費エネルギーと一致している．ちなみに，2002 年日韓ワールドカップ日本代表選手の食事は平均 5,200 kcal であり，筋グリコーゲンの回復は十分にはかれたと考えている．これだけのエネルギーを摂取しても，体重はまったく変化しなかったことから，ワールドカップの試合の過酷さと緊張とを感じずにはいられない．

おわりに

日本を代表する選手であっても，栄養面では改善の余地が残されていることが多い．

しかし，筆者が，日韓ワールドカップで日本代表の栄養アドバイザーを務めたおり，若手選手の中には，ジュニアユースの時代から栄養指導を受けていて，代表合宿のビュッフェ形式の食事でも，自然に「栄養フルコース型」の選び方ができている選手がみられた．このような選手は，海外のチームに所属してもコンディションを落とすことなく活躍している．これは，栄養教育を早期から実施したことの成果であると考える．

幸いにも，日本サッカー協会は，コーチ養成，子どもの指導ガイドライン作成など，教育面でも他の競技団体をリードして素晴らしい取組みを展開しており，その中に栄養教育も必ず含まれている．子どもの健全な発育・発達を実現すること，大人でもサッカーを健康に楽しむこと，さらに日本の競技レベルを一層向上させること，そのために早い時期から栄養教育の場を設け，日常の食事の大切さを選手に理解させることが大事である．

特に，競技力向上のために，トレーニングには一所懸命取り組むものの，それで疲れてしまうのかトレーニング以外の生活に無頓着な選手が少なくない．しかし，同じトレーニングをしているのであれば，差がつくのはトレーニング時ではなく，むしろ食を含めた生活の時間であろう．「栄養について考えよう」というのは，別に「まずいものを食べろ」といっているのではないので，おいしく，楽しく，強くなる方法を身につけてほしい．同時に，保護者をはじめとする食環境に関わる方々にも，選手にとって栄養が重要であることを理解していただきたいと願うものである．

（杉浦克己）

参考文献

1) 青山晴子：スポーツ選手の栄養学と食事プログラム．西東社，2003.
2) (財)日本体育協会スポーツ医・科学専門委員会監修：アスリートのための栄養・食事ガイド．第一出版，2001.
3) トレーニング科学研究会編：競技力向上のスポーツ栄養学．朝倉書店，2001.
4) 杉浦克己：栄養—正しい食習慣を早期から．(財)日本サッカー協会技術委員会テクニカルハウス編：キッズ(U-8)指導ガイドライン．pp40-41，(財)日本サッカー協会，2003.
5) 杉浦克己：糖質摂取とスポーツパフォーマンス—持久的運動を中心に．平野裕一，加賀谷淳子編：トレーニングによるからだの適応—スポーツ生理学トピックス—．pp24-33．杏林書院，2002.
6) Williams MH：スポーツ・エルゴジェニック　限界突破のための栄養・サプリメント戦略．樋口　満監訳，杉浦克己，奈良典子，山口英裕訳．大修館書店，東京，2000.

7) 健康・栄養情報研究会編：第六次改定日本人の栄養所要量—食事摂取基準．第一出版，東京，1999．
8) 金　亨烈，李　相直，朴　錘薫，海老根直之，山中邦夫，田嶋幸三，齋藤愼一：試合期の韓国プロサッカー選手の二重標識水法による総エネルギー消費量測定．体育学研究，48：717-723．2003．
9) Sugiura K, Kobayashi K：Effect of carbohydrate ingestion on sprint performance following continuous and intermittent exercise. Med Sci Sports Exerc, 30：1624-1630, 1998.
10) 杉浦克己，奈良典子，樋口　満，井上喜久子，中川裕子：柔道日本代表選手の血中ビタミンの栄養状態および栄養摂取状況．平成11年度日本体育協会スポーツ医・科学研究報告 No. Ⅹ スポーツ選手に対する最新の栄養・食事ガイドライン策定に関する研究—第3報—．2000．
11) 喜多村彰子，和久美紀，齋藤　実，毛利純也，茂木卓也，和久貴洋：学校スポーツ現場における栄養管理—高校バスケットボール部における栄養管理活動から—．平成8年度日本体育協会スポーツ医・科学研究報告 No. Ⅶ，ジュニア期のスポーツライフに関する研究—第3報—，pp72-76，1997．

サッカー選手の心理学
—心身統一的メンタルトレーニングによるコンディショニング

I. メンタルトレーニングの始まり

　　わが国でシステマティックなメンタルトレーニング（マネージメント）が追究されだして約20年の歳月を数えようとしている。その端緒は，オリンピックにおける社会主義国と自由主義国のメダルによる代理戦争にあるといわれているが，いずれにせよ，精神主義を標榜するわが国で東京オリンピック時（1964年）にこれに関係する分析が進められたもののその後衰退し，ここに及んでにわかに活気を帯びてきた。このきっかけは，日本体育協会スポーツ科学委員会心理学班のメンタルトレーニングに関する文献検索，先進国視察，そしてトップアスリートのピークパフォーマンス時の心理分析を経たいくつかのメソッドの発表からである。その後，外国手法紹介（訳本）の時期を経て，外国文献を参考にした独自のメソッド指向の時期へと突入し今日を迎えているが，その現状は必ずしも理論（研究レベル）と実践（指導現場）の循環的統一がはかられているとは言い難い。

II. メンタルトレーニングで何がどうなる

　　メンタルトレーニングは，「心の訓練」であるとともに「心での訓練」である。つまり，前者の心の訓練とは目指す方向に向かって横ぶれしない心をつくることと，そのことによって，成績が向上するように心を整えることであり，後者は，心の中で成績向上を目指したり心の条件整備をすることを指している。
　　このためには心の表層部の変化にとどまらず，パーソナリティーにも効果が及ぶメソッドでなければならない。従って，メソッドの根底には人間本来の生き方に言及する内容が網羅されて初めて意味がある。そして，メンタルトレーニングを担当する者の心得として大切なことは，他人の心の中に手を入れてかき混ぜるようなことは絶対にしてはならず，あくまでも対象者の「ものの見方・考え方」に望ましい変容がもたらされることに貢献するものでなければならない。

III. 心身統一的メンタルトレーニング手法とは

　デカルト以来の心身二元論の立場から心理学を背景にし，具体的には五感への刺激を中心にした手法が精神統一的手法である。それに対して，人間のもつ潜在能力に着目したのが心身統一的手法であり，具体的には「気」の体操である「気功」が取り入れられている。

　つまり，精神統一的手法が視覚・聴覚・嗅覚・味覚・触覚を刺激対象とし，比較的視覚と聴覚を主体にしているのに対し，心身統一的手法は，五感といわゆる第六感ないしは「勘」といわれているものに着眼した手法である。唯識論的にいうなら，五感を取りまとめるのが意識であり，従って眼・耳・鼻・舌・身を前五識であるとし，6番目の意識を第六識，7番目の意識を末那識(まなしき)といって自意識を指し，8番目の意識を阿頼耶識(あらやしき)という根本識を意味するといわれている。気を中心に東洋思想を取り込み，第六識から第八識まで思いを馳せることによって内容の充実をはかろうとするのが心身統一的手法である。つまり，ユングのいう表層心理の自我から深層心理の自己に目覚めることによって生命完全燃焼への道が開かれるという解釈に立つ手法である。それでは，心身統一の根本である「気」とはどのようなものなのか。このことについて，以下に述べることにする。

IV.「気」(気功)とは

　東洋思想では大宇宙に対して人間を小宇宙とみなし，これらが常にバランスを保つことが求められている。大宇宙と小宇宙の間にアンバランスが生じたり，小宇宙の中でアンバランスが生じた状態を病気といっている。中国4000年の歴史に育まれた「気」の呼び名は，導引・吐納・行気・布気などといろいろであったが，1995年に劉貴珍が唐山に気功療養院を開設したのが「気」という名称の始まりとされている。しかし，気のルーツをさらに遡及するならば原始仏教の雑阿含経などに説かれる調息法，つまり安般品に出てくる数息観のような「生息」の仕方に到達し，まさに深奥の世界である。

　ここでは以下に掲げるような観点から「気」をとらえ，これについて詳述する。

　「気」とは，例えばテレビ信号が放送局から送られ，受像機で受信すると音声と画像がブラウン管に映し出されるが，この信号のようなものと仮定するとわかりやすい。とするならば，①よい放送局とよい番組の準備，②よい信号，③滞ることなく信号が飛ぶ環境条件，④見事に受信できる性能のよい受信機，といったものが必要になってくる。そして，この信号は物質レベルから精神レベルまであると考えられている。物質レベルから精神レベルまであるとする「気」のメカニズムの解明については，物質レベルは遠赤外線レベルの電磁波などとかなり類似の傾向がみられるものの，精神レベルについてはいささか霧の中であり，市民権を得るにはまだ少し道がある。

　気の鍛錬，つまり気の体操を「気功」という。図1は気功の分類である。大きく特異功，軟気功，硬気功に分かれるが，メンタルトレーニングに有効なのは軟気功(医

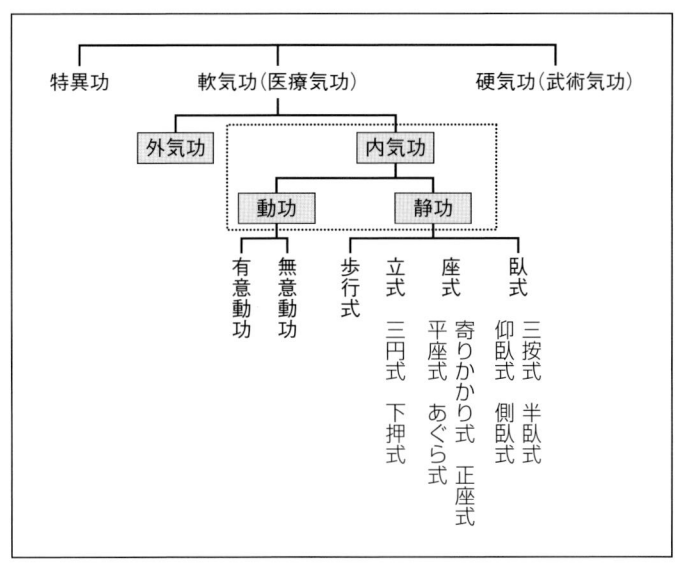

```
         特異功    軟気功(医療気功)        硬気功(武術気功)
                   ┌──────┴──────┐
                  外気功         内気功
                              ┌───┴───┐
                             動功     静功
                           ┌──┴──┐  ┌──┼──┐
                          有意  無意 歩行 立式 座式 臥式
                          動功  動功 式       │    │
                                     三円式  寄りかかり式  三按式
                                     平座式  仰臥式
                                     下押式  あぐら式  側臥式
                                             正座式    半臥式
```

図1. 気功の分類

療気功)である。そして軟気功の中が外部から気を導入する外気功と自ら気を充実させる内気功とに分類されるが，最終的には自分で気を高める内気功法を習得することが望ましい。この内気功はおおむね，ひと呼吸で一動作といった動作の伴う「動功」と，動作が伴わない意念，つまりイメージによる「静功」とによって構成されている。

V. 「気」を取り入れたメンタルトレーニング

1. メンタルトレーニングの前提

メンタルトレーニングが成立するための前提を2つの観点から考えてみたい。

1つは，自分で自分が好きであること，自らを愛することができることである。自分を否定していながら自分を高める心の訓練など成立するはずがない。

今1つは，ユングのいう表層心理の自我と深層心理の自己的発想から，自分がいてもう一人の自分がいるようにすることである。このもう一人の自分とは，つまり自分をみられている自分のことである。

2. メンタルトレーニングの基本理念

メンタルトレーニングが成立する基本的条件は，図2の通りである。

チャンピオンスポーツが成功をおさめるためには，心・技・体の三位一体の充実が大切であるということはいい古された古典的解釈である。しかし，仮に技術のトレーニングでも指導者が同じ指導内容を提示しているにも関わらず，昨日は頑張れたが，今日は頑張れないとか，A選手は頑張っているがB選手は頑張れてないという現象がみられる。このことは，古典的三位一体の外側を取り巻く「心」が問題ということになる。実は，この心の充実こそメンタルトレーニングの重要な課題なので

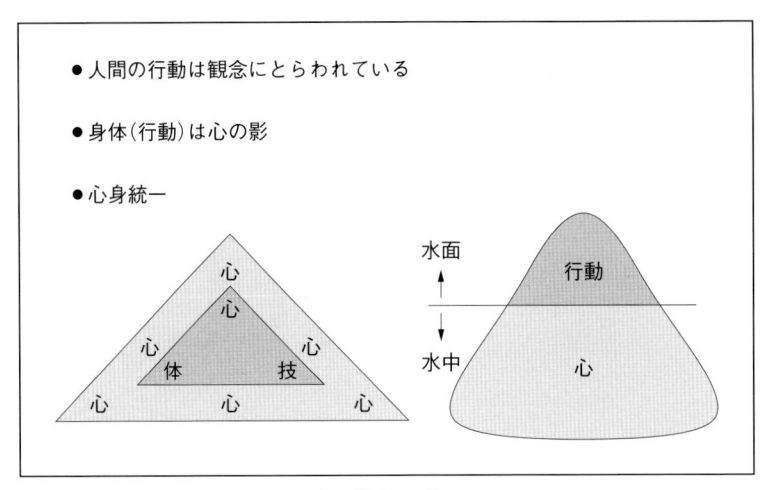

図2. メンタルトレーニングの基本理念

ある。

　メンタルトレーニングが成立する根本に,「人間の行動は観念にとらわれている」ことが挙げられる。これをもう少しかみくだくと「できると思うとできるし,できないと思うとできなくなる」ということである。従って,望ましいものの見方考え方の確立が課題ということになる。

　さらにわれわれの行動という水面上の現象は,水面下の氷山に支えられているものであり,水面下の氷山が貧弱であれば当然水面上の行動は望むべくもない。とするならば,しょせん心の影に過ぎないわれわれの行動の充実は,まさに心の充実であり,そのために潜在的エネルギーをも顕在化させる気を取入れた心身統一的メンタルトレーニングが有効性を発揮することになる。

3. メンタルトレーニングの目的

　メンタルトレーニングの推進過程では,目的の道標となる目標を要所にセットしながら推進されるが,最終的に求める目的は人生の充実である。ゴールセオリーにいう相手に勝つことを目標とせず,自らが自らに課した目標を達成することによって充実をはかることである。このことをスポーツ現象におろすなら,ただ相手に勝つことのみを追い求めるのではなく,自らの課題を克服しようとすることであり,従ってメンタルトレーニングとは,「心の訓練」であると同時に「心での訓練」によってパーソナリティーにも好影響を及ぼすものでありたい。

Ⅵ. 心身統一的メンタルトレーニング手法

　図3は心身統一的手法による独自のメンタルトレーニングメソッドである。
　目的・目標を明確にして達成行動に入り結果が出る。その結果を再度目的・目標に生かしながら達成行動から総括といったサイクルが繰り返される。こうした目的・目標の背景には強い意欲が存在し,その意欲は綿密かつ具体性を帯びた目的・

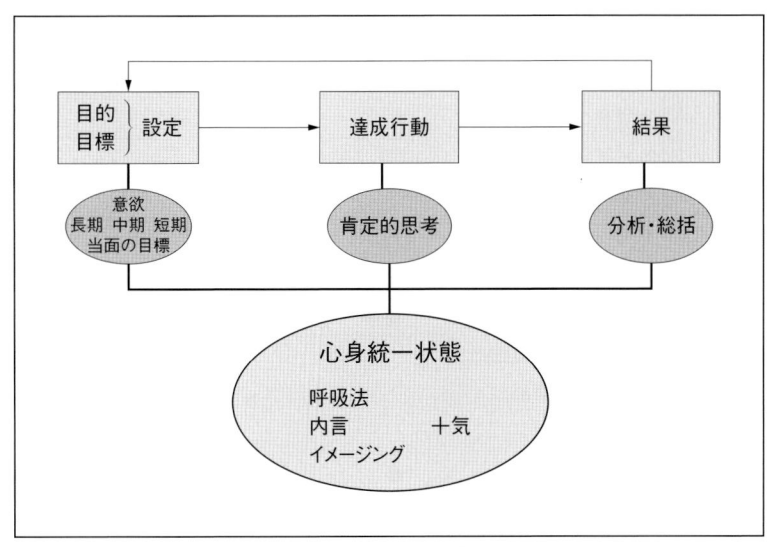

図3. 心身統一的メンタルトレーニングプログラム

目標意識によって支えられている。さらに，達成行動はすべからく肯定的でなければならないことは前述の人間の行動が観念によって変化し，できないと思うとできなくなることに関係する。そして，結果が出れば，良かろうが悪かろうが徹頭徹尾総括し，それを次に生かすような配慮が必要である。

以上が上部についてである。次に円形で囲まれた下部についてであるが，これは上部のサイクルが円滑に推進するための基礎的条件であり，構成は呼吸法，内言（自己暗示），イメージング，そして気功によって構成されている。

呼吸法については前述の通り深奥の世界ではあるが，ここでは一手法ということで「入息短出息長」の原理に基づき腹式呼吸を取入れている。内言は，最も効果的な手法として「10割の内容を軽くささやく」ことにしている。また，イメージは画像を鮮明に出すためのトレーニングと，実は右脳を中心に無意識下で人間の行動の多くがなされていることから左脳と右脳の関係を理解することによって望ましいものの見方・考え方確立のトレーニングが行われる。

最後の気功についてであるが，もちろんトレーニングの随所に東洋思想的内容を網羅しながら，静功と動功を実施する。そして，これらの効果や実態はこの行動中に簡易脳波計によってフィードバックされ，対象者がこうした意識状態を自らが把握できるように配慮されている。

VII. 心身統一的メンタルトレーニングによるコンディショニング

この手法でのコンディショニングは総合的・系統的な対応が大切であるが，ここでは各項目別にそのポイントを列挙することにする。

① **目的・目標の設定**：勝ちたい，レギュラーをとりたいといった成績目標ではなく，自己の内側に目標をセットする熟達目標が効果的である。

② **意欲と計画**：やる気はあらゆる心理的要素に先行する。図4はある日本代表

	1	2	3	4	5	6	7	8	9
1. 目標への挑戦								○	●◆
2. 技術向上意欲								○	●◆
3. 困難の克服								○	●◆
4. 勝利志向性				○		●	◆		
5. 失敗不安	○●◆								
6. 緊張性不安	○●◆								
7. 冷静判断（情緒安定）									○●◆
8. 精神的強靱さ						○			●◆
9. コーチ受容							○	●	◆
10. 対コーチ不適応	◆			○●					
11. 闘 志						○		◆	●
12. 知的興味							○		●◆
13. 不摂生	○●◆								
14. 練習意欲									○●◆
15. 競技価値観									○●◆
16. 計画性									○●◆
17. 努力への因果帰属								○◆	●
18. 応答の正確性				有 ○			無		

○：4/3　　●：7/19　　◆：11/3

図 4．日本代表 N 選手の競技意欲（高校 3 年生）

選手の高校時代の競技意欲結果である。年度当初，インターハイ前，選手権前の3回のデータから，彼の競技意欲がパーフェクトに近いことが伺える。また，計画は人生設計（長期）からそれを噛み砕いた中期，さらに短期から当面へと具体化させなければならない。

　③ **達成行動上の肯定的思考**：物事をプラスで捉えるかマイナスで捉えるかはその後の行動が成功か失敗かいずれに向かうかの瀬戸際である。負けることに負けない自分を創るためには，プラスで物事を捉える回路を作ることであろう。

　④ **結果に対する分析・総括**：結果が良かろうが良くなかろうが，その原因を究明し，次に生かすことの習慣化は成功への秘訣である。

　⑤ **呼吸法**：釈尊の「入息短，出息長」に端を発する生息の仕方は，人生にとって重要な要素である。ここでは鼻から普通に吸い，いったん止めてから吸った時間の3〜4倍かけて吐く方法をとる。そしてこの吐いている最中に例えば内言など種々の刺激に対する効果が期待できるし脳波上ではアルファ波の優勢化がみられる。

　⑥ **内言**：自己暗示のことである。要領は10割の内容で，軽いささやきの繰り返しが効果を発揮する。なぜならば，人間の行動が観念に規制されているためにこのささやきがその方向の行動を生起させ，脳波上ではアルファ波の優勢化がみられ

る。

⑦ **イメージング**：人間の脳は，頭で描く画像が鮮明化すればするほど，本物と勘違いする癖がある。これを逆手にとって，良いイメージングを描き続けることによってその方向の行動が起こるようにするのがイメージトレーニングである。もちろんイメージトレーニング中はベータ波が低下し，アルファ波の優勢化がみられる。

⑧ **気功**：気の体操である気功では静功と動向とを取り入れる。静功とは椅子に腰掛けた姿勢で，左手の平の上に右手の平を乗せ，左手の内労宮と右手の外労宮をつけて膝の上におく。そして，頭の頂点（百会のツボ）から良い気が入り丹田にたまり，悪い気が足の裏（湧泉のツボ）から抜けていくというイメージで繰り返す。また，動向は，立位で息を吸いながら両手を体側からそれぞれ手の平に風船を抱えるように頭頂までもっていく。次に，頭頂から良い気を丹田に詰めていくが，この際両手は体の前で手の平を下側に向けて押さえ込む感じにする。そして，悪い気を足の裏から出していくというイメージで実施する。当然，脳波上ではアルファ波の優勢化がみられる。

（豊田一成）

参考文献

1) 豊田一成：Mentalistic Saggestion. Basic Soccer, 2(8)：2-6, 1995.
2) 豊田一成：メンタルトレーニングの科学．Soccer Clinic, 2(8)：41-44, 1995.
3) 豊田一成：U-16 アジアチャンピオンまでのメンタルトレーニング経過．サッカー医科学研究，15：65-68, 1995.
4) 豊田一成：U-17 に対するメンタルトレーニング結果の分析．サッカー医科学研究，16：65-68, 1995.
5) 豊田一成：気功のメンタルトレーニングへの応用．体育の科学，53(6)：410-414, 1993.
6) 豊田一成：イチローのメンタル．アイオーエム，2002.
7) 豊田一成，他：気への招待．スキージャーナル社，1998.
8) 豊田一成：心身統一的手法によるメンタルトレーニング．コーチングクリニック，6：6-9, 2002.

Chapter 21-2
サッカー選手の心理学
―バーンアウト

I. バーンアウトとは

　スポーツ活動でのネガティブな反応に対する表現は，バーンアウト，ドロップアウト，スティルネス，オーバトレーニング，オーバロード，オーバワークなどいろいろだが，これらはあまり吟味されないままに使用されているきらいがある。バーンアウトについてもしかりである。人間燃え尽きるまで没頭できれば誠に素晴らしいことだし，そんなことが人生で再々経験できるものでもない。従ってここでは，バーンアウト症候群(バーンアウトシンドローム)，言葉を変えるなら燃え尽き症候群のレベルで捉えることにする。

　バーンアウト症候群は，アメリカの精神分析医 Freudenberger が提唱し，わが国では中込らが中心に具体的分析を試みている。

　バーンアウトとは，熱中→停滞→固執→消耗のプロセスで形成されるものである。もう少し具体的にいうなら，競技での成功経験→競技への熱中→競技成績の停滞・下降→競技への固執・執着→精神的・肉体的消耗→バーンアウトということになる。それでは，こうしたバーンアウトの特色はどんなものが考えられるのだろうか。次に，そのことに触れることにする。

II. バーンアウトの特徴

　バーンアウトは，「過剰なトレーニングによってパフォーマンスが低下し，容易に回復しなくなった慢性疲労状態」とする「オーバトレーニング」の解釈と，「関心の喪失，長期にわたる体重の減少，倦怠感，活力の低下，焦燥感，疲労，抑うつ，喉・筋肉の痛み，気分状態の低下」などに対する「スティルネス」という解釈などとも関係してるようなので，一応次のように区分することにした。

　つまり，スティルネス(へばり)とは種々の要因による活力の減退，あるいは気分の低下した状態であり，これはオーバートレーニングという慢性疲労状態が起因している。そしてスティルネスはバーンアウトの前駆状態，つまりバーンアウトはスティルネスというへばりを経て発生するという捉え方をすることにする。

　バーンアウト症状の特徴は，精神面と身体面に分けられる。精神面では，不安，

抑うつ，罪悪感，感情の鈍磨，気分の変動，怒り，焦燥，他者に対する敵意ないしは懐疑的態度，妄想などを挙げることができる。

身体面では，疲労感，頭痛，消化器系・心臓血管系不調，睡眠障害，体重の減少あるいは増加，浅い呼吸，心拍数の増加などが特徴として挙げられる。

Ⅲ．バーンアウトを起こしやすい選手の特徴

バーンアウトを起こしやすい選手の特徴は，まず性格的には，仕事熱心，完全主義，几帳面といった脅迫傾向，対人関係における他者指向，主張的行動がとれないメランコリー親和型性格といわれている。このことを指導現場からみると，まじめ・誠実でおとなしく，練習熱心，その上高い目標をもち，指導者のいうことを何の疑いもなく全面的に聞き，いかなる条件下にあってもひたすら練習に励むような選手の中にバーンアウトを起こしやすいメランコリー親和型，執着性格者が多いといわれている。つまり，「苦痛を受けても自己の理想を放棄したり低めたりせず，最後まで対象にしがみつき，結果として生じるすべての緊張や消耗を全身に受けながらも活動する人々」としている。

ここでもう少し具体化させるために，高校生を対象にした研究結果をもとに述べてみたい。

バーンアウト起こしやすい選手：

① バーンアウトを起こす傾向者は女子よりも男子に多い(図1)。
② 競技への満足度と他の魅力ある活動の有無とから4段階(満足継続型，満足移動型，不満足移動型，不満足継続型)に分けると不満足を感じながら，漫然として，部にそのまま所属する「不満足継続型」は男子で約15%，女子で23%となり，これらがバーンアウト予備軍と位置づけることができる。
③ バーンアウト傾向者は競技意欲が低く，この傾向は男子よりも女子に顕著である(TSMIという競技意欲測定では，男子が17項目中8項目であるのに対して女子は16項目にわたって意欲の低さが目立つ)。
④ バーンアウト傾向者は情緒レベルのコントロールが貧弱である。この傾向は，POMS(情緒測定インベントリー)によると緊張，怒り，疲労，情緒混乱のいず

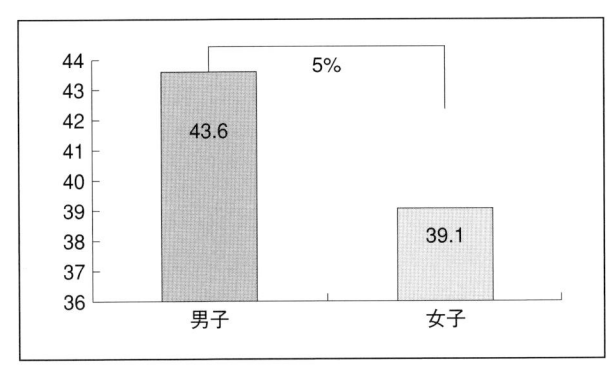

図1．燃え尽き症候群

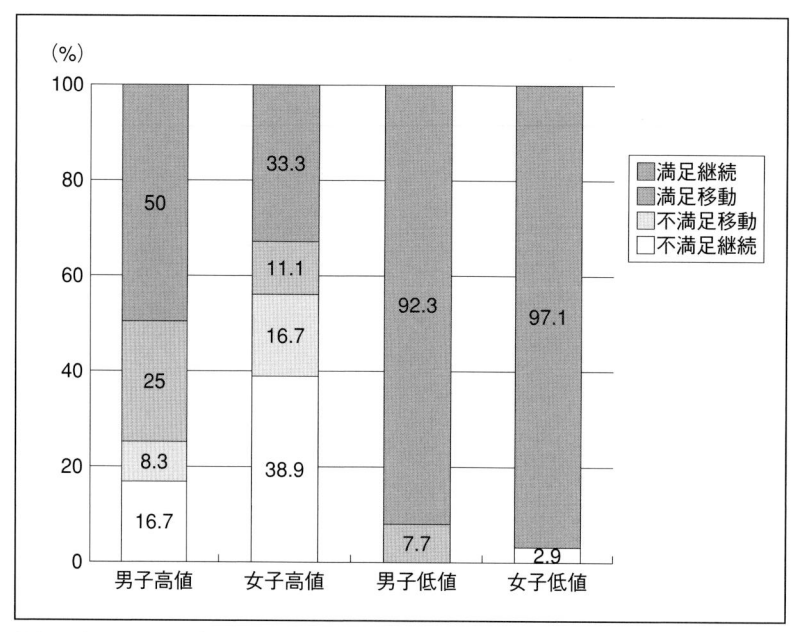

図2. 燃え尽き症候群と満足度の関係

れの項目でも高ぶりがみられるし、活動性が低い。
⑤ バーンアウト傾向者は、現行の活動に不満を抱きながらもそこから脱出できない自己決定力・自己決断力に欠ける傾向がみられる。
⑥ バーンアウト傾向者はもちろん技能向上がみられず、現行の活動にも不満を抱いてるし、今後2〜3年後の活動継続も男子で25％、女子で19％の者しか継続を予定していない。

以上の結果をまとめると、バーンアウト傾向者は、不満足型であり、しかも不満足であるなら移動したいと認識すべきであるが、それすらままならず、不満足でありながら自己コントロールに欠けるあまり唯々諾々と現行の部に身を委ね、不満を抱きながらも部から離脱できない、自己愛と自己決定・決断力欠如の姿が浮かびあがってくる(図2)。

Ⅳ. バーンアウトに対するサポート

選手がバーンアウトを起こす場合、過去に優れた成績を上げ、多くの期待を集めたが(熱中)、その後進学などによって環境条件が変化したり、けがや故障などで期待する成果が得られなくなる(停滞)。それでも性格も災いし、競技の淵から抜け出すことができず、続ければ理想と現実のギャップは解決するであろうことを期待しながら競技に固執・執着するとともに対人関係では孤立を深めていく(固執)。そして、ついに競技意欲が低下し、精神的・肉体的に消耗し切り、自己の存在価値も喪失する中で、ことが競技にとどまらず、日常生活上においても問題行動が出始め、果ては精神病理学的諸問題を抱えることにすらなりかねない。そして、このような

事態に直面しているにも関わらず指導現場では，最終的に離脱ないしは問題行動が発覚するまでなんら手を差し伸べようとしないのが大勢ではなかろうか．

　熱中的であること，完全主義的であること，几帳面で決断力に欠け，しかも他者依存傾向の強い者に対し，そのパーソナリティーに注目し問題が大きくならない間に自己分析力から自己管理能力を身につけさせることが大切である．そのための前提条件は，自分で自分が好きになることであろう．好きな自分をさらに成長させるために，妥当な要求水準の設定，言葉を変えるなら望ましい目標水準での達成行動の設定をさせることが求められる．ここでいう望ましい目標水準とは成功・失敗五分五分のことであり，人により，課題によってこの水準が異なるので徐々にこの方向へ変わることが望ましい．こうした中で，自己評価の変容を求めていくことが大切である．人間は自分で自分を評価することに執着する傾向があり，達成可能な課題でも，そのこと自体を自己評価の段階で否定するとそれを成し遂げようとしなくなる．こうした自己評価は，意識の流れである「自意識」の蓄積によって形成されるので，意識の流れの段階で「自分は駄目なんだ」みたいにならないよう，ある程度の成功経験による自己への報酬を準備してやることが求められる．

（豊田一成）

参考文献

1) 中込四郎：運動選手のバーンアウトについて．日本スポーツ心理学会第15回大会ワークショップ資料，1988．
2) 岸　順治, 他：運動選手のバーンアウト尺度作成の試み．スポーツ心理学研究，15(1)：54-59，1988．
3) 岸　順治：運動選手のバーンアウト症候群に関する概念規定への試み．体育学研究，34(3)：235-243，1989．
4) 中込四郎, 他：運動選手のバーンアウト発症機序に関する事例研究．体育学研究，35(4)：313-314，1991．
5) 豊田一成：高校生の運動部活動に対する専心度とバーンアウトに関する一考察．滋賀県体育協会スポーツ科学委員会紀要，12：25-35，1993．

Chapter 21-3
サッカー選手の心理学
―競技力向上を目的としたメンタルトレーニングプログラム

　日本のサッカー界において，ようやくメンタル面強化を目的としたメンタルトレーニングや専門家による心理的サポートを導入するチームがみられるようになってきた。今まで日本のスポーツ界では，サッカーだけに限らず，「心・技・体」といわれる「技・体」の面に対するトレーニングは十分に実施されてきた。しかし，「心（メンタル面）」に関するトレーニングは，「根性，気合，精神力」などという言葉による抽象的な意味やコーチたちの経験からのトレーニングが行われてきた歴史がある。そこには，コーチたちの「根性がないから負けるんだ！」「気合が足らないから競り負けるんだ！」「精神力が弱い！」というような表現で，メンタル面の弱い原因を選手の責任にしてきたのである。今まで選手は，「根性がない！」などとコーチからいわれて，何をどうしたらいいのかわからない状態があった。もちろん，コーチもどのようにメンタル面を強くすればいいのかわからないため，とにかくきつい練習をして苦しめば根性がつく，追い込まれた状態で苦しめば精神力は強くなるはずだと考えた。また，ミスをしたら怒りつけ，試合で負けたら罰を与え，選手の「なにくそー！」というような気持ちを引き出そうとしてきた。確かに，この方法でメンタル面が強くなった選手もいただろうが，その指導法についていけず，挫折していった多くの子供や選手がいたことも事実である。

I. 世界の歴史的背景

　一方，海外では，オリンピックという舞台を中心にして，「どうしたらオリンピックで勝てるのか？」という目的で科学的な調査や研究が行われた。その結果，いろいろなスポーツ科学を応用したトレーニングが生まれ，その中にメンタル面を強化することが，オリンピックなどの試合で勝つために必要なことだという認識がなされるようになった。特に，旧ソ連では，社会主義国家の威信をかけて「オリンピックで勝て」という命令が出て，勝つためのいろいろな研究を行い，多くの効果的なトレーニングを開発し，そのエリートスポーツ選手育成の環境を整えていた。そのような背景のもと，旧ソ連で心理学をスポーツに応用し始めたのは，1957年からだと報告されている。その後は旧東ドイツなどの東欧諸国へメンタル面強化のトレーニング方法が広がり，1976年のモントリオールオリンピックでは，旧ソ連や旧東ド

イツがメダル獲得数で多大な成果を上げた。西洋諸国は，この影響を受けてスポーツ心理学の現場への応用を始めたという歴史がある。

　1981年に，カナダのオタワで開催された国際スポーツ心理学会では「メンタルトレーニング」というトピックスが大きく取り上げられ，この学会の中心議題となっていた。この学会を機会に，北米やスウェーデンなどでは，メンタルトレーニングの研究や実践が盛んに行われるようになった。1982年には，米国のコロラドスプリングスにあるオリンピックトレーニングセンターにおいて，スポーツ心理学の会議が行われ，① 競技力向上を目的としたスポーツ心理学，② 心の健康を目的としたカウンセリングや臨床スポーツ心理学，③ 研究や教育を目的としたスポーツ心理学の役割分担が概念化され，この概念が世界中に普及していった。このような動向を背景として，1984年のロサンゼルスオリンピックでは，米国が，メンタルトレーニングを導入してメダル獲得に関して多大な成果を上げたことが報告された。その後北米では，1986年に研究を中心としたスポーツ心理学会から，現場での応用や実践を目的とした「応用スポーツ心理学会」が派生した。さらに，1989年には，国際スポーツ心理学会からも，メンタルトレーニングだけを取上げた「国際メンタルトレーニング学会」が派生し，世界的なレベルでの情報交換や研究が行われるようになった。

　その後は，オリンピックという舞台でメンタルトレーニングは発展を続け，今では世界各国のオリンピックチームが活用するようになった。同時に，プロのチームや選手が勝つためのトレーニングとして当たり前のように導入する時代になってきた。

II. 日本の歴史的背景

　1985年，海外の影響受けて，日本でも日本オリンピック委員会(JOC)の心理班ができ，「スポーツ選手のメンタルマネージメントに関する研究」プロジェクトをスタートさせた。その後，2001年まで18年にわたり，「チームスポーツ」「ジュニア期の選手」「冬季オリンピック」「シドニーオリンピック」に対する研究プロジェクトが継続され，150以上の報告書が書かれた。この18年で，メンタル面強化の必要性やメンタルトレーニングという言葉が確実に日本のスポーツ界で認識されるようになった。しかし，同時に「メンタルトレーニング」という言葉を利用して，スポーツ心理学の背景のない「メンタルトレーニング」や心理的スキルをトレーニングするという概念と違う「メンタルトレーニング」が一部の企業や自称専門家により，スポーツの現場に広まり，現場のコーチや選手が混乱をきたすようになった。また，大学に籍を置くスポーツ心理学者の間でも，メンタルトレーニングという言葉による誤解などから混乱をきたしていた時期もあった。そこで，国際メンタルトレーニング学会の命を受け，「メンタルトレーニング・応用スポーツ心理学研究会」がスタートした。この研究会などの活動から，メンタルトレーニングの現場での応用が広まると，日本スポーツ心理学会でも重い腰を上げ，各国の資格制度を手本にして，2000年から「メンタルトレーニング指導士・指導士補」という資格認定制度をスタートさせた。

2005年現在，約80名の資格取得者がおり，JOCや各競技団体などに資格保持者のリストを配り，スポーツ心理学という学問を背景としたメンタルトレーニングや心理的サポートの普及が本格的に始まった。

III．日本サッカー界におけるメンタルトレーニング

世界的にみると，サッカー界においては，他のスポーツと比べてメンタルトレーニングの普及が遅れている現状がある。これは，サッカーの強い国々の多くが，メンタルトレーニングを普及させるとオリンピックでのメダル獲得数が多くなるという考えのスポーツ先進諸国ではなく，応用スポーツ心理学の発展途上にある国々（南米やヨーロッパ）のために，サッカーに対するメンタル面強化の普及が遅れているためではないかと考える。また，サッカーの最大イベントは，オリンピックではなくFIFAワールドカップだという特殊性もあり，サッカーの歴史からつくられたトレーニング体系の存在なども考えられる。

一方，日本におけるサッカーのメンタルトレーニングは，1995年に福岡で開催されたユニバーシアードにおいて日本代表の後方支援部隊（ロジスティックグループ）の中に「メンタルトレーニング部門」が設けられ，メンタルトレーニングの指導がされたことや，また1993年からU-15・16・17のチームに対してメンタルトレーニングが指導されたことが，日本サッカー界のメンタル面強化の始まりだと考えられる。その後，サッカー医・科学研究会では，青山学院大学，東海大学，2001関東選抜，2000・2003ユニバーシアード日本代表などでのメンタルトレーニングプログラムやその効果が報告されている。

同時に，高校サッカーチームを中心にメンタル面強化が確実に普及してきた。2003年には，Jリーグアカデミーでも，育成部門やキャリアサポート部門でのメンタル面強化の普及が開始された。

IV．サッカーのメンタルトレーニングプログラムの例

筆者は，1995年のユニバーシアードで金メダルを獲得した日本代表に関わって以来，多くのサッカーチームの心理的サポートをして，この方法なら間違いなくサッカーチームの競技力向上に貢献できるというひとつのプログラムを作成した。特に，2000年より東海大学サッカー部の専属メンタルトレーニングコーチをするようになり，サッカーにおけるメンタル面強化や心理的サポートについてのプログラムを洗練した。ここでは，サッカーにおけるメンタルトレーニングのプログラムを紹介する。

1．初級編のプログラム

① **講習会形式**：メンタルトレーニングをやることが決定したら，講習会を実施する。ここでは，心理的スキルの知識やそのトレーニング方法を学ぶ。

② **自己分析**：心理テストでの分析，また自分で自分を分析して，自分のメンタル

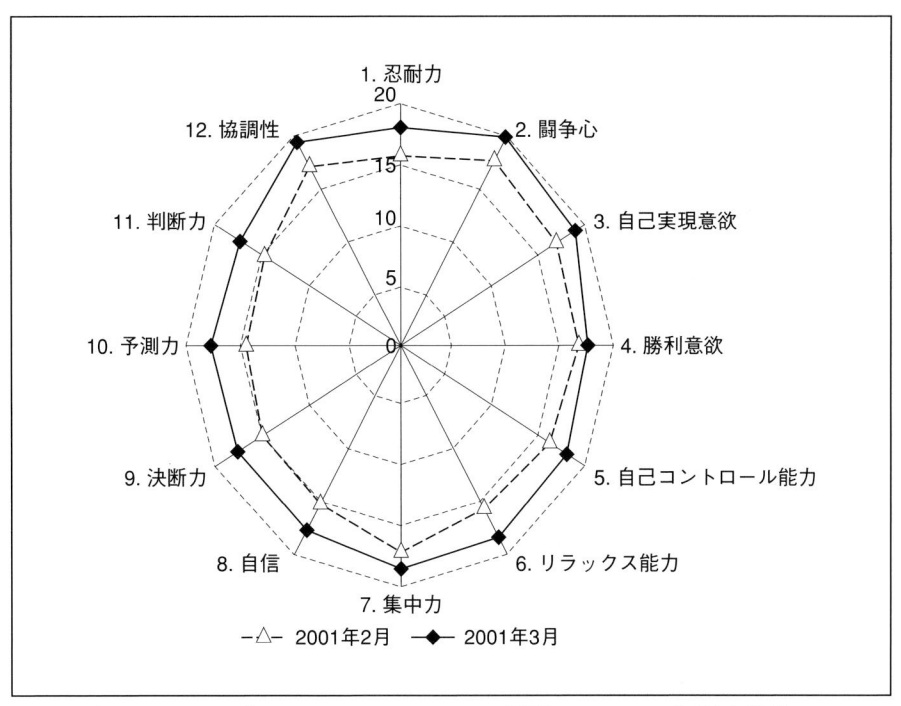

図1 デンソーカップチャレンジサッカーで優勝した2000年関東選抜サッカーチームのメンタルトレーニング開始前と試合後の心理的競技能力検査のデータ

*強化合宿でのメンタルトレーニングとデンソーチャレンジ大会期間中の心理的サポートを実施した結果,すべての項目で5％水準で有意差が認められた。

面に関する問題点に気づくとかメンタル面強化が必要だという認識をする。

③ **一流選手との比較**：心理テストやデータをうまく活用して,自分と一流選手では何が違うのかを分析することで,メンタル面強化の必要性を認識する。

④ **目的やその方法を理解する**：なぜスポーツにおいて,メンタル面強化が必要なのか？「心・技・体」のバランスの必要性などを理解し,明確な目的やその意味を知る。

⑤ **成功例を知る**：サッカーにおけるメンタルトレーニングの成功例や実践例をビデオなどでみたり,説明を聞いて理解する。また,自分やチームに活用できる内容を認識し,自分もやってみたい,これをやるとうまくなるという気持ちをもってもらう。また,コーチにはこれをやれば役に立つという認識をもってほしいことが目的。

⑥ **リラクゼーションやサイキングアップの実技体験**：毎日の練習や試合前の心理的準備として,実施してほしいプログラムを体験してもらう。ここでは,選手のセルフコントロールを目的に,プレッシャーのもとでのリラックス,やる気がないとか燃えない気持ちをいかにして高めていくかという実技を体験し,その効果を自分で確認してもらう。

⑦ **目標設定**：どのようにしたらやる気が高まるのかというプログラムを体験し,やる気を維持するための目標設定,プラン作成(年間・月間・週間・毎日),さらに目標に対しての努力ができているかを確認する練習日誌までをひとつのプ

ログラムとしている。
- ⑧ **イメージトレーニング**：新しいテクニックやフォーメーションを早く身につける目的，毎日の練習で身につけたテクニックや体力をいかにして試合で発揮するかの目的，徹底して試合で勝つことを目的としたイメージトレーニングを段階的に学ぶ。
- ⑨ **集中力のトレーニング**：練習での集中力は「練習の質」を高め，選手の上達をより促進し，試合での集中力は，実力発揮をするために必要である。この集中力の心理的スキルを効果的にトレーニングする方法を紹介し，毎日の練習でいかにして集中する能力を高めるかをプログラム化する。
- ⑩ **プラス思考**：試合における強気，前向きの気持ち，気持ちの切り替えなどを効果的に使えるように，毎日の生活や練習でこのプラス思考のスキルを「トレーニング」し，いかにして身につけていくかの方法を紹介する。
- ⑪ **セルフトーク**：自分自身が口に出す言葉や頭の中で自分と会話する内言をいかにして効果的に使い，実力発揮や気持ちの切り替えに役に立てる方法を紹介する。これを毎日の生活でトレーニングし，自分自身の心理的スキルとして身につけるようにする。
- ⑫ **試合に対する心理的準備**：身につけた心理的スキルを活用して，徹底して試合で勝つ可能性を高める準備をしていく方法を紹介，それをプログラム化する。

以上のような内容を講習会形式で紹介して，やる目的や意味を理解し，知識や方法を学んでから毎日の練習に応用していく。この講習会からメンタルトレーニングがスタートする。

2．毎日の練習や生活を活用したプログラム

毎日の生活24時間を活用して，メンタル面強化のトレーニングをするプログラムである。また，毎日の練習時間を約20分使い，ウォーミングアップやクーリングダウンの中にメンタルトレーニングを導入していく。練習前の15〜20分，練習後の5分をスケジュールの中に入れ，メンタル面強化のトレーニングを実施する。

- ① **朝起きた時**：気持ちよく起きて1日の心の準備をする目的のセルフコンディショニング。
- ② **朝の散歩で心身の準備**：朝食をおいしく食べる。気持ちよく学校や仕事に行く。
- ③ **学校や仕事場**：クラスメイトや同僚と楽しい会話や良い人間関係をもち，前向きの気持ちで仕事をすることで，練習との良いバランスをとる。これが今日のサッカートレーニングを良い練習にすることの心理的準備とする。学業や仕事も練習の一環とする考え。
- ④ **練習前から軽快な音楽を流す**：練習前のいやな雰囲気を，やる気のある雰囲気にする。
- ⑤ **互いに元気のいい挨拶や言葉がけ**：今日の練習をがんばりましょう！という心の準備。
- ⑥ **目標設定**：今日の練習の目的や方法の説明をし，やるべきことの全員の共通理

解。また，自分は今日の練習で何をやりたいのかの目標設定。
- ⑦ **導入**：「今日もいい練習をしよう」というコーチからの元気，やる気のでる言葉。さらに，自分でポジティブな言葉を口にするセルフトーク。
- ⑧ **リラクゼーション**：練習への気持ちを切り替える心の準備，心のストレッチ。
- ⑨ **身体のストレッチ**：筋肉や身体の準備とともに心の準備。
- ⑩ **サイキングアップ**：やる気や気持ちをのせる心のウォーミングアップ。
- ⑪ **身体のウォーミングアップ**：ブラジル体操やダッシュ系のウォーミングアップ。
- ⑫ **サッカーの練習**：途中での気持ちの切り替えや，集中力回復の動作や言葉を入れる。練習の中でメンタル面を強化し，試合で使えるようにする。
- ⑬ **身体のクーリングダウン**：疲労回復。
- ⑭ **心理的クーリングダウン**：心の疲労回復，気持ちの切り替え，明日のやる気を高める。練習や試合から現実生活への気持ちの切り替え。
- ⑮ **最後の言葉**：コーチからの練習の評価（良い点）と明日の練習の目標（反省含）など。
- ⑯ **別れの言葉がけ**：ポジティブな言葉で「お疲れさん」や「明日もがんばろう」など。チームメイトとのポジティブな会話を楽しむ。
- ⑰ **日常生活に戻る**：練習から気持ちを切り替え，楽しい自分の生活を楽しむ。
- ⑱ **練習日誌**：寝る前に，今日の練習の反省と明日の目標設定（イメージトレーニング）。
- ⑲ **寝るためのトレーニング**：夜のセルフコンディショニングで良い睡眠（疲労回復）。緊張で眠れないことがないようにするのが目的。

3．試合当日のプログラム

毎日実施しているプログラムと同じ手順でやることで，いつも通りの心理状態をつくっていくことが基本となる。しかし，試合当日はスケジュール的に試合に合わせるため，次のようなプログラムが活用できる。例えば，試合開始前2時間前に集合し，75分前からミーティング，70分前からプログラムをスタートする手順。つまり，試合開始時間に合わせて，試合当日のスケジュール（プログラム）を実行するのである。

- ① **朝のセルフコンディショニング**：朝の散歩を含めて30分で1日の心理的準備をする。
- ② **朝食をおいしく食べる**：ゆっくり時間をかけて楽しく食べ，エネルギー補給をする。
- ③ **ミーティング**：前泊の場合は，簡単なミーティング。
- ④ **ビデオを見る**：やる気の高まる，勝つイメージのできる好プレー特集などのビデオ。
- ⑤ **移動**：移動のバスでの音楽の利用。個人別ならウォークマンなどの利用。
- ⑥ **試合場到着**：到着と同時に気持ちが戦闘モードにするきっかけの時間とする。
- ⑦ **ロッカールーム**：軽快な音楽を流し，いい雰囲気づくりをする。

⑧ **ピッチへの散歩**：着替えたら，ピッチへ出て，風向き，太陽の位置，試合場の雰囲気，グランドコンディションなどをチェック，目標設定やイメージトレーニングをして，ピッチとお友達になる気持ちで散歩をして，試合に対する心理的準備をする。

⑨ **ロッカールームでの過ごし方**：試合前の心身の準備，身の回りの準備を楽しくやる。

⑩ **ミーティング**：元気の出る監督の一言(ペップトーク)，今日の流れを手短に，気持ちを切り替えるもうひとつのポイント(戦闘モードへ)。戦術は前の日に，当日はポイントのみ。

⑪ **いつもと同じリラクゼーション・ストレッチ・サイキングアップ・ウォーミングアップ**

⑫ **ピッチでの練習**：試合前に許される練習でピッチになれる，確認をする心理的準備。

⑬ **ロッカールーム**：汗を拭いて，試合用ユニフォームに着替え，音楽で雰囲気づくり。

⑭ **気持ちの切り替え**：1～2分で気持ちを落ち着け，集中力回復のプログラム実施。目をとじ，深呼吸，30秒ぐらい目をとじ気持ちを落ち着ける。

⑮ **ペップトーク**：監督の元気づける一言で気持ちをひとつにする。

⑯ **気持ちののり**：音楽のボリュームを上げ，円陣を組んで気持ちをひとつにする。リーダーの一言でみんなの気持ちをひとつにする。

⑰ **ピッチへの移動**：みんなへの声がけ，音楽を使い，整列までの心理的準備をする。

⑱ **整列**：胸を張り，スマイルと余裕のある表情や態度で整列し，相手の目をみて握手。

⑲ **円陣**：全員で上を向き，プラス思考にして，元気の出る声がけをして散る。

以上のように，試合開始までに，このようなプログラムを実施し，徹底して勝つ可能性を高める心理的準備をする。また，ハーフタイムの時間の使い方もプログラムし，10分のハーフタイムを3分間使い，気持ちの切り替えや集中力回復の時間をつくり，後半への準備をして，監督の話や休息，もう一度サイキングアップをしてピッチへ出るという手順をとる。この3分間の気持ちの切り替えや，集中力の回復と同時に身体の疲労回復も瞬時に行えるようにトレーニング(準備)しておくことで，このあとの監督の戦術的な話の集中や理解度が向上するはずである。ハーフタイムの短い時間で，心身の疲労回復，気持ちの切り替え，集中力の回復，後半に向けての強気で前向きな気持ちをづくり，監督の戦術と合わせて，最高能力が後半も発揮できるようにするタイムマネージメントをしっかりする。

4．中級編のプログラム

ここでは，選手個人個人のオリジナルプログラムを作成していくもので，教科書として「大リーグのメンタルトレーニング」(ベースボールマガジン社)を用意してあ

る。教科書にある野球の状況をサッカーに置き換え，サッカーのいろいろな状況を想定し，こんな場面でどんな考え，どんな行動をとれば，ベストプレーができるのか，ミスをした後の気持ちの切り替えをどうしたらいいのかなどを自己分析すると同時に，自分がやるべきプログラムを作成する。

5．上級編のプログラム

　これは，基本的に3年目とか国体・オリンピックレベルのものである。基本的には，コーチ用のプログラムとなっているが，選手が活用できると同時にコーチとなった時に指導に生かせるようなプログラムである。自分が自分に指導する観点から，オリジナルプログラムを作成できる。教科書に「トップレベルのメンタルトレーニング」（ベースボールマガジン社）とその書き込み用紙が作成してある。

　このようにスポーツ心理学という学問から現場での実践に1歩踏み込んだ，応用スポーツ心理学の「競技力向上を目的としたメンタルトレーニング」は，以上述べたような形でサッカーの練習体系に組み込まれ，多くのチームが活用するようになってきた。しかし，スペインやポルトガルのように，プロチームなどに対しては，まだまだ導入されていない現状がある。

　この本は，「サッカーの医学」という大きな枠でくくられているが，医学の中の「臨床」的な部分を取り上げるのと同じように，ここでの「応用スポーツ心理学のメンタルトレーニング」を紹介したと考えている。あくまでスポーツ心理学の研究や現場での応用が積み重ねられてでき上がってきたものが，メンタルトレーニング（心理的スキルトレーニング）であるという認識をしてもらえば幸いである。

　＜参考資料＞
　　ここでは，今回特別に1995年よりメンタルトレーニング導入をしたチームを紹介することにした。
　　95ユニバーシアード日本代表，大阪府少年国体チーム，四日市中央工業高校，愛知県内のサッカー関係者への講習，愛知県国体チーム，中京大学，愛知FC，近畿大学，前橋育英高校，青山学院大学，東海大学，名古屋グランパスコーチ研修，愛知県サッカー協会コーチ研修，97ユニバーシアード日本代表，群馬県渋川高校，群馬県渋川市内の4中学校，群馬県新島学園高校，防衛大学，大阪府サッカー協会，京都府久御山高校，01関東選抜チーム，01ユニバーシアード日本代表，沖縄県那覇西高校，愛知県東邦高校，水戸短大付高校，東海大学付属高校コーチ研修会，東海大学相模高校，東海大学望洋高校，東海大学翔洋高校，和歌山県初芝橋本高校，静岡県暁秀高校，静岡県藤枝明誠高校，東海大学第一中学（現翔洋中学），アルビレックス新潟ユースチーム，神奈川県内高校数チーム，ジュビロ磐田コーチ研修，Jリーグアカデミーコーチ研修，Jリーグアカデミーキャリアサポートセンターによる講習，某Jリーグチーム，03ユニバーシアード日本代表など多くのチームがある。
　　ここで筆者が関わったチームなどをあえて挙げた理由は，この本が日本サッカー協会の本として出版されることから，日本サッカー界の歴史的背景として，これらの事実を

残しておきたいという気持ちからである。また，ここに記していない多くのチームのコーチに対して，各県の国体監督・コーチ研修会，各県の指導者講習会，各競技団体の指導者講習会，またサッカー医・科学研究会や日本サッカー協会C級指導者研修などでの発表，講演，講習などを通して紹介してきた。しかし，野球などの他の競技と比較すれば，まだまだ日本サッカー界には，メンタルトレーニングや専門家による心理的サポートが普及していないように感じる。

(高妻容一)

参考文献

1) 猪俣公宏：メンタルマネジメント研究報告．日本体育協会スポーツ科学研究報告集，日本体育協会スポーツ科学委員会，1985-2001．
2) 高妻容一：明日から使えるメンタルトレーニング．ベースボールマガジン社，2001．
3) 高妻容一：今すぐ使えるメンタルトレーニング．ベースボールマガジン社，2002．
4) 高妻容一：大リーグのメンタルトレーニング．ベースボールマガジン社，2001．
5) 高妻容一：トップレベルのメンタルトレーニング．ベースボールマガジン社，1996．
6) 高妻容一：サッカー選手のためのメンタルトレーニング．TBSブリタニカ，2002．
7) 高妻容一：野球のメンタルトレーニングプログラム．ベースボールクリニック，ベースボールマガジン社，1999-2005．
8) 高妻容一：応用スポーツ心理学とメンタルトレーニング．Sportmedicine Quarterly，12(2)：12-23，2000．
9) 高妻容一：世界のメンタルトレーニングの最新情報．体育の科学，杏林書院，51(11)：852-855，2001．
10) 高妻容一，他：ユニバーシアード'95福岡大会：日本代表サッカーチームの科学的サポート・支援部隊(その3)；メンタルトレーニングと心理的サポート．サッカー医・科学研究 Vol.17，日本サッカー協会報告書編集委員会，1997．
11) 高妻容一，他：サッカーチームにおけるメンタルトレーニングの実践．その1：心理的コンディショニングのプログラムとその実践について．サッカー医・科学研究 Vol.18，日本サッカー協会報告書編集委員会，pp103-112，1998．
12) 高妻容一，他：大学サッカーチームにおけるメンタルトレーニングの実践．その1：競技力向上のプログラム．サッカー医・科学研究 Vol.19，日本サッカー協会報告書編集委員会，pp234-241，1999．
13) 高妻容一，他：継続的メンタルトレーニングの効果について：プロサッカー選手の実践例．サッカー医・科学研究 Vol.20，日本サッカー協会報告書編集委員会，pp172-182，2000．
14) 高妻容一，他：東海大学サッカー部のメンタルトレーニングと心理的サポート．サッカー医・科学研究 Vol.21，日本サッカー協会報告書編集委員会，pp129-138，2001．
15) 宮崎純一，他：ユニバーシアード日本代表サッカーチームにおけるメンタルトレーニングの実践とその後の発展性について．サッカー医・科学研究 Vol.19，日本サッカー協会報告書編集委員会，pp224-228，1999．
16) 宮崎純一，他：サッカーチームにおけるメンタルトレーニングの実践．その2：心理的コンディショニングの実践とパフォーマンスについて．サッカー医・科学研究 Vol.18，日本サッカー協会報告書編集委員会，pp113-118，1998．
17) 宮崎純一，他：メンタルトレーニングの継続と競技意欲の向上について．サッカー医・科学研究 Vol.20，日本サッカー協会報告書編集委員会，pp159-162，2000．
18) 内藤秀和，他：サッカーチームにおけるメンタルトレーニングの実践．その3：サッカー医・科学研究 Vol.18，日本サッカー協会報告書編集委員会，pp119-126，1998．
19) 内藤秀和：大学サッカーチームにおけるメンタルトレーニングの実践．その3：心理的競技能力とパフォーマンスへの影響．サッカー医・科学研究 Vol.19，日本サッカー協会報告書編集委員会，pp246-251，1999．
20) 流郷吐夢，他：大学サッカーチームにおけるメンタルトレーニングの実践．その2：大会におけるメンタルトレーニングの例．サッカー医・科学研究 Vol.19，日本サッカー協会報告書編集委員会，pp242-245，1999．

Chapter 22

女子サッカー選手の健康管理
女子の健康管理全般について

　近年，女子のスポーツ界における活躍には目覚ましいものがある．しかし，その一方で女子選手の健康管理に対し，アメリカのスポーツ医学会より「女子選手の三徴」the female athlete triad として ① 月経周期異常，② 食行動異常，③ 骨量減少との提言が出されて久しい．スポーツの現場において選手，指導者がこれらについてどこまで意識をもって管理しているかは非常に重要な問題であり，実際これら3つが絡み合って症状が出現するわけで，これらの予防と治療が大きな問題となってくる．ここではそれら三徴を考慮し，女子選手の健康管理について述べる．

I. 女性の身体の特徴：体格・体型の男女差

　体型：女性の方がより狭い肩幅，より幅広い骨盤
　四肢長・関節面面積：男性に比べより短く，より小さい
　脂肪：女性は下半身に多く，男性は上半身に多い
　筋量・体脂肪：女性の筋量は〜36％（男性〜45％）と約10％低く，体脂肪は22〜26％（男性13〜16％）と10％高い．
　成長時期：growth spurt の時期が女性で10〜14歳，男性で12〜17歳であり，骨端線の閉鎖も女性の方が早い．
　骨格成熟：女性で17〜19歳，男性で21〜22歳と女性の方が早い．
　まとめると女性は男性に比べ身体のサイズが小さく，上肢は細いが下肢が太い．また体脂肪の占める割合が高く，下半身に脂肪の沈着が多いという特徴をもつ．次に，女性の月経現象につき解説する．

II. 月　経

1. 月経とは

　月経とは日本産科婦人科学会では「約1カ月の間隔で起こり，限られた日数で自然に止まる子宮内膜からの周期的出血」と定義されており，その機構は一元的にとらえるほど単純ではない．視床下部-下垂体-卵巣が，各々の分泌するホルモンにより密接に調節し合っている．

表1. 月経異常の分類

A．月経発来の異常 ① 早発月経：初経発来が10歳未満 ② 遅発月経：初経発来が15歳以上 B．月経周期の異常 ① 無月経 （ⅰ）原発無月経：満18歳になっても初経をみない （ⅱ）続発無月経：これまでみられた月経が3カ月以上停止したもの ② 頻発月経：月経周期が24日以内で発来する ③ 希発月経：月経周期が39日以上で発来する ④ 不整周期：月経周期が25〜38日で規則的に発来せず、しかも上記①〜③に該当しないもの	C．月経持続日数の異常 ① 過短月経：出血日数が2日以内のもの ② 過長月経：出血日数が8日以上のもの D．月経量の異常 ① 過多月経：月経血量が異常に多いもの ② 過少月経：月経血量が異常に少ないもの E．月経随伴症状がある ① 月経困難症：月経期間中に月経に随伴して起こる病的症状 ② 月経前症候群：月経開始3〜10日ぐらい前から始まる精神的、身体的症状で月経とともに減退・消失する

a．初 経

初めて発来した月経のことで、乳房発育・恥毛・腋毛・身体発育ピーク growth spurt の後にみられ、第二次性徴の完成を示す重要な徴候である。10〜14歳の間にみられ、わが国の平均年齢は12歳である。

b．月経周期

月経の開始した日を月経周期1日目といい、次回の月経周期前日までを月経周期という。正常月経とは周期日数が25〜38日までで、前後の月経周期日数が6日以内の日数を正常周期という。28日周期のものが最も多く、排卵は月経周期14日目頃に生じ、月経から排卵までの卵胞の発育時期を卵胞期、排卵以後月経開始までを黄体期という。黄体期は12〜16日とほぼ一定しており、月経周期の長い人は卵胞期の日数が長くなる。

c．持続日数

月経の開始日から終了日までの正常範囲は3〜7日である。

d．経血量

月経血量は、20〜140 ml である。

2．女性においての月経時の随伴症状・異常出血

a．月経異常の分類（表1）

b．月経困難症

月経開始とともに、または月経開始の直前より始まり月経期間中に月経に伴って起こる下腹痛、腰痛などを主訴とする症候群で頭痛、不安感、動悸、下痢などを伴うこともある。月経の1〜2日目に症状が強く、通常1,2日で軽減する。

① **機能性月経困難症**：器質的疾患のないもので、プロスタグランジン産生過剰による子宮の過収縮、ホルモン機能異常、自律神経失調症、心理的要因など。
治療として軽症のものは月経のしくみについて説明、指導するだけで軽快することもある。

薬物療法としては鎮痛薬，鎮痙薬，またピルなどのホルモン療法などがある。
② **器質的月経困難症**：子宮内膜症，子宮筋腫，骨盤内炎症性疾患など骨盤内うっ血によるもので，治療としては基礎疾患の治療が主体となる。

c．月経前緊張症

月経開始前3〜10日頃より始まる身体的，精神的症状で月経開始とともに消失する。症状として精神症状（イライラ，情緒不安定，憂うつ），乳房症状（腫脹，疼痛，過敏），神経症状（頭痛，めまい，眠気），呼吸器症状（鼻かぜ，喘息），胃腸症状（嘔吐，便秘），水分貯留症状（浮腫，体重増加），骨格筋症状（腰痛），皮膚症状（にきび，皮膚炎）など非常に多彩である。黄体期におけるホルモンのアンバランスや体内水分貯留などが考えられているが不明な面が多い。はっきりいえることは，①必ず排卵に伴う，②黄体期〜月経前に限定されるという2点である。

治療としては症状に対する丁寧な説明，薬物療法としては排卵抑制剤（ピル），精神安定剤，利尿剤などであるが，利尿剤はドーピングテストの使用禁止薬物に含まれるため注意が必要である。

d．機能性出血

子宮体内膜からの出血のうち，月経と器質的疾患（妊娠，炎症，腫瘍，外傷）を除外した出血である。原因は月経周期を司る視床下部-下垂体-卵巣系のホルモン分泌調節機能の失調によるものである。卵巣周期との関連より基礎体温を記載させ，どの時期における出血かを確認する。出血が長期にわたる場合，貧血に陥ることもあり，必要によってホルモン療法を行う。

III．婦人科的メディカルチェック

女性として正常な月経周期，将来の妊娠を考慮し，生殖生理機能が保たれているかを把握する必要がある。具体的には問診，アンケート調査を中心に選手の月経状態を調査し，できれば基礎体温を測定する。女子代表帯同の際，作成・使用したアンケートを示す（表2）。

1．初 経

平均12歳前後，体脂肪17％以上，体重40〜43 kg以上で初経が発来する。15歳に達しても初経発来を認めない場合，染色体異常，性分化異常症のこともあり婦人科受診を勧める。また，本人が無月経であることを悩んでいることもあり，細心の注意も必要と思われる。

2．月経の状態

月経周期，月経持続日数，月経血量，月経痛の程度，機能性出血（月経以外の性器出血）の有無について調査する。無月経の際は妊娠も必ず念頭にまずおくべきであろう。

表2. 婦人科的メディカルチェック表

```
氏名（          ）
あなたの生理について，お聞きします。正直に答えてください。
① 初潮（最初の生理）は，来ましたか？    ［はい（    ）歳・いいえ］
② はい　と答えた方
   ・周期は順調ですか？    ［はい・いいえ］
      ・はい　と答えた方    周期は何日ですか？    （    ）日間隔
      ・いいえ　と答えた方    どのように不順ですか？
                  （例）3カ月以上，間隔が空いてしまう。
                  （                              ）
③ 生理痛は，ありますか？    ［重い・軽い・時々ある・ない］
   ・生理痛がある　と答えた方　それは，練習に影響することがありますか？
               ［いつも・時々・ほとんどない・まったくない］
   ・練習に影響ある場合，薬を飲みますか？
               ［いつも・時々・ほとんどない・まったくない］
   ・生理痛がひどいのは，何日目ですか？
               ［生理前日・1日目・2日目・3日目・4日目・それ以降（    ）］
④ 試合または練習のため，薬で，生理をずらしたことはありますか？
               ［はい・いいえ］
⑤ 最後に生理になった日，または，現在，生理中の方は，始まった日を記入してください。
               （    ）月（    ）日頃
⑥ あなたの生理時の状態で，何かあったら教えてください。（例）イライラする。
   （                                    ）
⑦ 次の期間のうち，体調の具合を教えてください。
   ・生理中
         ［非常に良い・良い・普通・やや悪い・非常に悪い］
   ・生理後1週間
         ［非常に良い・良い・普通・やや悪い・非常に悪い］
   ・生理前1週間
         ［非常に良い・良い・普通・やや悪い・非常に悪い］
      生理周期が不規則で，よく分からない人は，こちらに○をつけてください。
         ［はい］
                                        以上
```

3．体型・体格

明らかな痩せが認められる場合，摂食障害，月経異常，貧血を考慮し，十分な配慮が必要と思われる。

IV．女子選手とコンディション

1．スポーツ貧血

女子選手に多く認められる。① 循環血漿量の増加によって起こる希釈性貧血 ② 赤血球が破壊されて起こる溶血性貧血 ③ 鉄の損失（消化管からの出血，発汗，月経血）による鉄欠乏性貧血に分けられ，女性では特に ③ が問題となる。婦人科疾患では過多月経，機能性出血，器質的疾患（子宮筋腫，子宮内膜症）などによる異常出血

表3. 月経期間中の体育授業

	水　泳*	陸上スポーツ
小学生	○精神的・身体的にもなお未熟のため強制的に行わせるべきではない	○月経期間中行っても問題は少ないと思われる
中学生 高校生	○生理用品を使用しない状態が望ましい ○月経血液が減少してから行う方がよい ○径血量がある程度以上の場合は高校生以上に限り内装具を使用する	○生理用品としては外装具の使用で十分である ○激しいスポーツ活動をひかえる

*プールサイドに濃紺，赤などのバスタオルを持ち込む習慣をつけさせる。

にも考慮する必要がある。また，偏食，減量による鉄欠乏性貧血も考えられ，食生活面における日頃からの十分な配慮，鉄剤投与，運動量の減少が必要となってくる。

2. 食　事

サッカー競技の特性上，女子選手でダイエットを行っている選手はみられなかったが，食生活が乱れている選手，偏食傾向の選手が見受けられた。これらは合宿・遠征で食事の際，細かくみているとよくわかる。日頃から栄養のバランスを考えて食事をしているかチェックする必要が大いにあると思われる。2002 U-19 アジア女子サッカー選手権に際し，合宿時より選手に対してエネルギー，からだづくり，コンディショニングの面からしっかりとした栄養指導(主食，主菜，副菜，果物，牛乳)を行った。また，食事はおなかがすいたからとるのではなく，疲労回復のためにとること，クラブ活動の選手には学校→移動→クラブ→帰宅の際，軽い軽食をとってから練習，帰宅が遅くなる際は練習後におにぎり，バナナ，オレンジジュースをとるなどを指導した。

V. 月経周期とコンディション

月経周期はホルモンの変動により月経期，卵胞期，排卵期，黄体期に分かれ，一般的には月経終了から排卵期までの1週間が最もコンディションがよいとされ，逆に悪い時期は月経前1週間から月経中とされる。月経中は痛みや出血のため身体的，心理的に体調が悪いと思われ，黄体期では黄体ホルモン分泌による催眠作用，水分貯留作用，体温上昇作用によりイライラ，注意力散漫，浮腫，乳房痛などの月経前症候群などが生じるためと思われる。しかし，これはあくまで主観的なもので，自覚的体調の悪さと競技成績とは必ずしも一致しない。また，月経周期に伴う運動負荷試験の成績はいろいろであり，総じて有意差はないようである。日本産科婦人科学会では，学校での体育授業の際の指針を作成している(表3)。

VI. 月経周期と試合

試合当日，月経痛が出現しても薬を選手は飲みたがらないことが多く，自然に任

せて試合に出場する選手がほとんどである。しかし，明らかに試合に影響が出る選手に対し，回避する手段を教えることも必要である。実際の処方としては消炎鎮痛薬(NSAIDs)を処方している。胃腸障害を訴えることもあり，できれば合宿時など本番前に飲んで調子をみるのがよいと思われる。

VII. 生理移動

　月経期，黄体期などのコンディションの悪い時期を避けるため，月経周期を移動させる方法で卵胞ホルモンと黄体ホルモンの合剤を経口投与し，人工的に生理期間を遅らせる。移動法として月経周期短縮法と月経周期延長法がある。短縮法は確実ではなく，また延長法も薬を飲みながら試合にのぞむことになり，黄体期を延長させていることになり意味がない。実際は，大会3カ月前より調節するのがのぞましいが，体調の変化により予期せぬ出血もあり，基礎体温表を記載しながら婦人科医と相談することが必要と思われる。

VIII. 運動性無月経

　思春期前より開始されるトレーニングによる初経の遅延や，恒常的なハードトレーニングによる続発性無月経を運動性無月経と呼んでいるが，運動に起因する希発月経や無排卵周期症などの月経異常も運動性無月経と総称されている。

　本症の発症メカニズムとして，① 精神的・肉体的ストレス，② 体重(体脂肪)の減少，③ ホルモン変化，などが考えられているが，これらが相互に関与して月経異常を発現するものと考えられている。

① **精神的・肉体的ストレス**：環境変化，精神的ダメージなどの種々のストレスが誘因となり，続発性の無月経が発現することは広く知られているが，選手の場合，練習や試合での精神的なオーバートレーニングによる肉体的なストレス，監督・コーチ・チームメイトとの人間関係による精神的なストレスにも十分配慮が必要である。

② **体重(体脂肪)の減少**：女性のからだにおける脂肪は，正常な性機能の発現や維持に重要で初経発来には17%以上，正常排卵性月経周期の確立には22%以上の体脂肪率が必要といわれている。アンドロゲンや女性ホルモンであるエストロゲンが脂肪組織において代謝され，生物活性を発揮する際，この脂肪組織が少ないと代謝率も低くなり，結果的に月経異常の原因となる。体操・新体操・陸上(長距離走)競技ではプロポーションの維持，体調の調節のために減食などで体重減少をはかる選手が多いが，サッカー競技においてはスタミナ，筋力などの面から考えれば不利益でしかない。体重増加による体の切れ味の悪化に対しては減食をはかるのではなく，練習内容，食事内容の見直しが必要である。

③ **ホルモン変化**：近年の研究によると運動やストレスがβエンドルフィンレベルを上げ，下垂体のプロラクチン分泌を促進させるとともに，下垂体の黄体化ホルモン(LH)のパルス状分泌を抑制することにより卵巣から分泌するエスト

ロゲン合成を抑え，さらに卵巣刺激作用の黄体化ホルモン(LH)，卵胞刺激ホルモン(FSH)の低下により卵胞の発育も障害され，視床下部性機能障害の無月経に陥るとされている。実際のスポーツの現場において選手の月経異常に対する意識は選手本人，指導者の中でも低く，そのまま放置されているのが現状であろう。その問題点として，① 長期間無治療のまま放置された場合の無月経の重症化，難治性，② 長期間の無月経はエストロゲンの分泌が低下状態であり，そのため骨塩量の低下をきたし，疲労骨折の原因となる，③ 将来の妊娠・出産に及ぼす影響，などが考えられる。

　3カ月以上無月経が続く場合，トレーニングの修正による月経の状況を観察し，さらに3～6カ月しても状況が改善しない場合は婦人科専門医への受診を勧める。

IX．骨粗鬆症

　女性の骨量は10歳代後半にピークに達し，50歳の更年期後は年間2～3％減少する。卵巣からのエストロゲンの分泌がなくなることによって，閉経後婦人は骨量の急激な低下をもたらし，骨粗鬆症の発症割合が増加する。スポーツ活動に伴う運動性無月経は低エストロゲン状態となり，骨量低下をきたし，オーバートレーニングの持続も重なり，疲労骨折をきたす原因となる。対応としては，月経異常，無月経に対する治療であり，休養，トレーニングの中止，専門医によるホルモン療法などが必要である。

X．女性に多いスポーツ外傷・障害

　女性の身体特性として① アライメントの特性(骨盤が広い，膝外反が大きい)，② 関節弛緩性が高い，③ 筋力が少なく体脂肪が多い，などが考えられ，あらかじめメディカルチェックを行いアライメントの把握，タイトネステスト，ルーズネステストは行っておくべきであろう。

1．アライメント特性によるスポーツ障害
① **広い骨盤**：骨盤疲労骨折
② **小さい大腿骨の頸体角**：大腿骨頸部疲労骨折
③ **膝外反**：膝蓋大腿関節障害

2．女性に多いスポーツ外傷・障害
前十字靱帯損傷，膝蓋骨脱臼・亜脱臼，肩関節亜脱臼，疲労骨折，股関節臼蓋形成不全に伴う股関節痛，外反母趾，骨端症，母指基節骨疲労骨折などが多い。
① **前十字靱帯損傷**：男子に比べ女子は非接触性の損傷，方向転換や着地時に発生する。発生要因として，大きなQアングルによる大きな外反，高い関節弛緩性によりぶれやすい状態が起き，そのために繰り返される靱帯の疲労から引き起

こされる断裂、および大腿四頭筋の拮抗筋（ハムストリング）の収縮遅延などが考えられる。
② **膝蓋骨脱臼・亜脱臼**：方向転換・着地時の膝外反により発生する。大きなQアングル、膝蓋大腿関節の高い関節弛緩性が要因となる。
③ **肩関節亜脱臼**：投球動作などのオーバーヘッド動作時に発生しやすいが、高い関節弛緩性が問題となる。
④ **股関節臼蓋形成不全**：外傷・障害ではないが、比較的軽度の臼蓋形成不全でも競技に支障をきたすことがある。

3．女子選手に多い足のトラブル
① **外反母趾**：高い関節弛緩性、足のアーチ形態、足部の筋力などが問題となる。
② **Freiberg病**：骨端症で、発生は中学生女子に多く、中足骨頭に変形をきたす。
③ **母指基節骨疲労骨折**：外反母趾に合併しやすい。

XI．疲労骨折

一般的に脛骨、腓骨、中足骨に多いが、女子に特徴的な場所として恥骨、大腿骨が挙げられる。
① **恥骨（恥骨下枝）**：発生要因として、幅広い骨盤のため股関節の位置がより骨盤中心から離れているために、力が遠方に作用することが考えられる。羞恥心により、痛みの部位を言い難いため発見や治療が遅れやすい。
② **大腿骨（頸部・骨幹部・顆上部）**：周囲が豊富な筋肉に囲まれているため、症状がわかりにくく、部位の同定がしにくい。

月経周期異常と疲労骨折のメカニズムとして、オーバーワーク→視床下部性ホルモン機能低下→視床下部-下垂体-卵巣機能障害→エストロゲンの分泌低下→骨吸収に見合う骨形成の低下→骨密度低下、疲労骨折が考えられ、長期の無月経、初経発来遅延は骨密度の低下や疲労骨折の増加と密接に関連する。

おわりに
従来スポーツ選手の医学管理としては整形外科的な管理が中心であったが、女子選手を対象とした場合、いままでどちらかというと軽視がちであった月経異常などについても、最近は月経周期異常、食行動異常、骨量減少という三徴として女子スポーツ選手の健康被害が取り上げられるようになった。しかし今日、選手の中にはこれら産婦人科的問題をかかえながら、対処がわからず相談もできずに放置したり、指導者からも無視されているケースも存在しており、これらに対し産婦人科医に積極的に相談することを勧めると同時に、適切な指導と管理を行うことが私どもの使命と考える。

〔田中光臣〕

Chapter 23 サッカーに必要なテーピング

Football Medicine

　テーピングとは，簡単にいえば解剖学的構造に沿って，また傷害の発生機転に合わせて粘着性を有するテープを規則正しく巻いたり，貼ったりする方法のことである。日本のサッカーでは，1960年代にドイツのクラマーコーチによって紹介されたといわれている。しかしながら，当時はテーピングに適した十分な引っ張り強度を有するテーピング用テープの入手が困難であったため，その普及は米国よりテーピング用テープの輸入が始まった1975年頃からである。サッカーでは，足関節（足首），膝関節など下肢の傷害の発生率が高く，現在ではこれらの部位でのテーピングが広く普及している。

I．テーピングの目的と効果

1．テーピングの目的

　テーピングの代表的な目的は，傷害の予防，応急処置，そして再発予防である。予防を目的としたテーピングは，文字通り傷害の前歴のない部位に対して行うもので，主に足首，手首，指などに対して用いられる。日常での使用を基本としており，費用の面からあまり普及していないのが現状である。
　応急処置を目的としたテーピングは，受傷直後の標準的な応急処置の後に固定が必要な場合に用いられる。基本的には，安静時の患部の保護を目的としたテーピングで，腫れのある，あるいは腫れてくることが予想される部分に行うため，必ず一部を開放しておくことが肝要である。
　テーピングの目的の中で最もよく用いられているのが，傷害の再発予防を目的としたテーピングである。この目的のテーピングは，文字通り傷害の前歴のある部位に対して行うものである。本来の再発予防を目的にしたテーピングは，十分にリハビリテーションなどを行った上で運動に復帰する際に用いられるものである。また，足首や膝の傷害を繰り返し，関節に不安定性が残ってしまっている場合にも用いられる。

2．テーピングの効果

　テーピングの効果として最も重要なものは，関節の特定の動きを任意に制限でき

ることである。例えば，足首を例にとると，捻挫に対して重要なことは捻挫をした時の関節の動きをしっかりと制限することである。その一方で，足首の曲げ伸ばしに対する制限を最小に抑えることも運動を行う上で大切である。テーピングではこれが可能である。このためテーピングの実施にあたっては，傷害に対する十分な知識が必要である。

この他，特定の部位の部分的圧迫，傷害の再発に対する不安感の軽減などの効果もある。

II. 注意事項

① **正確な診断**：テーピングは万能ではない。このため，特に再発予防を目的としてテーピングを行う際は，まず医師の診断を受け，傷害の種類・程度をしっかりと把握しておくことが大切である。テーピングは主に捻挫，靱帯損傷，肉離れ，打撲に対して用いられる。

② **循環障害，筋・腱障害**：テーピングを無造作に行ってしまうとほとんどの場合，循環障害が生じてしまうので注意が必要である。また，部位によっては筋肉や腱が緩んだ状態でテーピングを行った場合，筋肉の痙攣や腱の損傷を引き起こしてしまうことがある。さらに，テープの一方の端が腱などに食い込んだ形にならないように注意する。このため，特に身体の一部にテープを1周させる場合は，筋肉・腱を必ず緊張させておく。また，身体の形状に合わせてテープの幅全体で均一に圧迫が加わるようにテーピングすることが大切である。

③ **テーピングの適用時間**：予防あるいは再発予防を目的としてテーピングを行う場合，皮膚への影響やテーピングのずれを考慮して，テーピングの適用時間は3～4時間とする。また，応急処置を目的とした場合は，安静状態が維持されていれば3日前後は貼ったままでもよい。ただし，テープの品質，皮膚の状態によっては毎日巻き直した方がよい場合もある。

III. テーピングを行う際の準備

① テーピングする部位の体毛をできる限り剃っておく（図1）。
② 汗や汚れを落とすために，きれいに洗い，よく乾かす。
③ 粘着スプレーを十分に吹きかける（図2）。
④ 足首の前後や膝の裏などテープと皮膚の間で摩擦が生じ，皮膚に影響の出やすい部分にはワセリンを塗ったガーゼ，脱脂綿，パッドなどを当てておく（図3）。
⑤ テーピングは皮膚に直接行うのが最も効果的であるが，皮膚が弱いなどの場合にはアンダーラップを巻いて，その上からテーピングを行う（図4）。
⑥ テーピング終了まで関節の角度を一定に維持させておく。途中で角度が変わらないように注意する。足首のテーピングでは90°（解剖学的には中間位）に維持させる。また，膝のテーピングでは，約30°曲げた状態を維持させる。

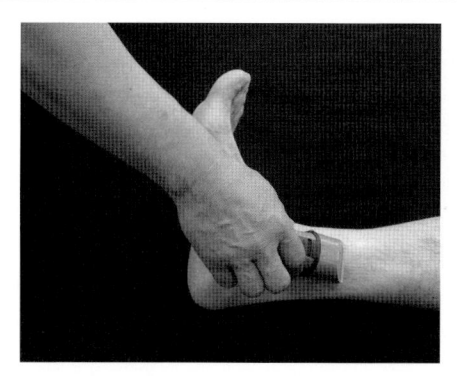

図1. できる限りテーピングする部分の毛を剃る。

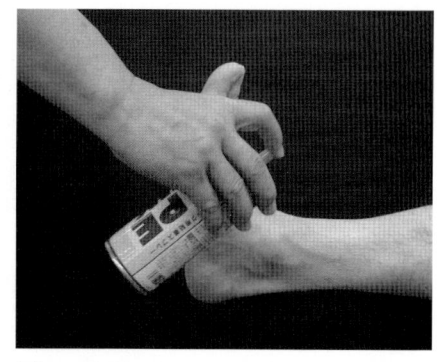

図2. 粘着スプレーをテーピングする部分全体に吹きかける。

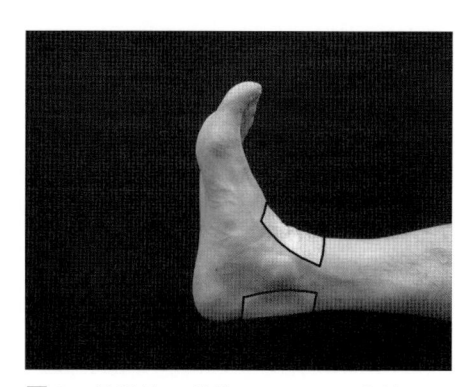

図3. 足関節の前後にワセリンを塗ったガーゼ、あるいは脱脂綿を当てる。

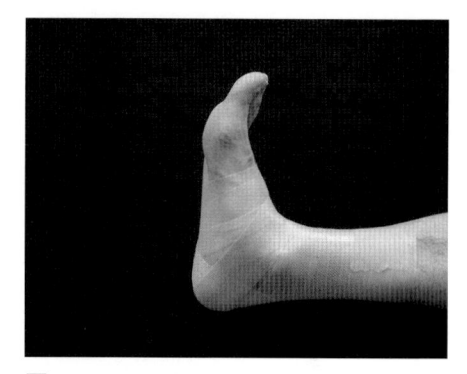

図4. 必要に応じてアンダーラップを巻く。

IV. テーピングの実際

ここでは、サッカーでよくみられる足首の捻挫に対するテーピングと、膝関節の内側の靱帯の損傷に対するテーピングについて紹介する。

1. 足首の捻挫に対するテーピング

足首の捻挫は、サッカーにおいて最もよくみられる外傷である。足首の外側の靱帯を損傷する内がえし(内反)捻挫と、内側の靱帯を損傷する外がえし(外反)捻挫とがある。ここでは、内がえし捻挫に対するテーピングを2種類紹介する。

a. 足首の内がえし捻挫に対するテーピング(1)

この方法は内がえしを制限する一方で、足首の曲げ伸ばしをほとんど制限しないため、サッカーでは比較的よく用いられている。その特徴は、内がえしの制限で、最も大切なスターアップテープというあぶみ型のテープをかかとの部分で交差するように扇型に貼ることと、フィギュアエイトテープ、ヒールロックテープを伸縮テープを用いて行うことである。ただし、次に紹介する非伸縮テープだけで行う方法に比べ、その固定性はやや低いため、足首に不安定性のみられる選手ではその固定性を不十分と感じることがある。

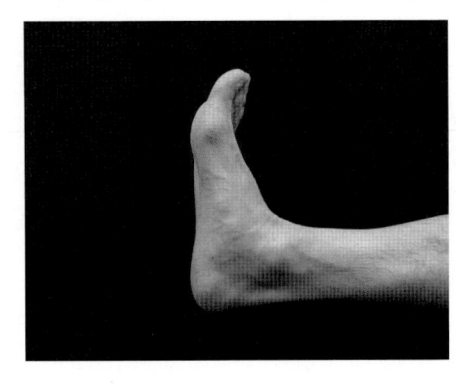

図5. 足関節を90°（正式には中間位）に維持させる。テーピング中に角度が変わらないように注意する。

① 足首のテーピング(1)を行う際の注意点
 ⅰ）足首の角度を90°に維持させる（図5）。
 ⅱ）下腿部のアンカーテープがふくらはぎの筋肉にかからないようにする。
 ⅲ）スターアップテープは，必ず内側から始め，外側で強く引っ張り上げる。また，通常このテープは3本行うが，3本のテープは足の裏を中心に扇型になるように貼る。外がえし捻挫に対するテーピングの場合は，足の裏を中心に内側・外側を均等に引き上げるようにしてスターアップテープを貼る。
 ⅳ）スターアップテープの端を止めるためのアンカーテープを必ず行う。
 ⅴ）伸縮テープでフィギュアエイトテープ，ヒールロックテープを連続的に巻く強さは選手によって変える。一般に強く巻けば巻くほど固定性は高まるが，選手によっては曲げ伸ばしにわずかに制限を感じることがある。外がえし捻挫に対するテーピングの場合，スタート位置は内くるぶしの少し上とする。

② 使用テープ
 ―38 mm幅非伸縮テープ
 ―38 mm幅あるいは50 mm幅ライト伸縮テープ
 ―アンダーラップ（必要に応じて）

③ テーピング方法（図6～29）

b．足首の内がえし捻挫に対するテーピング(2)

この方法は，すべて非伸縮テープで行う方法で，かつスターアップテープは平行に貼る。この方法でのテーピングでは，足首の固定はしっかりするものの可動性はわずかに犠牲になる。つまり足首の曲げ伸ばしがわずかに制限される。足首の捻挫が癖になっており，より固定力の高いテーピングを必要とする例に対して勧められる。このテーピングは，すべて非伸縮テープで行うため，皮膚や筋腱組織への影響を考えてテープの食い込み，たるみ，しわに注意が必要である。

① 足首のテーピング(2)を行う際の注意点
 ⅰ）足首の角度を90°に維持させる（図5）。
 ⅱ）下腿部のアンカーテープがふくらはぎの筋肉にかからないようにする。
 ⅲ）足部のアンカーテープは，足部のほぼ中央に行う。
 ⅳ）スターアップテープは，必ず内側から始め，外側で強く引っ張り上げる。また，足の外側の骨ばった部分（第5中足骨底部）にスターアップテープがか

足首の内がえし捻挫に対するテーピング(1)

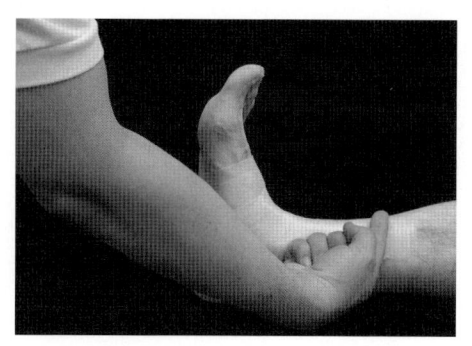

図 6. 下腿部アンカーテープの位置
下腿部アンカーテープを貼る目安は，内くるぶしの最も高く盛り上がった部分から握りこぶしほぼひとつ分とする。

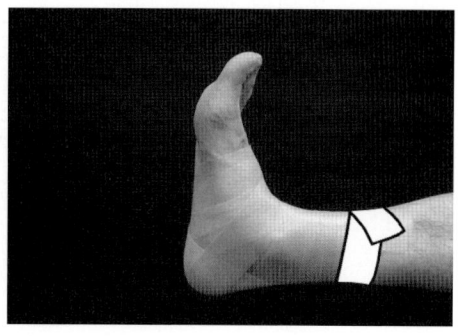

図 7. アンカーテープ―1 本目
下腿部の形状に合わせてアンカーテープを巻く。下腿部の前面でテープの両端を斜め上向きに重ねる。

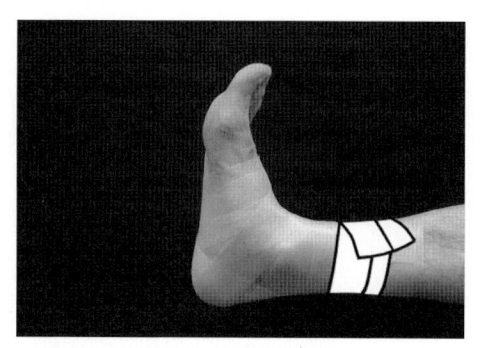

図 8. アンカーテープ―2 本目
1 本目のアンカーテープに約半分重ね合わせて，2 本目のアンカーテープを巻く。

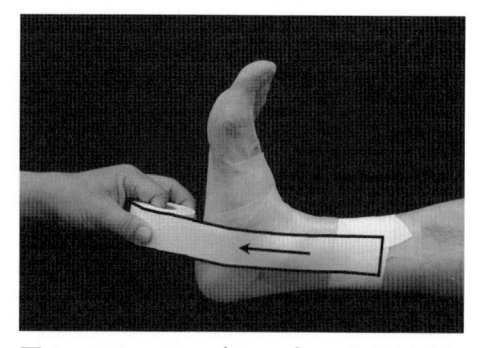

図 9. スターアップテープ―1 本目(内側)
内がえし捻挫に対するテーピングでは，スターアップテープは下腿部アンカーテープ内側から始め，内くるぶしの上を通るように貼る。

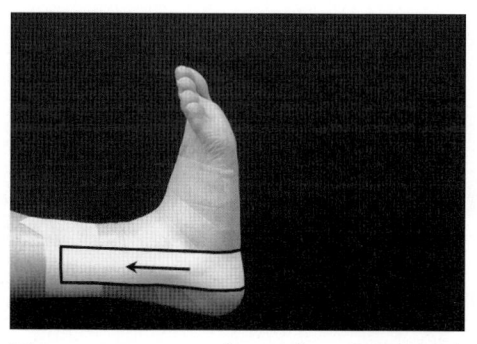

図 10. スターアップテープ―1 本目(外側)
続けて足の裏の部分で真横にテープを貼り，外側で外くるぶしの上を通して，強く引っ張り上げながらアンカーテープの上で止める。

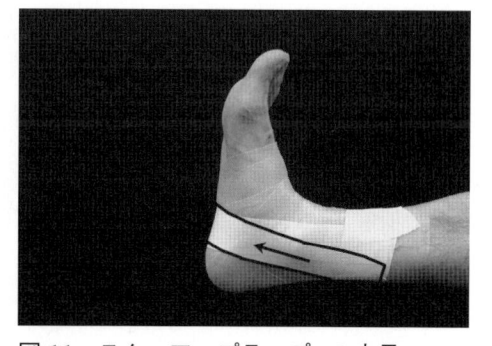

図 11. スターアップテープ―2 本目
2 本目のスターアップテープは，1 本目より少し下から始め，足の裏では 1 本目と同じ場所を通るように貼る。

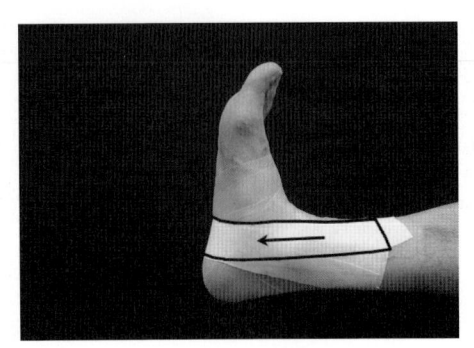

図 12. スターアップテープ—3 本目
3 本目のスターアップテープは 1 本目より少し上から始め，足の裏では 1 本目と同じ場所を通るように貼る。

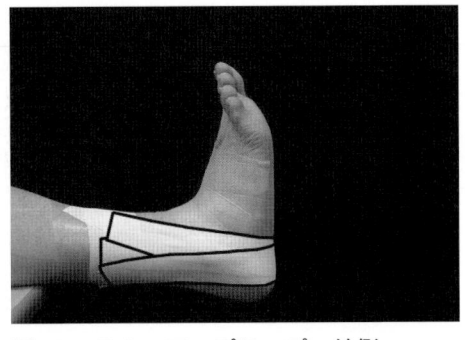

図 13. スターアップテープ—外側
2 本目のスターアップテープは，1 本目より少し上で止め，3 本目は 1 本目よりも少し下で止める。この結果，3 本のスターアップテープは，足裏の部分を中心に内側，外側で扇形となる。

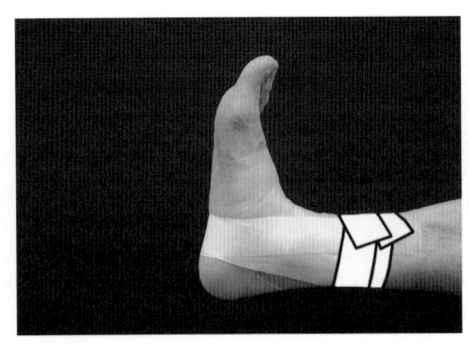

図 14. アンカーテープ
最初のアンカーテープと同じ位置か，あるいは少し上にアンカーテープを 2 本巻く。

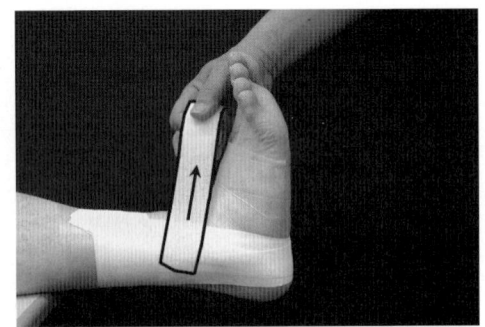

図 15. フィギュアエイトテープ①
伸縮テープを連続的に巻く。最初に外くるぶしの少し上から始め，土踏まず方向に引っ張る。

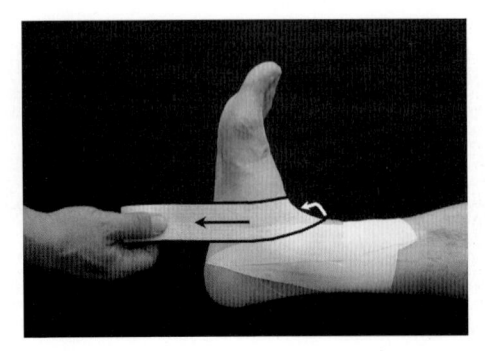

図 16. フィギュアエイトテープ②
足首の前面を通り，土踏まずにテープを貼る。この際，テープが足に対して垂直になるように貼る。

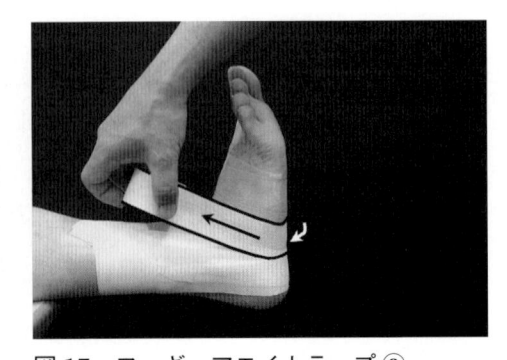

図 17. フィギュアエイトテープ③
足の裏を真っ直ぐ真横方向にテープを引っ張り，足の外側から足首の前面方向にテープを引っ張り上げる。

23. サッカーに必要なテーピング　373

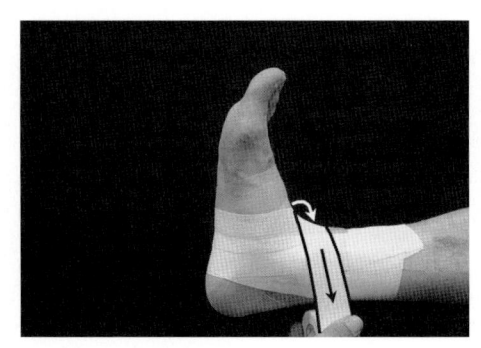

図18. フィギュアエイトテープ④
足首の前面から内くるぶしの少し上にテープを貼る。

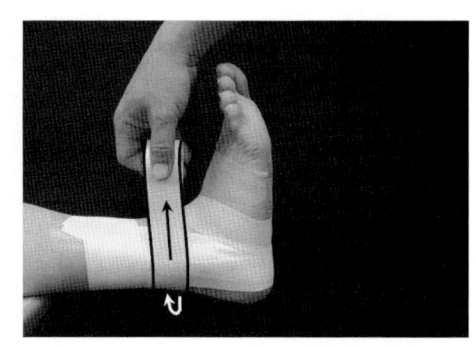

図19. フィギュアエイトテープ⑤
アキレス腱部を通り，外くるぶしの少し上にテープを貼る。

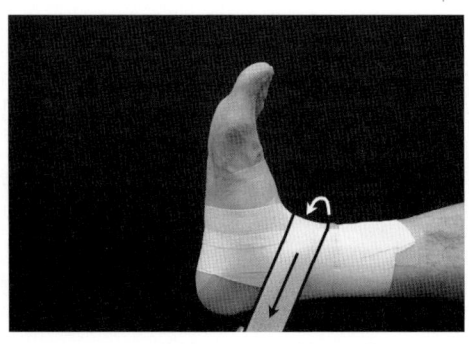

図20. ヒールロックテープ外側①
続けて，内くるぶしの真上からアキレス腱方向に，わずかに斜め下向きにテープを引っ張る。

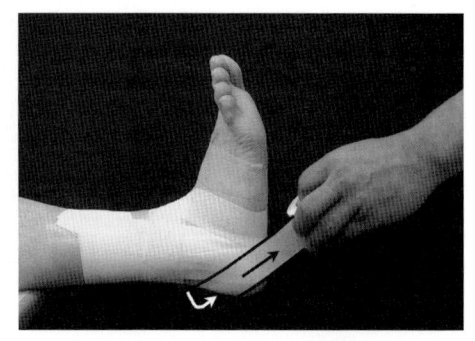

図21. ヒールロックテープ外側②
アキレス腱部を越えたところで斜め下向きに方向を変え，かかとの外側にテープを貼る。

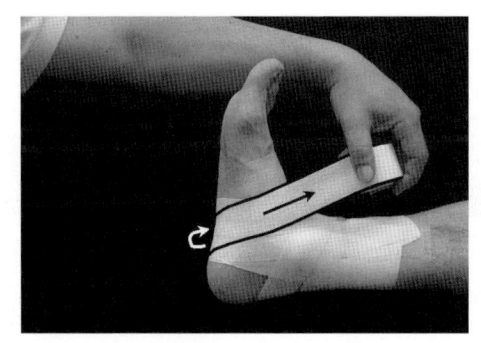

図22. ヒールロックテープ外側③
足の裏から足首の前面方向にテープを引っ張る。足の裏でテープが蛇行しないように注意する。

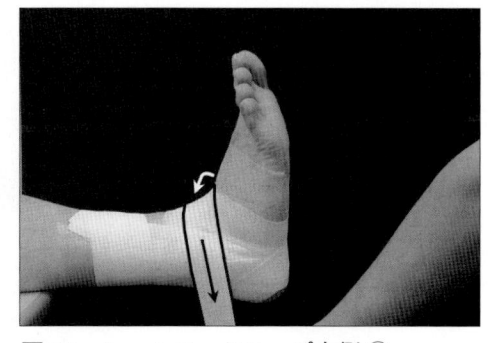

図23. ヒールロックテープ内側①
足首の前面から外くるぶしの真上を通し，アキレス腱方向にテープを引っ張る。

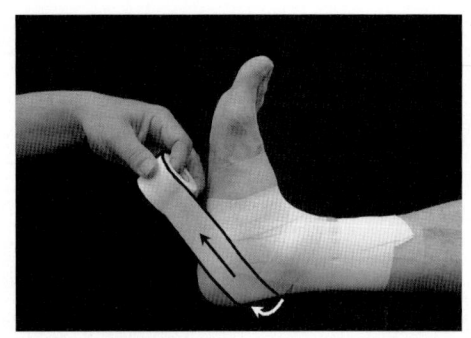

図 24. ヒールロックテープ内側 ②
アキレス腱を越えたところで斜め下向きに方向を変え，かかとの内側に斜めにテープを貼る。

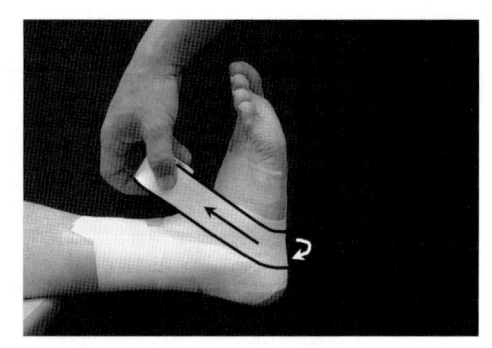

図 25. ヒールロックテープ内側 ③
足の裏から足首の前面方向にテープを引っ張る。足の裏でテープが蛇行しないように注意する。

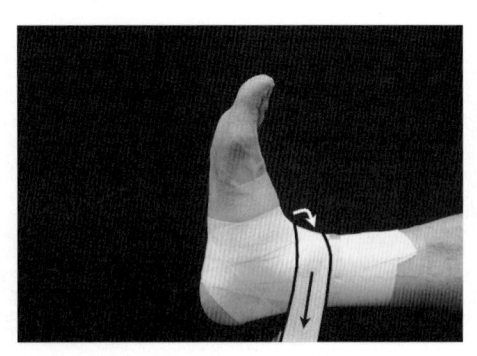

図 26. サーキュラーテープ ①
足首の前面にテープを貼る。

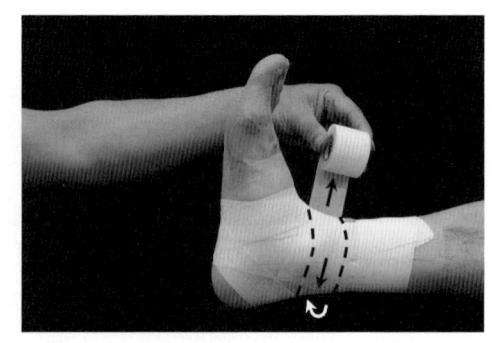

図 27. サーキュラーテープ ②
もしアキレス腱部に隙間ができているようであれば，それを埋めるようにテープを巻く。

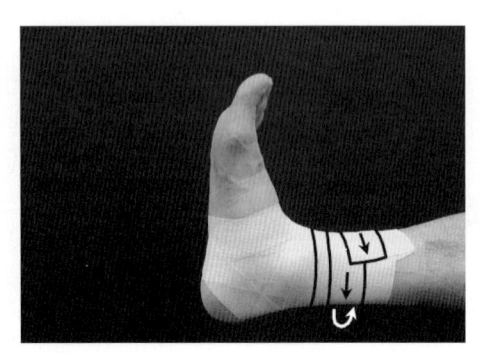

図 28. サーキュラーテープ ③
続けて，下腿部のアンカーの位置まで約半分ずつ重ね合わせながらテープを巻く。

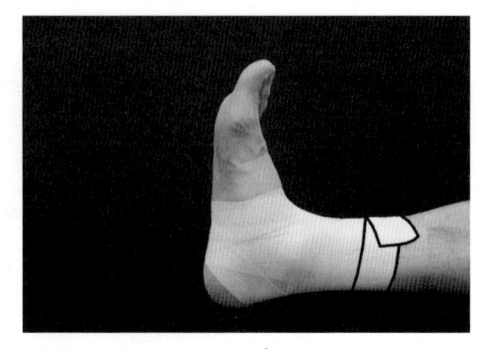

図 29. アンカーテープ
伸縮テープの端を非伸縮テープで止めて終了。

足首の内がえし捻挫に対するテーピング(2)

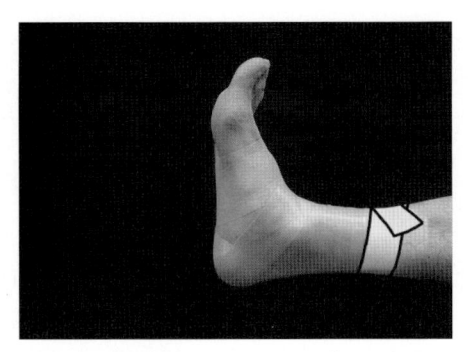

図30. 下腿部アンカーテープ―1本目
1本目のアンカーテープを巻く。

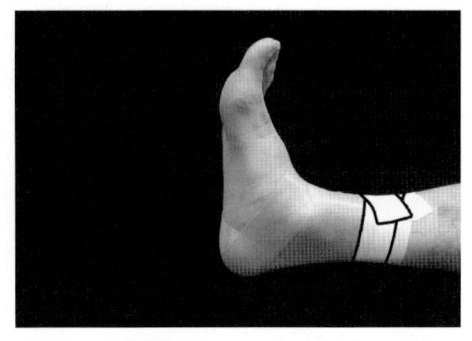

図31. 下腿部のアンカーテープ―2本目
1本目に約半分重ねて，2本目のアンカーテープを巻く。下腿部の形状に合わせて斜めに巻く。

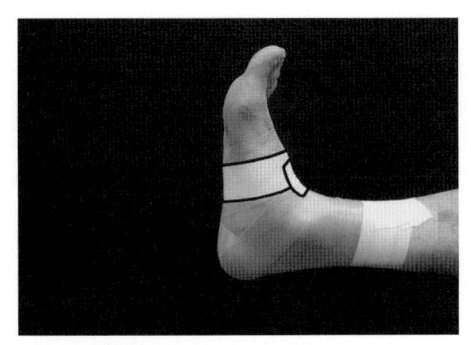

図32. 足部アンカーテープ
足部の中央にアンカーテープを巻く。きつく巻きすぎないように注意する。

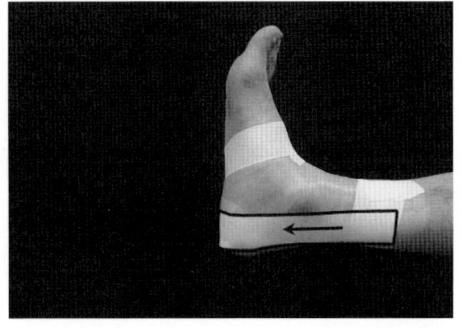

図33. スターアップテープ―1本目（内側）
スターアップテープの1本目を貼る。内がえし捻挫に対しては，下腿部アンカーテープの内側から始める。

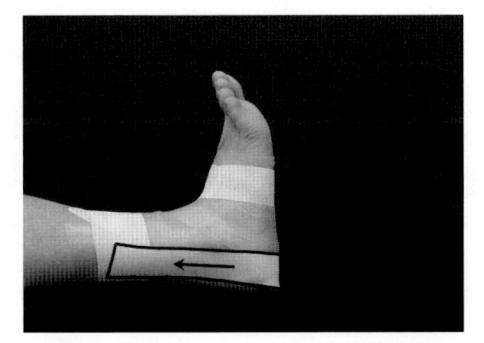

図34. スターアップテープ―1本目（外側）
外側で強く引っ張り上げてアンカーテープ上で止める。

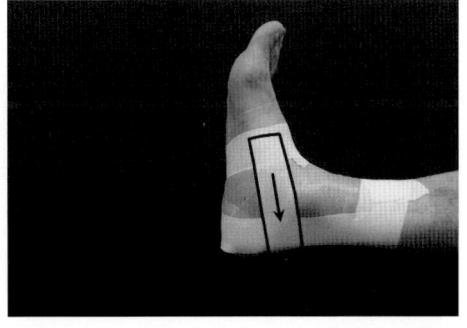

図35. ホースシューテープ―1本目（内側）
スターアップテープを固定する目的でホースシューテープを行う。足部のアンカーテープ上から始める。このテープは，アキレス腱部の形状に合わせて少し斜めに貼る。

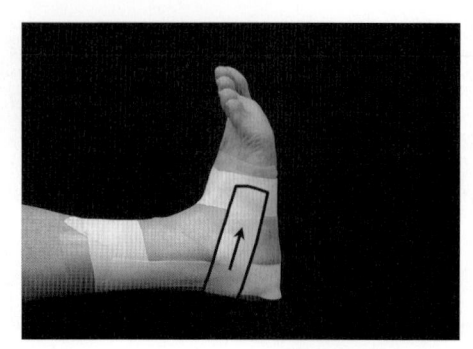

図 36. ホースシューテープ—1 本目（外側）
足部のアンカーテープ上で止める。アキレス腱部でテープが食い込んだり，たるんだりしないように注意する。

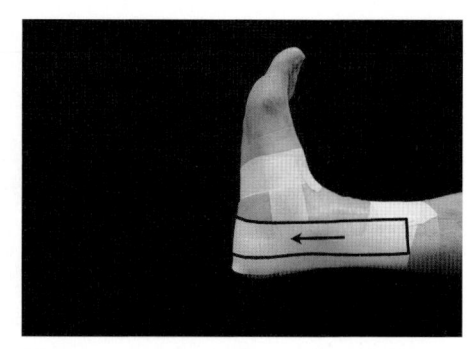

図 37. スターアップテープ—2 本目
1 本目のスターアップテープに約半分重ねて，2 本目のスターアップテープを行う。

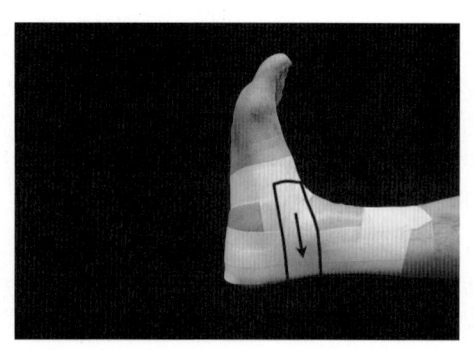

図 38. ホースシューテープ—2 本目
1 本目のホースシューテープに約半分重ねて，2 本目のホースシューテープを行う。1 本目よりも少し短くする。

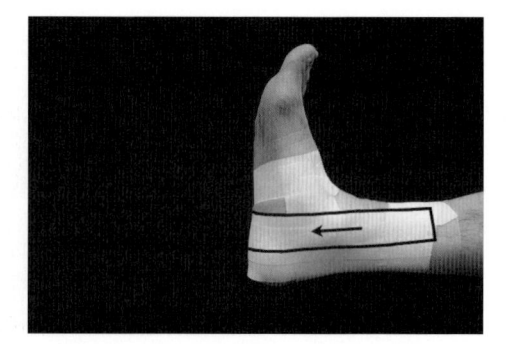

図 39. スターアップテープ—3 本目
2 本目のスターアップテープに約半分重ねて，3 本目のスターアップテープを行う。

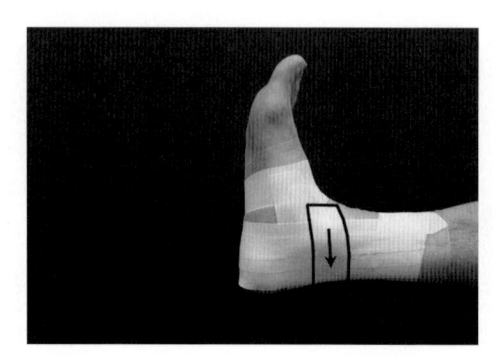

図 40. ホースシューテープ—3 本目
2 本目のホースシューテープに約半分重ねて，3 本目のホースシューテープを行う。2 本目よりも少し短くする。

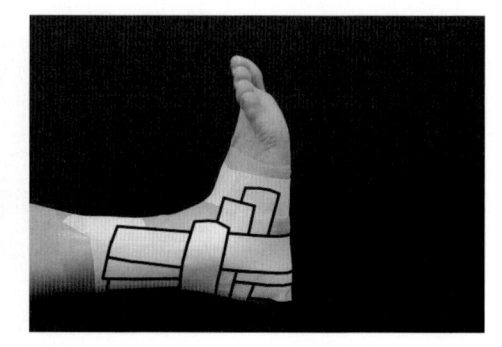

図 41. バスケットウィーブ
スターアップテープとホースシューテープを交互に貼る方法をバスケットウィーブと呼ぶ。

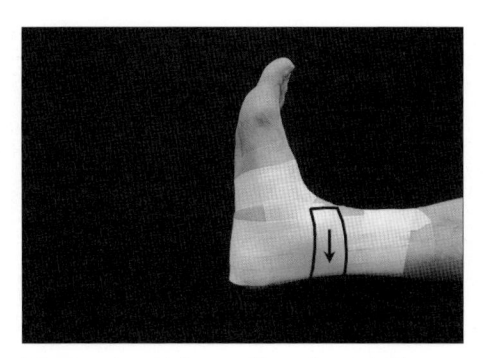

図42. ホースシューテープ—4本目
3本目のホースシューテープに約半分重ねて、4本目のホースシューテープを行う。3本目とほぼ同じ長さにする。

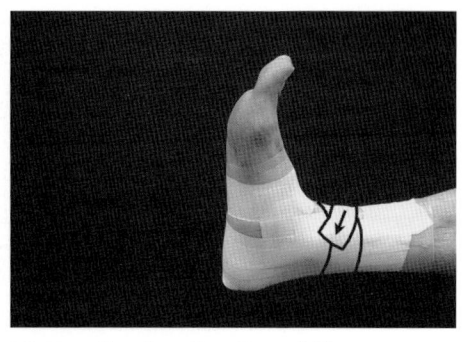

図43. サーキュラーテープ①
内くるぶしの少し上方にテープを1周巻く。この部分の形状に合わせてテープの両端がやや斜め下を向くようにする。

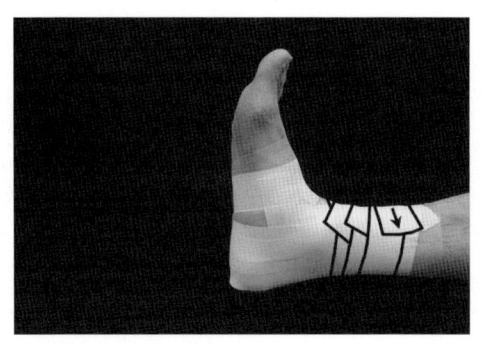

図44. サーキュラーテープ②
約半分ずつ重ね合わせながらサーキュラーテープを繰り返す。この部分の形状に合わせて、角度を少しずつ変える。

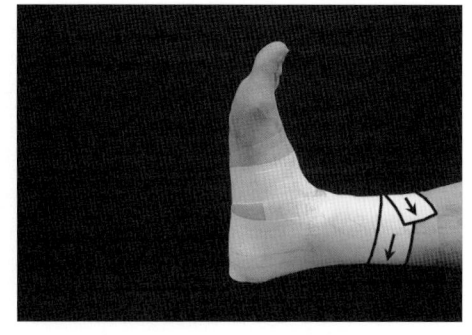

図45. サーキュラーテープ③
最初のアンカーテープと同じ位置か少し上まで、サーキュラーテープを巻く。

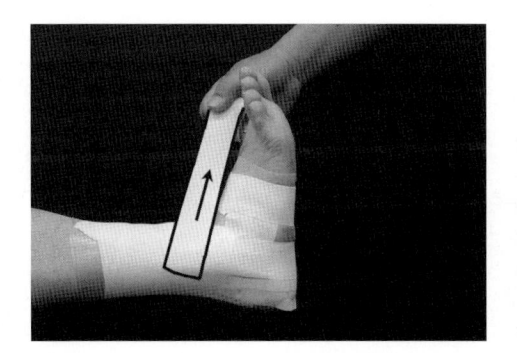

図46. フィギュアエイトテープ①
足首を中心に8の字を描くようにテープを巻く。外くるぶしの少し上から足首の前面を通るようにテープを引っ張る。

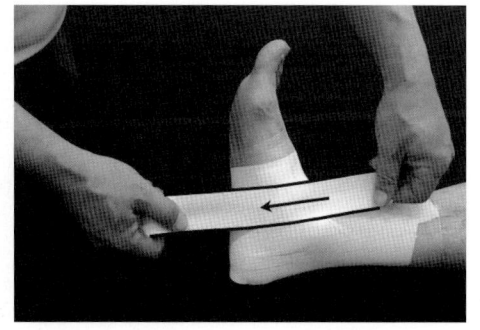

図47. フィギュアエイトテープ②
外くるぶしの少し上から始めるとうまくできない場合は、土踏まずの部分で足の裏に対して直角に交わるように合わせるとよい。

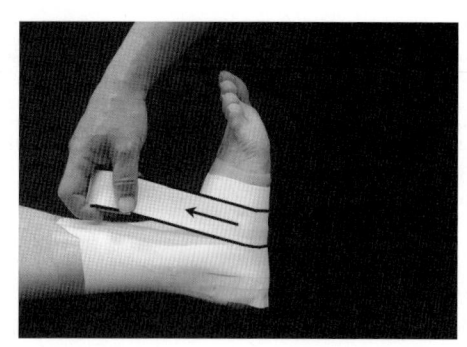

図48. フィギュアエイトテープ③
足の裏を通り，足の外側で上方に引っ張り上げる。足の裏でテープが斜めにならないように注意する。

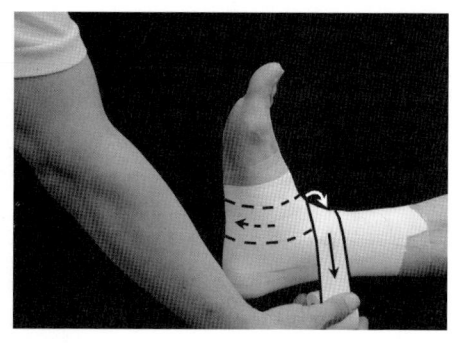

図49. フィギュアエイトテープ④
足首の前面，内くるぶしの少し上を通るようにテープを引っ張る。内くるぶしの真上や内くるぶしから離れた部分を通らないように注意する。

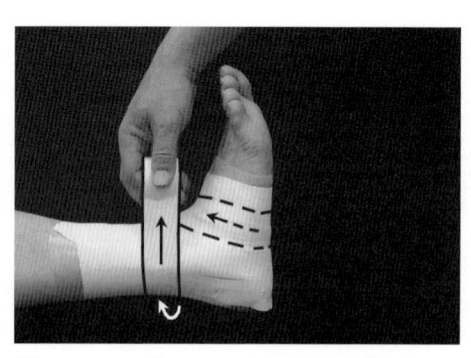

図50. フィギュアエイトテープ⑤
続けてアキレス腱部，外くるぶしの少し上の部分を通るようにテープを巻く。

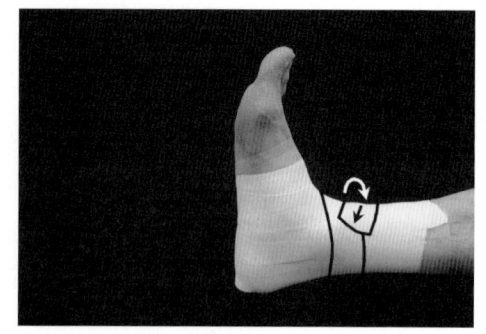

図51. フィギュアエイトテープ⑥
下腿の前面でテープを止める。

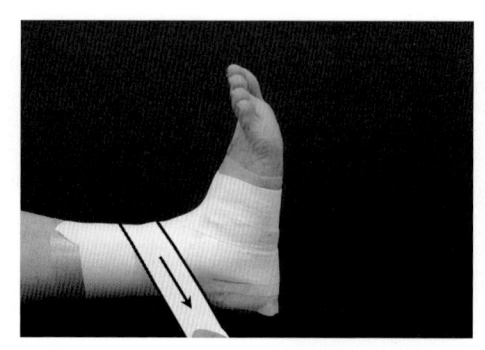

図52. ヒールロックテープ内側①
かかとの部分の横方向への動きを制限する目的で，かかとの内側と外側にヒールロックテープを貼る。下腿の前面から始め，外くるぶしの少し上を通るようにテープを引っ張る。

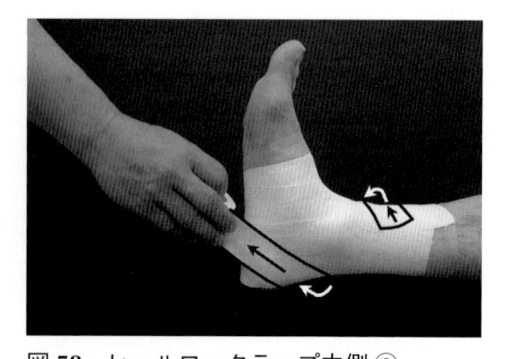

図53. ヒールロックテープ内側②
アキレス腱の上を通った後，かかとの内側に斜めにテープを貼る。このテープはかかとから離れすぎないように注意する。また，角度が浅くならないように注意する。

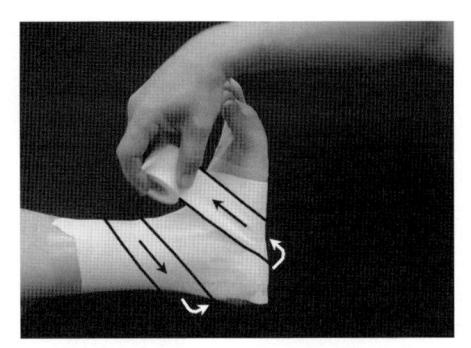

図54. ヒールロックテープ内側③
足の裏，外側を通り，足の甲の方向にテープを引っ張る。足の裏の部分でテープがたるまないように注意する。

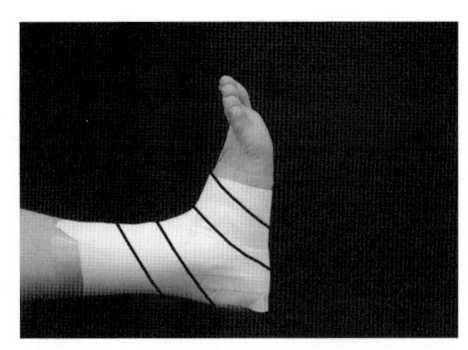

図55. ヒールロックテープ内側④
足の甲の部分でテープを止める。

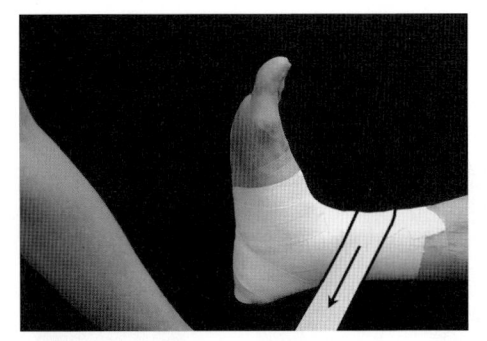

図56. ヒールロックテープ外側①
下腿の前面から始め，内くるぶしの少し上を通るようにテープを引っ張る。

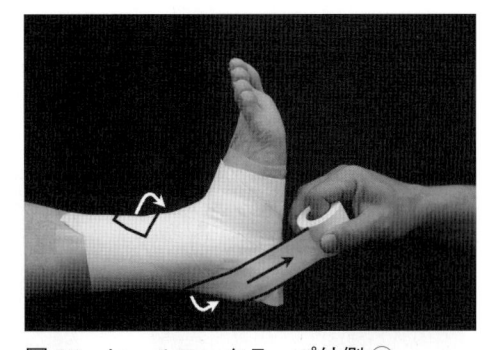

図57. ヒールロックテープ外側②
アキレス腱の上を通った後，かかとの外側に斜めにテープを貼る。このテープはかかとから離れすぎないように注意する。また，角度が浅くならないように注意する。

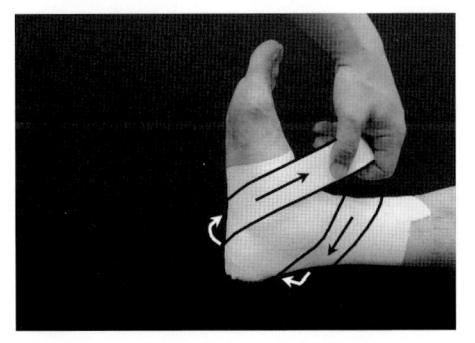

図58. ヒールロックテープ外側③
足の裏，内側を通り，足の甲の方向にテープを引っ張る。足の裏の部分でテープがたるまないように注意する。

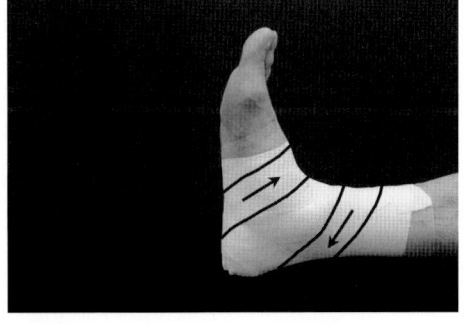

図59. ヒールロックテープ外側④
足の甲の部分でテープを止める。

膝関節内側側副靱帯損傷に対するテーピング

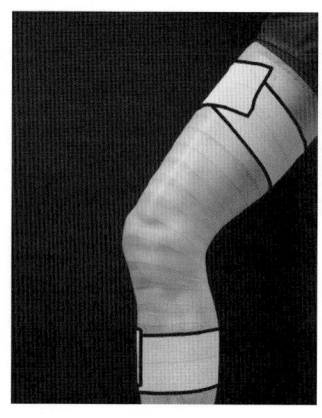

図60. アンカーテープ
大腿部のほぼ中央と下腿部の最も太い部分にアンカーテープを巻く。必ず筋肉を緊張させた状態で行う。

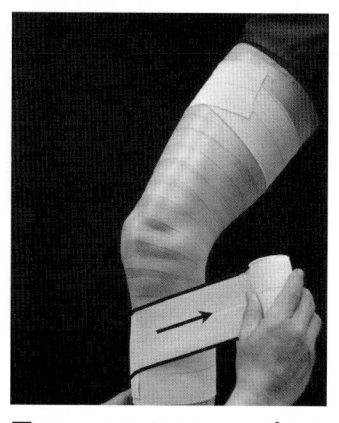

図61. スパイラルテープ1-1
下腿部の回旋を制限する目的で、らせん状（スパイラル）にテープを巻く。下腿外側のアンカーテープ上から始める。

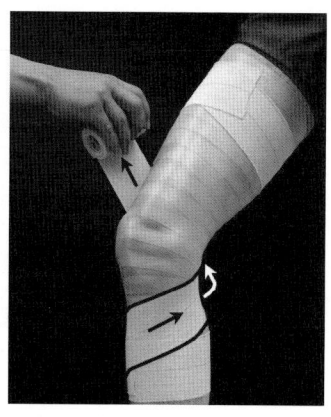

図62. スパイラルテープ1-2
斜め上方に引き上げ、膝の真うしろを通す。

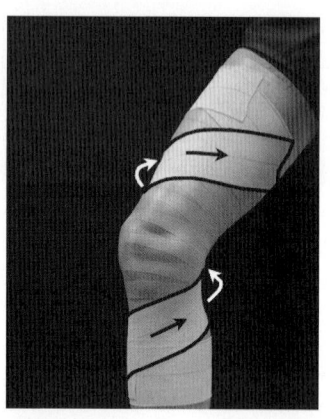

図63. スパイラルテープ1-3
大腿部の前面を斜めに通り、大腿部アンカーテープの内側で止める。

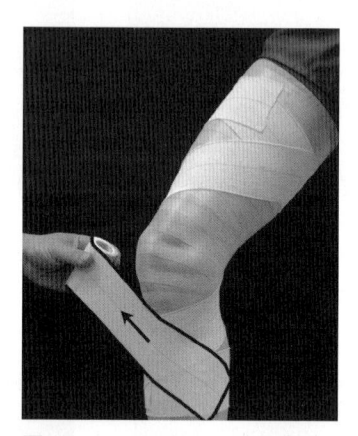

図64. スパイラルテープ2-1
下腿内側のアンカーテープ上から始める。

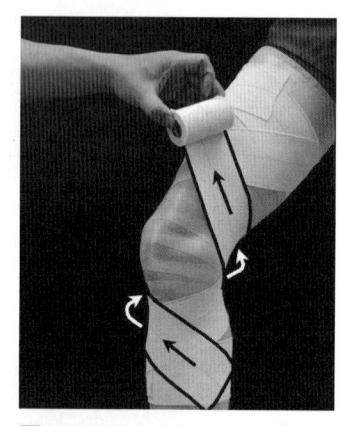

図65. スパイラルテープ2-2
斜め上方に引き上げ、膝の真うしろを通す。

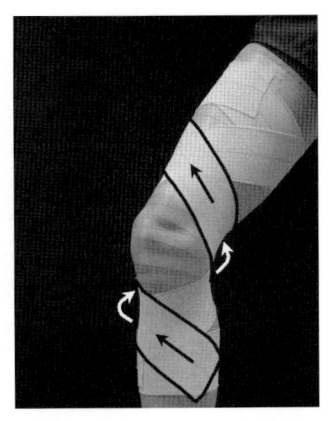

図66. スパイラルテープ2-3
大腿部の前面を斜めに通り，大腿部アンカーテープの外側で止める．必要に応じて両方向のスパイラルテープを2〜5回繰り返す．

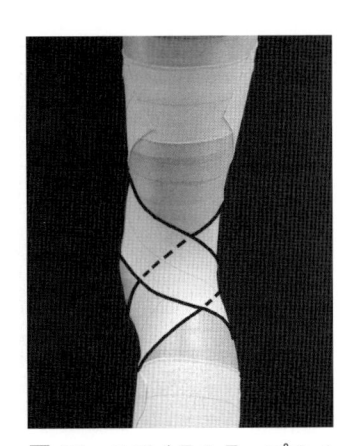

図67. スパイラルテープ2-4
両方向のスパイラルテープは，必ず膝の真うしろで交差させる．交差の位置が上下左右にずれないように注意する．

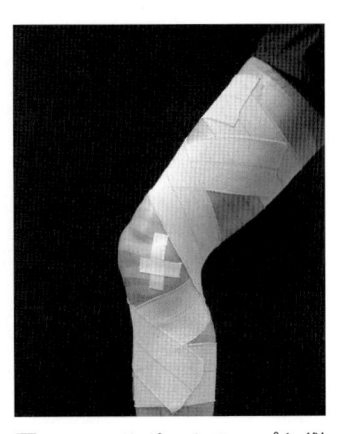

図68. Xサポートテープと縦方向のサポートテープの交差のポイント
Xサポートテープと縦方向のサポートテープの交差のポイントは，内側側副靱帯上でかつ関節上とする．

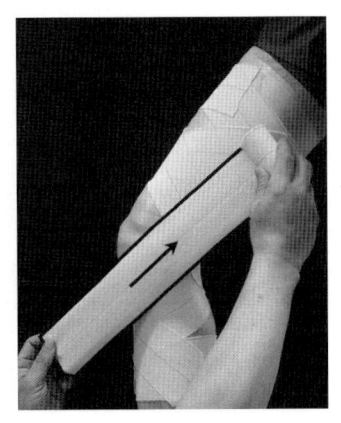

図69. Xサポートテープ1-1
下腿の外反を制限する目的でXサポートテープを貼る．前述の交差のポイントを確実に通すようにテープを貼るコツは，まずは適当な長さにテープを引き出し，交差のポイント上に合わせる．

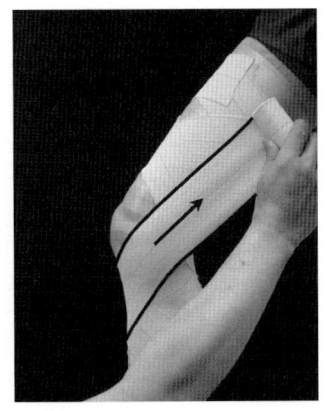

図70. Xサポートテープ1-2
次に，下腿の外側でアンカーテープ上にXサポートの下端を貼り付け，しっかりと固定した上で大腿部方向に強く引っ張り上げる．

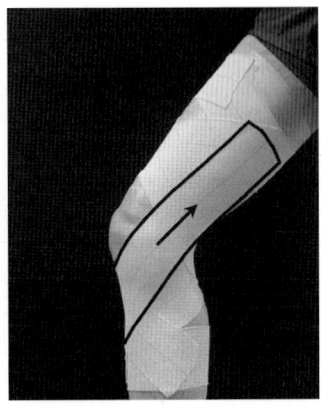

図71. Xサポートテープ1-3
大腿部のアンカーテープ上で止める．

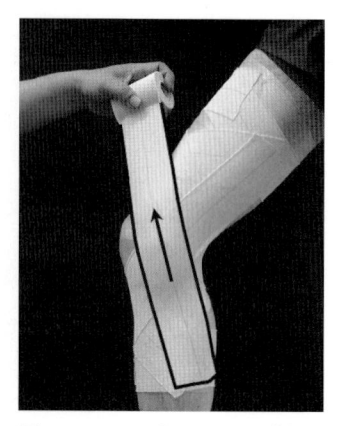

図 72. X サポートテープ 2-1
X サポートテープ 1 と膝の内側で交差するように X サポートテープ 2 を貼る。下腿部アンカーテープの内側から始め，前述の交差のポイントを通り，上方に強く引っ張り上げる。

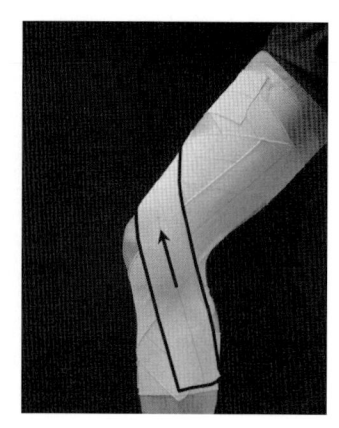

図 73. X サポートテープ 2-2
大腿部のアンカーテープ上で止める。

図 74. 縦方向のサポートテープ 1-1
下腿部アンカーテープの内側から始め，X サポートテープの交差するポイント上を通り，上方に強く引っ張り上げる。

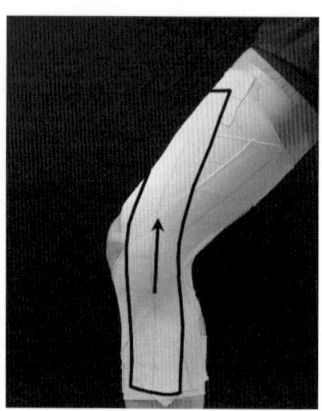

図 75. 縦方向のサポートテープ 1-2
大腿部のアンカーテープ上で止める。

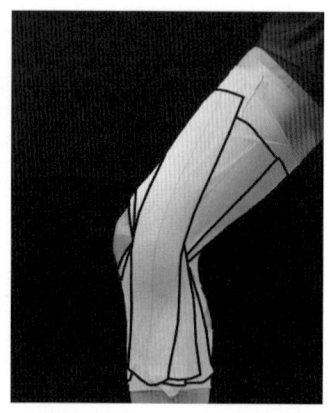

図 76. X サポートテープ，縦方向のサポートテープの繰り返し
必要に応じて X サポートテープと縦方向のサポートテープを 2〜5 回繰り返す。2 セット目以降は始めと終わりの部分を少しずつ変える。ただし，すべてのサポートテープは同じ箇所で交差させる。

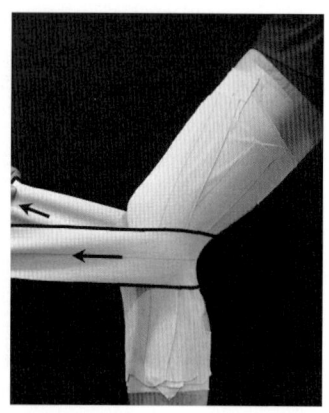

図 77. コンプレッションテープ①
X サポートテープ，縦方向のサポートテープが膝の横の部分で剥がれてこないようにコンプレッションテープを貼る。膝の後ろの部分を中心に内外同じ長さでテープを前方に引き出す。

23. サッカーに必要なテーピング 383

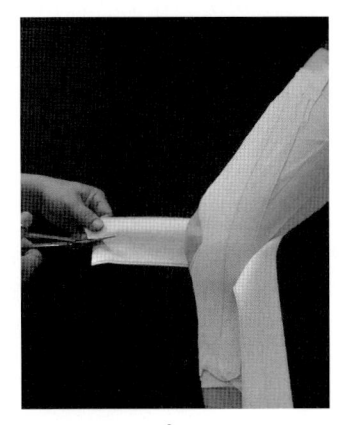

図 78. コンプレッションテープ②
膝の外側のテープのほぼ中央にはさみで切り目を入れる。

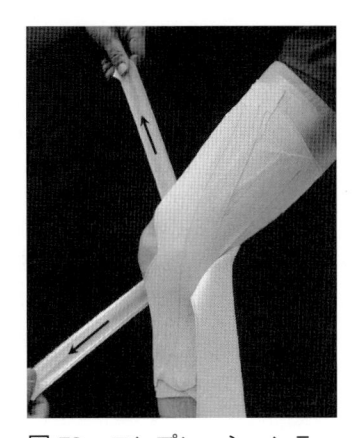

図 79. コンプレッションテープ③
テープを上下に裂く。

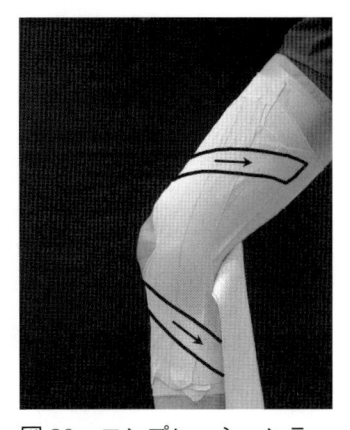

図 80. コンプレッションテープ④
上半分は大腿部のアンカーテープの高さまで、そして下半分は下腿部のアンカーテープの高さまで引っ張って貼る。

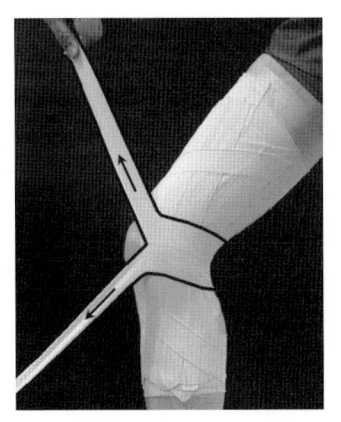

図 81. コンプレッションテープ⑤
膝の内側のテープも外側と同様にはさみで切り目を入れ、上下に引き裂く。内側のテープは裂き過ぎないように注意する。

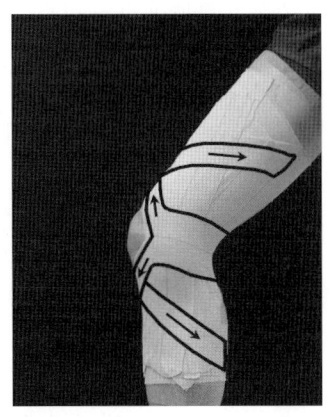

図 82. コンプレッションテープ⑥
外側と同様、上半分は大腿部のアンカーテープの高さまで、そして下半分は下腿部のアンカーテープの高さまで引っ張って貼る。

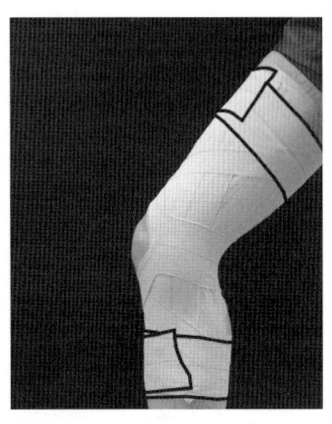

図 83. アンカーテープ
大腿部のほぼ中央と下腿部の最も太い部分にアンカーテープを巻く。必ず筋肉を緊張させた状態で行う。

かってしまうと，荷重時にこの部分に痛みが生じたり，足首を伸ばす動きが極端に制限されることがあるため，この部分にテープがかからないように注意する。外がえし捻挫に対しては，内側・外側均等に引っ張るようにする。

v) スターアップテープを止める目的で行うホースシューテープおよびサーキュラーテープは，アキレス腱部の湾曲に合わせて貼る。つまり，これらのテープは湾曲に合わせてやや斜めに貼る。

vi) フィギュアエイトテープおよびヒールロックテープはアキレス腱部を通るため，これらのテープを行う前にもう一度足首の角度を確認する。アキレス腱が緩んだ状態でこれらのテープを行ってしまうと，最悪の場合，アキレス腱の炎症を引き起こしてしまうことがあるので注意が必要である。

② **使用テープ**
—38 mm 幅非伸縮テープ
—アンダーラップ(必要に応じて)

③ **テーピング方法(図 30〜59)**

2．膝関節内側側副靱帯損傷に対するテーピング

このテーピングは，膝の内側にある靱帯(内側側副靱帯)の損傷に対するテーピングで，下腿部の外反・外旋を制限する目的で行う。

① **膝関節のテーピングを行う際の注意点**

i) 膝関節を30°前後曲げた姿勢を維持させる。

ii) 大腿部，下腿部にアンカーテープを行う際には必ず筋肉を緊張させる。大腿部のアンカーテープは，大腿部のほぼ中央かやや上方に巻く。下腿部のアンカーテープは，ふくらはぎの最も太い部分に巻く。

iii) スパイラルテープは，必ず膝の真うしろの部分(膝窩部)で交差させる。また，下腿部，大腿部の前面を横切るように巻く。このテープは，膝を伸ばす動きを制限するため，選手によっては違和感を訴えることがあり，この場合は省くこともある。ただし，スパイラルテープを省くと，膝を捻る動きの制限は低下する。このテープは，末梢から中枢に向けてしっかりと引っ張りながら貼る。両方向のスパイラルテープを 2 回から最大で 5 回繰り返す。

iv) X サポートテープと縦方向のサポートテープは，必ず靱帯上でかつ関節上で交差させる。これらのテープも 2 回から最大で 5 回繰り返す。この際，交差のポイントは変えずに始めと終わりの部分を少しずつずらし，扇型に貼る。

v) スパイラルテープ，X サポートテープ，縦方向のサポートテープのずれを防ぐために行うコンプレッションテープは，膝の真うしろの中央部を通るように貼る。また，内側でテープを裂き過ぎないように注意する。

② **使用テープ**
—75 mm 幅ハード伸縮テープ，あるいは 50 mm 幅非伸縮テープ
ただし，コンプレッションテープだけは必ず 75 mm 幅ハード伸縮テープで行う。

③ **テーピング方法(図 60〜83)**

(鹿倉二郎)

和文索引

あ

アキレス腱断裂　197
アジアサッカー連盟　9
アスピリン喘息　213, 216
アスレティックトレーナー　4, 267
アミノ酸　326
アメリカ合衆国　35
アライメント　83
アレルギー性結膜炎　217
アレルギー性鼻炎　217
阿頼耶識　340
足首の内がえし捻挫　369, 370
鞍鼻　130

い

イソロイシン　332
イタリア　33
イメージング　345
インスリン　325
インスリンショック　335
インターミッテントトレーニング　56
インフルエンザ　227
E型肝炎ウイルス　209
医学管理　86
医事運営　297
医療事情　251
胃・十二指腸潰瘍　206
胃炎　206
胃結腸反射　207
胃酸　204
意識状態　122
意欲　343
息切れ　202, 238
飲頓症状（locking）　171
陰性T波　235

う

ウィンゲート・テスト　335
ウイルス肝炎　209
内がえし（内反）捻挫　369
運動性無月経　364
運動誘発性喘息　212, 216
運動量保存の法則　10

え

エコノミー症候群　231, 232
エネルギー　323
エリスロポエチン　203
栄養　323
栄養サポート　5, 258
栄養フルコース型　329
衛生環境　250
A型肝炎ウイルス　209
腋窩筋炎　189
X脚　182
Nテスト　171
遠征時の対応　321

お

オーストリア　34
オーバトレーニング　346
オーバロード　346
オーバワーク　346
オスグッド病　106, 108
おかず　329
おたふくかぜ　226
応急処置　367
応用スポーツ心理学　350
黄疸　208, 209
嘔気　206, 207
嘔吐　206, 207
O脚　182

か

カゼイン　331
カルシウム　326
からだづくり　324
下顎骨　130
下顎骨骨折　133
下腿　85
花粉症　217
花粉予防用マスク　219
過敏性腸症候群　206
海外遠征　250, 288
海外遠征歴　86
開口障害　132
角膜矯正手術　313
肩関節　84

滑液包炎　189
褐色尿　209
川崎病　74
肝グリコーゲン　334
肝炎　208
肝機能検査　208
肝機能障害　210
肝硬変　208
肝臓　208
肝臓癌　208
勘（第六感）　340
感染症　222
感染症の予防対策　251
感染症予防　222
硬気功　340
関節血症　171
関節鼠　188
関節軟骨障害　187
関節遊離体　188
鵞足炎　185
外国人医師の医療行為　304
外傷　104
外傷・障害　103
外傷・障害・疾病歴　86
外傷・障害の発生率　108
外側広筋　164
眼球運動　310
眼球運動障害　132
眼前暗黒感　238
眼窩壁骨折　132
顔面外傷　128
顔面神経下顎縁枝損傷　129
顔面神経側頭枝　129
顔面神経頬筋枝　130

き

気管支喘息　212
気功　340
気道リモデリング　212
気道過敏性　212
吸入ステロイド薬　214, 218, 221
急性肝炎　208
虚血性心疾患　236
狭心症　236
胸痛　202

頬骨　130
頬骨骨折　132
筋グリコーゲン　334
筋のタイトネス　83
筋挫傷　160
筋損傷　160
筋力（パワー）テスト　37
逆流性食道炎　206
牛乳蛋白　331

く

クラマー　367
クエン酸　335
クレアチン　334
クレアチンローディング　334
グリコーゲン　325
グリコーゲンローディング　334
グロビン　203
果物　329

け

けがの判断　263
げっぷ　206
脛骨付着部剥離骨折　175
頚椎　84
血液ヘモグロビン値　201
血管収縮薬　219
血算　73
血中乳酸濃度　27
血糖値　325
健康管理　101
健康診断　201
健忘　122
下血　206
下剤　207
下痢　206, 207, 207
月経　359
月経周期とコンディション　363
月経周期と試合　364
現病歴　101
減感作療法　219

こ

コルチゾール　78
コメッティ理論　59
コラーゲン　326
コンタクトレンズ　313
コンディショニング　324
コンディション　250
コンディション評価　43
古典的三位一体　341
固執　348
呼吸法　344

口蓋骨　130
口腔内の健康管理　317
口腔内状況　318
公式戦以外障害報告書　116
行気　340
抗アレルギー薬　216, 218, 219, 221
抗ロイコトリエン拮抗薬　219
抗酸化　326
抗生物質　206
抗体　209
肯定的思考　344
後外側構成体損傷　177
後十字靱帯損傷　169, 178
後方押し込みテスト　171
高温多湿下　5
高山病　286
高脂血症　75
高身長　75
高地　5
高地環境　286
高地滞在　287
高地馴化　286, 287
高尿酸血症　75
国際サッカー連盟　9
国立感染症研究所感染症情報センター　228
骨化性筋炎　160
骨挫傷　173
骨髄　203
骨粗鬆症　365
骨軟骨骨折　171
昏睡体位　125
根本識　340
5大栄養素　324
五感　340

さ

サーカディアンリズム　249, 288
サッカー　350
サッカードクター　7
サッカーの運動生理学　109
サッカーヘルスメイト　2, 86, 256
サプリメント　204, 324, 330
再発予防　367
細菌感染　250
細菌性胃腸炎　206
細菌性下痢症　205, 206
最大酸素摂取量　22, 23, 335
三叉神経枝　132
三叉神経枝損傷　129
三種混合　225
酸素運搬系　22
酸素摂取量　23

し

ジフテリア　225
ジフテリア・百日咳　225
ジフテリア・百日咳・破傷風三種混合　225
ジャンパー膝　181
ジャンプ　35
ジャンプテスト　35
ジュニア　328
C型肝炎（HC）　228
C型肝炎ウイルス　209
脂質　324
脂溶性ビタミン　326
膝過伸展テスト　171
膝蓋骨脱臼・亜脱臼　179
膝蓋骨疲労骨折　189
膝蓋大腿関節障害　186
膝関節　84
膝関節伸展機構　182
膝関節痛　106
膝関節内側側副靱帯損傷　384
膝崩れ　169
斜鼻　130
手関節，手指　84
主観的運動強度　335
主食　329
瞬間視　310
暑熱環境　251
暑熱対策　8
暑熱馴化　251, 286
消化器疾患　201
傷害の予防　367
消費エネルギー　327
障害　106
食中毒　205, 206
食欲不振　206
心奇形　73
心筋梗塞　236
心室細動　232
心室性不整脈　232
心身統一の手法　342
心電図　74
心拍出量　23
心拍数　23, 25
心拍数-酸素摂取量　25
心理的サポート　350
深視力　310
深層心理　340
耳下腺管損傷　129, 130
G型肝炎ウイルス　209
持久力　35
持久力テスト　40

時差　249, 287
時差ぼけ　249, 287
自動式体外除細動器　4
循環的統一　339
Jリーグ公式戦以外障害報告書　116
Jリーグ障害報告書　109
女子サッカー選手の体力　8
女子選手とコンディション　362
女性に多いスポーツ外傷・障害　365
女性の身体の特徴　359
除脂肪体重　331
上顎骨　130
上顎骨骨折　134
靱帯再建術　175

す

スタミナ　203
スティルネス　346
ストレッチング　186
スピード　35
スプリントテスト　37
スペイン　34
スポーツビジョン研究会　310
スポーツヘルニア　144
スポーツヘルニア手術　146
スポーツ医学委員会　1
水痘　227
水分の補給　251
水分摂取　285
水分摂取量　285
水分喪失量　285
水溶性ビタミン　326
垂直感染　210
数息観　340

せ

ゼリードリンク　331
世界アンチドーピング規定　214
生体リズム　250, 289
生体内時計　249, 288
生理移動　364
精神統一的手法　340
静功　341
静止視力　309
整形外科的メディカルチェック　3
赤血球　201
摂取エネルギー　327
選手に対する健康管理指針　5
舌骨　130
全身関節弛緩性　83
全身倦怠感　209

前五識　340
前十字靱帯損傷　169
前頭骨　130
前頭骨骨折　134
前方引き出しテスト　171
喘息予防・管理ガイドライン　213

そ

鼠径ヘルニア　144
鼠径周辺部痛　144
鼠径部痛　144
鼠径部痛症候群　144
足・足趾　85
足関節　85
足関節脱臼骨折　196
足関節捻挫　107
足関節捻挫・靱帯損傷　195
外がえし(外反)捻挫　369

た

タナ障害　171
タブレット　330
タンパク質　324
ダーマボンド　128
大会の医事運営　8
体温の上昇　283
体脂肪　325
体質　74
体重　73
体力　32
体力測定　101
帯同ドクター　261
炭水化物　325
蛋白質　204
大腿四頭筋　164
大腿二頭筋　164
大豆蛋白　331
第5中足骨疲労骨折　199
第六感　340
第六識　340
脱水　282, 287
脱水状態　237

ち

チームドクター　251
恥骨下枝疲労骨折　145
恥骨結合炎　144
中間広筋　164
中性脂肪(トリグリセリド)　325
肘関節　84
超音波検査　74
腸脛靱帯炎　184
直筋　164

つ

椎弓根疲労骨折　137
使い過ぎ症候群　179

て

テーピング　367
テオフィリン薬　216
デンプン　325
低圧低酸素環境　286
定期接種　223
定期接種ワクチン　224
停滞　348
鉄　326
鉄欠乏性貧血　202, 203, 204
D型肝炎ウイルス　209
伝染病対策　5

と

ドーピング　259, 291, 333
ドーピングコントロール　6, 291, 294
ドーピングコントロールコーディネーター　302
ドーピング陽性　295
ドロップアウト　346
吐納　340
等張性　164
頭部外傷　120
糖質　324
糖尿病　75
特異功　340
特殊環境下における大会　5
突然死　73
同期　249, 288
同期開始期　288
同期完了期　288
同期進行期　288
同調因子　250, 289
動功　341
動体視力　309
動悸　202, 238
導引　340

な

ナショナルトレーニングセンター　7
ナショナルトレセン　103
内・外側側副靱帯損傷　171
内がえし(内反)捻挫　369
内言　344
内側広筋　164
内転筋群　165

軟気功 340
軟骨下骨損傷 173
軟骨損傷 168

に

二重標識水法 327
日本アンチドーピング機構 333
日本サッカー協会 35
日本脳炎 226
肉離れ 160
乳酸性システム 22
乳製品 329
尿検査 74
任意接種 223, 226

ね

熱けいれん 282, 283
熱射病 282, 283
熱中 348
熱中症 282
熱疲労 282, 283
熱放散 282
捻挫 106

の

ノロウイルス 207
脳震盪 120

は

ハートレートモニター 43
ハムストリング 164
バーンアウト 346
バーンアウト症候群 346
バー食品 331
バリン 332
パンチドランカー 126
破傷風 225
破裂音(pop) 169
歯の外傷 321
歯の管理状況 8
歯磨き指導 320
肺動脈血栓塞栓症 231
半月損傷 171
半膜様筋 164
半腱様筋 164

ひ

ヒアルロン酸 187
ヒスタミンH_1拮抗薬 219
ヒョウヒダニ 217
ビジュアルトレーニング 313
ビタミン 326
ビタミンB群 326

ビタミンC 204, 326
ビタミンE 326
ピークフロー測定値 213
非乳酸性システム 22
肥大型心筋症 235
疲労骨折 366
疲労性 160
腓腹筋 166
百日咳 225
表層心理 340
標準予防策 211, 229
標準予防法 228
貧血 201, 326
貧血検査 203
B型肝炎(HB) 228
B型肝炎ウイルス 209
B型肝炎ワクチン 227
鼻骨 130
鼻骨骨折 130
鼻篩骨 130
鼻篩骨骨折 131
微量栄養素 323

ふ

ファンクション体操 49
フィジカル 35
フィジカルテスト 33
フェリン値 202, 203
フランス 34
ブドウ糖 325
ブドウ糖タブレット 335
ブラジル 33
プロテイン 330, 331
布気 340
吹き抜け骨折 132
婦人科的メディカルチェック 361
風疹 226
副作用 292
腹痛 206, 207
複合靱帯損傷 178
複視 132
分岐鎖アミノ酸 332

へ

β_2刺激薬 215
βカロチン 326
ヘマトクリット値 203
ヘム 203
ヘモグロビン 203, 204, 326
ヘルニオグラフィー 146
ペプチド 331
平均赤血球ヘモグロビン濃度 203
平均赤血球ヘモグロビン量 203

平均赤血球容積 203
変形性関節症 168
便秘 206, 207

ほ

ホエイ 331
ポリオ 225
保菌者 209
母趾種子骨障害 198

ま

マウスガード 318
マグナス効果 16
マルトデキストリン 335
麻疹 225
慢性肝炎 208

み

ミオグロビン 326
ミネラル 326
未那識 340

む

ムンプス 226
無酸素性システム 22
無酸素性作業閾値 23
無症候性保菌者 210
胸焼け 206

め

メガネ 313
メディカルチェック 82, 100, 182, 201, 256
メディカルボックス 4
メンタルトレーニング 339, 350

や

野菜 329
薬品・器材の準備 254
薬品の持ち込み 304
薬物 292

ゆ

有酸素性システム 22
有酸素能力 21
有痛性外脛骨障害 198
有痛性三角骨障害 197
有痛性分裂膝蓋骨 192

よ

予防接種 222, 251
予防接種の対象疾患 223
予防接種の対象年齢 223

予防接種不適当者　224
予防接種法　223
予防接種要注意者　224
溶血　204
腰椎　84
腰椎椎間板ヘルニア　138, 141
腰椎椎体後方隅角解離　139
腰椎分離症　137, 141
腰痛　106
腰部椎間関節症　136

り

リコンディショニング　55
リズム乱れ期　288
リハビリテーションチェックリスト　47
離断性骨軟骨炎　171

る

涙小管損傷　129, 130

ろ

ロイコトリエン拮抗薬　216
ロイシン　332
ロペラミド　206

わ

ワールドカップ日本組織委員会　297
ワクチン　210

欧文索引

A

adenosine diphosphate（ADP） 22
adenosine triphosphate（ATP） 22
ALT 78, 208
anterior knee pain syndrome 186
apprehension sign 172
AST 78, 208
AT 24

B

Banbsbo 25
BCG 224
blowout 骨折 132
bone bruise 173
branched chain amino acids（BCAA） 332
Brugada 症候群 234

C

CPK 77
Crush 症候群 77

D

DT 225
DTP 225
DVA 動体視力 310

F

F. Brocherie 32, 36
FIFA 33

G

G. Cometti 32, 43
giving way 169
graspoing test 185
groin pain syndrome 144

H

HAV 209
HBV 209
HCV 209
HIV 228

I

impingement exostosis 196
isotonic 164

J

J. Bangsbo 32, 40, 43
J. Weineck 32, 37
JADA 333
Jones 骨折 199

K

Kobayashi 335
KVA 動体視力 309

L

Lachman test 171
LDH 78
Le Fort 型骨折 134

M

malalignment 182
Marfan 症候群 75
McMurray test 172

O

Os subfibulare 241, 245
Os subtibiale 241, 245
Os supranaviculare 241, 246
Os trigonum（三角骨） 241, 244
Osgood-Schlatter 病 241
Osgood 病 181
overuse syndrome 179

P

P. Balsom 43
Pitts 251
PFC 比 327
POMS 347

Q

Q-angle 182
QT 延長症候群 233

R

RICE 163
RICE 療法 173
RPE 335

S

Sugiura 335
sagginng sign 171
second impact 症候群 126
Sever 病 246
Sinding-Larsen-Johansson 病 181, 241, 242
standard precautions 229

T

Trendelenburg 徴候 152
TSMI 347

V

vitesse maximale aerobice（VMA） 40

W

wet bulb globe temperature（WBGT） 284

Y

Yo-Yo intermittent recovery test 44
Yo-Yo test 40, 43

選手と指導者のためのサッカー医学　定価(本体4,286円＋税)

2005年6月30日　第1版第1刷発行 ©

編　集	財団法人日本サッカー協会スポーツ医学委員会

発行者　川井　弘光
発行所　金原出版株式会社
　　　　〒113-8687 東京都文京区湯島2-31-14
　　　　電話　編集 03(3811)7162
　　　　　　　営業 03(3811)7184
　　　　FAX　03(3813)0288
　　　　振替　00120-4-151494
　　　　http://www.kanehara-shuppan.co.jp/

検印省略

Printed in Japan
ISBN 4-307-77141-9

JCLS <㈳日本著作出版権管理システム委託出版物>

小社は捺印または貼付紙をもって定価を変更致しません。
乱丁・落丁のものはお買上げ書店または小社にてお取り替え致します。

印刷・製本：
三報社印刷株式会社

－MEMO－

－MEMO－

—MEMO—